FRANÇAIS | EXTENSION DU VOCABULAIRE

フランス語単語大全

久松 健一
HISAMATSU Ken'ichi

[キーワード1687語を一望する]

DELF A1, A2レベル対応

SURUGADAI-SHUPPANSHA

はじめに

例外的な立場にある人を除いて、「素粒子」や「接続法半過去」といった語は「日常生活」に関わりないはずです。逆に「両親、友人」、「行く、来る」が誰にとっても日々の基本語であることに異論はないでしょう。では、「そば」と「うどん」はどちらが日常的に使用頻度が高く、「回転寿司」と「握り寿司」はどちらの方がよく見かける単語なのでしょうか。

英語を例に考えてみます。抽象的な名詞 revolution が「革命」を意味することは受験勉強をくぐった大半の方がご記憶でしょう。「革命」が起こっていない国に住んでいますが、ほとんどの人がこの単語を英語でもご存知のはずです。では、タバコの「吸い殻」は英語で何と言いますか。「トマト」や「にんじん」は知っていても、「ナス」はどうでしょうか。「きつね」は英語で言えても、「たぬき」はいかがですか。

このように「日常語」というものは幅が広く、入試ではお目にかからない語句がひしめく世界です。そこに DELF という網を投じ、必要なものを試験の将来も見越しながら拾い上げ、選択する。DELF A が定める「日常」「基本」という焦点の絞りにくい範囲内で「単語帳」を作成するのは難儀です。

忌憚なく言えば、海外で刊行されている DELF 用の単語集は恣意的な語の羅列としか思えない印象です。あわせて、国内で刊行されている DELF の名を冠した大半の「問題集」は、日常会話や時代のトピックを中心とした記事、エッセイの類から語彙を拾い上げ、順に並べるという淡泊な作りで、読者にとって単語学習の有益な後押しとなっていないように感じます。必要な単語を取捨選択し、そこから本づくりを進めるという手間をかけていないからです (*) 。あわせて、DELF A レベル出題範囲である「日常的な単語」の意味を作り手がどう捉え、どう配列するかという創意工夫が見えません。

＊手前味噌ですが、駿河台出版社『データ本位　出る順　仏検単語集』、研究社『仏検対応フランス語単語 Révolution』、三省堂『クラウン・フランス語熟語辞典』はそうした手間を惜しまず作成したものです。

当初、これを知らないと立ち行かない「キーワード編」とその単語をベースにさらに語彙を拡充する「問題編」を一冊に凝縮しようと考え、原稿を書きだしました。ところが、例文や注記を添えて形にしていくと、単純計算で、全体が 800 ページ近くなると気づきました。たしかに、これだけの厚みがあれば DELF A レベルの語彙に十分対応可能です。ただ、いかんせんボリュームがありすぎて、学習意欲に水を差すことになりかねません。

そこで、駿河台出版社の英断もあり、分冊して世に問うことにしました。著者としては、両方をぜひお使いいただきたいと思いますが、それぞれ単体でも十分使用可能なように作成しています。単語力を増強するのに「限界」はありません。着実に単語が増えてくると気分のいいものです。語彙力がついてくると、学習に弾みがつき、気持ちも高揚します。大袈裟でなく、生きる幸いをじわりと味わえるものです。そんな味わいの一助となれますように。

2024 年梅月　転ばぬ先のこの書冊　　著者

* 本書の作成に関して、編集面で駿河台出版取締役の上野大介様にお世話になり、本文 DTP について屋良達哉様のお世話になりました。また、Julien RICHARD- 木口様には本書内の誤植を細かに確認いただきました。ご協力いただいた皆様に心から感謝いたします。それでも「< 校正 > 恐るべし」。本書に問題点があればそれは著者の責任です。

目次

1章　基本的な名詞から周囲を見渡す

2章　礎石となる形容詞・動詞・副詞を見極める

略語表

名詞	**n** （男性名詞・女性名詞）
男性名詞	**nm**
女性名詞	**nf**
複数	**pl** ＊nmplは「男性名詞複数」の意味。
形容詞	**adj**
副詞	**adv**
他動詞	**vt**
自動詞	**vi**
代名動詞	**vp**
非人称動詞	**v impres**
助動詞	**aux**
不定法	**inf.** （不定詞）
人	*qqn*
物	*qqch*

1章

基本的な名詞から周囲を見渡す

◉ 自分のこと

nom / nom de famille 姓 [*Nakamura*]

001

Désolé(e), est-ce que je peux vous demander votre n_____ ?

すみませんが, **お名前**をお聞きしてもいいですか.

prénom 名 [*Pauline*]

002

Vos nom et p_____, s'il vous plaît.

あなたの**姓名**をお願いします.

sexe 性別 (*masculin* 男性 *féminin* 女性)

003

« Sans distinction de s_____ » peut être le principe de base de l'égalité.

「**性別**不問」は平等の基本原則かもしれません.

lieu de naissance 生誕地 [*Montpellier*]

004

Le l_____ de la réunion est situé à 20 minutes en bus de l'aéroport de Paris-Orly.

会場(会合場所)はパリ=オルリー空港からバスで20分のところにあります.

005

Écrivez ici votre date de n_____.

ここに**生年月日**をお書きください.

006

Quelle est votre ville d'o_____ ?

出身地(生まれ故郷の町)はどちらですか.

nom

[nɔ̃] **nm**

名前, 姓,(文法) 名詞

C'est à quel nom ? なら「ご予約のお名前は」の意味.
別例 Mon surnom est Naka, mais mon vrai nom est Nakamura. あだ名は Naka, 本名は Nakamura です. / Je la connais seulement de nom. 彼女の名前だけは知っています.
nommer vt「任命する, 名付ける」

prénom

[prenɔ̃] **nm**

(姓に対して) 名
↔ **nom de famille**

別例 Quel est son prénom ? 彼 (彼女) の下の名前は何といいますか. / Ils ont donné le prénom de Pauline à leur fille.彼らは娘にPaulineという名をつけた. ＊動詞 **prénommer** を用いて Ils ont prénommé leur fille Pauline.としても同義.

sexe

[sɛks] **nm**

(男女の) 性

別例 la discrimination liée au sexe「性による差別」(=la discrimination sexuelle)
sexuel, sexuelle adj「性の, 性的な」
＊「(文法の) 性」は **genre nm** という.

lieu

[ljø] **nm** **pl lieux**

場所 = **endroit**,(複数で) 現場

別例 Le mariage de mon collègue a eu lieu la semaine dernière. 同僚の結婚式は先週執り行なわれた.
＊avoir lieu「(会議などが) 行なわれる」(=se tenir) / au lieu de *qqch* / + inf.「(～する) 代わりに」

naissance

[nɛsɑ̃s] **nf**

誕生, 出生 ↔ **mort**

別例 le lieu de naissance「出生地」/ donner naissance à des jumeaux「双子を産む」
＊動詞「産む」は **naître**,「出産」は **accouchement nm** という.

origine

[ɔriʒin] **nf**

(人の) 出身,(物の) 原産地, 起源

別例 Nos voisins sont d'origine suisse. 隣人はスイスの出身です.
originalité nf「独創性」
originaire adj「～生まれの, 出身の」**例** Ma famille est originaire de Kyushu. うちはもともと九州の出身です.

007

De quelle p_____ du Canada êtes-vous ?

カナダの**どちら**からいらしたのですか.

adresse permanente **本籍地** [*1-1 Yoyogi Kamizonocho Tokyo*]

008

Son a_____, c'est 22 rue de Rivoli.

彼(彼女)の**住所**はリヴォリ通り22です.

009

Peut-on compter sur un amour p_____ ?

人は**恒久的な**愛を期待することができるのか.

date de naissance **生年月日** [*le 17 mars 2001*]

010

Quelle est votre d_____ de naissance ?

あなたの**生年月日**はいつですか.

âge **年齢** [*22 ans*]

011

Vous avez quel â_____ ? / Quel âge avez-vous ?

(年齢) **おいくつ**ですか.

関連 年齢あれこれ

- □ 月齢　âge de la Lune **nm** / phase de la Lune **nf**
- □ 樹齢　âge d'un arbre **nm**
  cf. un cèdre du Japan qui a cent ans　樹齢100年の杉
- □ 定年・停年　limite d'âge **nf** / retraite **nf**
  On prend sa retraite à l'âge de 65 ans chez nous.
  わが社では65歳が定年です.

partie

[parti] **nf**

(全体に対する) 部分

別例 J'ai lu seulement la première partie de ce roman policier. 私はその推理小説の第一部だけを読みました. / Les animaux de compagnie font partie de la famille. ペットは家族の一員です.
*faire partie de *qqch*「～の一員 (一部) をなす」の意味.

adresse

[adrɛs] **nf**

住所,(電子) アドレス

書面, 書類などでは adresse postale, adresse personnelle「住所, 現住所」という表記も使われる.
別例 Quelle est votre adresse électronique ? あなたのメールアドレスは何ですか.

permanent, permanente

[pɛrmanɑ̃, -ɑ̃t] **adj**

恒久的な, 連続的な

別例 Elle a une douleur permanente dans la jambe. 彼女は脚の痛みがずっと続いている.
permanence nf「恒久性, 永続性」
例 en permanence「常時, (映画などで) 入れ替えなしで」

date

[dat] **nf**

日付, 月日

別例 Quelle est la date aujourd'hui ? 今日は何日ですか.
*Quelle date sommes-nous ? も同義. / la date de retour「(図書などの) 返却日」/ la date d'expiration「(薬などの) 使用期限」

âge

[aʒ] **nm**

年齢,(歴史上の) 時代

口頭試験ではこの形で質問されるが, 実際の会話なら Est-ce que je peux vous demander votre âge ?「失礼ですがお年をうかがってもいいですか」といった配慮を要す.
別例 Nous ne sommes pas du même âge. 私たちは同い年ではない. / Ce whisky a 17 ans d'âge. このウイスキーは17年ものです.

- ☐ âge adulte **nm** 成年
- ☐ âge mûr **nm** 壮年
- ☐ 満年齢 avoir 50 ans révolus 満50歳である
- ☐ 数え年 Il a 18 ans selon l'ancienne manière japonaise de compter. 彼は数えでは18歳だ.

012

Quel mois est votre a_____ ?

あなたの**誕生日**は何月ですか.

nationalité 国籍 [*japonaise*]

013

De quelle n_____ êtes-vous ?

国籍はどちらですか.

014

Bien qu'il y ait des exceptions, la plupart des J_____ sont polis.

例外はあるが大半の**日本人**は礼儀正しい.

domicile 現住所 [*10, rue de Marseille, 69003, Lyon*]

015

Elle a quitté Beaune et a élu d_____ au 10 de la rue Vaugirard.

彼女はボーヌを離れて, ヴォージラール通り10番地に**居**を定めた.

profession 職業 [*rédactrice*]

016

Quelle p_____ envisagez-vous de choisir après avoir obtenu votre diplôme universitaire?

大学卒業後, どんな**職業**を選ぼうとしていますか.

関連 職業の例
☐ artiste **n** 芸術家, 画家, 演奏家, 芸人
☐ architecte **n** 建築家
*architecte d'intérieur 「インテリアデザイナー」

anniversaire

[anivɛrsɛr] **nm**

記念日, 誕生日

別例 Bon anniversaire ! 誕生日おめでとう. *これは Joyeux anniversaire ! ともいう. / Nous fêtons notre 25ème anniversaire de mariage. 私たちは結婚25周年（銀婚式）を祝います. *anniversaire de mariage で「結婚記念日」で,「銀婚式」は les noces d'argent ともいう.

nationalité

[nasjɔnalite] **nf**

国籍, 国民性

Quelle est votre nationalité ? / Vous êtes de quelle nationalité ? としても同義. なお, 用紙に記載する際に nationalité の欄には男性も女性も nationalité の性に合わせて「日本人」なら japonaise と記す. 別例 Ma femme est de nationalité française et italienne. 妻はフランスとイタリアの二重国籍です.

Japonais, Japonaise

[ʒapɔnɛ, -ɛz] **n**

日本人

japonais(e) adj「日本の, 日本人の, 日本語の」

例 Ma nièce adore la cuisine japonaise. 姪は日本食が大好きだ. / La brouille familiale a été traitée de manière très japonaise. 内輪のもめごとは極めて日本的な方法で処理された.

domicile

[dɔmisil] **nm**

住居, 家, 住所

別例 personne sans domicile fixe **nf**「住所不定者」/ sans domicile fixe **nm**「ホームレス」*SDFと略す.

profession

[prɔfesjɔ̃] **nf**

（特別な知識や修練を要する専門的な）職業

別例 Quelle est votre profession ? お仕事は何ですか. *Qu'est-ce que vous faites dans la vie ? / Quel est votre métier ? も類義. なお「（体を使う）技術を必要とする職業」なら **métier nm** を使う. / L'âge de la retraite dépend des professions. 定年は職業によって異なる.

- ☐ avocat(e) **n** 弁護士
- ☐ dentiste **n** 歯科医
- ☐ éditeur, éditrice **n** 編集者
- ☐ expert-comptable **nm** 会計士
- ☐ fonctionnaire **n** 公務員
- ☐ journaliste **n** ジャーナリスト, 記者

017

Quel est votre m______ ?

お仕事は何をなさってますか.

関連 **職業の例**

- ☐ ingénieur **nm** エンジニア
  ＊ingénieur système「システムエンジニア」
- ☐ cariste **nm**（フォークリフトなどの）運転手
- ☐ docker **nm** 港湾労働者
- ☐ éboueur, éboureuse **n**（清掃局の）ごみ収集作業員

018

Faire des stages est une bonne f______.

インターンシップをすることはよい**訓練**になる.

état civil **民事身分**（「戸籍 / 身分証書」あるいは役所の「住民課」の意味にもなるが，

019

Il est encore c______ ?

彼はまだ**独身**ですか.

020

Ma tante est m______ depuis 40 ans.

おばは**結婚**して40年になる.

021

Ma petite sœur a épousé un d______.

妹は**離婚歴のある人**と結婚した.

nom de votre société **会社名** [***ALBALISE***]

022

Votre mari travaille-t-il pour une s______ chinoise ?

旦那さんは中国の**会社**にお勤めですか.

métier

[metje] **nm**

職業, 仕事

Quel métier faites-vous ?, Qu'est-ce que vous faites comme métier ?, Qu'est-ce que vous faites (dans la vie) ?, Quelle est votre profession ? といった問いかけも同義. なお, métier も profession も「職業全般」を指す語だが, 個々の職業との関係では後者は社会的地位の高い「職」に用いられる.

- ☐ livreur, livreuse **n** （商品の）配達員
- ☐ magasinier, magasinière **n** 倉庫係, 倉庫労働者
- ☐ vigile **nm**（会社などの）警備員

*なお,「手仕事,（集合的に）職人」を意味する artisanat **nm**,「（個々の）職人」artisan(e) **n** という単語も確認しておきたい.

formation

[fɔrmasjɔ̃] **nf**

（職業などの）育成, 訓練, 形成, 結成

別例 Il s'est investi dans la formation de l'équipe de football locale. 彼は地元のサッカーチームの結成に尽力した.
***former vt** を用いて, Il s'est investi pour former l'équipe de football locale. と言い換えられる.

特に書類記載の＜独身 , 既婚 , 離婚＞の別を指して使われる）

célibataire [1]

[selibatɛr] **adj n**

独身の, 独身者

別例 mère célibataire「未婚の母」

marié, mariée [1]

[marje] **adj n**

既婚の, 既婚者

別例 robe de mariée「ウエディングドレス」
*marié, mariée には「新郎, 新婦」の意味もある.
se marier vp「結婚する」
例 Ma fille s'est mariée avec un jeune comptable. 娘は若い会計士と結婚しました.

divorcé, divorcée

[divɔrse] **adj n**

離婚した, 離婚者

divorcer vi「離婚する」
divorce nf「離婚」
例 divorce par consentement mutuel「協議離婚」

société

[sɔsjete] **nf**

（株式・有限）会社, 企業, 社会

別例 Je travaille dans une nouvelle société depuis le mois dernier. 先月から新しい会社で働いています.
***entreprise nf** よりは小規模な「会社」がイメージされる単語. / société de consommation「消費社会」

023

Elle a trouvé un emploi dans une e____ française.

彼女はフランスの**会社**に職を見つけた.

024

C'est un article en p____.

これが**売り出しキャンペーン**中の商品です.

025

On doit préparer la r____ en ligne.

オンライン**会議**の準備をしなくてはなりません.

026

L'ensemble de l'auditoire a été impressionné par sa c____ sur l'histoire ancienne de l'Europe.

ヨーロッパの初期の歴史に関する彼（彼女）の**講演**に聴衆全員が感銘を受けた.

027

Le premier exercice est un e____ dirigé.

最初の試験は（試験官examinateurが誘導する）対話**面接テスト**です.

numéro de passeport パスポート（旅券）番号 [*TF7647690*]

028

Mon n____ de chambre d'hôtel est le 1708.

泊まっているホテルのルーム**ナンバー**は1708です.

029

Ce p____ expire le mois prochain.

この**パスポート**は来月期限が切れる（有効期限は来月です）.

entreprise

[ɑ̃trəpriz] **nf**

(規模の大きな) 会社, 企業, 計画

会社には通例この単語を使うが, 保険・金融の「会社」なら **compagnie nf** も使われる.
別例 Notre entreprise a son siège à New York. うちの会社はニューヨークに本社がある./ Comment créer une entreprise ? いかにして起業するか.

promotion

[prɔmɔsjɔ̃] **nf**

昇進, 販売促進
= promotion des ventes

別例 Ici, la promotion est basée sur l'ancienneté et le mérite. ここでの昇進は年功と成績に基づいている.
promotionnel, promotionnelle adj「販売促進の」
例 tarif promotionnel「サービス価格」

réunion

[reynjɔ̃] **nf**

(職場などでの) 会議, 会合, 集会

別例 avoir une réunion「会議がある」/ être en réunion「会議中である」/ On doit mettre notre smartphone en mode silencieux pendant la réunion. 会議中はスマホをマナーモードに設定しなくてはなりません.

conférence

[kɔ̃ferɑ̃s] **nf**

講演 (会), (政治的・外交的な) 会議

別例 assister à une conférence「会議に出席する」/ conférence au sommet「サミット会議」/ une salle de conférence「会議室, 講堂」/ Quand a lieu la conférence sur l'économie ? いつ経済会議が開かれますか.

entretien

[ɑ̃trətjɛ̃] **nm**

会談, 面接,
(建物や施設などの) 維持 (費)
= frais d'entretien

entretien dirigé は試験官によって誘導される対話形式での自己紹介. 別例 planifier un entretien d'embauche「就職面接の予定を立てる」
entretenir vt「(人との関係を) 保つ, (avecと) 話し合う」
例 Elle entretient de bonnes relations avec ses collègues. 彼女は同僚たちと良好な関係を保っている.

nombre

[nɔ̃br] **nm**

数, (人や物の) 数 (かず)
＊「数字 0〜9」はle chiffre, それを組み合わせた「番号, 具体的な数字」を le numéroという.

別例 Un grand nombre d'étudiants étaient absents après la fête de l'université. 学園祭のあと, 大勢の学生が欠席していた. / Quel est le nombre d'habitants de cette île ? この島の住人は何人ですか.

passeport

[paspɔr] **nm**

パスポート, 旅券

別例 Votre passeport, s'il vous plaît. パスポートをお願いします. / le contrôle des passeports「出入国審査 (場)」

numéro de téléphone 電話番号 [*06 80 17 17 30*]

030

La plupart des gens passent entre deux et trois heures sur leur t_____ portable chaque jour.

ほとんどの人は毎日2～3時間携帯**電話**を使用しています.

関連 **電話**

- ☐ utiliser un téléphone portable 携帯電話を使う
- ☐ éteindre son téléphone 電話の電源を切る
- ☐ placer son téléphone dans son sac 電話を鞄にしまう

031

Ce n'est pas moi qui t'ai laissé un message sur ton r_____.

あなたの**留守電**にメッセージを残したのは私ではありません.

◉ 時・時間

032

Avez-vous le t_____ d'aider à préparer le séminaire ?

セミナーの準備を手伝ってくれる**時間**はありますか.

033

Vous pouvez aller au magasin à tout m_____ car il est ouvert 24h / 24.

いつでもその店には行けます, 24時間開いていますから.

034

Un i_____, j'arrive !

ちょっと待って, すぐ行きます.

téléphone

[telefɔn] **nm**

（携帯を含んで）電話

別例 Excusez-moi, est-ce que je peux donner un petit coup de téléphone ? すみません，電話をお借りできますか．
*passer un petit coup de fil も同義になる．

- ☐ envoyer un message （テキスト）メッセージを送信する
- ☐ hors de portée 手の届かない（範囲）
- ☐ montre connectée **nf** スマートウォッチ（ネットに接続できる時計）
- ☐ mode silencieux **nm** マナーモード

répondeur

[repɔ̃dœr] **nm**

留守番電話
= répondeur téléphonique

laisser un message sur le répondeur「留守番電話にメッセージを残す」の意味．留守電のメッセージに関する問題はDELFでは繰り返し出題されている．今後は **message vocal nm**「メッセージボイス」，**boîte vocale nf**「ボイスメール」の形で出題されるかもしれない．

temps [1]

[tɑ̃] **nm & pl**

時間，時

séminaire は「セミナー，ゼミナール」（語源 seminarium は苗床のこと）．
別例 Combien de temps restez-vous à Pékin ? 北京にはどれぐらい滞在なさいますか．/ Il travaille à temps partiel. 彼はパートで働いています．

moment

[mɔmɑ̃] **nm**

瞬間，時間，期間

「24時間営業」は 24 heures sur 24 と読む．
別例 Les cerisiers sont en fleurs en ce moment. 今，桜は花盛りだ．/ Pour le moment, tout va bien. 今のところ，すべて順調です．
*pour le moment で「さし当たって，当分の間」の意味．

関連 moment
- ☐ à tout moment いつでも
- ☐ en ce moment 今のところ，現在
- ☐ à ce moment (-là) そのとき，当時

instant

[ɛ̃stɑ̃] **nm**

瞬間，一瞬

別例 Pour l'instant, tout va bien. 今のところすべて順調です．
*pour l'instant は「今のところ，さしあたって」の意味．/ Il est arrivé à l'instant. 彼はたった今着いたところです．
*Il vient juste d'arriver. と言い換えられる．なお，à l'instant は「（過去）たった今」「（未来）今すぐ」の意味．

035

Ma tante habite la m______ de l'année au Japon, l'autre m______ en France.

おばは1年の**半分**は日本で, 残りの**半分**はフランスで暮らしている.

036

Notre bus part dans un q______ d'heure.

私たちのバスは**15分**後に出発だ.

037

La meilleure façon de prédire l'a______ est de le créer.

未来を予言する最良の方法はそれ (未来) を創造することだ.

038

Dans un f______ proche, les humains pourront peut-être vivre sur une autre planète.

近い**未来**に人類はひょっとすると別の惑星で暮らせるかもしれない.

039

Mon oncle vit dans le p______.

(過去や未来を考えず) おじは**現在**を生きている.

040

Peut-être à cause de son âge, mon père se tourne souvent vers le p______.

おそらくは年のせいだが, 父はよく**過去**を振り返る.

041

J'aime beaucoup le petit village du Midi où j'ai passé mon e______.

私は**幼年時代**を過ごした南仏の小さな村が大好きです.

042

Quel est votre meilleur s______ de vos années d'école ?

学生時代の1番の**思い出**は何ですか.

moitié
[mwatje] **nf**

半分, 2分の1

別例 Je te donne la moitié de la pomme ? りんごを半分あげようか. / Je l'ai acheté à moitié prix. 私はそれを半額で手に入れた. / On paye moitié-moitié. 割り勘にしよう. *faire moitié-moitié (くだけた会話では faire moit'-moit') ともいう (ただし, faire を使うと物を「半分ずつにする」の意味にもなる). ほかに partager la note といった言い方もする.

quart
[kar] **nm**

4分の1,(時間・時刻) 15分

別例 Les trois quarts des candidats ont réussi l'examen. 受験生の4分の3が試験に受かった.

avenir
[avnir] **nm**

将来,
未来 = futur ↔ présent, passé

見出し語は le temps à venir「来るべき時」→「(具体的な) 未来, 将来」の意味. 類義の **futur nm** は主に抽象的な「未来」を指す.
別例 penser à l'avenir「将来のことを考える」

futur
[fytyr] **nm**

未来,
将来 = avenir ↔ passé, présent

futur はやや改まった語, 類義語 **avenir nm** は「未来, 将来」(そもそもは le temps à venir「来るべき時」) の意味で, futur より広く用いられる.
別例 Cette histoire se passe dans le futur. この物語は未来が舞台です.

présent
[prezɑ̃] **nm**

現在

別例 Vous étiez à Lyon avant ? Où habitez-vous à présent ? 以前はリヨンでしたよね. 今は, どちらにお住まいですか.
*à présent「(過去と比べて) 現在は, 今は (=maintenant)」
présent(e) adj「現在の, 今の (=actuel), 出席している (↔absent)」

passé
[pase] **nm**

過去

別例 Dans le passé, il n'y avait pas d'électricité dans ce village. かつてこの村には電気がなかった.

enfance
[ɑ̃fɑ̃s] **nf**

幼 (少) 年時代, 幼年期

別例 J'ai eu une enfance très heureuse. 子どもの頃はとても幸せでした.
adolescence nf「思春期」
*enfance と adolescence を含めて **jeunesse nf**「青少年期」(↔vieillesse) という.

souvenir
[suvnir] **nm**

思い出, 土産 (みやげ)

別例 Est-ce qu'il y a une boutique de souvenirs par ici ? このあたりに土産屋はありますか.

043

Ma m_____ décline depuis peu.

最近**記憶力**が落ちた.

044

Le métro est en retard sur l'h_____.

地下鉄の**ダイヤ**が乱れています(**時刻表**より遅れている).

045

À quelle h_____ est la météo sur France 2 ?

France 2の天気予報は何**時**ですか.

046

La bibliothèque est à trois m_____ à pied de l'arrêt de bus.

図書館はバス停から歩いて3**分**です.

047

Vous avez 30 s_____ de pause entre les 2 écoutes.

(問題指示文) 2度の聞き取りの間に30**秒**あります.

048

Vous n'avez pas à agir avec p_____.

あわてて行動する必要はありません.

049

J'ai h_____ d'entendre son avis.

彼(彼女)の意見を**早く**聞き**たい**.

050

À cause des embouteillages, la navette d'aéroport partira avec 15 minutes de r_____.

渋滞で, リムジンバスは15分**遅れ**での出発となります.

mémoire

[memwar] **nf**

記憶(力)

別例 Mon ordinateur portable a 32 Go de mémoire. 私のパソコンは32GBの記憶容量(メモリ)がある.
*「記憶(力)」を意味する見出し語は女性名詞だが, **mémoire nm** は「論文, 研究報告(書)」の意味.

horaire

[ɔrɛr] **nm**

時刻表, 時間割, 日程

別例 Le mauvais temps nous a obligés à retarder l'horaire. 悪天候でスケジュールに遅れが生じている. / Quels sont les horaires de la visite guidée ? ガイド付きツアーの時間はどれくらいですか.

heure

[œr] **nf**

時間, 1時間,(特定の)時刻

別例 à l'heure「定刻に, 1時間につき」/ heure d'affluence [de pointe]「ラッシュアワー」/ La plupart du temps, il y a plus de dix trains par heure entre Tokyo et Osaka. ほとんどの時間, 東京・大阪間で1時間に10本以上の列車が運行している.

minute

[minyt] **nf**

(時間の)分, 短い時間

別例 J'arrive dans cinq minutes. 5分後にまいります. / Le train avait dix minutes de retard. 電車が10分遅れた. / Il faut vingt minutes pour aller à la gare. 駅までは20分かかります. / Je profite de chaque minute de ce voyage en Europe. 自分はこの欧州旅行の一瞬一瞬を楽しんでいます.

seconde

[səgɔ̃d] **nf**

秒, 瞬間, 短い時間 = **instant, minute, moment**

別例 Attendez-moi, je reviens dans une seconde. 待っていてください, すぐに戻りますから. / Quand il avait 17 ans, il pouvait courir 100 mètres en 11 secondes. 彼は 17 歳のとき, 100 メートルを 11 秒で走ることができた.

précipitation

[presipitasjɔ̃] **nf**

大慌て

例文は代名動詞 se précipiter「慌てて急ぐ」を用いて Vous n'avez pas à vous précipiter pour agir. としても, 副詞 **précipitamment**「大急ぎで」を用いて Vous n'avez pas à agir précipitamment. としても同義になる. **別例** Pas de précipitation ! 慌てないで.
(=Ne vous précipitez pas !)

† hâte

['at] **nf**

急ぐこと, 性急

avoir hâte de + inf.で「早く〜したい, 〜を切望する」の意味.
別例 Elle est venue en hâte. 彼女はすぐにやってきた.

retard

[rətar] **nm**

遅れ, 遅延 ↔ **avance**

別例 Excusez-moi d'être en retard. 遅れてすみません.
*Excusez mon retard. ともいう.
retarder vt vi「遅らせる, (時計が) 遅れている」
例 Ce train est retardé en raison d'un incendie près des voies. この列車は線路近くで発生した火災により遅れている.

◉1日・1語の言い回し

051

Quel j_____ est Noël cette année ?

今年のクリスマスは何**曜日**ですか.

関連 **日々の頻度の例**

- ☐ jours ouvrés [ouvrables]　平日
- ☐ jour férié　祝日, 祭日 (=fête)
- ☐ chaque jour　毎日 (=tous les jours)
- ☐ chaque semaine　毎週 (=toutes les semaines)
- ☐ chaque mois　毎月 (=tous les mois)
- ☐ chaque année　毎年 (=tous les ans)

052

Demain, c'est la f_____.

明日は**祭日**だ(**休み**だ).

053

Il a plu toute la j_____ hier.

昨日は**1日中**雨だった.

054

La routine quotidienne de ma famille commence à sept heures du m_____.

わが家のいつもの日課は**午前**7時に始まります.

055

Il est m_____ et quart.

12時15分です.

056

Vous avez quelque chose à faire, cet a_____ ?

今日の**午後**は何か用事はありますか.

jour

[ʒur] **nm**

(日付の) 日,(時間単位) 1日, 曜日

別例 Quel jour sommes-nous aujourd'hui ? 今日は何曜日ですか. *C'est quel jour aujourd'hui ? も同義. なお, Quel jour du mois sommes-nous [est-ce] aujourd'hui ? (=Quelle date sommes-nous ?) は「何日ですか」と日付を尋ねる言い回しなので注意したい.

- ☐ une fois par jour　1日1回
- ☐ deux fois par semaine　1週間に2回
- ☐ une fois tous les deux mois　2ヶ月おきに1回
- ☐ une fois tous les quatre ans　4年おきに1回
- ☐ un jour sur deux　1日おきに (=tous les deux jours)
- ☐ une semaine sur deux　1週間おきに (=toutes les deux semaines)

fête

[fɛt] **nf**

祭り, 祝日, 祭日, パーティー

もしも, Demain, c'est la fête de mon village. なら「明日はわが村の祭りです」の意味になる.
fêter vt「(誕生日などを) 祝う」**例** Nous serions très heureux si vous pouviez venir dîner pour fêter nos 25 ans de mariage. 結婚25周年のお祝いに, お食事にいらしていただければ幸いです.

journée

[ʒurne] **nf**

(前から夕刻まで) 昼間 ↔ **soirée**, 1日, 1日の仕事

別例 Bonne journée ! (挨拶) よい1日を! / Nous avons passé une journée agréable à l'auberge thermale. 温泉宿で快適な1日を過ごした.

matin

[matɛ̃] **nm**

朝, 午前

別例 ce matin「今朝」, demain matin「明朝」, du matin au soir「朝から晩まで」/ À quelle heure prenez-vous votre petit déjeuner le matin ? 朝食は何時に取りますか.
matinée nf「朝 (の間), 午前中」
例 toute la matinée「午前中 (ずっと)」

midi

[midi] **nm**

(無冠詞で) 正午 ↔ **minuit**, 昼食時間

別例 On prend le TGV de dix heures à Paris et on arrive à Dijon vers midi. パリで10時のTGVに乗れば, ディジョンにはお昼頃に着きます.

après-midi

[aprɛmidi] **nm (nf)**

午後

別例 La météo dit qu'il fera beau l'après-midi. 予報では午後は晴れると言っています. / On va se promener en fin d'après-midi. 夕方, 散歩に行きましょう.

057

Les nuages arriveront par l'ouest, ils apporteront de la neige samedi s_____.

西から曇りになり, 土曜の**夕方**には雪が降り出すでしょう.

058

J'ai mal dormi la n_____ dernière, donc je n'ai pas l'esprit clair.

昨**夜**はよく眠れなかったので, 頭がさえません.

059

Ma femme n'est pas rentrée avant m_____ hier.

妻は昨日**真夜中**まで帰宅しませんでした.

060

Mesdames et messieurs, puis-je avoir votre a_____, s'il vous plaît ?

ご列席の皆様, **注意して**お聞きください.

関連 1語で使えるフランス語必須表現

- ☐ Bonjour ! おはよう, こんにちは
- ☐ Bonsoir ! こんばんは
- ☐ Salut ! (仲間と出会った時, 別れる時) やあ, じゃあね
- ☐ Enchanté(e) ! はじめまして
- ☐ Oui. はい
- ☐ Non. (疑問文に対して) いいえ, (否定疑問文に対して) はい
- ☐ Si. (否定疑問文に対して) いいえ

◉ 季節

061

Le Japon a un type de beauté différent à chaque s_____.

日本は**四季**折々違った種類の美しさがある.

soir

[swar] **nm**

夕方, 夜, 午後

別例 ce soir「今晩」/ hier soir「昨晩」/ du matin au soir「朝から晩まで」
soirée nf「(持続する時間としての) 夜, 宵 (よい), (夜の) パーティー」
例 Tu ne viens pas à la soirée demain ? 明日, パーティーに来ないの.

nuit

[nɥi] **nf**

夜,(ホテルでの) 1泊
= nuitée, nuit d'hôtel

別例 cette nuit「今晩」/ demain soir「明日の夜」/ toute la nuit「一晩中」/ C'est combien pour une nuit ? 1泊いくらですか. *Une nuit coûte combien ? も同義. / Je vais passer encore une nuit dans cet hôtel. このホテルにもう1泊します.

minuit

[minɥi] **nm**

(無冠詞で) 午前0時 ↔ **midi**, 真夜中

別例 Il est bientôt minuit et demi. まもなく午前0時半です.
*minuit は男性名詞なので文法的には minuit et demi となるが, une demi-heure「半時間」をプラスする感覚で minuit et demie と女性形で書く人もいる.

attention

[atɑ̃sjɔ̃] **nf**

注意 ↔ **inattention**, 注目, 用心

別例 Attention ! 注意しなさい (気をつけて, 危ない). / Je vous remercie de votre attention. ご静聴ありがとうございました.
attentivement adv「注意深く」
例 Je dois lire attentivement son article. 彼 (彼女) の論文を注意深く読まなくてはなりません.

- ☐ Allô ?　もしもし (=Allo ?)
- ☐ Bienvenue !　(歓迎の一言) ようこそ
- ☐ D'accord.　了解です, OKです
- ☐ Entendu.　わかりました
- ☐ Félicitations !　おめでとう
- ☐ Pardon ?　(相手に聞き返して) え, なんですか
- ☐ Volontiers.　喜んで (=Avec plaisir.)
- ☐ Silence !　静かに (=Chut !)

saison

[sɛzɔ̃] **nf**

季節, 四季

別例 Le printemps est ma saison préférée. 春は私の好きな季節です. / Pendant la saison des pluies, il pleut beaucoup au Japon. 梅雨の間日本ではかなりの雨が降ります. / Nous devons prendre soin de notre santé, surtout lorsque les saisons changent. 特に季節の変わり目は健康管理が必要です.

062

Quelle couleur sera populaire ce p_____ ?

今年の**春**は何色がはやるでしょうか.

063

Avant l'arrivée de l'é_____, les Français pensent aux vacances.

夏を迎える前から, フランス人はバカンスのことを考える.

064

L'a_____ est la meilleure saison pour lire.

秋は読書に最適な季節です.

065

Ça commence à ressembler à l'h_____.

冬の気配がし始めている.

◉ 年・月

066

L'espéranto est une langue artificielle créée à la fin du XIXème s_____ comme langue internationale facile à apprendre.

エスペラントは19**世紀**の後半に便利で学習しやすい人工的な言語として作りだされた.

067

À mon é_____, le téléphone portable n'existait pas encore.

私の**時代**にはまだ携帯電話はなかった.

068

Qu'aimeriez-vous faire à cette p_____ l'année prochaine ?

来年の今**頃**は何をしていたいですか.

printemps
[prɛ̃tɑ̃] **nm**

春

別例 Vous aimez le printemps en Italie ? イタリアの春は好きですか. / Les cerisiers fleurissent au printemps. 桜は春に咲く. ＊「春に」は au printemps という.

été
[ete] **nm**

夏

別例 Tu vas où cet été ? 今年の夏はどこに行くの. / Ce pays est vraiment très chaud et humide en été. 夏, この国は本当に蒸し暑い. ＊「夏に」は en été という.

automne
[otɔn] **nm**

秋

別例 L'automne est en retard cette année. 今年は秋が遅い. / Tout le monde a un bon appétit en automne. 秋になるとみんな食欲が出るものだ. ＊「秋に」は en automne という.

hiver
[ivɛr] **nm**

冬

別例 Comment avez-vous trouvé Hokkaïdo en hiver ? 冬の北海道はいかがでしたか. ＊「冬に」は en hive という. / Je préfère un hiver froid à un été chaud. 暑い夏より寒い冬のほうがいい. / Les soldes d'hiver commencent bientôt. 冬のバーゲンが間もなくはじまる.

siècle
[sjɛkl] **nm**

世紀, 時代

別例 au XXIe siècle「21世紀に」(=au vingt et unième siècle) / L'ikebana est une forme d'arrangement floral qui s'est développée au Japon au milieu du XVe siècle. 生け花は15 世紀半ばに日本で発達した花をいける作法だ. / le siècle des lumières「啓蒙時代」(フランスの18世紀)

époque
[epɔk] **nf**

時期,(歴史上の) 時代

de mon temps も同義になる. 別例 À cette époque-là, mes parents habitaient dans la banlieue de Milan. その当時, 両親はミラノの郊外に住んでいた. / La restauration Meiji constitue une époque très importante dans l'histoire du Japon. 明治維新は日本の歴史の中でとても重要な時代だ.

période
[perjɔd] **nf**

期間 = temps , 時代

別例 Le magasin est fermé pendant la période des vacances. その店はバカンス期間中は閉まっている.
＊他に **âge nm** (例 âge préhistorique「先史時代」), **ère nf** (例 ère chrétienne「西暦」) なども「時代」の意味で使われる.

069

J'apprends le français depuis deux a_____.

2**年**前からフランス語を学んでいる.

070

Bonne a_____ !

あけましておめでとう(良い**年**を).

071

Mon frère habite à Bordeaux depuis le m_____ dernier.

兄(弟)は先**月**からボルドーに住んでいる.

072

On va partir en vacances d_____ juillet.

7月の**初め**にヴァカンスに出発します.

073

Mes petits-enfants ont hâte de me voir à la f_____ du mois.

孫たちは月**末**に私に会うのを楽しみにしている.

074

Chaque année, la mairie envoie un c_____ à tous les habitants, avec de belles photos de la ville.

毎年, 市役所は街の美しい写真を載せた**カレンダー**を全住民に送っている.

075

Je prendrai des vacances en j_____ [au mois de j_____].

1月に休暇をとります.

076

Il a beaucoup neigé en f_____ de l'année dernière.

去年は**2月**に大雪が降った.

an
[ɑ̃] **nm**
年, 歳

主として数詞やparに先立たれるとanを使う.
別例 Combien de fois par an allez-vous à Nice ? ニースには年に何回行きますか. / Mon père passe une visite médicale tous les deux ans. 父は2年に1回健康診断を受けています.
annuel, annuelle adj「毎年の, 一年の」

---

année
[ane] **nf**
年, 年度

類語 an との違いがわかりにくいが, année は journée, matinée, soirée などと同じく「ある時間が流れ, 続いている期間」にポイントを置いた単語. l'année scolaire は「学年（度）」, toute l'année で「一年中」, また, une année-lumière (=une année de lumière) なら「1光年」の意味になる.

---

mois
[mwa] **nm**
（暦の）月, 1ヶ月（間）

別例 Ma femme est au quatrième mois de sa grossesse. 妻は妊娠4ヶ月です. / Je retourne chez mes parents une fois par mois pour les voir. 月に1度は両親の顔を見に実家に帰ります.

---

début
[deby] **nm**
（期間・物事の）初め
= **commencement** ↔ **fin**, デビュー

「7月の初めに」は au début de juillet, au début du mois de juillet ともいう. 別例 Tu as un début de rhume ? 風邪気味なの.
*un début de rhume「風邪の初期」が直訳.
débuter vi「始まる, スタートする」
例 Les cours débutent à neuf heures. 授業は9時に始まる.

---

fin
[fɛ̃] **nf**
終わり, 最後 ↔ **début**,
目的 = **but**

別例 Il arrive à Monaco à la fin du mois de mars. 彼は3月末にモナコに着きます. *「3月末」fin mars という言い方も使われる. / À la fin, elle a accepté de venir ici. 最後には, 彼女はここに来ることを承諾した. *à la fin は文頭で「最後には」(=finalement) の意味.

---

calendrier
[kalɑ̃drije] **nm**
カレンダー, 暦, 日程

別例 calendrier solaire「太陽暦」/ calendrier scolaire「学年歴」/ Le directeur des ventes a un calendrier très chargé cette semaine. 営業部長は今週予定がぎっしり詰まっている.

---

janvier
[ʒɑ̃vje] **nm**
1月

別例 Elle est née à Cannes le premier janvier 2011. 彼女は2011年1月1日カンヌで生まれた. *「月」はすべて男性名詞.

---

février
[fevrije] **nm**
2月

en février「2月に」(=au mois de février)
別例 Aujourd'hui, c'est le 29 février. 今日は2月29日です.
*「閏年」は année bissextile という.

077

J'ai toujours le rhume des foins en m______.

3月になるといつも花粉症になります.

078

C'est le premier a______.

4月1日です.

079

Ma tante est née en m______, mais je ne me souviens pas de la date.

おばは**5月**生まれですが, 日にちは覚えていません.

080

Aux Philippines, la saison des pluies commence généralement en j______.

フィリピンでは, 雨季は大抵**6月**からはじまる.

081

Julienne voudrais voyager en Europe en j______.

Julienneは**7月**にヨーロッパを旅行したいと思っています.

082

Cette année, je serai occupé(e) début a______.

今年, **8月**上旬は多忙です.

083

On dit que le temps chaud durera jusqu'en s______.

暑さは**9月**まで続くと言われています.

084

Le festival se déroulera le jeudi 20 o______.

フェスティバルは**10月**20日木曜に開催されます.

mars
[mars] **nm**
3月

別例 Notre fille aura seize ans en mars prochain. うちの娘は来年の3月で16歳になる. / Début mars, il a demandé une semaine de vacances. 3月初めに, 彼は1週間の休暇を願い出た.

avril
[avril] **nm**
4月

Nous sommes le premier avril. / On est le premier avril. も同義. なお「エイプリルフール」は le poisson d'avril と呼ばれる.

mai
[mɛ] **nm**
5月

別例 Nous sommes aujourd'hui le premier mai. 今日は5月1日です. / En France, la fête des mères est célébrée le dernier dimanche de mai. フランスでは母の日は5月の最終日曜に祝われる.

juin
[ʒɥɛ̃] **nm**
6月

別例 Le 21 juin ou le 22 juin est le jour le plus long de l'année. 6月21日か6月22日は1年で一番日が長い. ＊「夏至」は **solstice d'été nm** という. / En juin, mon fils passera le bac. 6月に息子がバカロレアの試験を受けます. / Ma fille veut se marier en juin. 娘はジューンブライドにあこがれている.

juillet
[ʒɥijɛ] **nm**
7月

別例 Cet été, on part en vacances au début du mois de juillet. 今年の夏, 7月の初めにバカンスに行きます.

août
[u(t)] **nm**
8月 ＊新綴りはaout

別例 Ils partent en vacances et leur appartement sera libre en août. 彼らはバカンスに出かけていて, 8月はアパルトマンが空いている.

septembre
[sɛptɑ̃br] **nm**
9月

別例 Cette année, la rentrée des classes aura lieu le 10 septembre. 今年, 新学期（授業再開）は9月10日に行なわれる. / J'ai fait un voyage à Okayama en septembre. 9月に岡山を旅しました.

octobre
[ɔktɔbr] **nm**
10月

別例 Autrefois, en France, la rentrée universitaire était en octobre. かつて, フランスでは大学の新学期は10月だった. ＊現在は9月が多い.

085

Nous avons eu un bébé en n_____ dernier.

この前の**11月**うちに子供が産まれました.

086

Dans ma ville natale, il commence généralement à neiger en d_____.

故郷では, 例年**12月**には雪が降り始める.

◉ 週

087

À la s_____ prochaine !

(挨拶) また来**週** (会いましょう).

088

Si possible, j'aimerais travailler le l_____.

できれば, 毎**月曜**に働きたいです.

089

Les musées parisiens sont fermés le m_____.

パリの美術館は**火曜日**が休館日です.

090

Est-il vrai que les enfants ne vont pas à l'école le m_____ en France ?

フランスでは子供たちは**水曜日**に学校がないって本当ですか.

091

On doit terminer ce projet d'ici j_____ prochain.

次の**木曜日**までにこの計画を終わせなくてはならない.

novembre

[nɔvɑ̃br] **nm**

11月

別例 À mon avis, novembre est le mois le plus triste de l'année. 思うに, 11月は1年で一番物悲しい季節ではないだろうか.

décembre

[desɑ̃br] **nm**

12月

別例 J'aime décembre parce que c'est le mois des réveillons. レヴェイヨン（クリスマスイブや大晦日の深夜の会食）のある月なので12月が好きだ.

semaine

[səmɛn] **nf**

週,
ウィークデー ↔ **week-end**

別例 la semaine dernière「先週」/ cette semaine「今週」/ la semaine prochaine「来週」/ une fois par semaine「週に1度」/ Elle est enceinte de six semaines. 彼女は妊娠6週目です. / La pharmacie est ouverte en semaine. その薬局は平日開いています.

lundi

[lœ̃di] **nm**

月曜日

別例 Nous sommes lundi. 今日は月曜です. *C'est lundi. や On est lundi. も同義. / Ce salon de coiffeur est fermé tous les lundis. この美容院は月曜休みです. *「毎週月曜日には」の意味合いで, le lundi, chaque lundi と類義.

mardi

[mardi] **nm**

火曜日

088 と同じく定冠詞を添えた le mardi は tous les mardis, chaque mardiと 類義. 細かな説明は「日曜日」094 を参照のこと.
別例 Demain, c'est mardi. 明日は火曜です.

mercredi

[mɛrkrədi] **nm**

水曜日

別例 Allô Marc. C'est Mayumi. Je t'appelle pour notre déjeuner de mercredi. （留守電）もしもし Marc ですか, Mayumi です. 水曜日のランチのことで電話しています.

jeudi

[ʒødi] **nm**

木曜日

別例 Nous sommes jeudi. 木曜日です. / Je suis obligé(e) de rentrer à Toulouse avant jeudi. 木曜までにはどうしてもトゥルーズに帰らなくてはなりません.

092

Dans ce cas, pourquoi n'irions-nous pas à la plage v_____ ?

それなら, **金曜日**に海に行きませんか.

093

Ma sœur va à la médiathèque le s_____ [tous les s_____, chaque s_____].

姉（妹）は毎週**土曜日**にメディアライブラリーに行っています.

094

Je veux faire la grasse matinée au moins le d_____.

せめて**日曜**ぐらいはゆっくり朝寝坊がしたい.

095

Notre directeur a beaucoup de travail, mais il sera libre ce w_____.

うちの部長は仕事をたくさん抱えていますが, 今度の**週末**はあいています.

◉ 学校・学問

096

L'é_____ privée de mon fils est à deux ou trois minutes à pied de chez moi.

息子の私立**学校**は家から歩いて2, 3分の距離です.

097

Comme nous travaillons tous les deux, nous mettons notre fils à la c_____.

うちは共働きなので, 息子を**託児所**に預けています.

098

Ma fille aînée va à la m_____.

長女は**幼稚園**に通っています.

vendredi

[vɑ̃drədi] **nm**

金曜日

別例 Vendredi dernier, elles ont discuté de leurs plans pour le week-end. 先週の金曜日, 彼女たちは週末の計画について話し合った.

samedi

[samdi] **nm**

土曜日

別例 Il travaille dans ce restaurant tous les jours sauf le samedi. 土曜日を除いて毎日, 彼はこのレストランで働いています. / C'est pourquoi le samedi est le jour que j'aime le plus. そんなわけで土曜は私が一番好きな曜日だ.

dimanche

[dimɑ̃ʃ] **nm**

日曜日

（曜日 les jours de la semaine の言い回し）dimanche は「(“次の, 前の”の意味を含んで) 日曜日（に）」, un dimanche は「ある日曜日に」. 以下は類義だが le dimanche「(習慣的に) 日曜日に」, chaque dimanche「毎日曜日に」, tous les dimanches「日曜日にはいつも, 日曜日ごとに」の意味合い.

week-end

[wikɛnd] **nm** **pl week-ends**

週末, ウイークエンド

＊新綴りでは weekendと書く.

別例 Au fait, comment passes-tu les week-ends ? ところで, 週末は何してるの. / Tous les week-ends, ils font la fête avec leurs amis. 毎週末, 彼らは友だちとパーティーを開いている.

école

[ekɔl] **nf**

学校, 小学校 = **école primaire** , (小学校の) 授業

別例 école maternelle「幼稚園」＊**maternelle nf** を名詞で使って aller à la maternelle「幼稚園に行く」の意味にもなる. / Les enfants jouent au football après l'école. 子どもたちは放課後サッカーをする.

écolier, écolière n「小学生」＊ただし, **élève n** を用いることが多い.

crèche

[krɛʃ] **nf**

(3歳児以下を対象とする) 託児所

細かく言えば, 集団で子供の面倒を見てくれる la crèche collective と, 養護資格をもつ人が家庭で子供を預かる la crèche familliale, ならびに毎日でなく時々乳幼児を預けられる「一時託児所」la halte-garderie の別がある.

maternelle

[matɛrnɛl] **nf**

幼稚園 = **école maternelle**

2歳から6歳の子供を預かる. 幼児や低学年児童を預かる「託児施設」**garderie nf** もある.

099

Ma fille s'est rapidement adaptée à sa nouvelle vie au c_____.

娘は新しい**中学校**の生活にすぐに順応しました.

100

J'ai vécu à Osaka jusqu'au l_____.

高校まで大阪で暮らしていました.

101

Ursule est étudiante en troisième année à l'u_____.

Ursuleは**大学**3年生です.

102

Pourquoi avez-vous choisi votre f_____ ?

どうしてその**学部**を選んだのですか.

103

Les grands t_____s fleurissent tard.

大器晩成(**才能**のある人は遅咲きだ).

104

Mon fils a un d_____ pour les langues.

息子には語学の**才能**がある.

105

Je suis é_____ en école professionnelle.

専門学校の**生徒**です.

collège

[kɔlɛʒ] **nm**

中学校, コレージュ
*フランスの中学校, 中等教育前期
*原則11歳から4年間.

別例 J'ai revu mes amis de collège hier soir. 昨晩, 中学時代の友人たちと再会した.
collégien, collégienne n「コレージュの生徒」

---

lycée

[lise] **nm**

(フランスの) 高等学校
*中等教育後期(原則15歳から3年間)

別例 Tu vas à quel lycée ? どこの高校に通っているの. / Nous sommes ami(e)s depuis le lycée. 私たちは高校時代からの友だちです.
lycéen, lycéenne n「リセの生徒, 高校生」
例 Votre fils est lycéen ? 息子さんは高校生ですか.

---

université

[ynivɛrsite] **nf**

大学

別例 L'université célèbre le 80e anniversaire de sa fondation. その大学は創立80周年を迎える.
universitaire adj「大学の」例 restaurant universitaire「学生食堂」*resto UあるいはR.U.「学食」と略す. / En Inde, la rentrée universitaire commence en avril. インドでは大学の新学期は4月に始まる.

---

faculté

[fakylte] **nf**

(大学の) 学部, 大学 (facと略される), 能力, 才能

別例 Ma sœur fait ses études à la faculté de médecine. 姉 (妹) は医学部で学んでいる. / Mon frère a la faculté de rendre les autres heureux. 兄 (弟) には他人を楽しませる才能がある.

---

talent

[talɑ̃] **nm**

才能, 才能のある人

別例 Elle a du talent pour le dessin. 彼女には絵の才能がある. *見出し語は人が生来持っている「能力」, 自然な「才能」を指し, 主に芸術的・創造的な分野で使われるケースが多いのに対して, **faculté** は実践や練習などで積み上げた「判断力や知的能力」を指すことが多く, 技術的・専門的な分野で使われるケースが多い.

---

don

[dɔ̃] **nm**

与えること, 天賦の才能, 寄付金

avoir un don [des dons] pour *qqch* で「～の才能がある」の意味.
別例 Mon père a fait don de sa collection de tableaux au musée. 父は美術館に絵のコレクションを寄贈した.*faire don de A à B「AをBに寄贈する」の意味.

élève

[elɛv] **n**

(大学を除く一般的な) 生徒
*les grandes écolesの「学生」も見出し語に含まれる.

別例 Il y a combien d'élèves dans votre classe ? あなたのクラスには何人の生徒がいますか. / C'est Estelle qui est une des meilleures élèves de la classe. Estelle はクラスでもっとも優秀な生徒の一人だ.

106

Je voudrais acheter un billet pour Brest. Est-ce qu'il y a une réduction pour les é_____ ?

ブレスト行きの切符が欲しいのですが, **学生**割引はありますか.

関連 学生

☐ carte d'étudiant **nf** 学生証
☐ UE **nf** （大学の取得）単位（=unité d'enseignement）
＊現在はECTS 欧州単位互換評価制度を「単位」とする教育機関も多い.

107

Il y a deux Français dans ma c_____.

私の**クラス**にはフランス人が2人いる.

関連 教室にあるもの

☐ bureau **nm** （事務用・学習用の）机
☐ chaise **nf** （背あり肘掛けのない）椅子
☐ tableau (noir) **nm** 黒板 ＊tableau blanc なら「ホワイトボード」.

108

Je n'ai rien compris à la l_____ de géographie.

地理の**授業**がちんぷんかんぷんだった.

109

Les c_____ de rattrapage auront lieu du 30 juillet au 3 août.

補習**授業**は 7 月 30 日から 8 月 3 日まで行なわれます.

110

Avez-vous un e_____ médical régulièrement ?

定期的に健康**診断**を受けていますか.

111

Ma fille a passé un c_____ difficile pour entrer à l'Université de Kyoto.

娘は京都大学に入るために難関の**試験**を受けた.

étudiant, étudiante

[etydjɑ̃, -ɑ̃t] **n**

(大学などの教頭教育の) 学生

別例 Ma nièce est étudiante en lettres à l'Université de Kanazawa. 姪は金沢大学の文学部の学生です. / Je jouais au shogi [aux échecs japonais] quand j'étais étudiant(e). 学生時代に将棋をやっていました.

- ☐ bourse **nf** 奨学金
- ☐ licence **nf** 学位
- ☐ diplôme **nm** 卒業証書
- ☐ salle de cours **nf** 講堂
- ☐ resto U **nm** 学食 (=restaurant universitaire)
  ＊「カフェテリア」cafétéria **nf**

classe

[klas] **nf**

クラス, 教室, 授業, 階級, 等級

別例 Le français a été la langue des Européens de la classe supérieure pendant plusieurs centaines d'années. フランス語は数100年にわたって欧州の上流階級の言葉だった. / Un aller-retour Lyon-Marseille en seconde classe. リヨン・マルセイユの往復を2等で1枚お願いします.

- ☐ craie **nf** チョーク ＊bâton de craie **nm** ともいう.
- ☐ brosse **nf** 黒板ふき
- ☐ emploi du temps **nm** 時間割

leçon

[ləsɔ̃] **nf**

授業, レッスン, (教科書の) 課, 教訓

別例 Aujourd'hui, on étudie la leçon 10. 今日は10課を勉強しましょう. / J'ai pu apprendre beaucoup de leçons grâce au bénévolat. ボランティア活動のおかげで多くのことを学ぶことができた.

cours

[kur] **nm**

講義, 授業, 講習会, (川や時の) 流れ, 相場

別例 faire [donner] un cours「講義をする」, suivre un cours「授業を受ける」 / Tu n'as pas de cours demain ? 明日, 授業はないの. / le cours des saisons「季節の移り変わり」 / Le cours du yen est en baisse. 円相場が下がっている. ＊la valeur du yen と言い換えられる.

examen

[ɛgzamɛ̃] **nm**

(一定の点数で合格する) 試験, 診察 ＊合格数が決まっている「(選抜) 試験」は un concoursという.

別例 passer [se présenter à] l'examen「試験を受ける」 / réussir [être reçu] l'examen「試験に受かる」 / échouer [être refusé] à un examen「試験に落ちる」
examinateur, examinatrice n「(口頭試験などの) 試験官」
例 L'examinateur joue le rôle de votre ami. 試験官はあなたの友達の役を演じます.

concours

[kɔ̃kur] **nm**

(定員が決まっている) 選抜試験, 競争, コンクール

類義の un examen は「基準を満たせば合格」となる試験をいう.
別例 Il a gagné le premier prix dans un concours de danse moderne. 彼はモダンダンス・コンクールの1等をとった.
＊筆記・口頭など個々のテストは **épreuve nf** という.

112

Avant de terminer votre inscription aux cours, vous devrez passer un t_____ de classement en ligne.

授業登録を完了する前にオンラインでプレースメント**テスト**を受けていただく必要があります.

113

Nous avons plus de 50 c_____s pour le poste.

この職に50名以上の**志願者**がいます.

114

L'examinateur joue le r_____ du vendeur.

(口頭試験定型文) 試験官は販売員**役**を演じます.

115

J'utilise souvent un d_____ en ligne.

オンライン**辞書**をよく使います.

116

Chaque fois qu'il tombe sur un mot qu'il ne connaît pas, il le note dans son c_____.

彼は知らない単語に触れるたびに, それをノートに書き留めている.

117

Ce m_____ est très utile, n'est-ce pas ?

この**ハンドブック**はすごく役に立ちますね.

118

Prête-moi ton s_____, s'il te plaît.

ペンを貸してください.

関連 ペン
☐ le stylo à bille　ボールペン (=stylo-bille)
☐ le stylo feutre　フェルトペン

test

[tɛst] **nm**

(知能や適正などを判断する)テスト

別例 test d'orientation professionnelle「職業適性検査」

candidat, candidate

[kɑ̃dida, -at] **n**

受験者, 志願者, (選挙の) 立候補者

別例 Les candidats au baccalauréat sont de plus en plus nombreux. バカロレアの受験者はますます増えている. / Les candidats à l'élection présidentielle vont débattre ce soir à la télévision. 大統領候補者たちが今晩テレビ討論する.
candidature nf「(選挙などへの) 立候補」
例 Il a posé sa candidature au poste de manager. 彼は支配人のポストに名乗りをあげた.

rôle

[rol] **nm**

(俳優などの) 役, 役割

jouer un rôle で「ある役 (役割) を果たす」の意味. / Nous devons réfléchir au rôle et à la responsabilité de la presse. 報道 (マスコミ) の役割と責任を考えなければならない.

dictionnaire

[diksjɔnɛr] **nm**

辞書

別例 consulter un dictionnaire「辞書を調べる」/ chercher un mot dans le dictionnaire「辞書で単語を調べる」

cahier

[kaje] **nm**

ノート

この単語は cailler「凝固する」と発音が同じ, なお,「(日付入りの) スケジュール帳」は **agenda nm**,「手帳」なら **carnet nm** という.

manuel

[manɥɛl] **nm**

教科書, マニュアル, ハンドブック

別例 manuel de français「フランス語の教科書」

stylo

[stilo] **nm**

ペン, 万年筆

現在でも「辞典」によっては「羽」(英語の feather に相当) を意味する une plume を「ペン」として載せているものもある.
別例 Pouvez-vous imaginer que dans le futur, on n'écrira plus avec un stylo ? 将来, ペンで字を書くことがなくなることを想像できますか.

☐ le stylo effaçable　消せるボールペン
　*stylo (à) friction「フリクションペン」とも呼ぶ.
☐ le porte-mine　シャープペンシル

119

Tu écris avec un c______ ?

鉛筆で書いているのですか.

120

Tu aurais pas un crayon et une g______ ?

鉛筆と**消しゴム**持ってない.

121

L'i______ est à nouveau bloquée.

プリンターがまた紙詰まりを起こした.

122

Je fais 10 minutes de g______ à la radio tous les matins.

毎朝ラジオ**体操**を10分やっています.

123

J'aime lire des livres, donc je vais souvent à la b______.

本を読むのが好きなので, よく**図書館**に行きます.

関連 **biblio-「書物, 本」**

- ☐ bibliothécaire **n** 司書, 図書館員
- ☐ bibliophile **n** 愛書家, 蔵書家
- ☐ bibliobus **nm** 巡回（移動）図書館
- ☐ bibliopoche **nf** livre de poche<ペーパーバック>の専門店

124

Mon frère est fort en m______ et il aime réfléchir à des problèmes difficiles.

兄（弟）は**数学**が得意で, 難問を考えるのが好きだ.

crayon

[krɛjɔ̃] **nm**

鉛筆

別例 Notre fille a reçu une boîte de crayons de couleur. うちの娘が色鉛筆を一箱もらった.

gomme

[gɔm] **nf**

消しゴム

別例 frotter le papier avec une gomme「紙を消しゴムでこする」

imprimante

[ɛ̃primɑ̃t] **nf**

(コンピュータの) プリンター

別例 imprimante (à) laser「レーザープリンター」

gymnastique

[ʒimnastik] **nf**

体操, 体育

*gymと略す.

別例 salle de gym「トレーニングジム」/ Il est professeur de gymnastique. 彼は体育教師です.
*なお「プールで行なう運動（体操）, ウオーターエクササイズ」を指して **aquagym nf** と呼ぶ.

関連 -que:「学問」(女性名詞) の例

- ☐ esthétique 美学
- ☐ électronique 電子工学
- ☐ éthique 倫理学
- ☐ linguistique 言語学
- ☐ mécanique 力学, 機械学
- ☐ robotique ロボット工学

bibliothèque

[biblijɔtɛk] **nf**

図書館, 本箱, 書架

別例 La bibliothèque est ouverte de 9 heures à 23 heures. その図書館は9時から23時まで開いている. / J'ai cinq bibliothèques, mais elles ne suffisent pas pour mes livres. 書棚は5つあるのですが, それでは自分の本を入れるには足りません.
médiathèque nf「マルチメディア（視聴覚）ライブラリー」

関連 図書館

- ☐ bibliothécaire **n** 図書館員, 司書
- ☐ carte de lecteur **nf** 閲覧者証
- ☐ service de prêt **nf** 貸出カウンター
- ☐ salle de lecture **nf** 閲覧室
- ☐ périodique **nm** 定期刊行物

mathématiques

[matematik] **nfpl**

数学

être bon(ne) en mathématiques としても同じ意味.「数学が弱い（不得手だ）」なら être mauvais en mathématiques という. 通常, 複数形で使う. 口語では maths [mat] と略すことが多い.

125

Beaucoup de gens ne comprennent pas l'importance de l'e_____ primaire.

初等**教育**の重要性をわかっていない人がたくさんいる.

126

Ma fille fait des é_____s de droit à l'université de Niigata.

娘は新潟大学で法律を**学んで**います.

127

Mon fils est en a_____ chez un coiffeur.

息子は理髪店で**見習い**中です.

128

La s_____ fait des progrès chaque jour.

科学は日々進歩している.

129

La p_____ est une science médicale et philosophique.

心理学は医学的かつ哲学的学問です.

130

La s_____ est l'étude des structures et activités humaines en société.

社会学は人間にかかわる社会構造と活動についての学問です.

131

Je suis à la r_____ d'un emploi depuis six mois, mais je n'ai reçu aucune offre.

就職**活動を始めて**6ヶ月になりますが, オファー（内定）をもらっていません.

132

Je regardais des p_____s TED sur YouTube.

私はYouTubeでTEDの**プレゼンテーション**を見ていた.

enseignement
[ɑ̃sɛɲmɑ̃] **nm**

教育, 教職

別例 Ma nièce est dans l'enseignement. 姪（めい）は教職に就ている.

étude
[etyd] **nf**

学問, 研究,（複数で）学業

別例 Qu'est-ce que vous ferez après vos études ? 卒業後は何をするつもりですか. / Combien de temps lui a-t-il fallu pour finir ses études ? 彼（彼女）が研究を終えるのにどのぐらいの時間を要したのですか.

apprentissage
[aprɑ̃tisaʒ] **nm**

実習, 研修期間, 学習

別例 l'apprentissage du français「フランス語の学習」

science
[sjɑ̃s] **nf**

科学, 学問,（複数で特定・個別の）学, 知識

別例 Ma fille a une bonne connaissance des sciences fondamentales. 私の娘は基礎科学の知識が十分にある.

psychologie
[psikɔlɔʒi] **nf**

心理学,（個人や集団の）心理, 心理的な洞察

別例 Pouvez-vous comprendre la psychologie d'une telle femme ? あのような女性の心理がわかりますか.

sociologie
[sɔsjɔlɔʒi] **nf**

社会学

別例 Mon fils se spécialise en sociologie. 息子は社会学を専攻しています.

recherche
[rəʃɛrʃ] **nf**

（人や物を）探すこと, 探し求めること,（学術的な）研究, 調査

別例 Elle a passé sa vie à faire des recherches sur les chimpanzés. 彼女はチンパンジーの研究に生涯を捧げた.

présentation
[prezɑ̃tasjɔ̃] **nf**

（意見や製品の）発表, プレゼン（テーション）, 提示

別例 présentation des passeports au contrôleur「係員へのパスポートの提示」/ présentation d'un film「映画の試写会」

◉ 家屋（台所仕事）・建物（関連語）

133

Mon fils a construit sa propre m_____ à Grenoble le mois dernier.

息子は先月グルノーブルにマイ**ホーム**を建てた.

関連 **住居**

- ☐ appartement **nm** マンション
- ☐ immeuble **nm** ビル, 集合住宅
- ☐ studio **nm** ワンルームマンション
- ☐ bâtiment **nm** 建物, ビル (=immeuble)

134

Nous avons acheté un a_____ avec un prêt immobilier de 20 ans.

20年ローンで**アパルトマン**を購入した.

135

Est-ce que vous cherchez un s_____ ?

ワンルームマンションを探しているのですか.

136

Je me lève vers 5 heures tous les matins, car je dois faire le m_____ avant de partir travailler.

毎朝5時ごろに起きます, 出勤前に**掃除（部屋のかたづけ）**をしなくてはならないので.

137

Passe l'a_____ sur le tapis, s'il te plaît.

絨毯に**掃除機**をかけてください.

138

Il n'y a rien à manger dans le f_____.

冷蔵庫には食べるものが何もありません.

maison

[mɛzɔ̃] **nf**

(一戸建ての) 家

別例 Un ami a une maison de campagne à Izu, et il nous invite. 友人が伊豆に別荘を持っていて, 私たちを招待してくれる.
*une maison de campagne は「(田舎の) 別荘」, une villa は「庭付きの邸宅」/ Je te régalerai d'un repas allemand maison. ドイツの家庭料理をご馳走しますよ.

- □ digicode **nm** (ビルの入り口に設置された) デジタルロック, ドアコード
- □ salle de séjour **nf** リビングルーム
- □ chambre **nf** 寝室
- □ cuisine **nf** 台所, キッチン
- □ bureau **nm** 書斎
- □ toilettes **nfpl** トイレ
- □ couloir **nm** 廊下
- □ escalier **nm** 階段
- □ cave **nf** 地下室, (地下の) ワイン貯蔵庫
- □ grenier **nm** 屋根裏部屋

appartement

[apartəmɑ̃] **nm**

(建物の一室) アパルトマン, マンション

別例 Y a-t-il un appartement hôtel près d'ici ? この近くにアパートメントホテルはありますか.
*appart'hôtel とも綴る. なお, 不動産の用語で CC (=charges comprises) は「管理費込み」の意味.

studio

[stydjo] **nm**

ワンルームマンション, スタジオ

別例 Il a déménagé dans un petit studio en centre-ville. 彼は都心の小さなワンルームマンションに越した. / filmer en studio「スタジオで撮影する」

ménage

[menaʒ] **nm**

家事, (特に) 掃除

faire le ménage で「(家の) 掃除をする」の意味.
別例 Si possible, j'aimerais embaucher une femme de ménage. できるなら, 家政婦さんを雇いたい.
*「家事全般」の意味でも使われる.

aspirateur

[aspiratœr] **nm**

電気掃除機

別例 Aïe ! J'ai tapé mon petit orteil sur l'aspirateur. 痛っ, 掃除機に足の小指をぶつけた.

frigo

[frigo] **nm**

冷蔵庫

なお,「冷蔵庫」は **réfrigérateur nm** あるいは **frigidaire nm** ともいう.

139

Ma grand-mère évite d'utiliser le c_____, même en été.

祖母は夏でも**エアコン**を使うのを避けています.

140

De nos jours, les c_____s ont souvent des bourrages papier.

近頃, **コピー機**がしょっちゅう紙詰まりを起こします.

141

Je faisais la l_____ quand le téléphone a sonné.

洗濯をしていたら電話が鳴った.

142

Cette blanchisserie garantit un l_____ en moins de 24h.

あのクリーニング店は24時間以内での**洗濯仕上げ**を保証している.

143

Votre s_____ est-il au gaz ou électrique ?

お宅の**衣類乾燥機**はガスですか電気ですか.

144

Il faudra plus de six mois pour rénover cet i_____ d'habitation.

この**ビル(マンション)**の改築に半年以上かかる.

145

Qu'est-ce que c'est, le b_____ vert derrière cette église ?

あの教会のうしろにある緑色の**建物**は何ですか.

climatiseur

[klimatizœr] **nm**

(空調装置の) エアコン

air conditionné nm ともいう. なお「空調, 冷房」の意味なら **climatisation nf** を用いる.
climatisé(e) adj「(建物などに) エアコンを入れた, 空調した」
例 On avait vraiment chaud, l'ensemble de l'hôtel n'était pas climatisé. 本当に暑かった, ホテル全体にエアコンが入っていなかったのだ.

copieur

[kɔpjø] **nf**

コピー機

photocopieur nm, **photocopieuse nf** も同義.
copie nf「コピー, 複写」
例 Vous savez où on peut faire des copies ? コピーのできる場所をご存知ですか.

lessive

[lɛsiv] **nf**

洗濯 (物), 洗剤

faire la lessive「洗濯する」(=laver *qqch*)
別例 acheter un paquet de lessive「洗剤を1箱買う」

lavage

[lavaʒ] **nm**

洗うこと, 洗浄

別例 lavage d'estomac「胃洗浄」

sèche-linge

[sɛʃlɛ̃ʒ] **nm**

(洗濯物の) 乾燥機

「物干し用具」(=séchoir à linge) や「ヘアー・ドライアー」(=sèche-cheveux) を意味する **séchoir nm** を「乾燥機」の意味で使うこともある. なお,「洗濯機」は **machine à laver nf** という.

immeuble

[imœbl] **nm**

(数階建ての) 大きな建物, ビル, マンション

別例 Vous travaillez à quel étage dans cet immeuble de bureaux ? このオフィスビルの何階で働いているのですか.

bâtiment

[batimɑ̃] **nm**

ビルディング, 建物
*ビル, 家屋, 工場などの建物を指す.

別例 Le feu s'est propagé très rapidement dans le bâtiment, mais heureusement tout le monde a pu s'échapper. 火災は建物全体に急速に広がったが, 幸いなことに全員が逃げることができた.
*類義の un immeuble は「住居用・事務用の共用ビル」を, un édifice は「(公共の) 大建造物」を指す.

146

Les s_____ de base-ball et de football servent souvent de salles de concert.

野球場やサッカー場はよく音楽のコンサート**会場**も兼ねている.

147

Ses parents travaillent en u_____.

彼（彼女）の両親は**工場**で働いている.

148

Les c_____s d'usine fument jour et nuit.

工場の**煙突**からは昼夜を問わず煙が出ている.

149

Pas question, je ne suis pas une m_____ !

とんでもない, 私は**機械**じゃない.

150

La machine à sous est en p_____.

スロットマシンが**故障**した.

151

La v_____ de ce designer de renommée mondiale est magnifique.

あの世界的なデザイナーの**別荘**は豪華だ.

152

Ma tante vivait dans un grand l_____.

おばはとても**贅沢**な暮らしをしていた.

153

Le c_____ nous a permis de nous détendre en famille.

コテージで家族水入らずでゆっくりできました.

stade

[stad] **nm**

競技場, スタジアム

別例 Les compétitions ont eu lieu dans le stade olympique. 大会はオリンピックスタジアムで開催された

usine

[yzin] **nf**

工場

「工場労働者」は un ouvrier [une ouvrière] d'usine,「工場長」は un directeur [une directrice] d'usine という.

cheminée

[ʃ(ə)mine] **nf**

暖炉, 煙突

ストーブの「煙突」には **tuyau nm** を使い, ストーブから煙突までの「排煙管」は tuyau de poêle という.
別例 faire du feu dans la cheminée「暖炉で火を燃やす」

machine

[maʃin] **nf**

(電動で比較的大型の) 機械

別例 machine à laver「洗濯機」/ machine à coudre「ミシン」
＊類義の **appareil nm** は「カメラや電話など小型家電」, **instrument nm** は「手術や計測などに使う器具, 楽器」, **outil nm** は「大工用の道具, 園芸用の道具」を指す. なお, **barre d'outils nf** は「(パソコン画面の) ツールバー」のこと.

panne

[pan] **nf**

故障,(事故による) 停止

en panne で「故障している」の意味.
別例 panne d'électricité「停電」/ être en panne d'essence「ガス欠になる」

villa

[vi(l)la] **nf**

(避暑地にある庭やプール付きの高級な) 別荘

日本には villa と呼べる「別荘」はほとんどない. une maison de campagne あるいは un cottage と呼ぶ方がふさわしい.

luxe

[lyks] **nm**

贅沢 (ぜいたく), 豪華, 過剰

別例 Mon père aime les voitures de luxe. 私の父は高級車が好きだ. *de luxe で「贅沢な, 豪華な」の意味になる. 日本語の「デラックス」はこの de luxe を英語風に発音したもの.

chalet

[ʃalɛ] **nm**

山小屋, コテージ

別例 Après l'opération, elle est restée dans un chalet en montagne avec l'air pur pour se rétablir. 手術の後, 彼女は健康を取り戻すために空気のきれいな山荘に滞在した.

154

J'arrive au b_____ à 11 heures aujourd'hui.

今日は11時に出**社**です.

関連 bureauあれこれ

- □ bureau de change **nm** 両替所
- □ bureau de renseignement **nm** 案内所
- □ bureau de vote **nm** 投票所
- □ bureau des objets trouvés **nm** 遺失物取扱所

155

Vous souhaitez visiter le m_____ ou vous promener sur le marché ?

美術館(博物館)を訪れますか, それとも市場を散策しますか.

156

Demain après-midi, je vais au musée d'Orsay voir une e_____ de Gustave Doré.

明日の午後, オルセー美術館にギュスターヴ・ドレの**展覧会**を見に行きます.

157

Vous savez où se trouve le t_____ ?

劇場がどこにあるかご存知ですか.

158

Tu viens demain à mon s_____ de danse ?

明日, 私のダンス**ショー**に来ませんか.

159

Vous êtes le chef de file sur la s_____ de votre vie.

あなたの人生の**主役**(人生の**舞台のリーダー**)はあくまであなただ.

160

Le samedi, je vais faire les courses avec mon mari au s_____ .

毎週土曜には, 夫といっしょに**スーパー**に買い物に行きます.

bureau

[byro] **nm** **pl bureaux**

会社, オフィス,(事務用の) 机, 書斎

別例 Je vais au bureau à[en] vélo. 私は自転車で会社に通っている. / Le bureau de poste ouvre à neuf heures du matin. 郵便局は朝の9時に開く. / Nous avons des bureaux dans plusieurs pays. 当社はいくつかの国にオフィスがあります.

追記
日本人は「会社」という単語を使いすぎると言われる. たとえば「日曜は会社に行かなくてはならない」なら Je dois aller <u>à l'entreprise</u> dimanche. より, 「会社」=「事務所（職場）」ととらえて Je dois aller <u>au bureau</u> dimanche. とする方が自然.

musée

[myze] **nm**

美術館, 博物館

別例 La Joconde se trouve au musée du Louvre. モナ・リザはルーヴル美術館にあります. / Où est le musée Rodin, s'il vous plaît ? ロダン美術館はどこでしょうか.
*芸術家 **artiste n** の名を冠した「美術館」に de は添えない.

exposition

[ɛkspozisjɔ̃] **nf**

展覧会, 博覧会

exposer vt「(美術品などを) 展示する」
例 Pendant six mois, elles a cherché un endroit pour exposer ses œuvres. 半年間, 彼女は自分の作品を展示する場所を探した.

théâtre

[teatr] **nm**

劇場, 芝居, 演劇

別例 aller au théâtre「芝居を見に行く」/ faire du théâtre「芝居をやる」/ Ma fille est inscrite dans le club de théâtre. 娘は演劇部に入っています.

spectacle

[spɛktakl] **nm**

(映画や演劇などの) 見せ物, ショー , 光景

別例 Le coucher de soleil nous offrait un spectacle magnifique. 沈む太陽は私たちに素晴らしい光景を見せてくれていた.
pectateur, spectatrice n「(芝居, 映画, スポーツなどの) 観客」

scène

[sɛn] **nf**

(劇場の) 舞台,(映画などの) シーン, 場面, 光景

別例 Je voudrais deux places pour 21h, s'il vous plaît ; près de la scène si possible. 21時の席を2枚ください, できればステージの近くで. / C'était une scène affreuse. それは恐ろしい光景だった.

supermarché

[sypɛmarʃe] **nm**

スーパーマーケット

別例 Ma sœur travaillait comme caissière dans un supermarché pendant les vacances d'été. 姉（妹）は夏休みの間, スーパーマーケットでレジ係として働いていました.

161

Cet après-midi, Alice va faire des a_____s avec son mari.

今日の午後, Aliceは夫といっしょに**買い物**に行きます.

162

Est-ce qu'il y a une b_____ dans ce quartier ?

この界隈に**銀行**はありますか.

163

Ma femme a demandé la réémission de sa carte de c_____.

妻は**クレジット**カードを再発行を求めた.

164

Est-ce que je peux payer par c_____ ?

小切手で支払えますか.

165

Elle a payé par v_____.

彼女は**振替**で送金した.

166

Après avoir tourné au coin, vous verrez un bureau de p_____ sur votre gauche.

角を曲がったら, 左手に**郵便局**が見えます.

167

Je pense que Paméla sera nommée au nouveau p_____, elle a beaucoup d'expérience.

Psamélaが新しい**ポスト**に任命されると思います, 経験が豊富なので.

168

J'ai envoyé les documents fiscaux en r_____.

税金関連の書類を**書留**で送った.

achat
[aʃa] **nm**

購入, 買うこと

faire des achats はやや古い言い回し. faire du shopping とか faire les magasins「ウインドーショッピングする」などを使うのが通例, 日用品の「買い物」ならば faire les courses という.
別例 J'ai le temps de faire des achats avant d'embarquer ? 搭乗（乗船・乗車）前に買い物する時間はありますか.

banque
[bɑ̃k] **nf**

銀行

employé(e) de banque n「銀行員」, **bancaire adj** は「銀行の」の意味. 例 Les services bancaires par Internet sont beaucoup plus pratiques que d'aller à la banque en personne.直々に銀行に出向くよりネットバンキングを利用する方がずっと便利だ.

crédit
[kredi] **nm**

（ビジネスや金銭上の）信用, クレジット,（大学の）単位

別例 Elle a eu 8 crédits en littérature française. 彼女はフランス文学で8単位を取得した.

chèque
[ʃɛk] **nm**

小切手

tirer [émettre] un chèque「小切手を切る」, toucher un chèque「小切手を現金にする」. なお,「トラベラーズチェック」un chèque de voyage は2014年3月に日本では終売となった.

virement
[virmɑ̃] **nm**

（口座の）振替,（手形の）交換

envoyer [faire] un virement も同義.
別例 virement bancaire「銀行振替」
virer vt「（ある金額を）振り込む, 首にする」
例 Notre patron a été viré. 社長は首になった.*Notre patron a été limogé [licencié]. などと言い換えられる.

poste 1
[pɔst] **nf**

郵便局 = **bureau de poste** , 郵便

La poste est près du café. 郵便局はカフェのそばです. / J'ai envoyé ce paquet par la poste. あの小包は郵便で送りました.
poster vt「投函する, 郵送する」
例 Tu sors ? Tu peux poster cette lettre ? 出かけるの.（だったら）この手紙を投函してくれる.

poste 2
[pɔst] **nm**

地位, ポスト, 部署

別例 Il a tout simplement abandonné ce poste il y a une semaine. 彼は1週間前にそのポストをあっさり捨てました.

recommandé
[rəkɔmɑ̃de] **nm**

書留

J'ai recommandé les documents fiscaux. と言い換えられる.
recommander vt「勧める, 忠告する,（郵便物を）書留にする」
例 Alors, quel plat vous me recommandez ? では, どの料理がおすすめですか.

169

Le c_____ est arrivé avec trois jours de retard.

3日遅れて**郵便物**が届いた.

170

Il a envoyé une l_____ d'amour à son camarade de classe.

彼はクラスメイトにラブ**レター**を送った.

関連 手紙
- ☐ enveloppe **nf** 封筒
- ☐ carte postale **nf** 絵葉書
- ☐ expéditeur, expéditrice **n** (郵便物の) 差出人

171

Trois t_____s à 1 €, s'il vous plaît.

1ユーロ**切手**を3枚ください.

172

Je voudrais envoyer ce p_____ par avion en Chine, s'il vous plaît.

この**小包**を航空便で中国に送りたいのですが, お願いします.

173

Pour le courrier, c'est quel g_____, s'il vous plaît ?

郵便物なのですが, **窓口 (カウンター)** はどこでしょうか.

174

Je te retrouve devant le c_____ à 18h.

午後6時に**映画館**の前で待ち合わせましょう.

175

Je suis allé(e) au cinéma avec mes amis à la s_____ de 17 h 45.

午後5時45分から**上映される回**に友人たちと映画を見に行った.

courrier
[kurje] **nm**

(集合的に) 郵便物

Est-ce qu'il y a du courrier pour moi ? 私あての郵便がありますか.
＊「郵便, 郵便業務」には la poste を使う.
例 La poste marche mal dans cette région. この地域は郵便事情が悪い.

lettre
[lɛtr] **nf**

手紙, 文字, (複数形で) 文学

別例 lettre majuscule [minuscule]「大文字[小文字]」/ faculté de lettres「文学部」

□ destinataire **n** (郵便物の) 受取人
＊à l'attention de *qqn*で「(封筒の表やメールの冒頭で) ～様宛」の意味になる.
例 À l'attention des professeurs「教員の皆様宛 (教員各位宛)」(組織内の一部に向けた手紙の上書きとして, つまり学生や事務方ではなく教員宛という意味合い)
□ colis (postal) **nm** (郵便) 小包 (=paquet)

timbre
[tɛ̃br] **nm**

郵便切手

別例 Mon fils collectionne des timbres de tous les pays. 息子は世界中の切手を集めています. / coller un timbre sur une carte postale「絵はがきに切手を貼る」

paquet
[pakɛ] **nm**

包み, 小包 = colis, (商品の) 箱, 袋

別例 Mon oncle fume un paquet par jour. おじは1日に1箱タバコを吸う. / Vous pourriez me faire un paquet cadeau ? 包装していただけませんか.
＊見出し語が広く「梱包した荷物, 包み」を指すのに対して, 類義の **colis nm** は「郵送を目的とした小包」を指す点で違いがある.

guichet
[giʃɛ] **nm**

(銀行や劇場, 駅などの) 窓口, カウンター

別例 Réservez vos places au guichet numéro 10. 10番窓口で席を予約してください. / Comment est-ce que je peux me rendre au guichet automatique le plus proche d'ici ? ここから最寄りの ATM に行くにはどうすればいいですか.
＊guichet automatique (bancaire) はATMのこと.

cinéma
[sinema] **nm**

(ジャンルとしての) 映画, 映画館

別例 À quelle fréquence allez-vous au cinéma ? どのくらいの頻度で映画に行きますか. ＊「映画を見にいく」aller voir un film も類義. / Quelle est la star de cinéma la plus populaire de nos jours ? 最近一番人気のある映画スターは誰ですか.

séance
[seɑ̃s] **nf**

会議, 会期, (映画などの) 上映, 上演, (レッスンなどの) 1回の時間

別例 séance d'ouverture「開会式」/ tenir séance「開会[開廷]中である (=être en séance)」.

176

L'a_____ de voyages vous donnera beaucoup d'informations sur les hôtels en Asie du Sud-Est.

その旅行**代理店**は東南アジアのホテルについてたくさんの情報を提供してくれる.

177

J'ai déjà travaillé pour Issey Miyake, dans l'une de ses b_____ au cœur de Tokyo.

かつて三宅一生に雇われ, 東京の中心部にある彼が経営する**店**の1つで働いていた.

関連 店・店舗

☐ boutique de fleuriste **nf** 花屋

☐ boulangerie **nf** パン屋

*croissanterie **nf**「クロワッサン専門店」, sandwicherie **nf**「サンドイッチ専門店」もある.

178

Les m_____s de la rue de Rivoli font des soldes.

リヴォリ通りの**お店**はバーゲン中です.

179

À quel étage est le r_____ des vêtements pour hommes ?

紳士服**売り場**は何階ですか.

180

Où est la c_____ ?

レジはどこですか.

181

Je vais souvent à la l_____ le week-end.

週末はよく**本屋**に行きます.

182

Chers c_____, notre magasin va fermer.

お客様に申し上げます, 当店は間もなく閉店の時間です.

agence

[aʒɑ̃s] **nf**

代理店,(銀行などの)支店

別例 agence immobilière「不動産屋」/ agence théâtrale「プレイガイド」/ agence matrimoniale「結婚相談所(紹介所)」

boutique

[butik] **nf**

店, ブティック

別例 Mon ami a enfin ouvert sa boutique à Lyon. ついに, 友人がリヨンに店をオープンした. / C'est la patronne de cette boutique. 彼女はこの店の経営者です.

- □ pâtisserie **nf** ケーキ屋
- □ boucherie **nf** 肉屋 *「豚肉屋」は charcuterie **nf** という.
- □ poissonnerie **nf** 魚屋

magasin

[magazɛ̃] **nm**

(boutiqueより規模の大きな)店

別例 Ma femme aime faire les magasins. 妻はショッピングが好きです. / Où est le magasin de vin ? ワイン専門店はどこですか. / Vous venez souvent dans ce magasin ? このお店にはよくおいでですか. / grand magasin「デパート」

rayon

[rɛjɔ̃] **nm**

(デパートの)売り場, コーナー, 持ち場, (書籍などの)棚, 段

別例 chef de rayon「売り場主任」/ Ce n'est pas mon rayon. それは私には関係ない(←私の得意な分野ではない).

caisse

[kɛs] **nf**

レジ,(大きな)箱, 金庫

Où est-ce qu'on règle ?「どこで支払うのですか」という問いも類義.
別例 Il y a breaucoup de caisses de livres dans notre grenier. 本を入れた箱がわが家の屋根裏部屋にたくさんあります.

librairie

[librɛri] **nf**

書店, 本屋

別例 J'ai trouvé le livre que je cherchais depuis longtemps dans cette librairie. この書店でずっと探していた本を見つけました.

client, cliente

[kliɑ̃, kliɑ̃t] **n**

(店などの)客, 取引先

別例 On organise une vidéoconférence avec des clients à l'étranger. 海外の取引先とビデオ会議を行なう. / Les clients n'ont-ils pas le droit de se garer dans le garage ? 顧客はガレージに駐車できませんか.

183

Cet après-midi, je vais visiter les m_____ importants de cette ville.

今日の午後は, この町の重要な**記念建造物**をいくつか訪ねるつもりです.

184

Nous avons visité une vieille é_____ gothique hier.

昨日, 私たちはゴシック様式の古い**教会**を訪れた.

185

Il paraît que cet hôtel est à côté de la c_____ Saint-Etienne.

そのホテルはサンテチエンヌ**大聖堂**の隣にあると思います.

186

De quel siècle date ce vieux c_____ ?

この古**城**は何世紀のものですか.

187

Je voudrais contacter l'a_____ du Canada.

カナダ**大使館**に連絡したいのですが.

188

L'empereur et l'impératrice vivent au p_____ de Fukiage.

天皇皇后両陛下は吹上**御所**にお住まいです.

189

Paris comporte 37 p_____s au-dessus de la Seine.

パリにはセーヌ川に架かる**橋**が37ある.

190

Êtes-vous déjà monté(e) sur la t_____ Eiffel ?

エッフェル**塔**に登ったことがありますか.

monument
[mɔnymɑ̃] **nm**
大建造物, 記念建造物

別例 Habituellement, on ne peut pas visiter ce monument commémoratif. 普段, あの記念碑には参拝できません.

église
[egliz] **nf**
(カトリック) 教会

別例 Ils se sont mariés à l'église malgré les objections de leurs parents. ふたりは親の反対をよそに教会で式を挙げた.

---

cathédrale
[katedral] **nf**
大聖堂, カテドラル

別例 La cathédrale date du XVe siècle. その大聖堂は15世紀のものです.

---

château
[ʃato] **nm** **pl châteaux**
城, 城館

別例 J'ai fini par ne pas aller au château de Versailles pendant mon séjour à Paris. パリ滞在中, 結局ヴェルサイユ宮殿には行きませんでした. / Quelques personnes vivent encore dans ce château. 今もあの城では数名の人が暮らしている.

---

ambassade
[ɑ̃basad] **nf**
大使館

別例 aller à l'ambassade pour faire une demande de visa 「ビザを申請しに大使館に行く」

---

palais
[palɛ] **nm**
宮殿

*「大統領官邸」も見出し語を用いて un palais présidentiel となる. ただし, 「ベルサイユ宮殿」は **château de Versailles nm** なので注意したい.

---

pont
[pɔ̃] **nm**
橋, (休日にはさまれた平日を休みにした) 連休

別例 Tournez à droite devant le petit pont. 小さな橋の手前を右に曲がってください. / D'après la météo, il neigera sans cesse pendant les trois jours de pont. 天気予報によれば, 3連休はずっと雪です. / faire le pont 「(休日にはさまれた平日を休みにして) 連休にする」

---

tour 1
[tur] **nf**
塔, 超高層ビル

別例 la tour Montparnasse 「モンパルナスタワー」 / les tours de la Défense 「デファンス地区の高層ビル群」

191

Nous sommes allé(e)s au buffet dans un h_____ de luxe pour le déjeuner.

お昼に, 高級**ホテル**のビュッフェに行きました.

関連 ホテル
- □ réception **n** フロント
- □ hall **nm** ロビー
- □ chambre à un lit **nf** シングルルーム
- □ réveil téléphonique **nm** モーニングコール
- □ service de chambre **nm** ルームサービス

192

Le comptoir d'information est situé dans le h_____ d'entrée.

案内所は玄関**ホール**にあります.

193

Je vais demander à la r_____.

受付(フロント)で聞いてみます.

194

Cette a_____ ressemble à un château.

この**オーベルジュ**は外観が城のようだ.

195

Ma mère est entrée à l'h_____ la semaine dernière.

先週, 母親が入**院**しました.

関連 病院
- □ examen médical **nm** 健康診断
- □ attraper un rhume 風邪をひく (=s'enrhumer)
- □ avoir la grippe インフルエンザにかかる (=attraper la grippe)
- □ attraper le [la] Covid 新型コロナにかかる
  ＊「コロナ」の性は定まっていない.

hôtel

[otɛl] **nm**

ホテル,(ある種の)公共建造物

別例 Je vais rester à l'hôtel Opéra, 17 rue des Oliviers. オリヴィエ通り17番地のホテル・オペラに泊まります. / M. Hazard a oublié son passeport à l'hôtel où il séjournait. Hazard さんは滞在先のホテルにパスポートを忘れた. / Hôtel de ville「市役所」

- ☐ note (d'hôtel) **nf** (ホテル代の) 勘定 (書)
- ☐ réserver une chambre 部屋を予約する
- ☐ annuler [modifier] sa réservation 予約をキャンセルする[変更する]
- ☐ prendre sa chambre チェックインする *remplir une fiche も類義.
- ☐ quitter [libérer] sa chambre チェックアウトする

† hall

['ol] **nm**

(ホテルの) ホール,
(駅の) コンコース

別例 Rendez-vous dans le hall de l'hôtel, à huit heures du matin ! 朝8時にホテルのロビーに集合してください.

réception

[resɛpsjɔ̃] **nf**

(ホテルの) 受付, パーティー ,
歓迎会

別例 Ils ont organisé une réception de mariage dans un hôtel à Karuizawa. 彼らは軽井沢のホテルで結婚披露宴を開いた.
réceptionniste n「(ホテルや会社の) 受付係」
réceptionnaire n「(ホテルの) フロント主任」

auberge

[obɛrʒ] **nf**

オーベルジュ (地方や郊外にある多くはレストランを兼ねたホテル)

une auberge de jeunesse「ユースホステル」

hôpital

[ɔpital] **nm**
pl hôpitaux [-to]

病院

別例 aller à l'hôpital「病院に行く」/ être à l'hôpital「入院している」/ sortir de l'hôpital「退院する」(=quitter l'hôpital) / aller voir *qqn* à l'hôpital「〜を見舞いにいく」

- ☐ avoir la nausée 吐き気がする (=avoir mal au cœur)
- ☐ faire une piqûre 注射を打つ (=faire une injection)
- ☐ être hospitalisé(e) 入院する (=entrer à l'hôpital)
- ☐ quitter l'hôpital 退院する (=sortir de l'hôpital)

196

Je ne suis pas satisfait de la réponse de cet a_____ immobilier.

私はあの不動産**仲介業者**の対応には満足していません.

関連 **不動産仲介業者**
- ☐ annonces immobilières **nfpl** 不動産広告
- ☐ appartement meublé [vide] **nm** 家具付き[なし]アパルトマン
- ☐ colocation **nf** シェアハウス (共同借家)
- ☐ loyer **nm** 賃貸料, 家賃

197

Il a un e_____ négligé.

彼はだらしない**身なり**をしている.

198

Ma fille a fermé la porte à clé de l'i_____.

娘は**内側**からドアに鍵をかけた.

◉ 屋内・屋外あれこれ

199

L'aéroport de Charles de Gaulle est la porte d'e_____ de la France.

シャルル・ド・ゴール空港はフランスの**表玄関**だ.

200

Où est la s_____ de secours ?

非常**口**はどこでしょうか.

201

J'ai laissé mon sac sur le siège dans la s_____ d'attente.

待合**室**の席にバッグを置き忘れてしまったのですが.

agent [1]

[aʒɑ̃] **nm**

代理人, 仲介業者

別例 agent d'assurances「保険代理人」/ agent de publicité「広告代理業者」

□ dépôt de garantie **nm** 保証金 (=caution **nf**)
□ charges **nfpl** 管理費
*500 euros charges comprises なら「管理費・諸経費込みで500ユーロ」の意味. exposition **nf** 家の向き, 日当たり (=ensoleillement **nm**).

extérieur

[ɛksterjœr] **nm**

(建物などの) 外, 外部, 外国 ↔ **intérieur**, (人の) 外見

別例 Déjeunons ensemble à l'extérieur. いっしょに戸外で昼食をとりましょう. / Je vais faire peindre les murs extérieurs de ma maison. わが家の外壁を塗装するつもりです.
extérieur(e) adj「外の, 外部の, 対外的な」
例 commerce extérieur「外国貿易」

intérieur

[ɛ̃terjœr] **nm**

内部, 室内, 内側, 国内 ↔ **extérieur**

intérieur(e) adj「内側の, 室内の, 国内の」
例 On peut passer du salon à la chambre des parents par une porte intérieure. 居間から両親の部屋へは室内のドアを通っていける.

entrée

[ɑ̃tre] **nf**

玄関, 入り口 ↔ **sortie**, 入場, (料理) アントレ

別例 Mademoiselle, les renseignements, c'est à l'entrée de la gare. お嬢さん, 案内所は駅の入り口にありますよ. / «Entrée libre»「入場無料」/ Je vais prendre une assiette de crudités comme entrée. アントレ (1皿目の軽い料理) は生野菜の盛りあわせ (クリュディテ) にします.

sortie

[sɔrti] **nf**

出口 ↔ **entrée**, 外に出ること

別例 On a fait une petite sortie au bord de la mer hier. 昨日, 海辺をちょっと散歩した.

salle

[sal] **nf**

(住宅内の共用の) 部屋, (公共施設の) 会場, ホール

別例 salle à manger「食堂, ダイニングルーム」/ salle de séjour「居間, リビングルーム」(=le living, le salon) / salle de bain(s)「風呂」/ salle de classe「教室」

202

Ils habitent un appartement trois p____.

彼らは3**部屋**のマンションに住んでいます.

203

On voit la Seine depuis ma c____.

自分の**寝室**からセーヌ川が見えます.

204

C'est bien le c____ médical du docteur Caron ?

(電話で)Caron先生の**診療所**ですか.

205

Les c____s d'essayage sont là-bas, sur la gauche.

試着室はあちら, 左手です.

206

Il y a deux chambres et une c____ spacieuse dans ma deuxième maison.

私のセカンドハウスには寝室が2つと広々とした**キッチン**があります.

関連 キッチン用品
☐ le couteau　包丁, ナイフ
☐ la planche à découper　まな板

207

Ne laissez pas de vaisselle sale dans l'é____, lavez-la immédiatement.

汚れた食器を**流し**に入れたままにしないで, すぐに洗って.

208

Les v____ sont au rez-de-chaussée.

更衣室は1階です.

pièce

[pjɛs] **nf**

部屋, 硬貨, 戯曲

不動産広告などは un trois pièces cuisine / un trois-pièces avec cuisine「3DK」といった言い方をする. なお, une pièce には cuisine「キッチン」, toilettes「トイレ」, salle de bain(s)「風呂」は含まれない. **別例** Il y a une drôle d'odeur dans cette pièce. この部屋は変なにおいがする.

chambre

[ʃɑ̃br] **nf**

(ベッドのある) 部屋, 寝室

別例 Tout est en ordre dans la chambre de notre fille. うちの娘の部屋はすべてきちんと片づいている. / Je voudrais une chambre à un lit, avec petit déjeuner. シングルルームを朝食つきでお願いします.

cabinet

[kabinɛ] **nm**

(医者の) 診療室, 小部屋

*cabin (chambre「部屋」) + et「小さな」から.

別例 cabinet dentaire「歯科医院, 歯科の診療室」/ cabinet de lecture「閲覧室」/ aller aux cabinets「トイレに行く」
*複数形で使うと toilettes の意味.

cabine

[kabin] **nf**

ボックス, 小部屋, コックピット

別例 cabine de bain「(プールなどの) 更衣室」/ cabine de pilotage「(旅客機の) コックピット」
*poste de pilotage とも呼ぶ.

cuisine [1]

[kɥizin] **nf**

台所, キッチン

別例 des ustensiles de cuisine「台所用品」/ faire la cuisine et la vaisselle「台所仕事をする」

- ☐ la poêle　フライパン
  *le poêle は「ストーブ」の意味.
- ☐ la casserole　鍋
- ☐ la louche　おたま
- ☐ un bol　ボール
- ☐ un pot　ポット
- ☐ une bouilloire　やかん

évier

[evje] **nm**

(台所の) 流し, シンク

別例 évier (en) inox「ステンレスの流し」

vestiaire

[vɛstjɛr] **nm**

(ホテルや劇場の) クローク, (複数形で) 更衣室

別例 J'ai laissé mes objets de valeur au vestiaire de l'hôtel. ホテルのクロークに貴重品を預けた.

209

Samuel a des poissons tropicaux dans un aquarium dans le s_____.

Samuelは**リビング**にある水槽で熱帯魚を飼っています.

210

Où sont les t_____, s'il vous plaît ?

トイレはどこですか.

211

Ma chambre est à gauche dans le c_____, en face de la salle de bain(s).

私の部屋は**廊下**の左側, 風呂場の正面です.

212

Le bâtiment est équipé de nombreux a_____s.

そのビルはたくさんの**エレベーター**が備わっています.

213

Les toilettes de ce café sont au s_____.

このカフェの手洗いは**地下**です.

214

Mon collègue habite au r_____ d'un grand immeuble.

同僚は高層マンション**1階**に住んでいます.

215

À quel é_____ habitez-vous ?

何**階**にお住まいですか.

216

Céline habite dans le c_____ de Madrid [en plein centre de Madrid].

Célineはマドリードの**中心部**に住んでいる.

salon

[salɔ̃] **nm**

客間 = **salle de séjour, living**, 応接室, ～店

別例 un salon d'aéroport「空港ラウンジ」/ Ce salon est grand et très clair. この応接室は大きくてとても明るい. / J'ai envie d'aller au salon de thé [salon de massage, salon de coiffure]. サロン・ド・テ (菓子店にある喫茶室) [マッサージ店, 美容室] に行きたい.

toilettes

[twalɛt] **nfpl**

トイレ ＊W-C **nmpl** ともいう.「トイレットペーパー」はpapier toilette **nm**, PQ **nm**.

別例 aller aux toilettes「トイレに行く」/ Il y a quelqu'un aux toilettes. トイレは使用中だ. ＊「トイレに人がいる」が直訳. 会話では簡便に C'est occupé. (←ふさがっている) という. ただし, この言い回しは「(この席は) ふさがっています」「(電話で) 話し中です」の意味にも使われる.

couloir

[kulwar] **nm**

廊下, 通路, (バスなどの) レーン

別例 au fond du couloir「廊下の奥 (突き当たり) に」/ Mon père aime avoir une place côté couloir. 父は通路側の席に座るのが好きだ. / C'est un couloir de bus ? これはバス専用レーンですか. ＊une voie de bus ともいう.

ascenseur

[asɑ̃sœr] **nm**

エレベーター

別例 L'ascenseur est en panne. エレベーターは故障中です.
＊ちなみに「エスカレーター」は英語を避けて **escalier mécanique nm** を用いるように薦められるが **escalator nm** を使う人が大半.

sous-sol

[susɔl] **nm**

地下

別例 Le parking se trouve au deuxième sous-sol de ce bâtiment. 駐車場はこのビルの地下2階です.

rez-de-chaussée

[redʃose] **nm & pl**

1階

語頭 rez は「地面とすれすれ, 地面と水平」の意味なので「通りと同じ水準の階」の意味. ちなみに1階で専用の庭のある物件なら **rez-de-jardin nm** という.
別例 Il était dans la librairie au rez-de-chaussée du centre commercial. 彼はショッピングモール 1 階にある本屋さんにいました.

étage

[etaʒ] **nm**

(建物の) 階
＊日本の「2階」がフランスでは「1階」le premier étageに相当する.

別例 Il y a un bon restaurant au dernier étage de ce bâtiment. このビルの最上階にいいレストランがあります. / La cafétéria des employés est située au 16ᵉ étage et offre une vue panoramique sur la ville. 社員食堂は17階にあって街の景色が一望できます.

centre

[sɑ̃tr] **nm**

中心, センター (中心地)

別例 J'aimerais acheter des chaussures au centre commercial parce qu'elles sont en soldes en ce moment. ショッピングセンター (モール) で靴が買いたい, 今, セール中なので.
＊ちなみに「在庫一掃セール」なら **liquidation nf** という.

217

Mon fils m'a appelé au m______ d'une réunion.

息子が打ち合わせの**最中**に電話してきた.

218

On dit que le j_____ japonais représente Mère Nature et des idées religieuses.

日本**庭園**は大自然と宗教観を表現していると言われています.

219

Combien d'espèces d'animaux sont gardés dans ce z_____ ?

この**動物園**では何種類の動物が飼育されていますか.

220

Mon salon donne sur la c_____.

わが家の応接間は**中庭**に面しています.

221

Est-ce que vous lisez le j_____ tous les jours ?

毎日**新聞**を読みますか.

222

Pourriez-vous baisser le volume de la r_____ ?

ラジオの音量を下げていただけますか.

223

Mes enfants adorent les jeux v_____.

うちの子供たちは**テレビ(ビデオ)**ゲームが大好きです.

224

Je regarde la t_____ deux ou trois heures par jour en moyenne.

テレビを平均で1日2～3時間見ます.

milieu

[miljø] **nm** **pl milieux**

(場所などの) 中央,
(時間の) 真ん中

au milieu de *qqn* / *qqch*「(場所の) の中央に, (時間の) 半ばで」別例 Mon chat est au milieu du salon. うちの猫はリビングの中央にいます. / Elle a quitté l'université au milieu de l'année scolaire. 彼女は学年の途中で大学をやめた.
*見出し語は「環境」の意味でも使われる.

jardin

[ʒardɛ̃] **nm**

庭, 公園

別例 J'ai enlevé les mauvaises herbes du jardin. 庭の草取りをした. / Le moine balayait les feuilles mortes dans le jardin. 僧侶が庭の落ち葉を掃いていた. / Dans cette ville, il y a des parcs où les enfants peuvent jouer librement. この町には子供たちが自由に遊べる公園がいくつかある.

zoo

[zo(o)] **nm**

動物園

「動物園」は un jardin zoologique ともいう. ちなみに「植物園」なら un jardin botanique という.
別例 Papa nous a emmené(e)s au zoo il y a une semaine. パパが1週間前に僕たちを動物園に連れて行ってくれた. / Oui, allons au zoo aujourd'hui ! そうだ, 今日は動物園に行こう.

cour

[kur] **nf**

中庭, (球技の) コート,
(学校の) 校庭

別例 Beaucoup d'enfants jouaient dans la cour de l'école. 大勢の子供たちが校庭で遊んでいた.

journal

[ʒurnal] **nm** **pl journaux** [-no]

新聞, (テレビやラジオの)
ニュース, 日記

別例 Selon le journal télévisé, il neigera demain. テレビニュースによれば, 明日は雪です. / tenir [écrire] un journal「日記をつける」

radio

[radjo] **nf**

ラジオ

別例 écouter la radio「ラジオを聞く」/ à la radio「ラジオで」/ J'ai entendu les nouvelles à la radio hier soir. 昨夜, ラジオでそのニュースを聞いた.

vidéo

[video] **nf** **adj**

ビデオ (の)

形容詞としては性数変化をしない.
別例 Vous voulez voir une vidéo ? ビデオを見たいですか. / J'ai pris des vidéos avec mon smartphone. スマホでビデオを撮りました.

télévision

[televizjɔ̃] **nf**

テレビ
* téléと略す.

別例 Souhaitez-vous aller au restaurant thaïlandais qui a été présenté à la télévision ? テレビで紹介されたタイ料理店に行ってみませんか. / J'aime mieux la radio que la télévision. テレビよりラジオの方が好きなんだ. / Il travaille pour une chaîne de télévision. 彼はテレビ局で働いている.

225

Quelle **c_____** propose une émission sur le foot ?

サッカーの番組があるのはどの**チャンネル**ですか.

226

Ce site aide à trouver des **i_____s** pratiques sur le tourisme français.

このサイトはフランス観光に関する便利な**情報**を見つける助けになる.

227

Pouvez-vous me donner un **r_____** sur cela, s'il vous plaît ?

それについて何か**情報**をいただけますか.

228

Est-ce que je peux avoir une **b_____** en anglais ?

英語の**パンフレット**を1部ください.

229

Qu'est-ce qu'il y a d'intéressant au **p_____** de cet après-midi ?

午後に何かおもしろい**番組**はありますか.

230

Quelles sont vos **é_____s** de télévision favorites ?

お気に入りのテレビ**番組**は何ですか.

231

Cette nouvelle s'est répandue instantanément sur les **r_____x sociaux**.

そのニュース**はソーシャルネットワーク(SNS)**上で即座に広まった.

関連 テレビ
- □ station **nf** 放送局
- □ émission **nf** 番組
- □ émission en direct **nf** 生放送
- □ enregistrement **nm** 録画, 録音
- □ chaîne **nf** チャンネル
- □ publicité **nf** 広告, CM
- □ télétravailler **vi** テレワークをする

chaîne
[ʃɛn] **nf**

(テレビやラジオの) チャンネル

別例 Je voudrais un accès chaîne payante. 有料チャンネル見たいのですが.

information
[ɛ̃fɔrmasjɔ̃] **nf**

情報 =renseignement ,(複数で) (テレビやラジオの) ニュース

別例 J'avais vérifié les informations sur ce concert avant de partir. 出発前にこのコンサートに関する情報を調べておきました. / J'ai écouté les informations sportives à la radio ce matin. 今朝, ラジオでスポーツニュースを聞きました. **informaticien, informaticienne n**「情報科学者, 情報処理技術者」

renseignement
[rɑ̃seɲmɑ̃] **nm**

情報, インフォメーション, (複数で) 案内所

別例 Monsieur, les renseignements, c'est à l'entrée de la gare. 案内所は, 駅の入り口にありますよ.
*照会者からの要請に応じて与える「情報」を指すケースが多い.

brochure
[brɔʃyr] **nf**

(仮とじの) パンフレット

「(折りたたみの) パンフレット」なら **dépliant nm** という.

programme
[prɔgram] **nm**

プログラム,(テレビ・ラジオの) 番組, スケジュール

別例 Je dois installer un nouveau programme. 新しいプログラムをインストールしなくてはならない. / Quel est votre programme TV préféré ? 好きなテレビ番組は何ですか. / Quel est ton programme pour ce soir ? 今晩はどんな予定ですか.

émission
[emisjɔ̃] **nf**

放送, 番組 = programme

別例 Cette émission de radio est-elle intéressante ? このラジオ番組はおもしろいですか.

réseau
[rezo] **nm** **pl réseaux**

ネットワーク, 組織網, 網

別例 Réseau express régional「首都圏高速交通網 (RER)」/ Je dois contacter mon réseau d'amis. 友人のネットワークに連絡しなければならない.

232

Il a pris c_____ avec une avocate.

彼は弁護士に**連絡**を取った.

233

C'est un nouveau s_____ de location de vélos en libre-service. On peut prendre et laisser son vélo n'importe où.

これは新しいセルフサービスの自転車レンタル**システム**です. どこへでも自転車を持っていけますし, 乗り捨てもできます.

234

Cochez celui qui correspond le mieux au m_____ avant le début du film.

(出題設問文)映画が始まる前に流れる**メッセージ**に最も適当なもの(イラスト)にチェックを入れてください.

235

Excusez-moi, je n'ai pas vu le p_____ « interdiction de stationner ».

すみません,「駐車禁止」の**看板**を見落としました.

236

On peut vivre plus confortablement grâce aux nouvelles t_____s.

新しい**テクノロジー**のおかげでいっそう快適に暮らすことができる.

237

Pensez-vous que les o_____s sont indispensables à notre vie ?

パソコンは私たちの暮らしに不可欠だと思いますか.

関連 パソコン
- ☐ clavier **nm** キーボード
- ☐ souris **nf** マウス

238

Je ne peux plus imaginer la vie sans I_____.

インターネットなしの暮らしは私にはもう考えられない.

contact

[kɔ̃tact] **nm**

接触, 交際, 連絡

prendre contact avec *qqn* で「人と連絡を取る」の意味.

système

[sistɛm] **nm**

システム, 組織, 制度

別例 Vous vous intéressez au système éducatif en Afrique ? アフリカの教育制度に関心がありますか.

message

[mɛsaʒ] **nm**

メッセージ, 伝言

別例 Merci pour votre message. メッセージをありがとうございます. / Ma mère a laissé un message sur mon répondeur. 母は私の留守番電話に伝言を残した. / Est-ce que je peux laisser un message ? メッセージをお願いできますか.

panneau

[pano] **nm** **pl panneaux**

掲示板, パネル

別例 un panneau publicitaire「ビルボード, 広告板」

technologie

[tɛknɔlɔʒi] **nf**

科学技術, テクノロジー

別例 technologie numérique「デジタル技術」 ***technique nf** が"技（わざ）"をどう使うかという「技術, テクニック」を指すのに対して（例 technique de pointe「先端技術」）, 見出し語は"科学的な知識の応用"としての「技術」のこと.「情報科学（IT）」は **informatique nf** という. **technologique adj**「科学（工業）技術の」例 les progrès technologiques「科学技術の進歩」

ordinateur

[ɔrdinatœr] **nm**

パソコン, コンピュータ

別例 Mon ordinateur est en panne. 私のパソコンが故障した. *Mon ordinateur ne marche pas.「パソコンが動かない」とも言える. / J'utilise mon ordinateur au bureau tous les jours. 毎日, オフィスでパソコンを使っています.

- ☐ écran **nm** 画面
- ☐ clé USB **nf** USBメモリー
- ☐ icône **nf** アイコン *icone とも綴られる.

Internet

[ɛ̃tɛrnɛt] **nm**

インターネット

小文字 internet も使われている.
別例 Je passe environ une heure par jour à surfer sur Internet. 私は1日1時間ほどネットサーフィンをしています. *surfer sur le net [le web] も同義になる. ただし, 今では aller sur Internet「インターネットを使う」といった言い方が普通になってきている.

239

Tu peux me donner son adresse m_____ ?

彼（彼女）の**メール**アドレスを教えてくれる.

240

Pour adhérer à notre s_____, il faut payer une cotisation annuelle.

当**サイト**への加入にあたっては年会費のお支払いが必要です.

241

Installez cette a_____ sur votre téléphone portable.

この**アプリ**をあなたの携帯電話にインストールしてください.

242

Qu'est-ce que le w_____ ?

ワイファイとは何ですか.

243

L'installation d'un nouveau l_____ comporte trois étapes.

新しい**ソフトウェア**のインストールには 3 つのステップがあります.

244

Cet ordinateur a un a_____ sur le mien.

このパソコンは私のものより性能が**勝っている**.

245

La plupart d'entre nous sommes aveugles à nos propres d_____s.

たいていの人は自分の**短所**が見えていない.

246

J'ai une idée pour l'anniversaire de grand-mère : on lui achète une t_____ numérique.

私は祖母の誕生日に, 皆でデジタル**タブレット**を買うという考えでいます.

mail

[mɛl] **nm**

メール

別例 envoyer [recevoir] un mail「メールを送る [受け取る]」
*e-mail あるいは courriel (courrier électroniqueの略) なども同義として使われる.

site

[sit] **nm**

(WEB上の) サイト

*site web (英語 website), web, net, smartphone など情報関連の単語は英語をそのまま用いる例が少なくない. なお, 日本発祥の「絵文字」は世界に受け入れられ, フランス語では **emoji** (あるいは **Emoji**) **nm** として市民権を得ている.

application

[aplikasjɔ̃] **nf**

アプリケーション, アプリ

英語では app と略すが, フランス語では日本語同様に appli「アプリ」と略して使われる (例 télécharger une appli「アプリをダウンロードする」).
*「ワープロソフト」は **traitement de texte(s) nm**,「表計算ソフト」は **tableur nm** などと呼ぶ.

wifi / wi-fi

[wifi] **nm**

Wi-Fi (ワイファイ)

英語 Wireless Fidelity からフランス語に入った単語. Wi-Fi (無線LAN標準規格の互換性の名称) を使用してインターネットにアクセスできる物理的な場所を「ホットスポット」le borne wifi と呼ぶ.

logiciel

[lɔʒisjɛl] **nm**

ソフトウェア ↔ **matériel**

別例 logiciel de jeu「ゲームソフト」/ logiciel d'application「アプリケーションソフト」
logiciel, logicielle adj「ソフトウェアの」

avantage

[avɑ̃tʒ] **nm**

優位 ↔ **désavantage**, 長所, 利点

別例 Voici les avantages de ce choix. この選択の利点は次の通りです. / Quel avantage présente ce fruit ? このフルーツにはどんな優れた点があるのでしょうか.
avantageux, avantageuse adj「有利な (=profitable), (人に) 好都合な (=favorable)」

défaut

[defo] **nm**

欠点, 短所 ↔ **qualité**

別例 Elle parle trop vite, c'est son défaut. 彼女はあまりに早口で, それが欠点です.

tablette

[tablɛt] **nf**

タブレット, (機内などに設られた小さな) テーブル

別例 Relevez votre tablette, s'il vous plaît. (機内などで) テーブルをお戻しください.

247

Cet appareil marche à l'é_____.

この装置は**電気**で動く.

248

La b_____ de mon smartphone est morte. Je dois la recharger.

スマホの**バッテリー**がなくなった. 充電しないと.

249

La l_____ à huile rétro du chalet crée une atmosphère agréable.

山小屋のレトロなオイル**ランプ**はなんともいい雰囲気を醸しだしている.

250

La vue de l'h_____ nous a rappelé que nous étions en retard.

大時計を見て自分たちが遅刻だと知った.

251

Quelle heure est-il à Los Angeles ? Je souhaite régler ma m_____ sur l'heure locale avant d'embarquer.

ロサンゼルスは今, 何時ですか. 搭乗前に**時計**を現地時間に合わせておきたいので.

252

Il y a trop de m_____s dans cette pièce : elle paraît petite.

この部屋は**家具**が多すぎて, 部屋が小さく見えます.

関連 家具類

- ☐ bureau **nm** 机, 事務机
- ☐ tiroir **nm** 引き出し
- ☐ lit **nm** ベッド

électricité

[elɛktrisite] **nf**

電気, 電力

別例 On s'inquiète d'une pénurie d'électricité cet été. この夏, 電力不足が懸念される.

関連 家電

- □ électroménager **nf** 家電製品
- □ frigo **nm** 冷蔵庫
  *le réfrigérateur, le frigidaire も同義.
- □ micro-ondes **nm** 電子レンジ
- □ aspirateur **nm** 掃除機
- □ lave-vaisselle **nm** 食器洗い機
- □ bouilloire électrique **nf** 電気ポット

batterie

[batri] **nf**

電池, バッテリー

別例 La batterie est à plat. バッテリーが上がった.
*à plat で「放電しつくした」という意味.

lampe

[lɑ̃p] **nf**

電灯, ライト, 電球

別例 La lampe de notre porte d'entrée a sauté. うちの玄関のライトが切れた.

horloge

[ɔrlɔʒ] **nf**

大時計, 柱時計

horloge murale は「(壁) 掛け時計」. 小ぶりの「(振り子のある) 掛け時計, 置き時計」は la pendule (le pendule は「振り子」),「目覚まし時計」は le réveil (réveiller で「(眠りを) 覚ます」), le sablier (sable は「砂」) は「砂時計」のこと.

montre

[mɔ̃tr] **nf**

腕時計

別例 Cette montre retarde de cinq minutes. この腕時計は5分遅れている. / Combien de minutes par semaine votre montre avance-t-elle ? あなたの時計は週にどれぐらい進みますか.

meuble

[mœbl] **nm**

家具, 調度

meublé(e) adj「家具付きの」
例 Vous cherchez un studio meublé ? 家具付きのワンルームマンションをお探しですか.

- □ armoire **nf** クローゼット, 衣装ダンス
  *作り付けのクローゼットは placard **nm** という.
- □ commode **nf** 整理ダンス
- □ bibliothèque **nf** 本棚
- □ étagère **nf** 棚

253

J'aimerais réserver une t_____ près de la fenêtre pour quatre personnes.

(レストランで) 4人の窓に近い**テーブル**の予約をお願いします.

254

Ne dormez pas sur le c_____ !

ソファで寝ないでください.

255

Les braqueurs ont forcé le c_____ de la banque.

(武装した) 強盗は銀行の**金庫**をこじ開けた.

256

Est-ce que je peux incliner mon s_____ ?

座席を倒してもかまいませんか.

関連 椅子あれこれ

☐ chaise **nf** (背もたれはあるが肘掛けのない) 椅子

☐ fauteui **nm** 肘掛け椅子

*fauteuil à bascule なら「ロッキングチェア」

257

Les c_____ du hall sont peu confortables.

ロビーの**椅子**は座り心地がよくない.

258

J'ai raté le dernier train et je n'ai eu d'autre choix que de passer la nuit sur un b_____ public.

最終電車に乗り遅れて, しかたなく**ベンチ**でひと晩過ごした.

table

[tabl] **nf**

テーブル, 食卓

別例 Il y a une nappe sur la table ronde ? 丸テーブルにテーブルクロスはかかっていますか. / Ne fume pas à table ! 食事中にタバコを吸わないで.

canapé

[kanape] **nm**

ソファ = **sofa**

＊類義 un sofa は「(数人がけの) ソファー, 寝椅子」を指す.

別例 canapé-lit「ソファーベッド」, canapé à deux places「2人掛けのソファー」

coffre

[kɔfr] **nm**

(フタ付きの) 大きな箱, 金庫 = **coffre-fort**, トランク

coffre だけでも「金庫」の意味で使うが, coffre-fort ならはっきり「金庫」と特定できる.

別例 Tu peux m'aider à sortir les courses du coffre de la voiture ? 買ってきたもの (買物の品) を車のトランクから出すのを手伝ってくれる.

siège

[sjɛʒ] **nm**

(総称としての) 椅子, (乗り物の) 座席, (機関の) 本拠, 所在地

別例 un siège réglable「リクライニングシート」/ Désolé(e), monsieur, mais c'est complet. Il n'y a plus un siège. あいにく満席です. もう席はございません. / L'ONU a son siège à New York. 国連はニューヨークに本部を置いている.

- ☐ banc **nm** (公園などの) ベンチ
- ☐ banquette **nf** (電車などの) 座席, 長椅子
- ☐ canapé **nm** ソファ (=un sofa)
- ☐ divan **nm** ソファベッド (=divan-lit)
- ☐ tabouret **nm** スツール

chaise

[ʃɛz] **nf**

(腕のない) 椅子

別例 Mon grand-père se déplace en chaise roulante. 祖父は車椅子で移動する.

banc

[bɑ̃] **nm**

ベンチ, 長椅子

別例 s'asseoir sur un banc de gare「駅のベンチに腰かける」

＊なお「教会の椅子 (座席)」を banc d'église,「被告席」なら banc des accusés という.

259

J'ai retenu une chambre avec deux l＿＿s.

ツインの部屋を予約しました.

関連 ベッド関連
- ☐ drap (de lit) **nm** シーツ
- ☐ oreiller **nm** 枕
- ☐ taie (d'oreiller) **nf** 枕カバー

260

Je voudrais une chambre avec salle de b＿＿(s).

風呂付きの部屋をお願いします.

261

J'ai pris une d＿＿ après avoir fait du jogging ce matin.

今朝, ジョギングをした後**シャワー**を浴びました.

262

Je voudrais une chambre avec b＿＿, s'il vous plaît.

浴槽付きの部屋をお願いしたいのですが.

263

Il fait un agréable soleil dehors, alors ouvrez les r＿＿x.

外は心地よい日差しだから, **カーテン**を全開にして.

264

L'eau fuit du r＿＿.

蛇口から水が漏れています.

265

Une plaque d'é＿＿ est restée ouverte.

マンホールの蓋が開いたままになっていた.

lit

[li] **nm**

ベッド, 寝床

別例 des lits superposés「2段ベッド」/ Je n'ai pas eu le temps de faire mon lit ce matin. 今朝, ベッドメイキングしている時間がなかった.

□ couvre-lit **nm** ベッドカバー
□ couverture **nf** 毛布, 掛け布団 (=couverture de lit)
□ couverture de serviette **nf** タオルケット

bain

[bɛ̃] **nm**

入浴, 風呂

salle de bain は「浴槽」**baignoire nf** を意識した表記, <s> を添えた salle de bains は「風呂場」と風呂周辺の設備諸々を含む感覚. なお「風呂に入る」は prendre un [son] bain という.
別例 Tu peux me préparer un bain ? お風呂のしたくをしてくれる.

douche

[duʃ] **nf**

シャワー

prendre une douche「シャワーを浴びる」(=se doucher)
別例 Est-ce qu'il y a une chambre avec douche ?（ホテルで）シャワー付きの部屋はありますか. / J'ai été pris(e) dans une douche en rentrant chez moi. 家に帰る途中でにわか雨にあった.

baignoire

[bɛɲwar] **nf**

浴槽

「シャワー付きの部屋」なら une chambre avec douche という.

rideau

[rido] **nm** **pl rideaux**

カーテン

別例 un rideau de douche「シャワーカーテン」

robinet

[rɔbinɛ] **nm**

(水道の) 蛇口,
(ガスなどの) 栓

別例 fermer [ouvrir] le robinet à [du] gaz「ガス栓を閉める [開ける]」

égout

[egu] **nm**

下水溝, 排水口

「マンホールの蓋」は un regard d'égout ともいう.

266

Il y avait de nombreuses affiches sur les m_____s.

壁にはたくさんポスターが貼られていた.

267

Mon fils est monté sur le t_____.

息子が**屋根**に登った.

268

Cette maison a une très belle hauteur sous p_____.

この家はとても**天井**が高い.

269

J'ai nettoyé le s_____ de la cuisine.

私はキッチンの**床**を掃除した.

270

Je prend toujours les e_____s pour me muscler les jambes.

足腰を鍛えるために**階段**を使うようにしています.

271

J'ai laissé ma c_____ dans la chambre.

(ホテルで)部屋に**鍵**を忘れました.

272

J'ouvre toutes les f_____s parce qu'il fait très chaud.

とても暑いので**窓**は全部開けています.

273

Il y a eu un bruit de v_____ brisée.

窓ガラスの割れる音がした.

mur

[myr] **nm**

壁

別例 Les murs ont des oreilles.（ことわざ）壁に耳あり.
mural(e) adj「壁の，壁に取りつけた」例 pendule murale「掛け時計」

toit

[twa] **nm**

屋根

別例 Elle habite sous les toits. 彼女は屋根裏部屋に住んでいます.
＊「（居住する）屋根裏部屋」は **chambre aménagée sous les combles nf**, **mansarde nf**, 主に「物置」として使うなら **grenier nm** と呼ぶ.

plafond

[plafɔ̃] **nm**

天井, 上限

別例 une pièce haute de plafond「天井の高い部屋」
＊「床」は **plancher nm** という. dans le plafond は「天井裏に」,「床下に」なら au-dessous du plancher という.

sol

[sɔl] **nm**

床, 地面, 土地, 土壌

別例 le sol lunaire「月面」/ Le sol est fertile ici. ここは土壌が肥えている.

escalier

[ɛskalje] **nm**

階段

別例 Il a descendu l'escalier à toute vitesse. 彼は大急ぎで階段を降りた. / escalier de secours「非常階段」/ en escalier「階段状に, 段々に」

clé / clef

[kle] **nf**

鍵, キー

別例 Céline a fermé la porte à clé. Céline はドアに鍵をかけた. / Tu as retrouvé ta clé de voiture ? 車のキーは見つかった.

fenêtre

[fənɛtr] **nf**

窓

別例 Est-ce que je peux ouvrir [fermer] la fenêtre ? 窓を開けても [閉めても] いいですか. / Vous voudriez un siège [une place] côté fenêtre ? 窓側の席をご希望でしょうか. ＊un siège [une place] côté couloir は「通路側の席」. / Cet entrepôt n'a pas de fenêtres. この倉庫には窓がない.

vitre

[vitr] **nf**

窓ガラス, 板ガラス

J'ai entendu une vitre se briser. とするのは日本語的な発想.
別例 nettoyer les vitres「窓ガラスをきれいにする」/ C'est votre fille qui a cassé des vitres. 窓ガラスを何枚も割ったのはおたくの娘さんだ. / Sa silhouette se reflétait dans la vitre. 窓ガラスに彼（彼女）の姿が映っていた.

274

Quelqu'un a frappé à la p_____.

誰かが**ドア**をノックした.

◉ 乗り物・交通（関連語）

275

Quel moyen de t_____ puis-je utiliser pour aller à l'hôpital à partir d'ici ?

ここからその病院に行くための**交通手段**は何ですか.

276

Aucun v_____ n'est autorisé près du stade.

どんな**車両**でもスタジアム付近への乗り入れは禁止されている.

関連 いろいろな車両の例
- ☐ chaise roulante **nf** 車椅子 (=fauteuil roulant)
- ☐ ambulance **nf** 救急車」
- ☐ voiture de police **nf** パトカー (=police secours)
- ☐ camion de pompiers **nf** 消防車

277

Est-ce que je peux emporter cette valise dans l'a_____ ?

このスーツケースを**機内**に持ち込めますか.

関連 飛行機
- ☐ embarquement **nm** 搭乗 *carte d'embarquement 搭乗券
- ☐ atterrissage **nm** 着陸 *atterrir 着陸する (=se poser)
- ☐ décollage **nm** 離陸 *décoller 離陸する
- ☐ escale **nf** 寄港地, 途中着陸 (地)
  *faire escale à *qqch* で「〜に寄港 [寄航] する」の意味.
- ☐ décalage horaire **nm** 時差
  *La réunion aura lieu à 21h à cause du décalage horaire.「時差の関係で会議は午後9時に行なわれます」

porte

[pɔrt] **nf**

ドア, 扉, 玄関,(搭乗) ゲート

別例 Ferme la porte à clé ! ドアに鍵をかけて. / Elle m'attend à la porte du parc. 彼女が公園の入り口で私を待っている. / Embarquement immédiat porte n°17. (放送) 17番ゲートからただちにご搭乗ください.

transport

[trɑ̃spɔr] **nm**

運搬, 運送,(複数で) 交通機関

別例 Je pense que plus de gens devraient utiliser les transports en commun. もっと多くの人たちが公共交通機関を利用するべきだと思います.

transporter vt「運ぶ, 輸送する」

例 transporter un blessé en ambulance けが人を救急車で運ぶ.

véhicule

[veikyl] **nm**

(一般に) 乗り物, 車, 車両

この単語は train や vélo など幅広く陸上交通手段を指す.

別例 Quel type de véhicule préfères-tu conduire ? どんな車が運転していて楽しいですか.

- ☐ monospace **nm** ワンボックスカー , ワゴン車
- ☐ remorque **nf** トレーラー (=camion remorque)
- ☐ caravane **nf** キャンピングカー
- ☐ limousine **nf** リムジン
- ☐ navette d'aéroport **nf** シャトルバス
- ☐ tracteur **nm** トラクター

avion

[avjɔ̃] **nm**

飛行機

「機内に持ち込める荷物」は bagage à main,「預ける必要のある荷物」は bagage à enregistrer と区別する.

別例 un billet d'avion「飛行機のチケット」/ Notre avion, parti à neuf heures, arrive à Haneda à onze heures. 私たちの飛行機は 9 時に出発し 11 時に羽田に到着する.

- ☐ turbulence **nf** 乱気流
- ☐ trou d'air **nf** エアポケット
  *tomber dans un trou d'air「エアポケットに入る」
- ☐ chute **nf** 墜落
- ☐ commandant(e) (de bord) **n** 機長
- ☐ pilote **nm** パイロット
- ☐ poste de pilotage **nm** コックピット
  *cabine de pilotage **nf**, cockpit **nm** ともいう.
- ☐ steward **nm** (男性) 客室乗務員
- ☐ hôtesse de l'air **nf** (女性) 客室乗務員
- ☐ passager, passagère **n** 乗客

278

Nous atterrirons à l'a____ international d'Honolulu dans 15 minutes.

当機は15分後にホノルル国際**空港**に着陸いたします.

279

Posez vos b____s sur le tapis (roulant).

（搭乗前に重量を計るために）**荷物**をレーンの上に乗せてください.

280

J'étais sur le v____ 017, qui est arrivé à New York ce matin.

搭乗していたのは今朝ニューヨークに到着した017**便**です.

281

On a une heure d'e____ à Moscou.

（トランジェットのため）モスクワで1時間の**途中降機（待ち時間）**があります.

282

Où est le bureau des d____s ?

税関事務所はどこですか.

283

La douane m'a fait remarquer que mes pièces d'i____ étaient incomplètes.

税関で**証明**書類の不備を指摘された.

284

Dix b____x étaient amarrés au quai d'un village de pêcheurs.

漁村の船着場には10艘（そう）の**舟**が係留されていた.

関連 **船・舟あれこれ**
- ☐ paquebot **nm** 大型客船, 定期船
- ☐ pétrolier **nm** / tanker **nm** タンカー

aéroport

[aerɔpɔr] **nm**

空港

*aérodrome「飛行場」とaérogare「エアターミナル」など施設全体を指す.

別例 Où sont les navettes pour aller à l'aéroport de Roissy-Charles de Gaulle, terminal 2F ? シャルルドゴール空港2Fターミナル行きのシャトルバスはどこですか. / Merci d'être venu me chercher à l'aéroport. 空港まで迎えに来てくれてありがとう.

bagage

[bagaʒ] **nm**

(スーツケースなどの) 手荷物, (複数で集合的に) 荷物

*鞄, スーツケース, トランクなど.

空港でチェックインの際に「荷物を預ける」なら enregistrer という動詞を使う. ちなみに「紛失荷物」は bagage perdu という. 別例 Où puis-je récupérer mes bagages ? どこで荷物を受け取れますか. / faire ses bagages「(旅行などのために) 荷造りする」/ bagages à main「手荷物, 携行品」/ coffre à bagages「(車の) トランク」

vol

[vɔl] **nm**

飛行, (飛行機の) 便

別例 Il faut environ 8 heures de vol pour aller de Paris à Qatar. パリからカタールへは飛行機で約8時間かかる

*飛行機の「運行状況」は **statut du vol nm** という.

escale

[ɛskal] **nf**

(船や飛行機の) 寄港 (地), 寄航, 経由地

別例 **vol sans escale nm**「(飛行機の) 直行便」(=vol direct, avion direct)

douane

[dwan] **nf**

税関,
関税 = **droit de douane**

別例 passer à la douane「通関する」

douanier, douanière n adj「税関吏, 税関職員 / 税関の, 関税の」

identité

[idɑ̃tifje] **nf**

同一性 (本人であること), アイデンティティ , 身元

別例 L'identité du meurtrier est inconnue. 殺人犯の身元は不明だ.

identifier vt「識別する, (身元などを) 特定する, (avec と) 同一視する (↔différencier)」 例 Elle identifie l'argent avec le bonheur. 彼女は金と幸福を同一視している.

bateau

[bato] **nm** **pl bateaux**

(最も一般的に) 船, 舟

「漁船, 釣り舟」は une barque de pêcheur ともいう.

別例 voyager en bateau「船旅をする」/ prendre le bateau「(交通手段として) 船に乗る」

- ☐ ferry **nm** フェリー
- ☐ embarcation **nf** 小型船, 小舟の総称
- ☐ barque **nf** / canot **nm** ボート, 小舟

285

À partir du **p____** de pêche, je suis allé(e) à la plage à pied.

漁**港**から, 歩いて海岸まで行った.

286

La neige abondante a plongé le réseau de **c____** dans le chaos.

大雪のせいで**鉄道**網は大混乱した.

287

Vous êtes à la gare en France. Vous entendez cette **a____**. Répondez aux questions.

(設問文) あなたはフランスの駅にいます. (流れてくる) **アナウンス**を聞いて, 質問に答えてください.

288

J'ai pris le **t____** de 21h 00 à destination de Chartres.

21時発, シャルトル行きの**電車**に乗りました.

関連 列車
- ☐ omnibus **nm** 普通列車 (=train omnibus)
  ＊「各駅停車の列車」
- ☐ express **nm** 急行列車 (=train express)
- ☐ rapide **nm** 特急列車 (=train rapide)

289

J'arrive vendredi à 21 heures 15, à la **g____** du Nord.

金曜日, 21時15分に (パリの) 北**駅**に着きます.

290

T____ ! Tout le monde descend.

終点です, 皆様お降りください.

291

Pardon, où est la station de **m____** ?

すみません, **地下鉄**の駅はどこですか.

port

[pɔr] **nm**

港

別例 Un ferry est entré dans le port. フェリーが入港した（錨を降ろした）.
＊「港を出て行く」なら quitter le port などという.

chemin de fer

[ʃəmɛ̃dfɛr] **nm**
pl chemins de fer

鉄道

prendre le chemin de fer で「鉄道に乗る」の意味だが，通常は prendre le train という.

annonce

[anɔ̃s] **nf**

知らせ, アナウンス, 広告

別例 Je n'ai pas entendu l'annonce en vol. 機内アナウンスが聞き取れなかった. **annoncer vt**「知らせる，発表する」
例 La visite du président français aux États-Unis a été annoncée en grand. フランス大統領の訪米は大きく報道された.
annonceur, annonceuse n「スポンサー，広告業者」

train

[trɛ̃] **nm**

電車, 列車

別例 changer de train「電車を乗り換える」/ voyager en train「列車で旅する」/ Le train était en retard. 電車が遅れました. / Elle est en train de travailler ? 彼女は仕事中ですか.
*être en train de + inf. は現在進行「～している最中だ，～しつつある」という意味の成句.

- □ train à grande vitesse **nm** 高速列車
  *TGVと略す.
- □ premier train **nm** 始発列車
- □ dernier train **nm** 最終列車
- □ horaires des trains **nm** （列車の）時刻表
- □ services de transport ferroviaire **nmpl** （列車の）ダイヤ
- □ tramway **nm** 路面電車

gare

[gar] **nf**

（鉄道の）駅
*「地下鉄の駅」はla stationという.

別例 se précipiter à la gare「駅に急いで向かう」/ Laissez-moi devant la gare. 駅の前で降ろしてください. / Je cherche la gare routière. Vous pourriez m'indiquer le chemin ? バスターミナルを探しています. 道を教えていただけますか.

terminus

[tɛrminys] **nm**

終着駅, ターミナル

gare [station] terminus nf も「終着駅」の意味になる.

métro

[metro] **nm**

地下鉄

別例 en métro「地下鉄で」/ prendre le métro「地下鉄に乗る」/ Les rames de métro sont en retard à cause de la grève. ストライキのせいで地下鉄の電車が遅れている.
＊「（地下鉄の）電車」は **rame nf** (=rame de métro) という.

292

Où est la s____ de métro la plus proche ?

一番近い地下鉄の**駅**はどこですか.

関連 **station の語を用いる施設**

☐ station météo　気象台
☐ station de radiodiffusion　放送局
☐ station de télévision　テレビ局

293

Il y a une c____ pour Yokohama à Shinagawa.

品川で横浜への**接続**があります.

294

De quelle v____ part le train pour Bordeaux ?

ボルドー行きの列車は何**番線**から出ますか.

295

Le prochain Eurostar pour Blackfrias par à 11 h 13, du q____ 5.

ブラックフライアーズ行きの次のユロスターは11時13分に5番**ホーム**から出ます.

296

J'aimerais connaître l'état des l____s de bus entre Paris et Londres.

パリとロンドン間のバス**路線**の運行状況を知りたいのですが.

297

Où peut-on prendre un t____ ?

タクシーはどこで拾えますか.

298

Quel b____ passe par la gare Saint-Lazare ?

(パリの) サン・ラザール駅を通るのはどの**バス**ですか.

station

[stasjɔ̃] **nf**

(地下鉄の) 駅, ステーション

別例 À quelle station est-ce que je peux transférer ? どの駅で乗り換えればいいですか. / La station n'a qu'une sortie ? その駅には出口が1つしかないのですか. / Chaque été, ma famille va dans une station balnéaire. 毎年夏, うちの家族は海浜リゾート地に行きます.

☐ station-service （セルフサービスの）ガソリンスタンド
☐ station spatiale 宇宙ステーション
☐ station centrale (d'électricité) 発電所

correspondance

[kɔrɛspɔ̃dɑ̃s] **nf**

(乗り物の) 連絡, 乗り換え
= changement , 一致, 通信

別例 Elle s'est inscrite à un cours par correspondance. 彼女は通信講座に登録した.
correspondre vi 「(à に)対応する, 一致する, (à, avec と)つながっている」 **例** Ce train correspond avec le TGV pour Londres. この列車はロンドン行きのTGVと接続しています.

voie

[vwa] **nf**

(鉄道の) 線路, (駅の) 番線, 交通路, (道路の) 車線

「プラットホーム」は **quai nm** という.
別例 <en voie de + [無冠詞名詞] / inf.> 「～しつつある」 **例** Elle est en voie de devenir une grande actrice. 彼女は大女優への道を歩んでいる. / C'est une espèce en voie de disparition. これは絶滅の危機にある種です.

quai

[kɛ] **nm**

(駅の) プラットホーム, (石やコンクリートの) 波止場, 河岸

別例 De quel quai part le train pour Dijon ? ディジョン行きの列車は何番ホームから出ますか. / Elles se promenaient sur les quais de la Seine. 彼女たちはセーヌの河岸を散歩していた.

ligne

[liɲ] **nf**

(交通機関の) 路線, 通信回線

別例 service en ligne 「オンラインサービス」 / Avez-vous acheté ce réfrigérateur en ligne ? この冷蔵庫はネットで買ったのですか.

taxi

[taksi] **nm**

タクシー

「タクシー乗り場」 station de taxis には TAXIS Tête de Stationという看板が立っている.
別例 Il est difficile de trouver un taxi à cette heure-ci. この時間にタクシーを見つけるのは難しい.
*タクシーの運転手は **chauffeur nm** と呼ばれる.

bus

[bys] **nm**

バス
*autobusの略.

Quel bus va à la gare Saint-Lazare ? も同義になる.
別例 Le bus est bondé. バスが混んでいます. / J'aimerais participer à la visite en bus. そのバスツアーに参加したい.

299

Dix p_____s du ferry sont toujours portés disparus.

フェリーの**乗客**10名がいまだに行方不明です.

300

Les v_____s pour Londres, en voiture !

ロンドン行きの**乗客の皆様**, ご乗車ください.

301

Je suis à Bruxelles en t_____ pour trois jours.

観光客として3日間の予定でブリュッセルにいます.

302

Est-ce qu'il y a des e_____s en autocar autour des sites touristiques de Paris ?

パリの名所を巡る観光バス**ツアー**はありますか.

303

Certaines personnes disent que voyager seul est plus agréable que voyager avec un g_____. Qu'est-ce que vous en pensez ?

団体旅行より一人旅のほうが楽しいという人もいます. そのことについてどう思いますか.

304

Désolé(e) pour le retard, la c_____ était folle ce matin.

遅れてごめんなさい, 今朝は**交通**量がひどかったので.

305

La n_____ pour l'hôtel s'arrête devant la porte numéro 9.

ホテル行きの**シャトルバス**は9番出口前に来ます.

306

Savez-vous où se trouve l'a_____ de bus 17 ?

17番の**バス停**がどこかわかりますか.

passager, passagère

[pasaʒe, -ɛr] **n**

(飛行機・船の) 乗客, 旅客,
(車の) 同乗者

列車や地下鉄, バスの「乗客」には voyageur, voyageuse が使われる.

voyageur, voyageuse

[vwajaʒœr, -øz] **n**

旅行者,(列車やバスの) 乗客

「(飛行機, 船の) 乗客」には passager, passagère「(タクシーの) 客」には client(e) を使う.

touriste

[turist] **n**

観光客

tourisme nm「観光 (事業, 旅行)」
例 Je viens faire du tourisme. (入国審査で) 観光で来ました.
touristique adj「観光の」
例 Citez trois sites touristiques parmi les plus visités en Suisse. スイスで観光客が最も訪問する場所を3つあげてください.

excursion

[ɛkskyrsjɔ̃] **nf**

(日帰りの) 小旅行, 遠足,
ハイキング

別例 On ira à Honfleur en excursion demain. 明日, オンフルールに遠足に行きます.

groupe

[grup] **nm**

集団, グループ

別例 Ils forment un groupe de cinq personnes. 彼らは5人のグループです.

circulation

[sirkylasjɔ̃] **nf**

交通 (量)

別例 un accident de la circulation「交通事故」
circuler vt「通行する, 運行する, 循環する」
例 À quelle fréquence circulent ces bus touristiques ? この観光バスはどのくらいの頻度で運行していますか.

navette

[navɛt] **nf**

(近距離の) シャトル便,
専用の送迎バス

別例 Mon père fait la navette entre Paris et Lyon. 父はパリとリヨンを (定期的に) 行き来している.

arrêt

[arɛ] **nm**

バス停 = **arrêt de bus**,
停車, 停止

別例 Je descends au prochain arrêt. 次の停留所で降ります. / Où se trouve l'arrêt de la navette ? シャトルバスの乗り場はどこですか. / «Arrêt interdit»「(交通標識) 駐車禁止」＊«Stationnement interdit» も同義.

307

Quel est le numéro d'immatriculation de votre v_____ ?

あなたの**車**の登録番号はいくつですか.

関連 **自動車**

- ☐ permis (de conduire) **nm** 運転免許証
  ＊「国際運転免許証」は permis international という.
- ☐ moteur **nm** エンジン
- ☐ volant **nm** ハンドル
  ＊se mettre au volant で「ハンドルを握る」という動作を指す. 和仏辞書にある「車を運転する」の意味では普通使わない.
- ☐ frein **nm** ブレーキ
- ☐ accélérateur **nm** アクセル
- ☐ klaxon **nm** クラクション
- ☐ plaque d'immatriculation **nf** ナンバープレート
- ☐ sécurité routière **nf** 交通安全
- ☐ vitesse limitée **nf** 制限速度

308

Si vous téléphonez en conduisant, vous risquez une a_____ de 135 €.

車の運転中に電話をしていると135 ユーロの**罰金**が科せられる.

309

Ma femme a dépassé la v_____ autorisée sur l'autoroute.

妻は高速道路で法定**速度**を上回ってしまった.

310

Attachez votre c_____, s'il vous plaît.

(飛行機や車で) **シートベルト**を締めてください.

311

On a besoin d'un c_____ pour déménager.

引越しには**トラック**が必要だ.

voiture

[vwatyr] **nf**

車 = **automobile**, 乗用車

別例 partir en voiture「車で出かける」/ Vous avez combien de places dans votre voiture ? あなたの車は何人乗りですか. / Vous n'auriez pas quelque chose contre le mal de voiture ? 車の酔い止めの薬はありませんか.

- ☐ embouteillage **nm** (交通) 渋滞
  *bouchon **nm** ともいう. なお,「(混雑を避ける) 迂回路, 裏道」を itinéraire bis **nm** といった言い方をする.
- ☐ sens unique **nm** 一方通行
- ☐ gaz d'échappement **nm** 排気ガス
- ☐ code de la route **nm** 道路交通法
- ☐ contravention **nf** 交通違反, (違反による) 罰金
  *法的な「違反」contravention と「(重大) 犯罪」crime **nm** の中間に位置する,「軽罪」délit **nm** という単語がある. なお, péché **nf** は「(宗教上の) 罪」を指す.
- ☐ contrôle radar **nm** ネズミ取り
  *レーダーによる違反取締
- ☐ stationnement interdit **nm** 駐車禁止
- ☐ autoécole **nf** 自動車教習所
- ☐ covoiturage **nm** (渋滞緩和のための車の) 相乗り

amende

[amɑ̃d] **nf**

罰金

payer une amende「罰金を支払う」
*「(交通違反の) 罰金」には **contravention nf** という単語も使われる.

vitesse

[vitɛs] **nf**

速さ, スピード, 速度

dépasser la limite de vitesse「制限速度を超える」も類義.
「スピード違反」は contravention pour excès de vitesse という.
別例 faire de la vitesse「スピードを出す」/ train à grande vitesse (TGV)「フランスの新幹線」

ceinture

[sɛ̃tyr] **nf**

ベルト, 帯

別例 ceinture de sécurité「安全ベルト」
*なお,「救命胴衣」は **gilet de sauvetage nm** と呼ばれる.

camion

[kamjɔ̃] **nm**

トラック

別例 transporter des meubles en camion「家具をトラックで運ぶ」
camionnette nf「小型トラック」,「大型トラック」は **poids lourd nm** (←重量級) と呼ぶ.「ダンプカー」は **tombereau nm** で, **camion-benne nm** ともいう.

312

Ma fille va à la fac à m______.

娘は**バイク**で大学に行く.

313

Excusez-moi, mais pourriez-vous me dire où est le p______ ?

すみません, **駐車場**はどこでしょうか.

314

Notre g______ a de la place pour trois voitures.

うちの**ガレージ**には車が３台入る.

315

Ma moto est en r______ en ce moment.

私のバイクは**修理中**です.

316

Est-ce que je peux emprunter votre v______ ?

自転車を貸していただけますか.

317

Un de mes amis s'est blessé en faisant de la b______.

友だちが**自転車**に乗っていてけがをした.

318

Les accidents impliquant des t______s électriques sont fréquents en Europe.

ヨーロッパでは電動**キックボード**にかかわる事故が多発している.

moto

[mɔto] **nf**

(125cc以上の) オートバイ, バイク
*motocycletteの略

別例 Il fait de la moto au bord de la mer. 彼は海辺でバイクに乗っている. *faire de la moto「バイクに乗っている」の意味.
なお「スクーター」は **scooter nm**,「小型バイク (排気量 50cc ～125cc)」は **vélomoteur nm** と呼ぶ, また,「ヘルメット」は **casque nm**,「ブーツ」は **bottes nfpl** という.

parking

[parkiŋ] **nm**

駐車場 = parc de stationnement

別例 Ma voiture est au parking. 車は駐車場です.
*Je suis garé(e) au parking. も類義になる.

garage

[garaʒ] **nm**

ガレージ, 車庫, 修理工場

別例 Ma voiture est au garage pour réparation. 車は修理で工場に出している.
*「自動車修理工」は **garagiste n** という.

réparation

[reparasjɔ̃] **nf**

(専門性を要する) 修理,
(受けた不正に対する) 賠償

別例 Ce pays persiste à réclamer des réparations de guerre. あの国は執拗に戦争の賠償を求めている.
réparer vt「修理する, (賠償を) 償う, (欠陥を) 補う」
例 Je vais faire réparer ma montre. 時計を修理してもらうつもりです.

vélo

[velo] **nm**

自転車 = bicyclette,
サイクリング = cyclisme

動詞 louer を使えば「有料で貸してもらう」ことになる.
別例 aller à [en] vélo「自転車で行く」/ faire du vélo「サイクリングする」(=faire une balade en vélo) / Ces derniers temps, je me rends au travail à vélo. 最近, 自転車で通勤しています.

bicyclette

[bisiklɛt] **nf**

自転車 * bi(deux「2つの」) + cyclette「車輪」/ 口語では un vélo を使うことが多い.

別例 aller à bicyclette「自転車で行く」*「またぐ乗物」には à を使う (à cheval「馬で」). ただし, 現在では aller en bicyclette ということも多い. / J'aime faire de la bicyclette. サイクリングをするのが好きだ. *se promener à bicyclette, faire une randonnée à bicyclette ともいう.

trottinette

[trɔtinɛt] **nf**

キックボード *キックボードは商標なので, キックスケーターと呼ぶこともある.

「歩道」**trottoir nm** (ちなみに「車道」は **chaussée nm**) での電動キックボードは使用禁止.「キックボードで (乗って)」には à [en] trottinette のどちらも使われる. なお, 自転車やキックボードが借りられるサービスは **libre(-)service nm** と呼ばれている.

319

Mon oncle a eu un a____ de la circulation hier soir.

昨晩, おじが交通**事故**にあった.

320

Un étrange i____ s'est produit pendant notre voyage.

旅の途中で奇妙な**事件**が起こった.

321

Le dernier ouragan a causé énormément de d____s, chiffrés à plusieurs milliards de dollars.

先のハリケーンは数十億ドルに上る甚大な**被害**をもたらした.

322

Mon ami a été v____ d'un incendie.

友人が火事の**犠牲者**になった.

◉ 食事

323

Ma grand-mère m'a donné sa r____ de soupe maison.

祖母が私に特製スープの**レシピ**を教えてくれた.

324

Amélie est responsable du rayon a____ d'un grand magasin.

Amélieはデパートの**食品**売り場の責任者です.

325

J'ai oublié d'acheter de la n____ pour chat au supermarché.

スーパーでキャット**フード**を買うのを忘れた.

accident

[aksidɑ̃] **nm**

事故, 偶然の出来事

par accident は「偶然に」(=par hasard) と「たまたま (ハプニングで)」の意味で使われる. 別例 Anne a renversé la bouteille de vin par accident. Anne はたまたまワインのボトルを倒してしまった.
accidentel, accidentelle adj「偶然の (=fortuit), 事故による」
例 une mort accidentelle「事故死」

incident

[ɛ̃sidɑ̃] **nm**

(通常は遺憾な) 偶発事故, 支障

別例 Tout s'est passé sans incident. すべて滞りなく進行した.

dégât

[dega] **nm**

(多くは複数で) 被害

別例 Bonjour les dégâts ! ひどいことになるぞ (なった).

victime

[viktim] **nf**

(事故などの) 犠牲者, 被害者

別例 victimes du tremblement de terre「地震の被害者」

recette

[rəsɛt] **nf**

料理の作り方 (レシピ), (目的のための) 手段, 秘訣 = secret

別例 Mon mari connaît beaucoup de recettes. 夫はたくさんレシピを知っている. / Quelle est la recette du succès en affaires ? ビジネスの成功の秘訣は何ですか.
*faire recette「(映画・芝居などが) 当たる, 成功する」という熟語. なお, recette には「収入」(↔dépense) の意味もある.

alimentation

[alimɑ̃tasjɔ̃] **nf**

(集合的に) 食料 (品), 食べ物をとること

別例 magasin d'alimentation「食料品店」/ une alimentation équilibrée「バランスのいい食事」
aliment nm「食物, 食品」
alimentaire adj「食物の, 食べるための」
alimenter vt「食物を与える, (材料などを) 提供する」
例 alimenter les conversations「会話を盛り上げる」

nourriture

[nurityr] **nf**

食物, 食品

別例 Comment est la nourriture ? 食事 (の味) はどうですか.
(se) nourrir vi vp「食べ物を与える, 養う, (de を) 摂取する, 食べる」

326

Où est-ce qu'on peut goûter cette s______ ?

どこでその**名物料理**を食べられますか.

327

Je vais à l'é______.

食料品店（コンビニ）に行きます.

関連 **[語形成] -erie nf「店舗」：「商人」-er(ère) n**

- ☐ épicerie　食料品店：「食料品屋（さん）」épicier(ère)
- ☐ bijouterie　宝石商：「宝石商」bijoutier(ère)
- ☐ papeterie　文房具店：「文房具屋（さん）」papetier(ère)
- ☐ boulangerie　パン屋（店）：「パン屋（さん），パン職人」boulanger(ère)

328

Mon fils apprend la cuisine française pour devenir c______ cuisinier.

息子は**シェフ**になるためにフランス料理を学んでいます.

329

Vous connaissez un bon r______ pas cher près d'ici ?

この近くで値段が手頃なおいしい**レストラン**をご存知ですか.

関連 **レストラン**

- ☐ la carte　（献立のリスト）メニュー
  * 「ワインリスト」la carte des vins
- ☐ le menu　セットメニュー
  * 「献立，献立表」の意味でも使われる.
- ☐ le plat de jour　本日のおすすめ，日替り料理
- ☐ la spécialité de la maison　店の自慢料理
- ☐ le hors-d'œuvre　オードブル，前菜

330

Vous avez fait une r______ ?

予約はなさってますか.

spécialité

[spesjalite] **nf**

名物料理, 専門

別例 J'ai mangé quelques spécialités locales pendant mon séjour. 滞在中にいくつか土地の名物料理を食べました. / Ma spécialité est la chimie appliquée. 専門は応用化学です.

épicerie

[episri] **nf**

食料品店, コンビニ

見出し語は, 現在では日本語の「コンビニエンスストア」(=supérette **nf**) の感覚で使われることも少なくない.

- ☐ pâtisserie　ケーキ屋 (店) :「ケーキ屋さん, ケーキ職人」pâtissier(ère)
- ☐ poissonnerie　魚屋 (店) :「魚屋さん」poissonnier(ère)
- ☐ boucherie (主に牛・羊などの生肉を扱う) 精肉店 :「肉屋さん」boucher(ère)

＊「豚肉屋 (ソーセージなどの加工品も扱う)」は charcuterie という.

chef

[ʃɛf] **nm**

(レストランの) シェフ,
(組織や団体の) リーダー

別例 Mon mari était chef de section il y a six mois. 夫は半年前その部署のチーフ (部長) でした.

restaurant

[rɛstɔrɑ̃] **nm**

レストラン, 食堂
*restau, restoと略される.

別例 On mange dans quel restaurant ? どの店で食べようか. / Ce restaurant chinois propose-t-il un service traiteur ? あの中華料理店はケータリングサービスをしていますか.

- ☐ l'entrée **nf**　アントレ (主菜の前に供される料理)
- ☐ le plat de résistance　メインディッシュ, 主菜 (=le plat principal)
- ☐ un serveur, une serveuse　ウェイター, ウェイトレス
- ☐ un sommelier, une sommelière　ソムリエ
- ☐ réserver (席を) 予約する (=faire une réservation)
  ＊「予約」は réservation **nf**,「キャンセル」なら annulation **nf** という.
- ☐ commander　注文する
- ☐ prendre le repas　食事をする

réservation

[rezɛrvasjɔ̃] **nf**

(部屋や座席などの) 予約

faire une réservation で「予約をする」の意味. 動詞 réserver を使って Vous arez réservé ? でも同義になる.
réserver vt「予約する, 取っておく」
例 réserver une chambre d'hôtel「ホテルの部屋を予約する」

331

Ce restaurant français a une bonne a____.

このフレンチレストランはとてもいい**雰囲気**だ.

332

De nombreux restaurants du quartier des affaires proposent des m____s raisonnables à l'heure du déjeuner.

ビジネス街の飲食店の多くはランチタイムに手頃な値段の**定食**を提供しています.

333

J'ai cinq chats. Ma maison est essentiellement un chat c____.

猫を５匹飼っています. 家がなんとも猫**カフェ**状態です.

334

On se met où, à l'intérieur ou en t____ ?

どこに座る, 中がいい, それとも**テラス（席）**にする.

335

Retrouvons-nous à la c____ de l'université.

大学の**カフェテリア**で会いましょう.

336

L'a____, s'il vous plaît.

勘定してください.

337

L'Italie est connue pour sa c____ et sa culture.

イタリアはその**料理**と文化で知られています.

338

Le p____ est à partir de quelle heure ?

（ホテルなどで）**朝食**は何時からですか.

ambiance
[ɑ̃bjɑ̃s] **nf**

雰囲気 = **atmosphère** , 環境

別例 une musique d'ambiance「ムード音楽」

menu
[məny] **nm**

(あらかじめ献立の決められた)メニュー , コース料理
= **menu à prix fixe**

別例 menu du jour「本日の定食」/ Je prends le menu à 55 euros. 55ユーロのコースにします.
*レストランの料理やワインリストを意味する「メニュー（献立表）」は la carte という.

café [1]
[kafe] **nm**

カフェ（コーヒー店）, コーヒー

別例 On bavardait à la terrasse d'un café vers midi hier. 私たちは昨日の昼ごろカフェのテラスでおしゃべりをしていた.
cybercafé nm「インターネットカフェ」*cyber café とも綴られる. なお, **cyberharcèlement nm**「サイバーハラスメント」は現代のキーワード.

terrasse
[teras] **nf**

(建物の) テラス, (カフェの) テラス

別例 Je veux vivre dans une maison avec une petite terrasse. 小さなテラス付きの家で暮らしたい.
*通常, 1階にあるのがテラス, 2階以上ならバルコニーと呼ばれるが, 形状によっては **balcon nm**「バルコニー」が見出し語の類義になることもある.

cafétéria
[kafeterja] **nf**

(セルフサービスの簡易食堂) カフェテリア *英語式に cafeteriaとも綴る. cafèt'と略される.

別例 déjeuner à la cafétéria「カフェテリアで昼食をとる」

addition
[adisjɔ̃] **nf**

(飲食店などの) 勘定

会計の際に, フランス人はよく文字を書くジャスチャーをしながらこの一言を口にする. なお, ホテルの「勘定」なら la note という.
別例 On partage l'addition ? 割り勘にしましょうか.

cuisine [2]
[kɥizin] **nf**

料理, 台所

具体的な一皿一皿の「料理」は plat という.
別例 faire la cuisine「料理をする」(=cuisiner)
culinaire adj「料理の」
例 recette culinaire「料理の作り方, レシピ」

petit déjeuner
[p(ə)tideʒœne] **nm**

朝食 *petit-déjeunerと書かれるケースもある.

別例 prendre son petit déjeuner「朝食をとる」/ Le buffet du petit déjeuner à l'hôtel était vraiment délicieux. ホテルの朝食ビュッフェは本当においしかった. / Vous ne devriez pas sauter le petit déjeuner. 朝食は抜かないほうがいい.

339

J'ai mangé des c____s avec un verre de lait au petit déjeuner.

私は朝食に牛乳１杯と**シリアル**を食べた.

340

Qu'est-ce que vous avez pris au d____ ?

お昼は何を食べましたか.

341

Qu'avez-vous fait pour le d____ ce soir?

今日の**夕食**は何ですか.

342

Après un lourd r____, le sommeil est naturel.

たっぷり**食事**をとれば, おのずと眠くなるものです.

343

Ce matin, j'ai mangé de la s____ de légumes.

今朝, 野菜**スープ**を飲みました.

344

Je mange une s____ verte presque tous les matins.

ほぼ毎朝温グリーン**サラダ**を食べています.

345

J'aime tous les plats à base de p____s.

パスタ料理なら何でも大好きです.

céréale

[sereal] **nf**

シリアル（食品），穀物

別例 Les flocons de maïs sont une céréale typique. コーンフレークは代表的なシリアルです．ちなみに「オートミール」は flocons d'avoine, farine d'avoine という．

---

déjeuner

[deʒœne] **nm**

昼食

別例 On déjeune ensemble ? お昼を一緒にどうですか．/ déjeuner d'affaires「ビジネスランチ（商談のための昼食）」
*le petit déjeuner は「朝食」．

---

dîner

[dine] **nm**

夕食，夕飯

別例 Le dîner est servi à 19h30. 夕食は午後7:30に供されます．/ Notre dîner a commencé par une soupe aux légumes. 私たちの夕食は野菜スープではじまった．
*「（観劇のあとなどの）夜食」は **souper nm** という．

---

repas

[rəpa] **nm**

食事

料理の品数が多い食事なら un repas copieux という言い方をする．サラダなどの「軽食，軽い食事」は un repas léger という．
別例 Prenez trois fois par jour après le repas.（薬について）食後に1日3回飲んでください．

---

soupe

[sup] **nf**

スープ

別例 J'aime la soupe à l'oignon. オニオンスープが好きだ．/ Quel genre de soupe avez-vous ? どんなスープがありますか．

---

salade

[salad] **nf**

サラダ

別例 Vous voulez encore de la salade ? サラダをもう少しいかがですか．/ Quelle sorte de vinaigrette souhaitez-vous pour votre salade ? サラダにはどんなドレッシングがいいですか．

---

pâte

[pat] **nf**

（小麦粉を練った）生地，（複数で）麺類，パスタ

les plats à base de pâtes は直訳すると「パスタをベースとした料理」となる．
別例 pâtes à la sauce tomate「トマトソースのパスタ」/ faire cuire des pâtes「麺をゆでる」

346

J'ai l'impression que les s____s au Canada sont généralement un peu trop cuits.

カナダで食べる**スパゲティ**はたいてい少々ゆですぎな気がする.

347

Ma femme a étalé beaucoup de beurre sur la t____.

妻は**タルティーヌ**にたっぷりバターぬった.

348

Ce plat ouvre l'a____.

この料理は**食欲**をかき立てる.

349

Je ne suis pas obèse, mais je dois faire un r____.

私はひどく太っているわけではないですが, **ダイエット**の必要があります.

350

Ce c____ ne coupe rien du tout.

この**ナイフ**はまったく何も切れない.

351

Apportez-moi une autre f____, s'il vous plaît.

(レストランなどで) 新しい**フォーク**をお願いします.

352

Mon grand-père mange de la soupe avec une c____ en argent.

祖父は銀の**スプーン**でスープを飲む.

353

Je vais t'aider à débarrasser la v____.

食器をかたづけるのを手伝いますよ.

spaghetti

[spagɛti] **nm**

スパゲティ

別例 spaghettis avec sauce à la viande「スパゲティミートソース」

tartine

[tartin] **nf**

タルティーヌ
= tartine de pain

別例 tartine de confiture「ジャムタルティーヌ」
tartiner vt「(パンに) ジャムやバターをぬる」**例** tartiner de la confiture de fraises「いちごジャムをぬる」*別途「バターをぬる」**beurrer vt** といった動詞もある.

appétit

[apeti] **nm**

食欲, 欲望

別例 Bon appétit ! どうぞ召し上がれ. *日本語は「(あなたの命を私の命とさせて) いただきます」と食材に感謝するが, フランス語では相手に Bon appétit ! (←よい食欲を) と語りかける. / Je ne me sens pas bien et je manque d'appétit. ちょっと気分がすぐれません, 食欲がありません.

régime

[reʒim] **nm**

ダイエット

suivre un régime も「ダイエットする, 痩せるために節食する」の意味.「ダイエット中です」なら Je suis au régime. / Je fais un régime. といった言い方をする.

couteau

[kuto] **nm** **pl couteaux**

ナイフ

Ce couteau est terne.「このナイフはなまくらだ」とも言い換えられる.
別例 Excusez-moi, j'ai fait tomber mon couteau. すみません, ナイフを落としてしまいました.

fourchette

[furʃɛt] **nf**

フォーク

別例 Ma fille n'aime pas manger avec une fourchette.
娘はフォークで食べるのが好きではない.

cuillère / cuiller

[kɥijɛr] **nf**

スプーン,
(料理用の) 大さじ

cuillerée nf「スプーン1杯分」
例 Ma tante a bu son café avec deux cuillerées de crème.
おばはスプーン2杯分のクリームを入れてコーヒーを飲んだ.

vaisselle

[vɛsɛl] **nf**

(集合的に) 食器,
(食後の) 食器洗い

別例 service de vaisselle「食器セット」/ faire la vaisselle「皿洗いをする」

354

Pourriez-vous nous apporter une a______ ?

取り皿を1枚持って来ていただけますか.

☐☐☐

355

Avez-vous des p______s préférés ?

得意**料理**はありますか.

☐☐☐

356

Pouvez-vous me donner un v______ de vin rouge, s'il vous plaît ?

赤ワインを**1杯**いただけますか.

☐☐☐

357

Boire une t______ de café fait partie de ma routine matinale.

1杯のコーヒーを飲むことは私の朝の習慣の一部です.

☐☐☐

358

Donnez-moi une b______ d'eau minérale.

ミネラルウォーターを**1本**ください.

☐☐☐

関連 **瓶・缶**

☐ boîte **nf** 缶, 箱, 郵便受け (=boîte à lettre, boîte aux lettres)
*boîte de conserve「缶詰」/ boîte en carton「ダンボール箱」

☐ bouteille en plastique **nf** ペットボトル

359

Apportez-moi un verre de vin rouge et une c______ d'eau, s'il vous plaît.

グラスの赤ワインと**カラフ**の水を持ってきてください.

☐☐☐

assiette

[asjɛt] **nf**

皿,(一皿分の)料理

別例 assiette à soupe「スープ皿」/ assiette plate「平皿」/ assiette creuse「深皿」*「スープ皿」を兼ねることも多い.

plat

[pla] **nm**

(皿に盛られた)料理, (une assietteより大きめの料理用)大皿

別例 Qu'est-ce que vous prenez comme plat principal ? メイン料理(主菜)は何になさいますか. / Quel est le plat du jour ? 本日のおすすめ料理は何ですか.

verre

[vɛr] **nm**

グラス, コップ, ガラス

un verre à vin なら「ワイングラス」のこと.
別例 On va prendre un verre ? 一杯いかがですか. *prendre [boire] un verre で「(酒を)1杯飲む」の意味. / Il y a une grande pyramide de verre à l'entrée au musée du Louvre. ルーブル美術館の入り口には大きなガラスのピラミッドがある.

tasse

[tas] **nf**

カップ, カップ1杯分

別例 Chaque matin, ma mère prend une tasse de thé chaud. 毎朝, 母はホットティーを1杯飲む. / Le baseball, ce n'est pas ma tasse de thé. 野球は私の趣味じゃない.

bouteille

[butɛj] **nf**

瓶, ボトル, ワインの瓶

ouvrir la bouteille で「瓶を開ける」の意味. ただし,「(コルクの)栓を抜く」場合には déboucher la bouteille という言い方をする.

☐ flacon **nm** (香水などの)小瓶
☐ pot **nm** (ジャムなどの)瓶, 壺
☐ couvercle **nm** (鍋などの)ふた
*「栓, コルク栓」は bouchon **nm** という.

carafe

[karaf] **nf**

カラフ(ピッチャー), 水差し

une carafe d'eau は「(無料の)水差しに入った水道水」のこと. ただし, レストランなどで客が頼まないと出てこない.

◉ 飲み物

360

Qu'est-ce que vous voudriez comme b____ ?

お飲み物は何になさいますか.

関連 **飲み物あれこれ**

- □ café **nm** コーヒー
- □ café au lait **nm** カフェオレ
- □ thé **nm** 紅茶
- □ chocolat chaud **nm** ココア
- □ coca **nm** コーラ

361

Voudriez-vous prendre un a____ ?

アペリティフはいかがですか.

362

Qu'est-ce que vous buvez en d____ ?

食後酒に何を飲みますか.

363

Apportez-moi une bouteille d'e____ minérale gazeuse.

(カフェなどでの注文) 発泡性のミネラル**ウォーター**を１本持ってきてください.

364

Nous avons de nombreuses s____s thermales au Japon.

日本には数多くの**温泉**がある.

365

La consommation d'a____ est interdite ici.

ここでは**アルコール** (を飲むこと) は禁止です.

boisson

[bwasɔ̃] **nf**

(集合的) 飲み物

別例 Voudriez-vous une boisson avant le repas ? お食事の前に何かお飲みになりますか. / Il y a un distributeur de boissons dans l'hôtel ? ホテル内に (飲み物の) 自動販売機はありますか.

- ☐ jus d'orange **nm** オレンジジュース
- ☐ bière **nf** ビール
  ＊「生ビール」bière pression,「瓶ビール」bière bouteille
- ☐ vin **nm** ワイン
- ☐ champagne **nm** シャンパン
- ☐ eau **nf** 水
  ＊「ミネラルウォーター」eau minérale,「水道水」eau du robinet

apéritif

[aperitif] **nm**

アペリティフ (食前酒)
↔ **digestif**

別例 Qu'est-ce que vous recommandez comme apéritif ? 食前酒には何がおすすめですか.
＊apéro と略される.

digestif

[diʒɛstif] **nm**

食後酒, ディジェスティフ

別例 Je n'ai pas l'habitude de boire un digestif. 私は食後酒を飲む習慣はありません.
＊「食後酒」を使わずに Je n'ai pas l'habitude de boire de l'alcool après le dîner. などとすることもできる.

eau

[o] **nf pl eaux**

水

de l'eau minérale plate [non gazeuse] なら「炭酸ガスを含まないミネラルウォーター」をいう. / de l'eau chaude「お湯」
別例 Est-ce que je peux avoir de l'eau, s'il vous plaît ? (水を注ぎ足してもらうようなケースで) お水をください.

source

[surs] **nf**

源, 発生源, 水源

別例 La Seine a sa source en Bourgogne. セーヌ川の水源はブルゴーニュ地方にある. / Une source majeure d'informations pour moi est Internet. 私の主要な情報源はインターネットです.

alcool

[alkɔl] **nm**

アルコール (飲料), 酒

別例 boire de l'alcool「酒を飲む」/ Mon mari supporte bien l'alcool. 夫は酒が強い.

366

Est-ce que je peux voir la carte des v_____s ?

ワインリストを見せてください.

367

D'abord, une demi-bouteille de c_____ frappé, s'il vous plaît.

まず, よく冷やした**シャンパン**のハーフボトルをください.

368

Un w_____, s'il vous plaît.

ウイスキーを１杯ください.

369

C'est super de boire une b_____ après avoir pris un bain.

風呂上がりの１杯の**ビール**は最高です.

370

Voulez-vous plus de j_____ ?

ジュースのおかわりはいかがですか.

371

Vous mettez du sucre dans votre c_____ ?

コーヒーに砂糖入れますか.

関連 カフェで

- ☐ un café noir　ブラックコーヒー
- ☐ un café au lait　カフェオレ
- ☐ un espresso　エスプレッソ（=café espresso）
- ☐ un décaféiné　カフェイン抜きのコーヒー（=déca）

372

Est-ce que tu veux un t_____ ?

紅茶はいかがですか.

vin

[vɛ̃] **nm**

ワイン

別例 Avez-vous des vins sans alcool ?（店で）ノンアルコールのワインはありますか. / un verre à vin「ワイングラス」
*「ぶどう（の実）」は **raisin nm**,「ぶどう（の木）」は **vigne nf** という.

champagne

[ʃɑ̃paɲ] **nf**

シャンパン

別例 déboucher une bouteille de champagne「シャンパンのボトルを抜く」/ une coupe à champagne「シャンパングラス」

whisky

[wiski] **nm**
pl whiskys / whiskies

ウイスキー

氷の塊にアルコールを注いだ「オンザロック」は whisky avec des glaçons という.

bière

[bjɛr] **nf**

ビール

別例 Je préfère le vin à la bière. ビールよりワインが好きです. / Je ne peux pas finir ma journée sans une bière froide. 冷えたビールなしでは1日を終えられない.

jus

[ʒy] **nm & pl**

（野菜や果物, 肉汁などの）ジュース

見出し語は「果汁」jus de fruit そのものを指す単語で「果汁10%」といったものを jus とは呼ばない. なお,「肉汁」jus de viande も jus と呼ばれる. 別例 Est-ce que je peux avoir un moyen jus d'orange ? オレンジジュースのMサイズをください. *un jus d'orange taille medium ともいう.

café 2

[kafe] **nm**

コーヒー,
カフェ（コーヒー店）

別例 une tasse de café「コーヒー1杯」/ Est-ce que je peux avoir un peu plus de café ? もう少しコーヒーをもらえますか.

- ☐ un thé　紅茶
- ☐ un thé au citron　レモンティー
- ☐ un chocolat chaud　ホットココア
- ☐ un jus d'orange　オレンジジュース
- ☐ une eau minérale　ミネラルウォーター
- ☐ un panaché　パナシェ（ビールをレモン味の炭酸 limonade で割ったもの）

thé

[te] **nm**

紅茶, 茶

別例 boire du thé au lait「ミルクティーを飲む」/ Ma fille préfère le thé oolong au café. 娘はコーヒーよりウーロン茶が好きです.

373

Nos enfants aiment beaucoup le l____ chaud.

うちの子供たちはホット**ミルク**が大好きです.

374

Je prendrai un c____ chaud, s'il vous plaît.

ココア（ホットチョコレート）をください.

375

Un p____ est un mélange de bière et de limonade en proportion variable.

パナシェはビールとレモン風味のサイダー（レモンソーダ）をいろいろな比率で混ぜたもの.

◉ 食材（穀物・肉・魚・野菜・果物）

376

Je mange du r____ au petit déjeuner.

私は朝食に**ご飯**を食べます.

377

Les champs de b____ s'étendaient à perte de vue à Bieï-cho.

美瑛町（北海道）は見渡す限り**小麦**畑が広がっていた.

378

Ce pain est fait de f____ de riz.

このパンは米**粉**でできている.

379

Mon grand-père met de la s____ de soja sur tous les plats.

うちの祖父はどんな料理にでも**醤油**をかける.

lait
[lɛ] **nm**
ミルク, 牛乳

別例 Mon père va au supermarché pour acheter du lait et de l'huile d'olive. 父は牛乳とオリーブオイルを買いにスーパーに行っています.

---

chocolat
[ʃɔkɔla] **nm**
チョコレート, ココア

別例 Le jour de la Saint-Valentin au Japon, les filles donnent des chocolats aux garçons. 日本のバレンタインデーには女の子が男の子にチョコをあげる.

---

panaché
[panaʃe] **nm**
パナシェ

日本ではシャンディ・ガフと呼ばれ, ビールとジンジャー・エールを合わせるが, フランスではレモン風味のサイダー **limonade nf** (レモネード **citronnade nf** は別物) と合わせて作る. ほかに, 濃縮なジュース (「シロップ」) と水を合わせた **sirop à l'eau nm**, シロップとレモンソーダを合わせたものは **diabolo nm** と呼ばれる.

---

riz
[ri] **nm**
米 (こめ), ご飯

別例 faire cuire du riz「米を炊く」/ Le riz fait vivre plus de la moitié de la population mondiale. 米は世界人口の半分以上の暮らしを支えている.

---

blé
[ble] **nm**
小麦

blé noir (←黒い小麦) あるいは **sarrasin nm** で「そば (粉)」の意味. 麺の「そば soba」なら nouilles de sarrasin という.

---

farine
[farin] **nf**
粉末, 小麦粉 = **farine de blé**

Ce pain est fait avec de la farine de riz. ともいう.
別例 Son visage était blanc comme de la farine. 彼 (彼女) の顔はまるで小麦粉のように白かった. *farine だけで「小麦粉」の意味で使う.
fariner vt「～に小麦粉をまぶす」

---

sauce
[sos] **nf**
(調味料) ソース

別例 La meilleure sauce au monde, c'est la faim. 空腹は最高のソースだ.

380

Vous voulez votre café avec ou sans s_____ ?

コーヒーに**砂糖**を入れますか, 入れませんか.

381

Ajoutez l'huile de s_____ à la fin.

最後に**大豆**油を加えてください.

382

Je trouve que cette soupe manque de s_____.

このスープは**塩**が足りないと思います.

383

Passez-moi le p_____, s'il vous plaît.

コショウを取ってください.

384

Mettez un peu d'h_____ d'olive dans la salade.

サラダにオリーブ**オイル**を少し入れてください.

385

J'ai acheté un pot de m_____ pour toi au marché.

市場で**蜂蜜**を１瓶あなたに買いました.

386

Que préférez-vous, les œ_____s sur le plat ou les œ_____s brouillés ?

目玉焼きとスクランブル**エッグ**, どちらが好きですか.

sucre

[sykr] **nm**

砂糖,
角砂糖 = morceau de sucre

別例 mettre du sucre「砂糖を入れる」
＊**sucrer vt**「砂糖を入れる（かける）」という動詞もある.

soja

[sɔʒa] **nm**

大豆（だいず）

別例 les pousses de soja「もやし」

sel

[sɛl] **nm**

食塩, 塩

別例 Tu n'as pas oublié de mettre du sel dans la soupe ? スープに塩を入れるのを忘れなかった.
＊動詞「塩味をつける」を用いて saler la soupe としても同義になる.

poivre

[pwavr] **nm**

コショウ

別例 L'odeur du poivre l'a fait éternuer. コショウの匂いで彼はくしゃみをした.
poivrer vt「コショウをする」例 saler et poivrer un plat「料理に塩コショウする」

関連 調味料 assaisonnement
- ☐ moutarde **nf** マスタード, からし
- ☐ ketchup **nm** ケチャップ
- ☐ vinaigre **nm** 酢
- ☐ mayonnaise **nf** マヨネーズ
- ☐ beurre **nm** バター
- ☐ sauce **nf** ソース
  ＊「しょうゆ」は sauce (de) soja という.

huile

[ɥil] **nf**

油, オイル

別例 Quand un moteur est usé, il consomme beaucoup d'huile. エンジンが古くなるとオイルをたくさん消費する.

miel

[mjɛl] **nm**

蜂蜜,（蜜のように）甘いもの

別例 L'abeille fabrique le miel. ミツバチは蜂蜜を作る. / lune de miel「ハネムーン」

œuf

[œf] **nm** **pl œufs** [ø]

（鶏の）卵

「目玉焼き」は œufs au plat ともいう.「茹でたまご」は œuf dur,「半熟たまご」なら œuf à la coque という.
別例 Tu veux combien d'œufs pour faire tes gâteaux ? ケーキを作るのに卵はいくついるの.

387

Ce soir, on mangera le r____ du curry.

今晩, カレーの**残り**を食べます.

388

Je préfère la v____ au poisson.

魚より**肉**が好きだ.

389

Mon père aime les steaks de j____ épais.

父は厚切りの**ハム**ステーキが好きです.

390

Que mangez-vous le plus souvent, du p____ ou de la viande ?

肉と**魚**, どちらをよく食べますか.

reste

[rɛst] **nm**

残り, 余り

別例 J'ai passé le reste de la journée à lire. その日の残りを読書をして過ごした.

viande

[vjɑ̃d] **nf**

(食用の) 肉

別例 Elle ne mange jamais de viande car elle est végétarienne. 彼女は肉はけっして口にしません, 菜食主義者なので.

関連 **肉**

- ☐ le bœuf　牛肉
- ☐ le porc　豚肉
- ☐ le poulet　鶏肉
- ☐ le mouton　羊肉
- ☐ l'agneau **nm**　子羊肉
- ☐ la viande hachée　ひき肉
- ☐ le saucisson (サラミ風) ソーセージ
- ☐ la saucisse (加熱する) ソーセージ

jambon

[ʒɑ̃bɔ̃] **nm**

(肉製品の) ハム

別例 une tranche de jambon「ハムひと切れ」
***œufs au jambon nmpl** は「ハムエッグ」のこと.

poisson

[pwasɔ̃] **nm**

魚, 魚肉 (魚料理)

別例 Quel genre de poisson peut-on pêcher dans cette rivière ? この川ではどんな魚が釣れますか.

関連 **魚介類 des poissons et fruits de mer**

- ☐ le thon　マグロ
- ☐ le saumon　鮭
- ☐ la truite　マス
- ☐ le bar　スズキ
- ☐ la seiche　イカ
- ☐ le poulpe　タコ
- ☐ la langoustine　ヨーロッパアカザエビ
  *la crevette は「小エビ」, la langouste は「伊勢エビ」のこと.
- ☐ les coquillages **nmpl**　貝類

391

On peut obtenir la plupart des fibres alimentaires dont on a besoin en mangeant des l____s frais.

新鮮**野菜**を食べることで必要な食物繊維の大半を摂取できます.

関連 野菜
- ☐ la carotte　にんじん
- ☐ le chou　キャベツ
- ☐ la pomme de terre　ジャガイモ

392

Donnez-moi 2 kilos de t____s.

トマトを２キロください.

393

Le riz frit à l'a____ est ma spécialité.

ガーリック・チャーハンは私の得意料理です.

394

Beaucoup d'enfants n'aiment pas les p____s.

唐辛子が苦手な子供は多い.

395

J'ai mangé une pizza aux c____s pour le déjeuner aujourd'hui.

今日, ランチは**キノコ**のピザを食べた.

396

Nos enfants adorent les f____s tropicaux.

子供たちはトロピカル**フルーツ**が大好きだ.

関連 果物
- ☐ un ananas　パイナップル
- ☐ une cerise　さくらんぼ
- ☐ un citron　レモン
- ☐ un citron vert　ライム　*une lime はあまり使われない.

légume
[legym] **nm**

野菜

別例 Elle a une alimentation riche en légumes. 彼女は野菜中心の食事にしている.

- ☐ le poireau 長ネギ, ポワロネギ
- ☐ la laitue レタス
- ☐ l'oignon **nm** タマネギ
- ☐ la tomate トマト
- ☐ le concombre きゅうり
- ☐ l'ail **nm** にんにく
- ☐ le gingembre ショウガ, ジンジャー
- ☐ le piment rouge 赤トウガラシ

tomate
[tɔmat] **nf**

トマト

別例 Tu aimes bien la soupe de tomates ? トマトスープは好きですか. / Notre fille était rouge comme une tomate. うちの娘はまるでトマトのように赤くなっていた.

ail
[aj] **nm** **pl ails / aulx** [o]

にんにく, ガーリック

別例 Cette cuisine sent l'ail. この厨房はにんにく臭い.
*複数 aulx は古い形.

piment
[pimɑ̃] **nm**

唐辛子

緑色の「ピーマン」は poivron vert (frais) と称する. 緑の「粒コショウ」は poivre vert (en grains) と呼ばれる.

champignon
[ʃɑ̃piɲɔ̃] **nm**

キノコ

champignon de Paris, champignon de couche は「マッシュルーム」のこと.
別例 En automne, beaucoup de gens vont en forêt pour y chercher des champignons. 秋に, 大勢の人たちが森へキノコ狩りに行く.

fruit
[frɥi] **nm**

フルーツ, 果実,(努力の) 成果

別例 Il y a des fruits que vous n'aimez pas ? 苦手なフルーツはありますか./ Ses efforts sont restés sans fruit. 彼 (彼女) の努力は成果がなかった.
*複数形なら「収穫物」の意味があり fruits de mer で「(魚を除く, 貝やエビカニなど) 海の幸」を指す.

- ☐ une fraise イチゴ
- ☐ une figue イチジク
- ☐ un melon メロン
- ☐ une orange オレンジ
- ☐ un pamplemousse グレープフルーツ
- ☐ une pêche 桃
- ☐ une pomme リンゴ
- ☐ un raisin ブドウ

397

Pouvez-vous griller ce p____ de mie, s'il vous plaît ?

この食**パン**をトーストしてください.

398

Deux b____s et trois croissants, s'il vous plaît.

バゲット２つとクロワッサンを３つください.

399

Pouvez-vous m'apporter la carte des f____s ?

チーズのメニューを持ってきてもらえますか.

400

Tu veux quelque chose comme d____ ?

デザートに何か食べますか.

401

Le taiyaki est un g____ japonais en forme de poisson.

たい焼きは魚の形をした日本の**菓子**です.

402

Quel genre de g____ est-ce que vous aimez ?

どんな種類の**アイスクリーム**が好きですか.

pain

[pɛ̃] **nm**

パン

別例 Ma femme a fait du pain de seigle pour la première fois et il s'est avéré bon. 妻が初めてライ麦パンを作ったが，とてもおいしかった.

関連 **パン・パスタ・米**

- ☐ une baguette　バゲット
- ☐ un croissant　クロワッサン
- ☐ un toast, une grillée, du pain grillé　トースト
- ☐ un sandwich　サンドイッチ
  *un sandwich au jambon「ハムサンド」, un croque-monsieur「クロックムッシュー」
- ☐ une pâte　パスタ
- ☐ une nouille　麺
- ☐ une céréale　シリアル
- ☐ du riz　米

baguette

[bagɛt] **nf**

バゲットパン，細い棒，(複数で) 箸（はし）

demi-baguette なら「バゲットの半分」を指す.
別例 La nourriture chinoise se mange avec des baguettes. 中華料理は箸を使って食べます.

fromage

[frɔmaʒ] **nm**

チーズ

別例 On a mangé du fromage à la fin du repas. 食事のあと（デザートの前）にチーズを食べました.

dessert

[desɛr] **nm**

デザート

別例 Qu'est-ce que vous voudriez pour le dessert ?（店で）デザートは何になさいますか. / J'ai essayé de réduire les desserts, mais je n'ai finalement pas pu perdre de poids. デザートを控えるようにしたのですが，結局体重を減らすことはできませんでした.

gâteau

[gato] **nm**　**pl gâteaux**

ケーキ，菓子

別例 Ma petite sœur fait souvent des gâteaux. 妹はよくケーキを作る. / J'ai toujours de la place pour les gâteaux. ケーキはいつも別腹だ（←ケーキの余地がある).
*「ケーキ屋」は **pâtisserie nf** という.

glace

[glas] **nf**

アイクスリーム，氷，
鏡 = miroir

別例 une glace à la fraise「いちごアイス」/ se regarder dans une glace「鏡に自分の姿を映す（鏡を見る)」*se regarder dans un miroir も同義だが，日常的には glace を使うことが多い.

◉ 衣類・小物・道具

403

On dirait que les cheveux courts sont à la m_____ cette année.

今年はショートヘアが**流行り**そうです.

404

Ma femme a l'air bien dans tous les v_____s.

妻はどんな**服**でも似合います.

405

Je voudrais voir la r_____ blanche qui est en vitrine.

ショーウィンドーにある白の**ワンピース**を見たいのですが.

406

Cette cravate ne va pas avec votre c_____.

このネクタイはあなたの**スーツ**には似合いません.

407

Vous exigez une v_____ et une cravate ?

ジャケットとネクタイが必要ですか.

408

Ce p_____ bleu est encore portable.

このブルーの**セーター**はまだ着られます.

mode [1]

[mɔd] **nf**

流行, ファッション

à la mode「流行している」

別例 Ma fille veut travailler dans le monde de la mode. 娘はファション業界で働きたがっている.

vêtement

[vɛtmɑ̃] **nm**

衣服,(複数で)服, 衣類

別例 J'aime les vêtements décontractés. カジュアルな服が好きです. / Vous cherchez des vêtements pour enfants ? 子ども服をお探しですか.

関連 衣服（過去に出題例のあるもの）

- ☐ bonnet **nm** 縁なしの帽子, ボンネット
- ☐ gants **nmpl** 手袋
- ☐ écharpe **nf** マフラー
- ☐ manteau **nm** コート, オーバー
- ☐ pantalon **nm** ズボン
- ☐ jupe **nf** スカート
- ☐ chemise **nf** シャツ
- ☐ tee-shirt **nm** Tシャツ
- ☐ veste **nf** 上着, ジャケット
  *日本語の「ベスト」は gilet **nm** という.

robe

[rɔb] **nf**

ドレス, ワンピース

別例 Je peux essayer cette robe noire ? この黒のドレスを試着していいですか.

costume

[kɔstym] **nm**

衣装, 服装,
(男性用の)スーツ

別例 Quel costume tu vas mettre pour halloween ? ハロウィーンでどんな衣装（コスチューム）を着るの. / J'irai chez le blanchisseur pour récupérer mes costumes. スーツを取りにクリーニング店に行きます.

(se) costumer vt vp「衣装をつけさせる,(en に) 扮装する」

veste

[vɛst] **nf**

上着, ジャケット

ドレスコードの確認. Veste et cravate sont-ils exigés ? ともいう.

別例 Je peux essayer cette veste ? このジャケットを試着してもいいですか.

*「ブルゾン, ジャンパー」は **blouson nm** という.

pull

[pyl] **nm**

(pull-over の略) セーター

例文の形容詞 portable は「(機器が) 携帯用の」ではなく,「(衣服が) 着ることのできる」の意味.

別例 Il portait son pull à l'envers. 彼はセーターを裏返しに（逆さまに）着ていた.

409

Il portait une chemise bleue et un p____ jaune.

彼は青いシャツと黄色の**ズボン**を履いていた.

410

Tu ne peux pas mettre cette c____ dans le sèche-linge.

この**シャツ**は乾燥機で乾かしてはだめ.

411

Oh non, j'ai encore l'étiquette de prix sur mon c____.

いやだ, **ブラウス**に値札がついたままだわ.

412

Le design audacieux de cette j____ est introuvable en Italie.

この**スカート**の大胆なデザインはイタリアではお目にかからない.

413

Malgré la chaleur, elle portait un m____ de fourrure.

暑いのに彼女は毛皮の**コート**を着ていた.

414

Mets tes g____s, il fait froid.

手袋をして, 寒いから.

415

Qu'est-ce qu'il y avait dans votre s____ ?

バッグには何が入っていましたか.

関連 小物

☐ chaussures **nfpl** 靴
☐ foulard **nm** スカーフ
☐ écharpe **nf** マフラー

pantalon

[pɑ̃talɔ̃] **nm**

(男性用・女性用) ズボン, パンタロン

別例 Où est-ce que tu as acheté ce pantalon noir ? その黒いズボンをどこで買ったの. / Comment tu trouves mon nouveau pantalon ? 私の新しいズボンをどう思う.

chemise

[ʃəmiz] **nf**

(通常は男性用の) ワイシャツ, シャツ

ベルギーやケベックでは「乾燥機」を **sécheuse nf** と呼んでいる.
別例 porter [mettre] une chemise「シャツを着ている[着る]」/ De quelle couleur est la chemise qu'il porte ? 彼が着ているシャツは何色ですか.

chemisier

[ʃəmizje] **nm**

(女性用) ブラウス

別例 Tu devrais repasser ton chemisier blanc. 白のブラウスにアイロンをかけた方がいいよ.

jupe

[ʒyp] **nf**

スカート

Elle porte une jupe longue. 彼女はロングスカートをはいている. / Cette mini-jupe rouge à pois te va très bien. その赤い水玉のミニスカートはあなたにとても似合っています.

manteau

[mɑ̃to] **nm** **pl manteaux**

(厚手の) コート, オーバー

別例 mettre [enlever] son manteau「コートを着る [脱ぐ]」/ C'est un manteau pour le printemps. これは春用のコート (スプリングコート) です.

gant

[gɑ̃] **nm**

(多く複数で) 手袋

別例 Autrefois, à Paris, une femme élégante ne sortait jamais sans gants. かつて, パリではエレガントな女性が手袋なしで出かけることはなかった (外出の際には手袋をしていたものだ).

sac

[sak] **nm**

バッグ, カバン, 袋

別例 Je me suis fait voler mon sac à main par cet homme avec une barbe. あの顎髭の男にハンドバッグを盗まれた. / Vous avez votre propre sac ? マイバッグはお持ちですか.
＊「レジ袋」は un sac plastique という.

- ☐ mouchoir **nm** ハンカチ
- ☐ ceinture **nf** ベルト
- ☐ porte-feuille **nm** 財布, 札入れ
- ☐ porte-monnaie **nm** 小銭入れ
- ☐ bague **nf** 指輪
- ☐ collier **nm** ネックレス
- ☐ boucles d'oreille **nfpl** イヤリング
- ☐ bracelet **nm** ブレスレット

416

Enlevez votre c_____, merci !

帽子をお取りください.

417

Ces c_____s ont l'air bien, mais elles sont inconfortables.

この**靴**は見てくれはいいが, 履き心地がよくない.

418

J'ai un trou dans ma c_____.

靴下に穴があいてしまった.

419

Ma mère a fait un nœud à son m_____.

母は忘れないように**ハンカチ**に結び目を作った.

420

Mon mari porte toujours une c_____.

夫はいつも**ネクタイ**をしている.

関連 飾り・柄に関する形容詞
- ☐ élégant(e) 優美な, 洗練された
- ☐ chic おしゃれな, 粋な

421

Habituellement, mon m_____ s'estompe le soir.

たいてい, 夕方には**化粧**が崩れます.

関連 化粧品
- ☐ rouge (à lèvres) **nm** 口紅
- ☐ fond de teint **nm** ファンデーション
- ☐ mascara **nm** マスカラ

chapeau

[ʃapo] **nm** **pl chapeaux**

(縁のある) 帽子

*「縁なしの帽子」はbonnet nm.

別例 mettre [porter] son chapeau「帽子をかぶる[かぶっている]」/ Au soleil, n'oublie pas de mettre ton chapeau. 日なたでは, 帽子の着用を忘れないで.

chaussure

[ʃosyr] **nf**

靴 (くつ)

別例 porter ses chaussures は「靴を履いている」という状態を, mettre ses chaussures で「靴を履く」という動作をいう.「靴を脱ぐ」は enlever ses chaussures, se déchausser といった言い方を使う. / Ces chaussures sont trop serrées pour moi. この靴は窮屈だ.

chaussette

[ʃosɛt] **nf**

(足首までの) 靴下, ソックス

*「ストッキング」はbas nmという.

別例 une paire de chaussettes「靴下1足」/ Mets tes chaussettes, il fait froid aujourd'hui. 靴下を履いて, 今日は寒いから.

mouchoir

[muʃwar] **nm**

ハンカチ, ティッシュ

cordon noué (英語 knotted cord /日本語 結縄) と呼ばれるものの一種で結び目を記憶の助けとする行為. 別例 mouchoir en papier「ティシュペーパー」*商品名を使って kleenex ともいう.
se moucher vp「鼻をかむ」例 Mon ami s'est mouché dans un mouchoir. 友人がハンカチで鼻をかんだ.

cravate

[kravat] **nf**

ネクタイ

別例 Vous cherchez une cravate pour votre grand-père ? 祖父のためのネクタイを探しているのですか.

- ☐ uni(e) 無地の, 単色の
- ☐ rayé(e) ストライプの
- ☐ à pois 水玉模様の
- ☐ voyant(e) 派手な
- ☐ sobre 地味な, 簡素な

maquillage

[makijaʒ] **nm**

化粧

別例 refaire le maquillage, se remaquiller「化粧を直す」, enlever son maquillage, se démaquiller「化粧を落とす」,「化粧する」なら mettre du maquillage あるいは se maquiller を使う.
例 Combien de temps faut-il pour se maquiller ? 化粧にどのぐらい時間がかかりますか.

- ☐ fard à paupières **nm** アイシャドー (=ombre à paupières)
- ☐ vernis à ongles **nm** マニキュア液
- ☐ crayon à sourcils **nm** アイブロウペンシル
- ☐ lotion **nf** 化粧水, ローション
- ☐ parfum **nm** 香水
- ☐ eau de Cologne **nf** オーデコロン
- ☐ trousse de toilette **nf** 化粧道具入れ

422

Quel p____ portes-tu ?

香水は何を使っているの.

423

Ce s____ sent très bon.

この**石鹸**はとても香りがいい.

424

Elle ouvre un p____ coloré.

彼女はカラフルな**傘**をさしている.

425

Je crois que j'ai oublié mon p____ dans votre restaurant hier.

昨日, おたくのお店に**財布**を忘れたようなのです.

426

Je ne t'ai jamais vu porter de l____.

今まであなたが**メガネ**をかけているのを見たことがありませんでした.

427

Ta fille ressemble à une p____.

君の娘さんはまるで**人形**のようだ.

428

Est-ce que je peux avoir une c____, s'il vous plaît ?

(機内で) **毛布**を１枚いただけますか.

429

Je n'aime pas les manteaux en c____ parce qu'ils sont lourds.

革のコートは重くて苦手です.

parfum
[parfœ̃] **nm**

香水, 香り

別例 Tu aimes le parfum des roses ? バラの香りは好きですか.
parfumé(e) adj「良い香りのする, 芳香を放つ」
例 fleurs très parfumées 「とてもいい香りの花」

savon
[savɔ̃] **nm**

石鹸（せっけん）

別例 des bulles de savon「シャボン玉」
(se) savonner vp「石鹸で（体を）洗う」
例 Ils se sont savonné les mains avant de passer à table. 彼らはテーブルにつく前に手を石鹸で洗った. *この例では les mains が直接目的語.

parapluie
[paraplɥi] **nm**

傘（かさ）

別例 Tu sors sans parapluie sous cette pluie ? この雨の中, 傘を持たずに出かけるの. / Ne portez pas de parapluie quand vous faites du vélo. 自転車に乗るときは傘をささないで.

portefeuille
[pɔrtəfœj] **nm**

財布（さいふ）

別例 J'ai un portefeuille bien garni parce que j'ai eu une prime. ボーナスが出たのでふところが暖かい.

lunettes
[lynɛt] **nfpl**

（複数で）メガネ

別例 Elle a sortie des lunettes de soleil de son sac. 彼女はバッグからサングラスを取り出した.

poupée
[pupe] **nf**

人形

別例 Pascale joue à la poupée dans sa chambre. Pascale は寝室で人形遊びをしている.
*なお, de poupée で「人形のような」の意味とともに「とても小さい」の意味を表せる（例 un jardin de poupée「猫の額ほどの庭」）.

couverture
[kuvɛrtyr] **nf**

毛布,（本の）カバー , 表紙

別例 En fait, je voudrais vous demander de faire un dessin pour la couverture de mon livre. 実は, 私の本のカバーの絵を描いて欲しいのですが.

cuir
[kɥir] **nm**

革,（サイやカバなどの）皮

en cuir で「革製の」の意味. なお, 人の「皮膚, 皮」, 果物の「皮」は **peau nf** という.
別例 une ceinture en cuir authentique「本革のベルト」
（=en cuir véritable）

430

Ça vous dérange si j'utilise votre a____ photo numérique ?

あなたのデジタル**カメラ**を使ってもいいですか.

関連 電気機器・器具

□ électricité **nf** 電気
□ réfrigérateur **nm** 冷蔵庫
□ micro-ondes **nm** 電子レンジ (=four à micro-ondes)

431

Ce dictionnaire électronique est un bon i____ de travail.

この電子辞書は学習**用**に適しています.

432

Les o____s d'apprentissage des langues étrangères évoluent de jour en jour.

外国語学習の**ツール**は日進月歩だ.

433

Je prendrais bien un café. Il n'y a pas un d____ de boissons à ce étage ?

コーヒーが飲みたいんだけど. この階 (フロア) に飲み物の**自動販売機**はありませんか.

◉ 自然・世界・科学

434

Les enfants ont besoin d'être en contact avec la n____.

子供たちは**自然**と触れ合う必要がある.

435

Selon vous, qu'est-ce qu'il faut faire pour protéger cet e____ naturel ?

この自然**環境**を守るにはどうすればよいと思いますか.

appareil
[aparɛj] **nm**

器具, 装置, 電話, カメラ

別例 Éteignez vos appareils électroniques. 電気機器類をお切りください. / Cet appareil est obsolète. このデバイスは旧式だ. / Allô, qui est à l'appareil ? もしもし, どなたですか.
*自分にかかってきた電話での対応. 電話を取りついで「どちら様ですか」と問うケースなら C'est de la part de qui ? とする.

- □ ventilateur **nm** 扇風機
- □ chauffage central **nm** セントラルヒーティング
- □ néon **nm** 蛍光灯
- □ ampoule LED **nf** LED電球

instrument
[ɛ̃strymɑ̃] **nm**

道具,
楽器 = **instrument de musique**

別例 Tu joues d'un instrument de musique ? 何か楽器を演奏しますか.
instrumental(e) adj「楽器の, 道具として使える」

outil
[uti] **nm**

道具,(目的実現の) 手段

別例 M. Oblin utilise sa secrétaire comme un outil. Oblin氏は秘書を道具に使っている.
outillage nm「道具一式, 機械設備」

distributeur
[distribytœr] **nm**

(自動) 販売機
= **distibuteur automatique**

別例 Il y a un distributeur près d'ici ? この辺にATM (キャッシュコーナー) はありますか. *これは distributeur automatique de billets の意味で使われた例.

nature
[natyr] **nf**

自然,(人の) 性質, 性格

別例 vivre en harmonie avec la nature 自然と調和して暮らす. (=vivre en symbiose avec la nature)

environnement
[ɑ̃virɔnmɑ̃] **nm**

(自然・文化・社会の) 環境

別例 destruction [dégradation] de l'environnement「環境破壊」
***milieu nm**も「環境」の意味で使われる.

436

De nombreuses langues sont en voie d'extinction dans le m____.

世界中で多くの言語が絶滅しつつある.

437

Le s____ se lève à l'est et se couche à l'ouest.

太陽は東から昇り, 西に沈む.

438

La plupart des gens ne se rendent pas compte de la quantité d'é____ qu'ils consomment.

ほとんどの人は自分がどれだけ**エネルギー**を使用しているか気づいていない.

439

On raffine le p____ pour obtenir de l'essence, du mazout, etc.

石油を精製してガソリンや重油などを得る.

440

Près de 70 % de l'électricité française est produite par le n____.

フランスの電気の7割近くが**原子力**から産まれている.

441

Les aurores boréales sont un p____ naturel magnifique.

オーロラ（北極光）は見事な自然**現象**だ.

442

J'aime beaucoup l'a____ au Temple d'or, vers la tombée du jour.

夕暮れ時の金閣寺の**雰囲気**がとても好きです.

443

L'Eurasie est le plus grand c____.

ユーラシアが一番面積の大きな**大陸**だ.

monde [1]
[mɔ̃d] **nm**
世界, 社会, 世の中

<en voie de + [無冠詞名詞]> で「〜の途中である, 〜しつつある」の意味. 別例 le monde entier「全世界, 世界中」/ Le monde est petit. 世間は狭い.
mondial(e) adj「世界の, 世界的な」例 à l'échelle mondiale「世界的規模で」**mondialement adv**「世界的に, 全世界で」

---

soleil
[sɔlɛj] **nm**
太陽, 日光

別例 J'aime la chaleur du soleil. 暖かな日の光が好きです. / Il fait un beau soleil. すばらしい天気です.
*Il fait (du) soleil.なら「日が照っている, いい天気だ」(=Il est ensoleillé.) の意味.

énergie
[enɛrʒi] **nf**
エネルギー

別例 énergie nucléaire「核(原子力)エネルギー」, énergie solaire「太陽光エネルギー」, ressources énergétiques「エネルギー資源」, économie d'énergie「省エネ」

---

pétrole
[petrɔl] **nm**
石油

pétrolier, pétrolière adj「石油の」
例 des pays pétroliers「産油国」
pétrolier nm「タンカー」例 L'Erika est un pétrolier qui a fait naufrage en 1999 au large de la Bretagne. Erika は1999年にブルターニュ沖で難破したタンカーだ.

---

nucléaire
[nykleɛr] **nm adj**
原子力(の), 核の

別例 une centrale nucléaire「原子力発電所」/ La pile atomique utilise l'énergie nucléaire. 原子炉は核エネルギーを利用している.
*「原子力の, 核の」の意味で **atomique** も使われる
(例 bombe atomique「原子爆弾」/ puissances atomiques「核保有国」=puissances nucléaires).

---

phénomène
[fenɔmɛn] **nm**
現象, 事象, 異常な出来事

別例 La science décrit des faits et des phénomènes. 科学はさまざまな事実や現象を説明するものだ.

---

atmosphère
[atmɔsfɛr] **nf**
(場の一時的な)雰囲気, 大気

atmosphérique adj「大気の」
例 pollution atmosphérique「大気汚染」

---

continent
[kɔ̃tinɑ̃] **nm**
大陸

continental(e) adj「大陸の」
例 petit déjeuner continental「コンチネンタル・ブレックファースト」
*パンとコーヒー程度の軽い朝食,「ヨーロッパ大陸式朝食」ということで, 反意語は「英国式朝食」petit déjeuner anglais となる.

444

Nous devons protéger la sûreté et la sécurité de notre T_____.

私たちの**地球**の安全, 安心を守らなくてはならない.

445

La pleine l_____ est superbe ce soir.

今夜, 満**月**が見事です.

446

Les e_____s brillent dans le ciel.

空に**星**がまたたいている.

447

Le Mont Fuji est-il un v_____ éteint ?

富士山は死**火山**ですか.

448

L'ampleur du rhume des foins est en partie due à la p_____ de l'air.

花粉症の広がりは大気**汚染**に原因の一端がある.

449

Nous avons eu un t_____ de terre d'intensité 5 dans ma région.

私の住んでいる地域で震度５の**地震**がありました.

450

Je me suis allongé(e) sur la pelouse et j'ai levé les yeux vers le c_____.

私は芝生に寝転がって**空**を見上げた.

451

Il y a un a_____ dans le ciel.

空に**虹**がかかっている.

terre
[tɛr] **nf**

地面, 土地 = terrain ,
(多くは大文字で) 地球 = le globe

別例 Elle est tombée par terre. 彼女は転んで床に (地面に) 倒れた. *par terre 「床に, 地面に」 / La fusée a quitté la Terre. ロケットは地球を離れた.

lune
[lyn] **nf**

月 (つき)

別例 Mars a deux lunes. 火星には2つの月 (衛星) がある.
*Il y a deux lunes qui tournent autour de Mars. といった言い方もできる. なお 「衛星」 は厳密には un satellite という. 「惑星」 なら une planète という.
alunir vi 「月面に着陸する」 **lunaire adj** 「月の (↔solaire) 」

étoile
[etwal] **nf**

星

別例 Avez-vous vu des étoiles récemment ? 最近星を見ましたか. / restaurant (à) trois étoiles 「3つ星レストラン」

volcan
[vɔlkɑ̃] **nm**

火山

別例 volcan actif [en activité] 「活火山」
volcanique adj 「火山の」
例 éruption volcanique 「火山の噴火」

pollution
[pɔlysjɔ̃] **nf**

汚染, 公害

別例 prévenir la pollution de l'environnement 「環境汚染を防ぐ」
polluer vt 「汚染する」
例 Les produits chimiques polluent la rivière. 化学物質が川を汚染している.

tremblement de terre
[trɑ̃bləmɑ̃] **nm**

地震 = séisme

別例 La ville a été détruite par le tremblement de terre. その町は地震で破壊された.
trembler vi 「震える, 震動する」
例 Elle tremble de froid. 彼女は寒さで震えている.

ciel
[sjɛl] **nm**

空, 天空, 天国

別例 sous le ciel de Paris 「パリの空の下」 / Il n'y a pas un nuage dans le ciel. 空には雲ひとつない.

arc-en-ciel
[arkɑ̃sjɛl] **nm**
pl arcs-en-ciel

虹

別例 Combien de couleurs compte un arc-en-ciel dans votre pays ? あなたの国では虹は何色と数えますか.
irisé, irisée adj 「虹色の」
*ただし, 見出し語 arc-en-ciel をそのまま形容詞 (不変) として 「虹色の」 の意味でも使われる.

452

Le sac était aussi léger que l'a____.

その袋は**ふわりと（空気のように）**軽かった.

453

Allez tout droit jusqu'au f____ et tournez à droite.

あの**信号**までまっすぐ行って, 右折してください.

454

On a mis une alarme i____ dans la maison.

家に**火災**警報器を設置しました.

455

Vivant près de la m____, nous pouvons facilement déguster des fruits de mer frais.

海の近くに住んでいるので, 容易に新鮮な魚介類を味わえる.

456

Tu viens à la p____ avec nous ?

いっしょに**浜辺**に行かない.

457

Nous allons faire une randonnée en m____ samedi prochain.

今度の土曜日に**山**歩きをします.

458

Si vous deviez vivre sur une î____ déserte, qu'emporteriez-vous avec vous ?

もしも無人**島**で暮らすようなことになったら何を持って行きますか.

459

La Loire est le plus long f____ de France.

ロワール川はフランスで一番長い**川**です.

air
[ɛr] **nm**
空気, 雰囲気, 様子

別例 Autrefois, la pollution de l'air était grave dans cette région. かつてこの地域は大気汚染が深刻だった. / Ça a l'air bon ! おいしそう. ＊<avoir l'air + [形容詞]>「～のように見える」の意味, 大半のケースで形容詞は主語と性数一致する.

---

feu
[fø] **nm** **pl feux**
信号, 火, 火事

「信号機」は **signalisation nf** という. 別例 Au feu ! 火事だ. / Ma saison préférée est l'été, j'attends avec impatience les feux d'artifice. 好きな季節は夏です. 花火が楽しみです. ＊un feu d'artifice で「花火」の意味.

---

incendie
[ɛ̃sɑ̃di] **nm**
火事, 火災

別例 Il y a eu plusieurs incendies suspects dans mon quartier hier soir. 昨夜, 近所で複数不審火があった. / De grands incendies de forêt se produisent presque chaque année en Californie. カリフォルニアではほぼ毎年のように大規模な森林火災が発生しています.

---

mer
[mɛr] **nf**
海, (特定地域の) 海

fruits de mer nmpl は「(エビ・カニ・貝類の) 海の幸」の意味. 別例 aller à la mer「海に行く」/ Ils pêchent des poissons au bord de la mer. 彼らは海辺で魚を釣っている. / Vous aimez nager en mer ? 海で泳ぐのは好きですか.

---

plage
[plaʒ] **nf**
浜辺, 海岸, ビーチ

別例 Elles ont pris un bain de soleil sur la plage. 彼女たちはビーチで日光浴をした.
＊「浜辺で肌を焼く」なら bronzer sur la plage という.

---

montagne
[mɔ̃taɲ] **nf**
山

別例 Qu'est-ce que tu préfères, la mer ou la montagne ? 海と山, どちらが好きですか. / Notre ville est entourée de montagnes sur trois côtés. 私たちの町は三方を山に囲まれています.
montagneux, montagneuse adj「山が多い, 山がちの」

île
[il] **nf**
島

別例 les îles hawaïennes「ハワイ諸島」/ Il y a près de 1 000 îles dans la préfecture de Nagasaki. 長崎県には1,000近くの島がある.

---

fleuve
[flœv] **nm**
(海に注ぐ) 川, 大河

une rivière は通常の「川」,「小川」は un ruisseau という. なお, 総称として「河川」を un cours d'eau と呼ぶ.

460

L'Oise est une r____ qui se jette dans la Seine.

ワーズ川はセーヌ河に流れこむ**川**だ.

関連 **河川**

☐ vallée **nf** 谷, 渓谷

☐ cascade **nf** 滝 ＊chute (d'eau) **nf** ともいう.

例 chutes du Niagara「ナイアガラの滝」.

☐ canal **nm** 運河 ＊canal d'irrigation は「(灌漑用の) 水路」.

461

Mes parents vivent dans une grande maison avec vue sur le l____.

両親は**湖**を見下ろす大きな家で暮らしています.

462

S'il fait beau dimanche prochain, allons au B____ de Boulogne.

次の日曜日天気がよければ, ブーローニュの**森**に行きましょう.

463

Il fait sombre dans la f____ dense même pendant la journée.

その鬱蒼とした**森**の中は昼間でも暗い.

464

Il y a trois grands a____s dans mon jardin.

うちの庭には大きな**木**が３本ある.

465

Le vent a fait voler les f____s mortes.

風で枯れ**葉**が舞い上がった.

rivière

[rivjɛr] **nf**

(海に注ぐ大河 le fleuve の支流の) 川

別例 Il y a une rivière entre les deux villages. 2つの村の間には川がある. / Mon grand-père aime pêcher dans la rivière. 祖父は川釣りが好きです.

- ☐ égout **nm** 下水道, 下水溝
- ☐ étang **nm** 池 ＊公園などの人工の池なら bassin **nm** という.
- ☐ marais **nm** 沼, 湿地

lac

[lak] **nm**

湖, 湖沼

別例 faire le tour du lac「湖を散歩する」/ Quel est le plus grand lac d'Asie ? アジアで1番大きな湖はどこですか.
＊解答は「カスピ海」la Caspienne (=la mer caspienne)(「海」と称されるがあくまで「湖」).

bois

[bwa] **nm & pl**

森, 木材, (燃料用) まき

別例 Beaucoup de gens se promènent dans le bois. 大勢の人が森を散歩しています.

forêt

[fɔrɛ] **nf**

森, 森林

別例 Je me suis promené(e) en forêt avant d'aller au travail ce matin. 今朝, 仕事に行く前に森を散歩した.
forestier, forestière adj「森林の」例 un chemin forestier「林道」

arbre

[arbr] **nm**

木, 樹
＊ちなみに「うどの大木」はgrand dadais nmという.

木
- ☐ tronc **nm** 幹
- ☐ branche **nf** 枝
- ☐ feuille **nf** 葉
- ☐ bourgeon **nm** 芽
- ☐ bouton **nm** 蕾
- ☐ racine **nf** 根
- ☐ pollen **nm** 花粉
- ☐ un pin 松
- ☐ un cyprès 糸杉
  ＊un cèdre は「ヒマラヤ杉」.
- ☐ un sapin モミ
- ☐ un bambou 竹
- ☐ un marronnier マロニエ

feuille

[fœj] **nf**

葉, 紙片, 書類

例文は使役動詞 faire + inf. の展開, les feuilles mortes で「枯れ葉」の意味. 別例 Tu peux me donner une feuille de papier ? 1枚紙をもらえる. / Vous pouvez me remplir cette feuille ? この書類を書いていただけますか.
feuillage nm「(1本の木全体の) 葉」
feuilleter vt「(新聞や雑誌の) ページをめくる」
feuilleté(e) adj「(パイ生地などが) 薄い層状になった」

466

Mes petits-enfants ne savent pas faire la différence entre les légumes et les mauvaises h____s.

私の孫たちは野菜と雑**草**の違いがわかっていない.

467

Quel est votre p____ urbain préféré ?

あなたの好きな都会の**風景**はどんなものですか.

468

L'hôtel est directement sur la plage, et en plus, la v____ est fantastique.

そのホテルはビーチに面していて, しかも**眺望**が素晴らしい.

◉ 天候

469

À Besançon, il fait quel t____ en hiver ?

ブザンソンの冬はどんな**天気**ですか.

470

Il n'y a pas un n____ dans le ciel.

空には**雲**ひとつない.

471

Je suis devenu(e) sentimental(e) en regardant la p____ tomber.

雨が降るのを眺めながら, 感傷的な気分になった.

472

La première n____ de l'année est tombée ce soir.

今夜, 初**雪**が降りました.

herbe

[ɛrb] **nf**

草

mauvaise herbe で「雑草」, 会話では集合的に素行のよくない「不良」の意味にもなる.
herbage nm「(自然の) 牧草地, 牧草」

paysage

[peizaʒ] **nm**

風景, 景色

別例 On voit un beau paysage par la fenêtre de l'hôtel. ホテルの窓から美しい景色が見える.

vue

[vy] **nf**

見晴らし = perspective, 眺望, 見方, 視力 = vision

別例 Je comprends bien son point de vue. 彼 (彼女) の見解はよくわかる. / L'éclairage de cette chambre me fatigue la vue. この寝室の照明は目が疲れる.

temps 2

[tɑ̃] **nm & pl**

(特定の場所の一時的な) 天気

別例 Il fait un temps magnifique aujourd'hui. 今日はすばらしい天気です. / Le temps est changeant en automne. 秋は天気が変わりやすい. / Quel temps fera-t-il demain ? 明日はどんな天気ですか. *Quelle sera la météo demain ? も類義.

nuage

[nɥaʒ] **nm**

雲

nuageux, nuageuse adj「(空が) 曇った」
例 Le temps était nuageux et lourd. 曇ってどんよりとした天気だった. / Dans l'après-midi, le ciel deviendra nuageux dans le nord. 午後は北部で曇るでしょう.

pluie

[plɥi] **nf**

雨

別例 Ah, la saison des pluies est enfin finie. ああ, 梅雨 (雨の季節) がやっと終わった. / Elle marchait sous la pluie sans parapluie. 彼女は雨の中を傘をささずに歩いていた.
pluvieux, pluvieuse adj「雨の降る, 雨の多い」

neige

[neʒ] **nf**

雪

別例 Nous sommes fin mars, mais il y a encore de la neige à Karuizawa. 3月の下旬ですが, 軽井沢にはまだ雪が残っている.
neigeux, neigeuse adj「雪に覆われた, 雪の降りそうな」

473

Le temps commence à s'améliorer, la pluie s'est arrêtée et le v____ est moins fort.

天気は回復し始めていて, 雨は止み, **風**は弱まってきている.

474

Notre avion n'est pas encore parti, à cause d'une t____ de neige.

吹雪のせいで私たちの乗る飛行機がまだ離陸していない.

475

Il va y avoir un o____.

雷雨が来そうだ.

476

Il y avait des é____s dans le ciel.

空には**稲光**がしていた.

477

L'avion a une heure de retard à cause du b____.

飛行機は**霧**のせいで１時間遅れている.

478

Il y a de la b____ sur la crête.

山の稜線に**もや**がかっている.

479

Ce week-end, des t____s de 15 à 20 degrés sont attendues à Nantes.

今週末, ナントでは**気温**は15度から20度と予想されます.

関連 気温

- ☐ température maximale [maximum] **nf** 最高気温
- ☐ température minimale [minimum] **nf** 最低気温

vent

[vɑ̃] **nm**

風, 風向き

別例 Il y a du vent ce matin. 今朝は風がある. / La météo annonce des vents forts ce soir. 予報では今晩強風が吹くようだ. / Le vent a fait voler les feuilles mortes. 風で枯葉が舞い上がった.
venteux, venteuse adj「風の吹く」

tempête

[tɑ̃pɛt] **nf**

嵐, 暴風雨

別例 Une violente tempête a frappé l'île. 激しい暴風雨が島を襲った. / On ne peut pas avancer à cause de la tempête. 嵐のせいで前に進めない.

orage

[ɔraʒ] **nm**

雷雨, (雷を伴う) にわか雨, 嵐

L'orage va éclater. も類義.
別例 pluie d'orage「夕立, にわか雨」(=une averse)

éclair

[eklɛr] **nm**

稲妻, (菓子) エクレア

別例 Cette pâtisserie vend de bons éclairs. このケーキ屋はおいしいエクレアを販売している.

brouillard

[brujar] **nm**

霧 (きり)

別例 Au printemps dans cette région, la matinée débute par des gelées et des nappes de brouillard. この地域の春は, 朝は霜 (しも) で始まり, 霧がひろがる.

brume

[brym] **nf**

薄い霧, もや
*brouillardよりも薄い.

brumeux, brumeuse adj「もやのかかった, 曖昧模糊とした」

température

[tɑ̃peratyr] **nf**

気温, 温度, 体温

Les températures vont varier entre 15 et 20 degrés. も可.
別例 avoir de la température「熱がある」(=avoir de la fièvre) / L'infirmière a pris ma température. 看護師が私の体温を計った.

☐ température moyenne annuelle **nf** 年間の平均気温
☐ La température monte [descend]. 気温が上がる[下がる].

480

La température montera à 38 d_____s aujourd'hui.

今日, 気温は38**度**になるようです.

481

La m_____ dit que le risque de pluie est de 80 % dans la région de Kanto.

天気予報によれば関東地方の降水確率は80%とのことだ.

482

Dans ce pays, le c_____ est chaud et humide.

この国は, 暑くて湿潤な**気候**だ.

483

Je suis sensible à la c_____.

私は**暑がり**です (**暑さ**に弱いです).

◉ 動物・食肉・植物

484

Je m'intéresse à la protection des a_____ en voie de disparition.

絶滅の恐れのある (絶滅の途中にある) **動物**の保護に関心があります.

485

Je recherche mon c_____ perdu et offre une récompense de 500 € pour toute information.

行方不明の飼い**猫**を探していて, 情報があれば 500ユーロの報酬を提供します.

degré

[dəgre] **nm**

(温度・角度などの) 度, 度数,(大学の) 学位
= **grade universitaire**

別例 Il y a 90 degrés dans un angle droit. 直角は90度である.

météo

[meteo] **nf**

天気予報
= **prévisions de la météo**
*météorologieの略語.

<La météo dit que S + V> の言い回しは「天気予報によれば」selon la météo とか d'après la météo といった言い方もできる. なお, annoncer「(予報が) 告げ知らせる」という動詞と組み合わせて天候を語ることもできる.
例 On annonce le beau temps demain. 予報では明日は晴れだ.

climat

[klima] **nm**

気候, 風土

年間を通じての「土地の気候」を指す.「(特定の場所での一時的な) 天気, 天候」は **temps nm** という.
別例 Nous nous sommes accoutumés au climat du Kenya. ケニアの風土にも慣れました.
climatique adj「気候の, 気候上の」
例 changement climatique「気候変動」

chaleur

[ʃalœr] **nf**

暑さ ↔ **froid**

別例 Quelle chaleur ! なんて暑いんだ. / La chaleur est étouffante ! ひどい蒸し暑さだ. / coup de chaleur「日射病」

animal

[animal] **nm**
pl animaux [-mo]

動物

別例 Avec quel animal aimeriez-vous vivre ? いっしょに暮らすならどんな動物がいいですか.
*animal de compagnie は「ペット」, animal de laboratoire は「実験動物」. / L'homme est le seul animal qui puisse se servir du feu. 人間は火を使える唯一の動物だ.

chat

[ʃa] **nm**

猫

別例 Tu peux garder mon chat pendant mon absence ? 留守の間, 猫を預かってもらえますか. / Mon mari est allergique aux chats. 夫は猫アレルギーです. / Mon chat aime prendre le soleil. うちの猫は日向ぼっこが好きです.

486

S'il était un c____, ce serait sûrement un bouledogue.

もし彼が**犬**なら, さしずめブルドッグといったところだ.

487

Mon fils a monté un c____ au zoo hier.

息子は昨日動物園で**馬**に乗りました.

488

Mon grand-père est fort comme un b____.

祖父は**牛**のように頑強です.

489

Les musulmans ne mangent pas de p____.

イスラム教徒は**豚肉**を食べません.

490

Mon fils est doux comme un m____.

息子は**羊**のようにおとなしい.

491

Je vais prendre le couscous au p____.

(注文で) 私は**鶏肉**のクスクスにします.

492

Odette a un chien, deux chats et un grand o____.

Odetteは犬１匹, 猫２匹と大きな**鳥**を飼っている.

chien

[ʃjɛ̃] **nm**

犬

別例 Je suis heureux(se) de vivre avec un chien. 犬といっしょに暮らせて幸せです. / La maison de mes parents n'a pas été cambriolée depuis qu'ils ont un gros chien. 大型犬を飼ってから, 実家は空き巣に入られていません.

cheval

[ʃəval] **nm**
pl chevaux [-vo]

馬

「乗馬をする」なら faire de l'équitation という言い方をする.

bœuf

[bœf] **nm** **pl bœufs** [bø]

(総称としての) 牛,(去勢された) 雄牛, 牛肉

taureau nm は「(去勢されていない) 雄牛」, **vache nf** は「雌牛」,「子牛」は **veau nm** という. なお,「牛を飼う (育てる)」なら élever des vaches という.

別例 Vous voulez du bœuf ou du poulet ? (機内などで) 牛肉か鶏肉, どちらになさいますか.

porc

[pɔr] **nm**

豚, 豚肉

別例 Ils élèvent des porcs. 彼らは豚を飼育している.

mouton

[mutɔ̃] **nm**

羊, 羊肉

別例 un troupeau de moutons「羊の群れ」/ Ma fille mange de tout sauf du mouton. 娘は羊の肉 (マトン) 以外何でも食べます.

poulet

[pulɛ] **nm**

若鶏, 鶏肉

別例 Le plat du jour, c'est du poulet aux champignons. 本日のおすすめは, 若鶏のキノコ添えです.

oiseau

[wazo] **nm** **pl oiseaux**

鳥

別例 Quel est ce bel oiseau ? あの美しい鳥は何ですか. / Les oiseaux ont commencé à chanter tôt le matin. 朝早く鳥たちが鳴きだした.

493

Les chats n'aiment pas qu'on leur tire la q____.

猫は**しっぽ**を引っ張られるのが嫌いだ.

494

Il y a toutes s____s d'oiseaux sur cette île.

この島にはあらゆる**種類**の鳥がいます.

495

L'Allemagne a une grande v____ de bières.

ドイツには**多種**多様なビールがある.

496

C'est un nouveau m____ de paiement sans contact qui vient de Chine.

中国発の非接触型の新しい決済**方法**（モバイルバンクカード）です.

497

Notre patron manque de v____.

うちのボスは**先を見る目**がない.

498

Ce n'est pas bien de parler de vos amis de cette f____.

友人たちのことを**そんな風に**言うのはよくない.

499

Quelle est la meilleure m____ d'apprendre une langue étrangère ?

外国語を学ぶ最良の**方法**は何ですか.

queue

[kø] **nf**

(動物の) 尾,(人の) 列, 行列

別例 Il y a la queue aux toilettes. トイレは行列になっています. / Les gens font la queue pour acheter des billets pour le concert. コンサートチケットを買うために人が列をつくっている. *faire la queue で「列をつくる, 順番を待つ」の意味.

---

sorte

[sɔrt] **nf**

種類, 方法

別例 C'est une sorte de gâteau. それはケーキみたいなものだ. *<une sorte de + [無冠詞名詞]> で「一種の〜」の意味. <une espèce de + [無冠詞名詞]> も「一種の〜, 〜のようなもの」の意味で同義.

---

variété

[varjete] **nf**

(品数の) 多種 (性)

Il y a de nombreuses variétés de bières en Allemagne. などと言い換えられる.

---

mode 2

[mɔd] **nm**

方法, 様式

別例 En réalité, les modes de communication dans le cerveau humain et l'ordinateur sont similaires. 実際には, 人間の脳とコンピュータの情報伝達法は似ている. / Veuillez mettre vos téléphones portables en mode vibration. 携帯電話をマナーモードにしてください.

---

vision

[vizjɔ̃] **nf**

見通し (ビジョン), 視力, [物の]見方

別例 Elle a une très mauvaise vision. 彼女はとても目が悪い.
visible adj「目に見える」(↔invisible)
例 C'est visible à l'œil nu. それは肉眼で見えます.

---

façon

[fasɔ̃] **nf**

やり方 = manière, 仕方, 流儀

別例 De toute façon, c'est toi qui décides. いずれにせよ決めるのはあなたです. / De quelle façon apprenez-vous le français ? どのようにしてフランス語を学びますか. / J'ai admiré la façon dont le président a fait l'éloge de son pays. 私は大統領が自国を称賛するそのあり様に感心した.

---

manière

[manjɛr] **nf**

仕方, やり方 = façon, (複数で) 行儀, 態度

別例 avoir de bonne [mauvaises] manières「行儀 (態度) がいい [悪い]」

500

Quand il vivait à Pékin, son principal m_____ de transport était le vélo.

彼が北京で暮らしていたとき, 主たる交通**手段**は自転車だった.

501

Les f_____s de cerisier symbolisent le printemps au Japon.

桜の**花**は日本の春の象徴です.

502

Il n'y a pas de r_____s sans épine.

バラに棘(とげ)あり(楽あれば苦あり).

503

Mon père arrose les p_____s dans le jardin.

父は庭で**植物**に水をやっています.

moyen

[mwajɛ̃] **nm**

方法, 手段 = **façon, manière**

moyen(s) de transport「移動（交通）手段, 交通機関」
別例 La police a essayé tous les moyens possibles pour sauver l'otage. 警察は人質を救出するためにあらゆる手段を講じた.

fleur

[flœr] **nf**

花

別例 Quelle est votre fleur préférée ? あなたは何の花が好きですか. / Si une fleur poussait à chaque fois que je pensais à toi, la planète serait couverte de fleurs. もし君を思うたびに花が咲いたら, 地球は花で覆われることでしょう.
fleurir vi「花が咲く」**例** Les lilas fleurissent au mois de mai. リラ（ライラック）は5月に花が咲く. **floral(e) adj**「花の」

関連 草花

- ☐ rose **nf** バラ
- ☐ tulipe **nf** チューリップ
- ☐ lis, lys **nm** ユリ
- ☐ lavande **nf** ラベンダー
- ☐ cyclamen **nm** シクラメン
- ☐ œillet **nm** カーネーション
- ☐ muguet **nm** スズラン
- ☐ pissenlit **nm** タンポポ
- ☐ tournesol **nm** ヒマワリ

rose

[roz] **nf**

バラ, バラの花

rose adj「バラ色の, ピンクの」
例 Tu veux cette robe rose ? あのピンクのワンピースが欲しいの.

plante

[plɑ̃t] **nf**

植物 = **végétal** , 草花

別例 Chaque matin, je m'occupe de mes plantes en écoutant la radio. 毎朝, ラジオを聴きながら植物の世話をします. / Nous sommes allé(e)s au jardin des plantes ce matin. 今朝, 私たちは植物園に行った.

関連 植物関連

- ☐ jardin botanique **nm** 植物園
- ☐ jardin potager **nm** 菜園
- ☐ jardinage **nm** ガーデニング, 園芸
- ☐ bonsaï **nm** 盆栽
- ☐ pot de fleurs **nm** 植木鉢
- ☐ jardinière **nf** プランター

◉ 職業（それに関連する語）・履歴

504

Quel genre d'e____ as-tu à trouver ?

どんな**仕事**を見つけることができたの.

505

Combien d'e____s y a-t-il dans votre boutique ?

あなたのお店には**従業員**が何人いますか.

506

Mon fils rêve de devenir haut f____.

息子は上級**公務員**になるのが夢だ.

507

Ce p____ a mauvaise réputation.

あの**政治家**は評判が悪い.

508

J'ai consulté un a____ [une a____] avant-hier.

おととい**弁護士**に相談した.

509

Est-ce qu'il y a des m____s ici qui peuvent comprendre l'anglais ?

ここに英語がわかる**お医者さん**はいますか.

emploi

[ɑ̃plwa] **nm**

職, 仕事, 雇用, 使用

別例 trouver un empoi「就職する」/ chercher un emploi「就活する」/ être sans emploi「失業中である」/ un emploi du temps「スケジュール, 時間割」

関連 職場の単語

- ☐ syndicat **nm** 労働組合
- ☐ voyage d'affaires **nm** 出張
- ☐ promotion **nf** 昇進
- ☐ transfert **nm** 転勤, 移動
- ☐ heure supplémentaire **nf** 残業
- ☐ congé **nm** (有給) 休暇
- ☐ salaire **nm** 給料
- ☐ prime **nf** ボーナス
- ☐ pointeuse **nf** タイムレコーダー
- ☐ retraite **nf** 定年退職

employé, employée

[ɑ̃plwaje] **n**

従業員, 会社員, サラリーマン = salarié

employer vt「(人を) 雇う」(↔ licencier)
例 Cette usine employait 100 personnes. あの工場では100人雇用していた.

fonctionnaire

[fɔ̃ksjɔnɛr] **n**

公務員

別例 Elle est fonctionnaire. 彼女は公務員だ.
*travailler dans la fonction publique「公職についている」を用いても同義.

politicien, politicienne

[pɔlitisjɛ̃, -ɛn] **n**

政治家, 政治屋

この単語はしばしば軽蔑的な「政治屋」の意味でも使われるので, un homme politique, une femme politique という言い方もする.

avocat, avocate

[avɔka, -at] **n**

弁護士

別例 Il y a des avocats spécialisés dans les violences sexuelles. 性暴力を専門に扱う弁護士がいます.
なお「(植物) アボカド (の実)」も **avocat nm** という.

médecin

[medsɛ̃] **nm**

医者, 医師 = docteur

見出し語は主に「内科医」の意味で用いられる. ちなみに「外科医」なら chirurgien, chirurgienne という.
別例 Je suis allé(e) chez le médecin sans prendre rendez-vous. 予約をせずに医者に行った.

510

Mon fils a étudié la **m_____** à New York.

息子はニューヨークで**医学**を学んだ.

511

À quelle fréquence dois-je prendre ce **m_____** ?

この**薬**は１日何回飲むのですか（←服用の頻度はどのぐらいですか）.

512

S'il vous plaît, donnez-moi un **t_____** de premiers secours.

どうぞ, 応急**処置**をお願いします.

513

Selon vous, qui est le plus grand **é_____** français ?

あなたにとって, 最も偉大なフランス人**作家**は誰ですか.

514

Ce **r_____** a obtenu tous les prix littéraires.

この**小説家**はあらゆる文学賞を総なめにした.

515

Savez-vous qui est l'**a_____** de ce livre ?

その本の**著者**は誰かおわかりですか.

516

Mon père est **m_____** : il joue du piano.

父は**ミュージシャン**です, ピアノを演奏します.

517

Sa femme est **p_____**.

彼の奥さんは**薬剤師**です.

médecine
[medsin] **nf**
医学

別例 Les progrès de la médecine ont prolongé la vie humaine. 医学の進歩は人の寿命を延ばした.
médical(e) adj「医学の, 医者の」
例 examen médical「健康診断」

---

médicament
[medikaɑ̃] **nm**
薬

別例 Ce médicament n'est pas du tout efficace. この薬はまったく効かない. / C'est un médicament qu'il faut prendre à jeun. これは食前服用の薬です.

---

traitement
[trɛtmɑ̃] **nm**
治療, 待遇

別例 Est-ce que vous êtes sous traitement, actuellement ? 現在, 治療を受けていますか.

écrivain, écrivaine
[ekrivɛ̃, -ɛn] **n**
(書くことを生業とする)作家

類義 auteur (女性形 autrice はまれ) は「書き手」, 音楽や映画の「作者」の意味.

---

romancier, romancière
[rɔmɑ̃sje, -ɛr] **n**
小説家

別例 La vie est dure pour les romanciers ratés. 売れない小説家は生活が苦しい.

---

auteur, auteure
[otœr] **n**
作者, 著者, 作家
*女性形にautriceを使うこともある.

別例 Qui est l'auteur de ce tableau ? この絵の作者は誰ですか. / auteur-compositeur-interprète「シンガーソングライター」

---

musicien, musicienne
[myzisjɛ̃, -ɛn] **n**
ミュージシャン, 音楽家

別例 Quel est le musicien anglais le plus connu selon vous ? あなたによると, 最も有名なイギリスのミュージシャンは誰ですか.

---

pharmacien, pharmacienne
[farmasjɛ̃, -ɛn] **n**
薬剤師

別例 Ma tante cherche un pharmacien spécialisé dans la phytothérapie. おばは植物療法を専門とする薬剤師を探しています. **pharmacie nf**「薬屋(店), 薬学」例 J'ai acheté des médicaments contre le rhume à la pharmacie. 薬局で風邪薬を買った.

518

Je m'appelle Cédric, je suis c_____ dans un restaurant deux étoiles.

私の名はCédric, 2つ星のレストランの**コック**です.

519

Le patron a eu une aventure avec sa s_____.

社長は**秘書**と浮気した.

520

L'i_____ est très gentil(le) avec les malades.

あの**看護師**さんは病人にとても優しい.

521

Bonjour, monsieur l'a_____. Où est la bibliothèque municipale ?

こんにちは, **お巡りさん**. 市立図書館はどこですか.

522

Il y a eu un accident ! Appelle la p_____ !

事故だ, **警察**を呼んで.

523

Une femme a été arrêtée sur les lieux du c_____.

女性が現行**犯**逮捕された.

524

Il est mort en p_____ alors qu'il purgeait sa peine pour meurtre.

彼は殺人罪で服役中に**獄**死した.

525

Vérifions la sortie de s_____ au cas où.

万一に備えて**非常**口を確認しておきましょう.

cuisinier, cuisinière
[kɥizinje, -ɛr] **n**
料理人, コック

別例 Après le lycée, elle a commencé à travailler comme cuisinière dans un hôtel. リセを卒業後, 彼女はホテルの料理人として働き出した. / Mon mari est bon cuisinier. 夫は料理が上手です.

---

secrétaire
[səkretɛr] **n**
秘書, 秘書官

別例 secrétaire de direction「重役秘書」/ premier secrétaire d'ambassade「大使館の1等書記官」

---

infirmier, infirmière
[ɛ̃firmje, -ɛr] **n**
看護師

別例 Mon fils a travaillé comme infirmier pendant 5 ans. 息子は5年看護師として働いた.

---

agent 2
[aʒɑ̃] **nm**
警官 = **agent de police**

別例 L'agent de police va arriver dans une seconde. 警官はもうすぐ来ますよ.
*階級などに関係なく「警察官一般」は **policier, policière n** とも呼ばれる.

---

police
[pɔlis] **nf**
警察

別例 le commissariat (de police)「警察署」(=poste de police, hôtel de police) **policier, policière adj**「警察の」
policier, policière n「警察官」
*制服, 私服などを問わず「警察官一般」を指して使う.「制服警官, 巡査」は **agent de police nm** という. なお,「警官」を指して「お巡り, デカ」という感覚で呼ぶ **flic nm** というくだけた単語もある.

---

crime
[krim] **nm**
犯罪, 犯行

別例 Le crime ne paie pas. 犯罪は割に合わない.
criminel, criminelle adj n「犯罪になる, 刑事の (↔ civil「民事の」, 犯罪者)

---

prison
[prizɔ̃] **nf**
監獄, 刑務所, 禁固

別例 Ce dortoir est pareil à une prison ! この寮はまるで監獄だ.
prisonnier, prisonnière n adj「囚人 (の), 捕虜 (の)」

---

secours
[səkur] **nm & pl**
手助け, 救助 = **aide**

別例 Au secours ! 助けて.
*英語の Help! に相当する.

526

Tu peux aller chercher deux baguettes chez le b______ ?

パン屋でバゲットを２本買いに行ってくれる.

527

J'ai acheté trois tartes aux cerises chez le p______ hier.

昨日, **ケーキ屋さん**で３つさくらんぼのタルトを買った.

528

Grâce à mon p______ au lycée, je me suis intéressé(e) au français.

高校（リセ）の**先生**のおかげで, 私はフランス語に興味を持つようになった.

529

Cette personne est v______ de panneaux solaires.

あの人はソーラーパネルの**販売員**です.

530

Je pense qu'elle est bonne c______.

彼女はいい**歌手**だと思います.

531

Cet a______ et cette actrice sont très à la mode chez les jeunes.

この**俳優**とあの女優は若者にとても人気がある.

532

Picasso est un p______ espagnol.

Picassoはスペインの**画家**だ.

533

Le premier ministre a été longuement interrogé par les j______s.

首相は**新聞記者**から長々と質問された.

boulanger, boulangère

[bulɑ̃ʒe, -ɛr] **n**

パン屋の人（作る人, 売る人）

boulangerie nf「パン屋」＊「パン屋に行く」と表現する際, aller à la boulangerie と aller chez le boulanger [la boulangère] の前置詞の違いに注意. なお, パイ生地の **croissant nm**「クロワッサン」は「パン」**pain nm** ではなく **viennoiserie nf**「菓子パンの類」（他に, brioche, pain au chocolat など）と分類される.

pâtissier, pâtissière

[patisje, -ɛr] **n**

ケーキ職人, パティシエ

別例 Cette pâtissière fait des gâteaux délicieux et très originaux. あの菓子職人はおいしいとても独創的なケーキを作る.

professeur, professeure

[prɔfesœr] **n**

（中・高・大学などの）先生
＊profと略す.

別例 Ma fille a un excellent professeur de violon. 娘にはすばらしいバイオリンの先生がついています.

vendeur, vendeuse

[vɑ̃dœr, -øz] **n**

店員, 販売員

別例 C'est un excellent vendeur bien connu dans l'industrie automobile. 彼は自動車業界ではよく知られた売り込みの名人です.

chanteur, chanteuse

[ʃɑ̃tœr, -øz] **n**

歌手

別例 Je ne trouve pas les chanteurs actuels attrayants. 今どきの歌手には魅力を感じません.

acteur, actrice

[aktœr, -tris] **n**

俳優, 女優

別例 un acteur de télévision「テレビ俳優」/ une actrice de cinéma「映画女優」/ En tant qu'actrice, elle un grand talent. 女優として彼女はとても才能がある.

peintre

[pɛ̃tr] **n**

画家

別例 L'utilisation de la couleur par ce peintre est magique. この画家の色使いは魔法のようだ.

journaliste

[ʒurnalist] **n**

ジャーナリスト, 記者

別例 Ce journaliste a reçu le Prix Pulitzer l'année dernière. このジャーナリストは去年ピューリッツァ賞を受けた.
＊「（集合的に）報道関係者, ジャーナリスト」を指して **presse nf** という単語も使う（例 salle de presse「プレスルーム」/ conférence de presse「記者会見」）.

534

Le travail de **p____** n'est pas aussi simple qu'il y paraît.

ニュースキャスターの仕事は見た目ほど楽ではない.

535

Vous souvenez-vous des **a____s** qui ont aluni en 1969 ?

1969年に月面に降り立った**宇宙飛行士**のことを覚えていますか.

536

Ce soir, ma fille fait du **b____**.

今夜, 娘は**ベビーシッター**をします.

537

Pourriez-vous me trouver un **g____** qui parle anglais ?

英語を話せる**ガイド**を手配していただけますか.

538

Ma mère travaille à **m____** trois fois par semaine.

母は週に３回**パート**で働いています.

539

Mon mari est au **c____** en ce moment.

夫は現在**失業**中だ.

◉ 身体

540

Le jeûne est-il bon pour votre **c____** ou pas ?

断食は**体**にいいのか, よくないのかどちらですか.

présentateur, présentatrice
[prezɑ̃tatœr, tris] **n**

(テレビニュースの)キャスター，(バラエティーなどの)司会者

別例 Ma fille a été choisie comme présentatrice d'une nouvelle émission de variétés. 娘は新しいバラエティー番組の進行役に決まった.

---

astronaute
[astrɔnot] **n**

(アメリカの)宇宙飛行士

cosmonaute, taïkonaute, spationaute も「宇宙飛行士」を指すが, 順にロシアの, 中国の, 欧州の「飛行士」を指す.
astronomie nf「天文学」
例 L'astronomie a fait de grands progrès depuis Newton. 天文学はニュートン以来大きな進歩を遂げた.

---

baby-sitting
[babisitiŋ, bebisitiŋ] **nm**

ベビーシッターの仕事, 子守

「ベビーシッター」は男女同形で baby-sitter あるいは babysitteur, babysitteuse を用いる.

---

guide
[gid] **n**

ガイド, 案内人

guide nm「ガイドブック」
例 Un de mes collègues a écrit un excellent guide sur la Corse. 同僚の一人が素晴らしいコルシカの島ガイドブックを書きました.

---

mi-temps
[mitɑ̃] **nm**

パートの仕事, アルバイト

travailler à mi-temps「パートで働く」(=travailler à temps partiel ↔ travailler à temps plein)
*なお, 女性名詞 mi-temps なら「(ラグビーやサッカーなどの) ハーフタイム」の意味で使う. また, **à la mi-hiver** は「冬の半ばに」, **à mi-chemin** なら「途中で」の意味になる.

---

chômage
[ʃomaʒ] **nm**

失業

Mon mari est sans emploi en ce moment. / Mon mari est chômeur maintenant. も同義.
別例 En juin 2023, le taux de chômage au Japon est de 2,5%. 2023年6月の日本の失業率は2.5%だ.

---

corps
[kɔr] **nm**

体, 肉体 ↔ esprit, âme

別例 Pour une raison quelconque, ce lion tremblait de tout son corps. どうしたわけか (何らかの理由で), あのライオンは体中が震えていた. / En faisant du judo, on peut entraîner à la fois le corps et l'esprit. 柔道をすることで, 肉体と精神を同時に鍛えることができる.

541

Dans notre usine, l'a____ n'a pas d'importance si vous travaillez bien.

うちの工場では, ちゃんと仕事ができるなら**外見**は重要ではない.

542

Tu as mal à la t____ ?

頭が痛いのですか.

543

Pourriez-vous me teindre les c____ châtain clair ?

髪を明るい茶色に染めてもらえますか.

544

Tiens ! Tu as changé de c____ !

あっ , **ヘアースタイル**を変えたね.

545

Je voudrais une c____.

(美容院で) **カット**をお願いします.

546

Le v____ de ma mère s' est assombri à la nouvelle.

その知らせを聞いて母の**顔**が曇った.

547

L'homme a cinq s____.

人には五**感**がある.

548

Œ____ pour œ____, dent pour dent.

目には**目**を, 歯には歯を.

apparence

[aparɑ̃s] **nf**

外観, 外見

apparemment adv「外見上, 見たところ」
例 Il s'agit apparemment d'une personne sérieuse. 見たところまじめな方のようです.

tête

[tɛt] **nf**

(顔を含めた首から上の部分) 頭 (部)

avoir mal à la tête で「頭が痛い」の意味だが, **migraine nf**「(偏) 頭痛」を用いて「頭痛がする」avoir la migraine という言い方もする.
別例 Elle est élégante depuis les pieds jusqu'à la tête. 彼女はつま先から頭のてっぺんまでエレガントだ.

cheveu

[ʃəvø] **nm** **pl cheveux**

髪, 髪の毛

別例 Elle a les cheveux longs. 彼女は髪が長い.
*これを日本語の発想で Ses cheveux sont longs. とするのはフランス語として自然さを欠く. / Je pense que les cheveux courts t'iront bien aussi. 短い髪もきっと似合うと思います.

coiffure

[kwafyr] **nf**

ヘアースタイル, 美容, 理髪

changer de coiffure で「髪型を変える」の意味.
別例 Sa coiffure ne lui va pas bien. 彼 (彼女) の髪型は似合ってない. / aller au salon de coiffure「美容院に行く」 *これを **coiffeur**, **coiffeuse**「美容師, 理容師」を使って言い表すと aller chez le coiffeur「美容院に行く」となる.

coupe

[kup] **nf**

(髪の) カット,
髪型 = coiffure

見出し語は動詞 couper からの派生語だが, 同じスペリングの **coupe nf** には「優勝杯」の意味もあり,「(サッカー) ワールドカップ」は la Coupe du monde de football と呼ばれる.
別例 Colette a une nouvelle coupe qui lui va très bien. Colette の新しい髪型は彼女にとても似合っている.

visage

[vizaʒ] **nm**

顔 = tête , 顔立ち,
姿 = figure, aspect

別例 changer de visage「顔色を変える」/ Vivien a le visage rond. Vivien は丸顔だ. / Son visage me dit quelque chose. 彼 (彼女) の顔には見覚えがあります.

sens

[sɑ̃s] **nm & pl**

(五感を通じての) 感覚, センス, 意味, 方向

別例 Vous comprenez le sens de cette expression ? この表現の意味がわかりますか. *Vous comprenez la signification de cette expression ? と言い換えられる. / Il semble que mon père n'ait aucun sens de la mode. 父にはファッションセンスがないように思う. **sensibilité nf**「感受性, 敏感さ, 感覚」**sensible adj**「(àに) 感じやすい, (身体などが) 敏感な」**sentimental(e) adj**「感傷的な, 感情の」

œil

[œj] **nm** **pl → yeux**

(片方の) 目

別例 Je n'ai pas fermé l'œil de toute la nuit. 一晩中眠れなかった. *ne pas fermer l'œil で「眠れない」という熟語. / Veuillez garder un œil sur ma valise. 私のスーツケースを見ていていただけますか.

549

Yvonne a les y_____ bleus.

Yvonne は目が青い.

550

Nina est tombée de son vélo et s'est cassé le n_____.

Nina は自転車で転んで, 鼻を骨折した.

551

Mes o_____s bourdonnent.

耳鳴りがします.

552

Le bœuf japonais est vraiment juteux et fond dans la b_____.

和牛はとてもジューシーで口の中でとろけます.

553

Ma femme a toujours le sourire aux l_____s.

妻は笑顔をたやすことがない (いつも唇に笑みを浮かべている).

554

Vous avez mal aux d_____s ?

歯が痛いのですか.

555

Les girafes ont un long c_____.

キリンは首が長い.

556

Ça fait quelques jours que j'ai mal à la g_____ et (que) je tousse.

数日前から喉が痛くて咳が出ます.

yeux
[jø] **nmpl** s **œil**
(両方の) 目

目や髪に形容詞を添えて表現する際には定冠詞と不定冠詞が可能だが, ある人の外見的特徴を言うなら定冠詞が通例.
別例 Tu as des gouttes pour les yeux ? 目薬を持ってますか. ＊「目薬」は **collyre nm** ともいう. / J'ai mal aux yeux. 目が痛い (疲れた).

nez
[ne] **nm**
鼻

別例 Elle est enrhumée, elle parle du nez. 彼女は風邪をひいた, 鼻声です. / Mon père a le nez fin. 父は鼻がいい (鼻がきく).
＊avoir un nez fin なら「格好のいい鼻をしている」の意味になる.

oreille
[ɔrej] **nf**
耳, 聴覚

別例 Ma femme n'a pas l'oreille musicale. 妻は音感がよくありません. / Je n'entends pas bien de l'oreille gauche. 左の耳がよく聞こえません.

bouche
[buʃ] **nf**
口, 口もと

別例 Ne parlez pas la bouche pleine. 口に食べ物を入れた (ほおばった) まま話さないでください.

lèvre
[lɛvr] **nf**
(多くは複数で) 唇

別例 se mettre du rouge aux [sur les] lèvres「唇に口紅を塗る」/ Je n'aime pas l'hiver parce que mes lèvres gercent facilement. 唇が荒れやすいので冬は嫌いです.

dent
[dɑ̃] **nf**
(人や動物の) 歯

別例 Tu t'es brossé les dents ? 歯を磨いたの. ＊se laver les dents も「歯を磨く」の意味. / dent de sagesse「親知らず」
dentiste n「歯医者」
例 aller chez le dentiste「歯医者へ行く」
dentifrice nm adj「歯磨き (の)」

cou
[ku] **nm**
(人や動物の) 首,
(瓶などの) 首

別例 La petite fille s'est jetée au cou de son grand-père. その女の子は祖父の首に抱きついた. ＊La petite fille a sauté au cou de son grand-père. ともいう. / Il est endetté jusqu'au cou. 彼は首が回らない.

gorge
[gɔrʒ] **nf**
喉, 咽頭, 喉元

avoir mal à la gorge「喉が痛い」
別例 avoir la gorge rouge「喉が赤くはれている」/ J'ai la gorge qui gratte. 喉がいがらっぽい.

557

Les hommes portaient de lourdes charges sur leurs é＿＿s.

男たちは大きな荷物を**肩**に担いで運んでいた.

558

Une jeune femme a essayé de me saisir par le b＿＿.

若い女性が私の**腕**をつかもうとした.

559

J'ai une douleur sourde dans le d＿＿ depuis hier.

昨日から**背中**に鈍い痛みがあります.

560

J'ai mal aux r＿＿.

腰が痛い.

561

Ma mère s'est brûlé la m＿＿ en faisant du pot-au-feu.

母はポトフを作っていて**手**をやけどした.

562

Elle a les d＿＿s fins.

彼女は**指**が細い.

épaule

[epol] **nf**

肩

別例 J'ai mal aux épaules. 肩が凝っています.
*ただし「肩こり」という言葉を知らない人にこの言い回しは通じない. フランスでは avoir mal au dos「背中が痛い」を「肩こり」の意味合いで使っている人も多い.

bras

[bra] **nm & pl**

腕

別例 J'ai mal au bras gauche. 左腕が痛い. / Elle s'est cassé le bras en faisant du snowboard. 彼女はスノーボードをしていて腕を折った. *「スノーボード」は **surf des neiges nm** ともいう.

dos

[do] **nm & pl**

背中

別例 Ces derniers temps, se rendre à la fac avec un sac à dos est à la mode. 最近, リュックサックで大学に通うのがはやりです.

reins

[rɛ̃] **nmpl**

(複数で) 腰
*単数なら「腎臓」の意味.

「腰痛」あるいは「ぎっくり腰」は **tour de reins nm** という.

main

[mɛ̃] **nf**

手

別例 Pourriez-vous me donner un coup de main ? ちょっと手を貸してもらえますか.
*donner un coup de main で「手を貸す」の意味.

関連 手

- ☐ se laver les mains　手を洗う
- ☐ serrer la main à *qqn*（人と）握手する
- ☐ se serrer la main（互いに）握手を交わす
- ☐ frapper des mains　手をたたく, 拍手する
- ☐ lever la main　手を上げる, 挙手する

doigt

[dwa] **nm**

(手の) 指 *「足の指」なら doigts de piedあるいはorteilsという.

別例 lever le doigt「(人差し) 指を上げる」
*発言を求めるしぐさ.

関連 5本の指

- ☐ pouce **nm**　親指
- ☐ index **nm**　人差し指
- ☐ majeur, médius **nm**　中指
- ☐ annulaire **nm**　薬指
- ☐ auriculaire, petit doigt **nm**　小指
- ☐ empreintes digitales **nfpl**　指紋

563

J'ai économisé de l'argent pour acheter une a_____ pendant six mois.

結婚指輪を買うために半年間お金を貯めました.

564

Pouvez-vous me montrer une b_____ dans la vitrine ?

ショーケースの中にある**指輪**を見せていただけますか.

565

Ma femme a choisi un bracelet en or dans un catalogue de b_____.

妻は**アクセサリー**のカタログから金のブレスレットを選んだ.

566

Aïe ! J'ai une crampe à la j_____ !

痛い, **脚**がつった.

567

Mes p_____s sont enflés.

足がむくんだ.

568

Limoges, ma ville natale, est la plus proche de mon c_____.

私の故郷, リモージュは一番**心**の近くにある町です.

569

Les aliments gras ne sont pas bons pour l'e_____.

脂肪分の多い食べ物は**胃**によくない.

570

J'ai une douleur saisissante au v_____.

お腹がずきずき痛みます.

alliance

[aljɑ̃s] **nf**

結婚指輪 = **anneau d'alliance**

別例 Elle a été négligente et elle a perdu son alliance. 彼女は気がゆるんでいて，結婚指輪をなくしてしまった．

bague

[bag] **nf**

（宝石のついた）指輪

別例 bague de mariage「結婚指輪」
＊シンプルな「指輪」は **anneau nm** という．/ Ces bagues appartenaient à ma mère. これらの指輪は母のものでした（遺品です）．

bijou

[biʒu] **nm　pl bijoux**

宝石，アクセサリー（装身具）

faux bijou「（宝石の）イミテーション」, bijou de portable「携帯ストラップ」

jambe

[ʒɑ̃b] **nf**

（腿から足首までの人の）脚，足，（物の）脚

「ふくらはぎがつる」avoir une crampe au mollet としても同義になる．
別例 J'ai mal à la jambe depuis hier. 昨日から脚が痛い．
＊「両脚が痛い」なら avoir mal aux jambes とする．/ Elle s'est blessée à la jambe. 彼女は足をけがした．

pied

[pje] **nm**

（足首から爪先までの）足，（机などの）脚，（山の）麓（ふもと）

別例 Il faut 20 minutes à pied. 徒歩で20分かかります．＊à pied「歩いて，徒歩で」/ des pieds à la tête 足から頭まで．(=depuis les pieds jusqu'à la tête) / au pied de la montagne「山の麓にある」

cœur

[kœr] **nm**

心臓，心，胸，中心

別例 Je vous remercie de tout cœur. 心から感謝いたします．/ avoir mal au cœur「胸がむかつく，吐き気がする」/ avoir un cœur de pierre「冷たい人である（石の心を持つ）」/ J'habite au cœur de Moscou. モスクワの中心部に住んでいます．＊**centre nm** と同義．

estomac

[ɛstɔma] **nm**

胃

別例 avoir mal à l'estomac「胃（お腹）が痛む」/ Il a un bon estomac. 彼は胃が丈夫です．＊avoir l'estomac solide ともいう．逆に「胃が弱い」なら avoir un mauvais estomac, avoir l'estomac fragile といった言い方をする．

ventre

[vɑ̃tr] **nm**

腹（はら），お腹（なか）

別例 avoir mal au ventre「お腹が痛い」
＊この言い方は「下痢」la diarrhée や「便秘している」avoir le ventre serré を連想させるので，「腹痛」でも avoir mal à l'estomac（←胃が痛い）と表現する方が上品だとする人もいる．/ Ma mère se couche à plat ventre. 母はうつ伏せで寝ている．

571

Je saute à la corde pour maintenir ma s_____.

健康維持のために縄跳びをしています.

572

Quelle est votre plus grande f_____ ?

あなたの一番の**強み**は何ですか.

573

J'aime l'escalade, ça réveille tous les m_____s.

ボルダリングが好き, それはあらゆる**筋肉**を目覚めさせてくれるから.

574

Je porte habituellement la t_____ 26 au Japon, mais je ne connais pas les tailles françaises.

普段日本で（靴）26**サイズ**を着用していますが, フランスのサイズがわかりません.

575

Mon mari a 130 centimètres de t_____ de poitrine.

夫は胸**囲**が130センチある

576

Mon ami est mort après une longue m_____.

友は長い**病気**のあとで亡くなった.

577

Le p_____ a refusé le traitement médical conventionnel.

その**患者**は従来の治療法を拒否した.

578

Ma femme a un gros r_____.

妻はひどい**風邪**をひいている.

santé

[sɑ̃te] **nf**

健康 ↔ **maladie**

別例 Mon grand-père est en bonne [mauvaise] santé. 祖父は体調がいい [健康を害している]. / À votre santé ! 乾杯. *Santé ! だけでも使われる.

force

[fɔrs] **nf**

(肉体的・精神的な) 力, 力強さ, (意志や性格の) 強さ

別例 Les enfants n'ont plus la force de marcher. 子供たちはもう歩く元気がありません.

muscle

[myskl] **nm**

筋肉

別例 développer ses muscles「筋肉を鍛える」
musclé(e) adj「筋肉質の」

taille

[taj] **nf**

(服や靴の) サイズ, 身長, ウエスト

別例 Quelle taille faites-vous ? (服や靴の) サイズはどのぐらいですか. / Tous les débris de plastique, quelle que soit leur taille, peuvent présenter des risques pour la santé. プラスチックの破片はその大きさに関係なく健康被害を引き起こす可能性がある.

tour [2]

[tur] **nm**

周囲 (の長さ), 回転, 一周, 順番, 回転

別例 Je voudrais faire le tour du monde. 世界一周旅行がしたい. / Voici l'itinéraire du tour en bus. これはバスツアーの旅行日程です. / C'est à votre tour. あなたの番です.

maladie

[maladi] **nf**

病気, 疾病

別例 Il y a une semaine que le directeur du personnel est en congé (de) maladie. 人事部長は病気で1週間仕事を休んでいる.

patient, patiente

[pasjɑ̃, -ɑ̃t] **n**

(医者から見た) 患者

malade n も類義だが, こちらは広く「病人」を指す.
別例 examiner un patient「患者を診察する」

rhume

[rym] **nm**

風邪

avoir un bon rhume も同義. なお「風邪をひく」には attraper [prendre] un rhume, s'enrhumer といった言い回しを使う.
別例 Mon fils m'a passé son rhume. 息子に風邪をうつされた. / Un rhume peut se transformer en toutes sortes de maladies. 風邪は万病のもと.

579

J'ai de la f____ depuis hier et j'ai mal à la gorge.

昨日から**熱**があって, 喉が痛い.

580

Mon mari est a____ au téléphone.

夫は大の電話**アレルギー**です.

581

Prenez bien s____ de vous.

(体の弱い人に) **体に気をつけて**ください.

582

Je ne veux pas mettre autant d'e____s dans la mémorisation des mots.

単語の暗記にそんなに**労力**はかけたくない.

583

Je ne ressens pas beaucoup de d____.

あまり**痛み**はありません.

584

Il a arrêté de fumer et de boire quand on a découvert son c____.

彼は**癌**が見つかって, たばこと酒をやめた.

585

Cette nouvelle m'a donné un c____ terrible.

その知らせに私はひどく**ショック**を受けた.

586

Ma sœur suit un régime pauvre en glucides depuis un mois, mais elle n'a toujours pas perdu de p____.

姉(妹)は低炭水化物(糖質制限)ダイエットを1か月続けているが, 相変わらず**体重**が減っていない.

fièvre

[fjɛvr] **nf**

（病気による）熱,
（気分の高揚による）熱狂

別例 J'ai une fièvre de 38,5 degrés. / J'ai 38,5 de fièvre. 熱が38.5度ある./ Ma fille a une petite fièvre. 娘は微熱があります.

allergique

[alɛrʒik] **nf**

アレルギー（性）の, 大嫌いな

allérgie nf「アレルギー」
例 Vous avez des allergies ? 何かアレルギーはありますか.（=Vous êtes allergique à quelque chose ?）

soin

[swɛ̃] **nm**

世話, 心配り,（医者の）手当, 治療

prendre [avoir] soin de *qqn* / *qqch*「〜を大事にする, 〜の世話をする」(=soigner) .
別例 D'après le médecin, ma femme a besoin de soins spéciaux, qui coûtent très cher. 医者によると, 妻には特別な治療が必要だが, それはとても高価だ.

effort

[efɔr] **nm**

（肉体的・精神的）努力

別例 faire un effort「がんばる, 努力する」/ sans effort「たやすく, やすやすと」/ Avec un peu plus d'efforts, tu auras de bonne notes en maths. もう少し努力をしたら, 数学でいい成績がとれますよ. / Ce dictionnaire est le résultat de dix ans d'efforts. この辞書は10年の努力の結果です.

douleur

[dulœr] **nf**

（肉体的な）痛み,
（精神的な）苦しみ

別例 J'ai des douleurs d'estomac. 胃が痛いです. *J'ai mal à l'estomac. も同義になる. / Ce médicament va calmer la douleur. この薬で痛みは和らぎます.

cancer

[kɑ̃sɛr] **nm**

癌

別例 Mon oncle est mort d'un cancer il y a à peu près trois ans. おじは3年ほど前に癌で亡くなりました. / Le médecin lui a annoncé qu'elle avait le cancer de l'estomac. 医者は彼女に胃癌を告知した.

coup

[ku] **nm**

一撃, ショック,（身体の）動作,
（道具を使った）素早い動き

別例 tout d'un coup「突然」/ Ils se sont rencontrés et sont tombés amoureux. C'était le coup de foudre. 彼らは出会って恋に落ちた. 一目惚れだった. *un coup de foudre で「一目惚れ, 落雷」の意味.

poids

[pwa] **nm & pl**

重さ, 体重

perdre [prendre] du poids「体重が減る [増える], 痩せる [太る]」
別例 Quel était le poids de ton enfant à la naissance ? お子さんは生まれたとき体重はどのくらいでしたか *Combien pesait ton enfant à la naissance ? と書き換えられる.
peser vi vt「重さがある, 重さを量る」
例 Tu pèses combien ? 体重はどれぐらいなの.

587

Il pèse 85 k____s.

彼は体重が85**キロ**ある.

関連 分量（単位）<"de ＋ 無冠詞名詞"の形をともなう>

- ☐ un kilo d' oranges　オレンジ1キロ
- ☐ 150 grammes de viande hachée　ひき肉150グラム
- ☐ une livre de beurre　バター500グラム
- ☐ un demi-litre d'huile d'olive　オリーブオイル半リットル
- ☐ trois tranches de jambom　ハム3切れ
- ☐ deux parts de gâteau au chocolat　チョコレートケーキ2切れ

588

Il y a mille g____s dans un kilo.

1キロは1,000**グラム**です.

589

Vous devriez faire à peu près quatre k____s à pied chaque jour.

毎日, 4**キロ**ほどは歩いたほうがいいですよ.

590

Quelle est la d____ entre la gare et votre maison ?

駅からあなたの家までどのくらいの**距離**がありますか.

591

On ne peut pas mettre ces deux idées au même n____.

この2つの考えを同**レベル**に置くことはできません.

592

La vie à Lisbonne coûte le d____ d'ici.

リスボンの生活費はここの **2倍**だ.

kilogramme

[kilɔgram] **nm**

キログラム

*kiloと略す / 記号 kg.

別例 À l'aéroport, on m'a demandé de payer 500 euros parce que j'avais 10 kilos d'excédent de bagages. 空港で10キロの超過手荷物があるため500ユーロ支払うよう求められた. / J'ai pris trois kilos pendant le Nouvel An. 正月で3キロ太った.

- ☐ une demi-bouteille de vin rouge　赤ワインのハーフボトル1本
- ☐ un pot de confiture de fraises　イチゴジャム1瓶
- ☐ une pincée de sel　塩ひとつまみ
- ☐ une cuillère à café de sel　塩小さじ1杯
- ☐ un morceau de sucre　角砂糖ひとつ
- ☐ une gousse d'ail　ニンニクひとかけら

gramme

[gram] **nm**

(単位) グラム

別例 Ajoutez 20 grammes de sucre. 砂糖を20グラム加えてください. / 200 grammes de bœuf「200グラムの牛肉」

kilomètre

[kilɔmɛtr] **nm**

キロメートル

*kiloとは略さない / 記号 km.

別例 rouler à 50 km à l'heure「時速50キロで走る」/ La cathédrale est à deux kilomètres de la gare. 大聖堂は駅から2キロのところにある.

*会話では「キロメートル」を **borne nf**（「境界標, 里程評」の意味）と置き換えることがあり, DELF ではこの単語が使われることがある.

distance

[distɑ̃s] **nf**

(時空の) 距離

別例 Il y a une distance de 43 kilomètres entre Kyoto et Osaka. 京都・大阪間は43キロの距離がある. / Vous n'avez pas besoin de prendre un taxi, c'est à distance de marche. タクシーに乗る必要はありません, 徒歩圏内です. / apprentissage à distance「遠隔教育, 通信教育」

niveau

[nivo] **nm**　**pl niveaux**

レベル, 水準, (水平面の) 高さ = **hauteur**, (建物の地下・地上の) 階 = **étage**

別例 La ville voisine a un niveau de vie élevé. 隣町は生活水準が高い. / Laissez-moi au niveau des Départs. (タクシーで, 空港の) 出発ロビーで降ろしてください.

*この niveau は「(建物の) 階」の意味から.「到着ロビー」なら le niveau des Arrivées という.

double

[dubl] **nm**

2倍

doubler「2倍にする」という動詞は「(車を) 追い越す」とか「(映画の) 吹き替えをする」の意味にもなる. 車, 言葉が2つ「重なる」ため.

例 J'ai regardé un film italien doublé en français. イタリア映画をフランス語の吹き替えで見ました.

◉ 人間・交際関係

593

Une foule de g____ est venue [sont venus] attendre la star du tennis à l'entrée de l'hôtel.

大勢の人たちがホテルの入り口でテニスの人気選手を待ち受けていた.

594

Il y avait beaucoup de m____ dans le parc zoologique de Berlin.

ベルリンの動物園に**大勢の人**がいた.

595

Il y a f____ dans les grands magasins aujourd'hui.

今日デパートはすごい**人ごみ**だ.

596

Généralement, les h____s vivent moins longtemps que les femmes.

概して, **男性**は女性ほど長く生きない.

597

Les f____s japonaises ont-elles l'espérance de vie la plus élevée au monde ?

日本人**女性**の平均寿命は世界一ですか.

598

Certaines p____s disent que l'amour consiste à donner et non à demander.

愛とは与えることであって求めるものではないと言う人たちがいます.

599

L'une des plus grandes différences entre les h____s et les autres animaux est que les h____s peuvent utiliser le langage.

人間とほかの動物の最大の違いのひとつは, **人間**が言語を使用できるということです.

gens

[ʒɑ̃] **n pl**

人々

例文は foule を主語と考えるか（単数），gens が主語なのか（複数）で動詞の単複の扱いに差が出る.
別例 Il y a beaucoup de gens dans la rue. 通りに大勢の人がいる. / Cet acteur est très connu parmi les jeunes gens. あの俳優は若い人たちにとても人気がある.

monde [2]

[mɔ̃d] **nm**

（集合的に）人々
= gens, personnes

別例 tout le monde「皆（みんな）」

foule

[ful] **nf**

群衆, 人ごみ

il y a foule で「すごい人ごみだ, 大勢人が集まる」という定型の言い回し.
別例 en foule「大勢で, 大挙して」

homme

[ɔm] **nm**

男性 ↔ **femme**，人間

homme の丁寧な言い方「男性, 男の人」の意味で普通名詞 monsieur も使われる.
例 « Messieurs »「（トイレなどの表示）男性用」
別例 Regardez ces hommes ! あの人たちを見て. / Le style est l'homme même. 文体は人間そのものだ.

femme [1]

[fam] **nf**

（男性に対して）女性
↔ homme

別例 Le judo est adapté aux hommes et femmes de tous âges. 柔道はあらゆる年齢の男女に受け入れられている.

personne

[pɛrsɔn] **nf**

人, 人間

別例 Je voudrais réserver une table pour deux personnes.（レストランなどで）2名で予約したのですが. / Quelle est la relation entre ces deux personnes ? あの2人はどんなご関係ですか.

humain

[ymɛ̃] **nm**

人間, 人類

humain, humaine adj「人間の, 人間的な」
例 Le fonctionnement du corps humain est fort compliqué. 人体の機能は非常に複雑だ.

600

Je suis ravi(e) de faire votre c______.

お会いできて嬉しいです.

601

Elle a perdu la c______ de ses parents.

彼女は両親の**信頼**を失った.

602

Comment s'appelle votre meilleur a______ [meilleure a______] ?

あなたの一番の**親友**は何という名前の人ですか.

603

Selon certaines rumeurs, ce c______ de célébrités est en mauvais termes depuis longtemps.

噂では, あの有名人同士の**カップル**はずっと不仲だそうだ.

604

Leur m______ a été célébré à l'église l'après-midi.

彼らの**結婚式**は午後教会で行なわれた.

関連 結婚関連

☐ mariage **nm** 結婚　　se marier **vp** 結婚する
☐ divorce **nm** 離婚　　divorcer **vi** 離婚する

605

J'ai rencontré mes anciens c______s de classe pour la première fois en deux décennies.

20年ぶりに**同窓**生と再会した.

606

Coralie déjeune souvent avec ses c______s [c______s].

Coralieはよく**仲間たち**と昼食を食べる.

connaissance
[kɔnɛsɑ̃s] **nf**
知り合うこと, 知識, 意識

この言い回しは, 事前に知ってはいたが, はじめて人に紹介されたケースで用いることが多い.
別例 Il n'a aucune connaissance de la littérature française. 彼はフランス文学についての知識は皆無です.

---

confiance
[kɔ̃fjɑ̃s] **nf**
(他者への信頼) 信用,
(自分への信頼) 自信
= assurance

別例 Ils ont une confiance totale en elle. 彼らは彼女を全面的に信頼している.
*avoir confiance en *qqn* で「～を信用する」(=faire confiance à *qqn*) / avoir [manquer de] confiance (en soi)「自信がある [ない]」

---

ami, amie
[ami] **n**
友だち, 友人

別例 Il y a beaucoup de faux amis en français et en anglais. フランス語と英語の間にはたくさんの偽の友 (綴りが似ていて意味の異なる言葉) がたくさんあります.
amitié nf「友情 (↔ hostilité) , (複数で) 友情のしるし」
例 Mes amitiés à votre femme. 奥様によろしく.

---

couple
[kupl] **nm**
夫婦, カップル, 恋人同士

別例 Ils forment un couple parfait. 彼らは申し分のない夫婦です.

---

mariage
[marjaʒ] **nm**
結婚 ↔ **divorce** , 結婚式

別例 Où la fête de mariage a-t-elle lieu ? 結婚パーティーはどこで行なわれますか. / On a fait un dîner splendide pour notre anniversaire de mariage. 結婚記念日に豪華な夕食を食べました.

- ☐ remariage **nm** 再婚　　se remarier **vp** 再婚する
- ☐ se disputer **vp** けんかする
- ☐ se séparer **vp** 別れる, 仲違いする
- ☐ se réconcilier **vp** 仲直りする

---

camarade
[kamarad] **n**
仲間, 同僚

別例 camarade de bureau「職場の同僚」/ camarade d'enfance「幼友だち」/ Soyez gentil avec vos camarades. 友人には親切にしなさい.

---

copain, copine
[kɔpɛ̃, -in] **n**
仲間, 友だち, 恋人

別例 J'ai rendez-vous avec ma copine devant le café. カフェの前でガールフレンドと待ち合わせをしています.

607

Caroline est une de mes c____s.

Carolineは私の**同僚**です.

608

Nos v____s sont souvent bruyants.

うちの**近所の人たち**はしょっちゅう騒がしい.

◉ 家族

609

Combien de personnes y a-t-il dans votre f____ ?

ご**家族**は何人ですか.

関連 **家族（所有形容詞を添えて）**

- ☐ mon grand-père / ma grand-mère　祖父, 祖母（mes grands-parents 祖父母）
- ☐ mon oncle / ma tante　おじ, おば
- ☐ mon père / ma mère　父, 母（mes parents 両親）
- ☐ ton mari / ta femme　夫, 妻

610

Ces personnes sont toutes des femmes au f____.

あの人たちはみんな仕事を持たない**家庭**の主婦（専業主婦）です.

611

Qu'est-ce que vous pensez de vos p____ ?

あなたは**ご両親**のことをどう思っていますか.

collègue

[kɔlɛg] **n**

同僚, 仲間

別例 Christian, mon collègue, vient juste de rentrer de Tunisie. 同僚の Christian はちょうどチュニジアから戻ったところです.

voisin, voisine

[vwazɛ̃, -zin] **n**

近所の人, 隣人

別例 Le voisin de dessus est très sympathique. 上の階の住人はとても気さくです. **voisin(e) adj**「隣の, 近所の, 類似の」**例** pays voisins「近隣諸国」**voisinage nm**「(集合的) 近所の人々, 近所」**voisinage nm**「近所, 近所の人たち」**avoisiner vt**「隣接する, ～に近い」**例** Au Japon, le taux de chômage avoisine les 3% de la population active. 日本の失業率は労働人口の3パーセントほどです.

famille

[famij] **nf**

家族

別例 Nous sommes une famille de cinq personnes. うちは5人家族です. / Comment va votre famille ? ご家族はお元気ですか. / Michel a déçu les espoirs de sa famille. Michel は家族の期待を裏切った. / famille d'accueil「ホストファミリー」

- ☐ son cousin / sa cousine　いとこ　*petit-cousin / petit-cousine は「はとこ」
- ☐ mon frère / ma sœur　兄 (弟), 姉 (妹)
- ☐ son enfant / son fils / sa fille　子ども, 息子, 娘　(le petit-fils / le petite-fille　孫息子, 孫娘)
- ☐ ton neveu / ta nièce　甥 (おい), 姪 (めい)

foyer

[fwaje] **nm**

家庭, 世帯, 集会所, 宿泊施設

別例 fonder un foyer「結婚する, 家庭を持つ」(=se marier) / être sans foyer「家がない, ホームレスである」/ Hier soir, je me suis promené près de mon foyer d'étudiants, dans le Quartier Latin. 昨晩, カルチエラタンにある学生寮近くを散策しました.

parents

[parɑ̃] **nmpl**

(複数で) 両親,
親戚 = ancêtre

別例 Tu vas passer le week-end chez tes parents ? 週末は親の家で過ごすのですか. / Vos parents s'inquiètent certainement pour vous. ご両親はきっとあなたのことを心配しています.

612

Savez-vous que le p____ de Jésus était charpentier ?

イエスの**父親**が大工だったことをご存知ですか.

613

La fête des M____s, c'est en juin.

母の日は6月です.

614

Les g____ sont généralement plus tolérants que les parents.

一般的に, **祖父母**は両親よりも寛容なものです.

615

Le père de ma mère est mon g____.

私の母の父親は自分の**祖父**にあたります.

616

Je parle fort, mais ma g____ n'entend pas bien.

大きな声で話すのですが, **祖母**はよく聞き取れません.

617

Mon m____ s'occupe beaucoup de travaux de la maison.

わが**夫**は家の仕事をいろいろやってくれる.

618

Tous les plats préparés par ma f____ sont délicieux.

妻が作る料理はどれもおいしい.

619

J'ai un f____ et une fille.

私には**息子**と娘がいます.

père
[pεr] **nm**
父, 父親 ↔ **mère**

別例 Comment va votre père ? お父上はお元気ですか.
*Comment est votre père ? なら「お父さんはどんな人」の意味. / C'est mon beau-père, mais il est comme un père pour moi. 彼は義父ですが, 実の父のような人です.

---

mère
[mεr] **nf**
母, 母親 ↔ **père**

別例 Marie ne ressemble pas beaucoup à sa mère. Marie は母親にあまり似ていません. / Ma belle-mère a plus de 80 ans, mais elle est en très bonne santé. 義理の母は80代ですが, とても元気です. *beau-, belle- は血縁関連の語とともに用いて「義理の」の意味, たとえば **belle-fille nf** なら「義理の娘, 嫁」のこと.

---

grands-parents
[grɑ̃parɑ̃] **nmpl**
祖父母

別例 Je vois mes grands-parents une fois par an. 年に1度祖父母に会いに行きます.
***arrière-grand-parents nmpl** なら「曾祖父母」を指す.

---

grand-père
[grɑ̃pεr] **nf**
祖父

別例 Aujourd'hui, je dois emmener mon grand-père à l'hôpital. 今日, 祖父を病院に連れて行かなくてはなりません.

---

grand-mère
[grɑ̃mεr] **nf**
祖母

別例 La mère de ma mère est ma grand-mère. 私の母の母親は自分の祖母にあたります. / Mon grand-père et ma grand-mère sont déjà morts. 私の祖父も祖母もすでに亡くなりました.

---

mari
[mari] **nm**
夫 ↔ **femme**

別例 Sandy est plus âgée que son mari. Sandy は旦那さんより年上です.
*「配偶者」なら **époux, épouse n** (行政用語なら **conjoint(e) n**) を用いる.

---

femme 2
[fam] **nf**
(夫に対して) 妻 ↔ **mari**

別例 Je m'entends bien avec mon ex-femme. 別れた妻とは仲がいいです.

---

fils
[fis] **nm**
息子 ↔ **fille**

別例 Le caractère d'un enfant unique est quelque peu égoïste. ひとりっ子の性格はいささかわがままなところがある.

620

Combien de g____s y a-t-il dans la classe ?

その教室には**男子**が何人いますか.

621

Sa f____ unique Floriane est morte, alors sa vie a changé.

一人**娘**の Florianeが亡くなって, それから彼(彼女)の人生は一変した.

622

Mon f____ me ressemble beaucoup, mais il est légèrement moins grand que moi.

兄(弟)は私にとても似ていますが, 私より少々小柄です.

623

Avez-vous des frères et s____s ?

兄弟や**姉妹**はいますか.

624

Nous attendons un b____.

もうすぐ**赤ちゃん**が生まれます.

625

Vous avez des e____s ?

お子さんはいますか.

626

Deux a____s et un enfant, s'il vous plaît.

(映画館の窓口などで) **大人** 2枚, 子供1枚ください.

627

La plupart des j____s mangent trop de fast-food.

大半の**若者**はファストフードを食べ過ぎだ.

garçon
[garsɔ̃] **nm**

男子, 男の子, 少年, 息子

別例 Germaine avait toujours dit qu'elle voulait avoir un garçon. Germaine は, 常々 , 男の子が欲しいと言っていた.

fille
[fij] **nf**

(親から見た) 娘 ↔ **fils** , 女の子 ↔ **garçon**

別例 J'ai une fille de 17 mois. 1歳5ヶ月になる娘がいます. *Ma fille a 17 mois. も類義になる. / Les filles pensent toujours à maigrir. 女の子たちは常に痩せようと思っている. / C'est mon nom de jeune fille. 女性のケース) これが私の旧姓です.

frère
[frɛr] **nm**

兄, 弟 ↔ **sœur**

別例 J'ai un grand frère et un petit frère. 私には兄と弟がいる. *通常, frère は「兄」と「弟」を区別しない単語だが「兄」grand frère, frère ainé, 「弟」petit frère, frère cadet と明示することがある. / Tous les hommes sont frères. 人はみな兄弟.

sœur
[sœr] **nf**

姉, 妹 ↔ **frère**

別例 sœurs jumelles「双子の姉妹」/ J'habite avec ma sœur, qui a trois ans de moins que moi. 私は3歳年が下の妹といっしょに住んでいます. *通常, 「姉」と「妹」を区別しない. 姉・妹を区別するなら une grande sœur, une sœur aînée / une petite sœur, une sœur cadette といった言い方をする.

bébé
[bebe] **nm**

赤ちゃん

attendre un bébé は「妊娠している」, Ma femme a eu un bébé. なら「妻は子供を産んだ」の意味になる.
別例 Le bébé est prévu pour avril. 赤ん坊が4月に産まれる予定です. / Les sourires rendent les gens heureux, surtout quand c'est celui d'un bébé ! 笑顔は人を幸せにする, とりわけ赤ちゃんが笑うとね.

enfant
[ɑ̃fɑ̃] **n**

(親や大人に対して) 子ども

別例 Je cherche des vêtements pour enfants. 子ども服を探しています. / Mon rêve d'enfant était d'être conducteur de train. 子どもの頃の夢は電車の運転手でした. / Je suis le deuxième de trois enfants. 3人兄弟の2番目です.

adulte
[adylt] **n & adj**

大人 (の), 成人 (した)

Deux places adultes, s'il vous plaît. ともいう.
別例 Ma petite sœur est adulte maintenant. 妹はもう大人です. / un homme adulte「成人男性」

jeune
[ʒœn] **n**

(多くは複数で) 若者, 青少年

個々の「若者」を表す際には un jeune homme, une jeune fille のようにいう.
jeunesse nf「若さ, 青春時代」
例 Mon père a passé toute sa jeunesse en Belgique. 父は青春時代をベルギーで過ごした.

628

Elle aime beaucoup Pascal, son seul p____.

彼女はたった一人の**孫息子**である Pascal をとてもかわいがっている.

629

Il a plusieurs p____s.

彼には何人もの**孫娘**がいる.

630

Mon o____ agit sans bien réfléchir.

おじはよく考えずに行動する.

631

Mes deux parents n'avaient pas de sœur, donc je n'ai pas de t____.

両親に姉妹がいなかったので, 自分には**おば**がいません.

632

Nous sommes c____s.

私たちは**いとこ**同士です.

633

Mon n____ est le fils de ma sœur.

甥は私の姉 (妹) の息子ことです.

634

Ma n____ est la fille de mon frère.

姪は私の兄 (弟) の娘のことです.

635

Ma f____ était assise sous le parasol, regardant tranquillement l'océan.

フィアンセはビーチパラソルの下に座って, 静かに海を眺めていた.

petit-fils

[p(ə)titfis] **nm**

(男の) 孫, 孫息子

別例 Il a deux petits-fils et une petite-fille. 彼には男の孫が2人, 女の孫が1人いる.

petite-fille

[p(ə)titfij] **nf**

(女の) 孫, 孫娘

「孫」をまとめて, **petits-enfants nmpl**「孫たち」と呼ぶ.
例 Patricia s'occupe de ses petits-enfants tous les lundis. Patricia は毎週月曜日に孫たちの世話をしている.

oncle

[ɔ̃kl] **nm**

おじ (叔父・伯父) ↔ **tante**

別例 Cet été, j'ai passé une semaine chez mon oncle à Orléans. この夏, 私はオルレアンのおじの家で1週間過ごした. / Mon oncle est prêtre catholique. おじはカトリックの神父です.

tante

[tɑ̃t] **nf**

おば (叔母, 伯母) ↔ **oncle**

別例 La sœur de ma mère est ma tante. 母の姉 (妹) は自分のおばにあたります.

cousin, cousine

[kuzɛ̃, -zin] **n**

いとこ

別例 C'est un cadeau de Noël pour ma cousine qui vit seule à Séoul. これはソウルで1人暮らしをしているいとこへのクリスマス・プレゼントです.

neveu

[nəvø] **nm** **pl neveux**

甥 (おい) ↔ **nièce**

別例 Elle a un neveu qui a presque trois ans. 彼女にはもうすぐ3歳になる甥がいます.

nièce

[njɛs] **nf**

姪 (めい) ↔ **neveu**

別例 Il a adopté sa nièce. 彼は姪を養子にしました.

fiancé, fiancée

[fijɑ̃se] **n**

婚約者, フィアンセ

別例 Elle a présenté son fiancé à ses parents. 彼女は両親に婚約者を紹介した. / Le seul point positif de mon fiancé, c'est qu'il est beau. 婚約者のたったひとつのよい点は, 彼がハンサムだということ.

◉ 性格・感情・対比

636

Ma secrétaire est d'un bon c____.

秘書は**性格**がいい.

637

Votre p____ se manifeste dans votre choix de mots.

あなたの**性格**は言葉選びに表れます.

638

Les enfants ont besoin d'a____ pour se développer correctement.

子供をきちんと成長させるには**愛**が必要だ.

639

Mon père a une p____ pour le jazz classique.

父はオールドジャズを**熱愛**している.

640

Je ressens de l'amour pour ma fille, je ressens de l'a____ pour les enfants de mon ami.

私は自分の娘には愛情を持ち, 友人の子供たちには**好感**を持っている.

641

Ça me fait p____ de vous voir.

お会いできて**嬉しい**です.

642

Mon père a mauvais g____ pour ses cravates.

父はネクタイの**趣味**が悪い.

caractère

[karaktɛr] **nm**

(品位や人格などの道徳的な意味での) 性格, 活字 (体)

別例 remplir en caractères d'imprimerie「活字体で記入する」(↔**cursive nf**「筆記体」)

personalité

[pɛrsɔnalite] **nf**

(そのふるまいや印象を表す) 人柄, 性格, 性質

別例 **dédoublement de la personnalité nm**「二重人格, 人格分裂」

amour

[amur] **nm**

愛, 恋愛

別例 un amour à sens unique「片思い」/ Tu es l'amour de ma vie. 君は僕の理想の人だ. ＊直訳は「わが人生の愛」, Tu es la fleur de ma vie. などとも表現できる. 文豪 Balzac は「恋愛は官能の詩である」L'amour est la poésie des sens. と記している (「恋は感覚の詩である」とする訳もある).

passion

[pasjɔ̃] **nf**

情熱

avoir une passion pour *qqch* で「～を熱愛している」, avoir la passion de *qqch* なら「～に熱中している」の意味.
passionné(e) adj「情熱的な, ～に夢中している」
例 Ma fille est passionnée de moto. 娘はバイクに夢中だ.

affection

[afɛksjɔ̃] **nf**

(人や物に対する温かい気持ちamourほど強くない) 情愛

別例 affection maternelle「母性愛」

plaisir

[plezir] **nm**

(生理的・精神的) 喜び, 楽しみ = **joie** ↔ **tristesse**, 気晴らし, 趣味

別例 Avec plaisir. 喜んで. (=Volontiers.) / Que faites-vous pour le plaisir ? 気分転換には何をしますか. / Mon seul plaisir dans la vie est d'écouter de la musique classique. 私の人生の唯一の楽しみはクラシック音楽を聴くことです.

goût

[gu] **nm**

趣味, 好み, 味覚, 味

avoir bon [mauvais] goût「趣味がよい [悪い]」
別例 Je n'ai pas de goûts ou de dégoûts particuliers en matière de nourriture. 特に食べ物の好き嫌いはありません. / Cette sauce n'a pas de goût. このソースは味がしない.

643

Je partage votre p____.

心中お察しいたします.

644

Quel d____ !

それは**残念**です.

645

En c____ avec le Cameroun, le coût de la nourriture dans ce pays est élevé.

カメルーンと**比較**して, この国の食費は高い.

646

G____ à mon GPS, j'ai trouvé le pont en arc rapidement.

GPSの**おかげで**アーチ橋はすぐに見つかりました.

647

Quelle est la r____ de son absence ?

彼(彼女)の欠席**理由**は何ですか.

648

Quelle est la c____ de l'accident ?

事故の**原因**は何ですか.

649

Ce médicament a-t-il des e____s secondaires ?

この薬には副**作用**がありますか.

650

En c____, le concert a été un énorme succès.

結論として, コンサートは大成功でした.

peine

[pɛn] **nf**

心痛,(精神的な) 苦悩 ↔ **joie**, 苦労 = **difficulté**, 刑罰

この単語は多様な成句を作る. 例文は ce n'est pas la peine de + inf. は「〜するには及ばない」の意味. 例 Ce n'est pas la peine de prendre un taxi. タクシーに乗るまでもない. valoir la peine de + inf. なら「〜してみる価値がある」, à peine は「(否定的に) ほとんど〜ない」の意味. 例 On entend à peine le bruit de la rue. 通りの音がほとんど聞こえない.

dommage

[dɔmaʒ] **nm**

残念なこと, 困ったこと, 損害

C'est bien dommage ! も類義表現になる.
別例 C'est dommage qu'elle ne puisse pas venir. 彼女が来られないのは残念です.

comparaison

[kɔ̃parɛzɔ̃] **nf**

比較, 対比

comparativement adv「(à に) 比較して, 比較的に」
comparer vt (à, avec と)「比較する」
例 Il a comparé Tokyo avec Paris. 彼は東京とパリを比較した. *前置詞 avec の代わりに à や et と置き換えられる. Il a fait une comparaison entre Tokyo et Paris. などとも書き換えられる.

grâce

[gras] **nf**

恩恵, 優美, 感謝

grâce à *qqn* / *qqch* は「〜のおかげで」の意味. *「〜のせいで」とマイナスの事柄を導く際には à cause de *qqn* / *qqch* を用いる.
別例 Grâce à toi, elle parle de mieux en mieux le français. 君のおかげで, 彼女はフランス語をだんだん上手に話せるようになっている.

raison [1]

[rɛzɔ̃] **nf**

理由, 理性

別例 en raison de la crise sanitaire「医療危機を考慮して」 *とりわけ, コロナ禍での行動規制の際に用いられた言い回し. / Elle a raison. 彼女の言う通りだ.
raisonnable adj「理性的な, 分別のある, (価格などが) 手頃な」
例 à un prix raisonnable「手頃な値段で」

cause

[koz] **nf**

原因, 理由 = **motif, raison** ↔ **résultat**

別例 L'avion a deux heures de retard à cause de la tempête. 嵐のせいで飛行機が2時間遅れている. *à cause de *qqn* / *qqch*「〜のせいで, 〜の理由で」/ En effet, la cause de ces problèmes de santé est souvent le stress. 実際は, こうした健康問題の原因はしばしばストレスにある.

effet

[efɛ] **nm**

結果 = **résultat** ↔ **cause**, 効果

別例 Il n'y a pas d'effet sans cause. 原因のない結果はない. / en effet「実際, 確かに」
effectivement adv「実際に」
例 C'est effectivement la meilleure solution. これはまさに最良の解決策です.

conclusion

[kɔ̃klyzjɔ̃] **nf**

結論, 締めくくり

en conclusion で「結論として, 結局」の意味.
別例 Conclusion, son avenir est foutu. 一言で言えば, 彼 (彼女) の将来は絶望的だ.
conclure vt「取り決める, 締めくくる」例 Un accord a été conclu entre les deux pays. 2国間で協定が結ばれた.

651

En c____, j'ai dû renoncer à sortir avec elle.

その**結果**, 彼女との交際を諦めざるをえなかった.

652

Il faut un peu de c____ pour se lancer dans des études à l'étranger.

留学に踏み切るには少し**勇気**が要ります.

653

Mon oncle se met facilement en c____.

おじはすぐに**怒る**.

◉ 文化・芸術・スポーツ

654

De nombreux étrangers s'intéressent à la société et à la c____ japonaises à cause des dessins animés japonais.

日本のアニメがきっかけで日本の社会や**文化**に興味を持つ外国人は少なくない.

655

Le programme Erasmus est un système d'e____ de l'Union européenne qui a débuté en 1987.

エラスムス・プログラムは1987年に始まった欧州連合の**教育**システムです.

656

Kyoto regorge d'h____ et de traditions japonaises.

京都は日本の**歴史**と伝統で満ちあふれている.

657

À l'université, j'ai étudié des l____s européennes, proches du français.

大学で, フランス語に近い複数の欧州**言語**を勉強しました.

conséquence

[kɔ̃sekɑ̃s] **nf**

結果

en conséquence「その結果, それ相応に」
別例 Il travaille de nuit et par conséquence il dort le jour. 彼は夜仕事をしているので, 昼に寝ます.
*par conséquence「したがって」

courage

[kuraʒ] **nm**

勇気, 気力, 元気

別例 Bon courage ! がんばって. *相手の背中を「しっかりね」と後押しする感覚の言い回し. Courage ! や Du courage ! も「がんばって, 元気を出して」という意味. / Elle n'a pas eu le courage de faire ce qu'elle voulait vraiment faire. 彼女は本当にやりたいことをする勇気がなかった.

colère

[kɔlɛr] **nf**

怒り

se mettre en colère は「怒る」, être en colère は「怒っている」. / Elle est devenue rouge de colère. 彼女は怒って真っ赤になった.

culture

[kyltyr] **nf**

文化, 教養, 耕作

culturel, culturelle adj「文化の」
例 À Paris, chaque arrondissement a sa propre saveur culturelle. パリは区ごとに独自の文化的趣がある.
cultiver vt「耕す, 栽培する」
cultivé(e) adj「耕された, 教養のある (↔ inculte)」 *「農業」 **agriculture nf** は語源 “agri「畑」+ culture「耕作」” から.

éducation

[edykasjɔ̃] **nf**

教育, 教養

別例 Il a fait de grandes contributions dans le domaine de l'éducation. 彼は教育の分野で大きな貢献をした. / Ma petite-fille veut s'inscrire en faculté des sciences de l'éducation. 孫娘は教育学部に入りたがっている.
éducatif, éducative adj「教育に役立つ」

histoire

[istwar] **nf**

歴史, 物語, 話

別例 Mon fils étudie l'histoire de l'Europe. 息子はヨーロッパの歴史を研究している. / une histoire d'amour「ラブストーリー」
historique adj「歴史の, 歴史に関する, 歴史に残る」
例 Visitons les monuments historiques de cette ville. この町の名所旧跡を見に行きましょう.

langue

[lɑ̃g] **nf**

(記号体系としての) 言語, (日本語, フランス語といった) 国語

別例 Le français a été la langue des Européens de la classe supérieure pendant plusieurs centaines d'années. フランス語は数百年間もの間ヨーロッパの上流社会の言葉だった.

658

François voulait être professeur de f____, donc il a choisi la faculté des lettres françaises.

François は**フランス語**の教員になりたかったので, フランス文学部を選んだ.

659

Les f____s du monde entier parlent la même langue avec des accents différents.

世界中の**フランス語話者**は同じ言語を異なるなまりで話している.

660

Plus de la moitié des informations sur Internet sont en a____.

インターネット上の半分以上の情報は**英語**によるものだ.

661

Il faut respecter la liberté d'e____.

表現の自由は尊重しなくてはならない.

662

Que veut dire ce m____ français ?

この**単語**(仏語)はどういう意味ですか.

663

En d'autres t____s, cette réunion n'a aucun sens.

言い換えれば, この会議は何の意味もないということです.

664

Malgré mes a____s, mon collègue insiste qu'il ne sait pas.

私が**明言した**にもかかわらず, 同僚は知らないと言い張る.

665

C'est une bonne n____ !

それはグッド**ニュース**だ.

français

[frɑ̃sɛ] **nm**

フランス語

別例 De quelle façon apprenez-vous le français ? どのようにしてフランス語を学んでいますか.
français, française adj「フランスの, フランス人の, フランス語の」 **例** La cuisine française est connue dans le monde entier. フランス料理は世界中に知られている.

francophone

[frɑ̃kɔfɔn] **adj n**

フランス語圏の,
フランス語を話す(人)

別例 On recense actuellement plus de 400 millions de francophones dans le monde. 現在, 世界のフランス語話者の数は4億人以上です.
francophonie nf「フランス語圏」 **francophilie nf**「フランス(人)好き」 **francophobie nf**「フランス(人)嫌い」

anglais

[ɑ̃glɛ] **nm**

英語

別例 Combien de temps avez-vous étudié l'anglais ? 英語をどのくらい勉強してきたのですか.
*大学などで「英語を専攻している」なら faire des études d'anglais といった言い方をする. / L'hindi et l'anglais sont les langues officielles de l'Inde. ヒンディー語と英語はインドの公用語です.

expression

[ɛksprɛsjɔ̃] **nf**

表現, 言い回し,
(感情を表す)表情

別例 Je me demande comment traduire cette expression en français. この言い回しをフランス語でどう訳せるのだろうか.

mot

[mo] **nm**

単語, 言葉

別例 en un mot「一言で言えば, 要するに」(=bref) / mot à mot「一語一語, 逐語的に」/ J'ai un mot [deux mots] à vous dire. あなたにちょっとお話があります. / J'ai oublié mon nouveau mot de passe que j'ai changé l'autre jour. 先日変更した新しいパスワードを忘れてしまった.

terme

[tɛrm] **nm**

ターム, 用語, 期間,(複数で)言い回し, 間柄 = **relation**

英語の in other words に相当する言い回し.
別例 un terme technique「学術用語(テクニカルターム)」/ Ces deux pays sont en mauvais termes. この2つの国は仲が悪い.
*être en bons [mauvais] termes (avec...)で「(～と)仲が良い[悪い]」という熟語.

affirmation

[afirmasjɔ̃] **nf**

断言,(意志, 態度などの)明確化, 肯定 ↔ **négation**

別例 affirmation de soi「自己の確立, 自己の明確化」
affirmatif, affirmative adj「断定的な, 肯定的な」
例 une réponse affirmative「肯定的な返事」

nouvelle

[nuvɛl] **nf**

知らせ, ニュース

別例 Mon grand-père écoute les nouvelles à la radio tous les matins. 祖父は毎朝ラジオでニュースを聞いています.

666

J'apprends la langue des s____s.

手話を習っています.

667

Quel est votre p____ favori ?

あなたの**趣味**は何ですか.

関連 **趣味**
- ☐ alpinisme **nm** 登山
- ☐ chasse **nf** 狩猟
- ☐ équitation **nf** 乗馬

668

Chers clients, nous vous proposons 30 % de réduction sur la nouvelle c____ de vêtements de sport.

お客様へ, スポーツウェアの新しい**コレクション**を 30%引でご提供いたします.

669

Qu'est-ce que vous faites pendant vos l____s ?

暇なときには何をしていますか？

670

Merci pour votre c____ de Noël.

クリスマス**プレゼント**をありがとう.

671

F____s pour votre nouveau bébé.

出産**おめでとう**.

672

Merci beaucoup pour votre i____.

招待いただきありがとうございます.

signe
[siɲ] **nm**

合図, 記号, 兆候,
(ホロスコープの) 星座

別例 C'est un petit signe de mon appréciation. (返礼の贈り物を手渡す際に) ほんの感謝の気持ちです. / C'est un bon signe. それは良い兆候だ (先行きがよい). / Mon signe est le Capricorne. 私の星座は山羊座です.

passe-temps
[pastɑ̃] **nf**

暇つぶし, 趣味

passe-temps favori の直訳は「お気に入りの気晴らし (暇つぶし)」=「趣味」という意味合いになる.
別例 Je n'ai aucun passe-temps digne d'être mentionné. これと言って趣味はありません.

- ☐ natation **nf** 水泳
- ☐ tricot **nm** 編み物
- ☐ broderie **nf** 刺繍
- ☐ jardinage **nm** 家庭園芸, ガーデニング
- ☐ echecs **nmpl** チェス

collection
[kɔlɛksjɔ̃] **nf**

コレクション, 収集 (品)

別例 Mon père fait la collection de papillons. 父は蝶のコレクションをしている. *faire la collection de *qqch* で「〜を収集する」(=collectionner) の意味. / la salle des collections permanentes「常設展示室」

loisir
[lwazir] **nm**

(時間的な) 余裕, 暇,
(複数で) 余暇, レジャー

À quoi occupez-vous votre temps libre ? も同義になる.
別例 Je n'ai pas le loisir de faire du sport. スポーツをやる暇がありません *avoir le loisir de + inf. で「〜する暇 (時間の余裕) がある」という意味. / centre de loisirs「(公立の保育園や小学校にある有料の) 学童預かり所」

cadeau
[kado] **nm** **pl cadeaux**

贈り物, プレゼント

別例 Qu'est-ce que tu as donné à ta mère comme cadeau ? お母さんにプレゼントは何をあげたの. / Je cherche un cadeau de naissance pour le bébé de ma meilleure amie. 親友の赤ちゃんのための出産祝いを探しています.

félicitation
[felisitasjɔ̃] **nf**

(複数で用いて) 祝辞, 賛辞

別例 Toutes mes félicitations ! 本当におめでとう. / Félicitations pour vos noces d'or ! 金婚式おめでとうございます.
féliciter vt「(人を) 祝福する, (人を) ほめたたえる」

invitation
[ɛ̃vitasjɔ̃] **nf**

招待 (状)

別例 C'est avec plaisir que j'accepte votre invitation. 喜んでご招待お受けいたします./ Isabeau a refusé mon invitation à aller à l'opéra. Isabeau はオペラに行こうという私の招待を断った.

673

Je vous en prie. Je suis à votre d______.

ええどうぞ, **いつでも**かまいません.

674

Pourriez-vous remplir ce formulaire d'i______ ?

(旅行などの) **申し込み**用紙をお書きいただけますか.

675

Mémoriser une c______ est un bon moyen d'apprendre l'anglais.

歌を暗記するのは英語を学ぶうまい方法です.

676

C'est un f______ doublé en français.

これはフランス語吹き替えの**映画**です.

677

Parfois j'ai du mal à lire les sous-titres sur l'é______.

時折, **画面**上の字幕が読めないことがある.

678

Mon frère est un grand amateur du septième a______.

兄(弟)は第7**芸術**(映画)の愛好家です.

関連 芸術

- ☐ peinture **nf** 絵画
- ☐ littérature **nf** 文学
- ☐ concert **nm** コンサート

679

Cette m______ est apaisante.

この**メロディー**は心がなごみます.

disposition
[dispozisjɔ̃] **nf**

配置, 意向

à la disposition de *qqn* で「～の自由に, 意のままに」の意味で, 例文は直訳なら「いつでもあなたの意向に添わせる状態にあります」の意味. 別例 Je suis à votre disposition pour tout renseignement supplémentaire. さらに情報が必要な場合にはいつでもお申し付けください.

inscription
[ɛ̃skripsjɔ̃] **nf**

(参加などの) 申し込み, 登録, 記入

別例 fiche d'inscription à l'hôtel「ホテルの宿泊カード」/ l'inscription sur le site Internet「ウェブサイトでの登録」

chanson
[ʃɑ̃sɔ̃] **nf**

歌, シャンソン

別例 Cette chanson était à la mode dans les années 90. この歌は90年代に流行していた. / Ses chansons me rendent toujours heureux(se). 彼（彼女）の歌はいつも私を幸せにしてくれます. / Que pensez-vous de la nouvelle chanson de ce groupe d'idoles ? あのアイドルグループの新曲をどう思いますか.

film
[film] **nm**

(個々の) 映画 (作品)

別例 Quel est le meilleur film que vous ayez jamais vu ? 今まで見たなかで一番の映画は何ですか.
*なお, voir un film なら「(映画館などでの) 鑑賞の体験」にポイントがあり, regarder un film なら「(自宅でビデオなどで) 見る行為」に力点が置かれる.

écran
[ekrɑ̃] **nm**

(映画の) スクリーン, (パソコンなどの) 画面

別例 Ce smartphone a un grand écran et est facile à utiliser. このスマホは画面が大きくて使いやすい.

art
[ar] **nm**

芸術, 美術, 技術

別例 Tu sais qu'il va y avoir une exposition d'art moderne dans ce musée ? あの美術館でモダンアート展が開かれるのを知ってるかい. / les arts martiaux「格闘技（マーシャルアーツ）」
artistique adj「芸術の, 芸術的な」
例 patinage artistique「フィギュアスケート」

- ☐ architecture **nf** 建築
- ☐ sculpture **nf** 彫刻
- ☐ poetrie **nf** 陶器
- ☐ poésie **nf** 詩
- ☐ galerie **nf** 画廊
- ☐ exposition **nf** 展覧会

mélodie
[melɔdi] **nf**

メロディー, 旋律

別例 La mélodie que j'ai entendue plus tôt a eu un tel impact que je n'arrive pas à me la sortir de la tête. 先ほど耳にした旋律がとてもインパクトがあって頭から離れない.

680

J'ai téléchargé cette m_____ de film gratuitement.

私はその映画**音楽**を無料でダウンロードした.

681

Elle aime faire de la p_____ à l'huile depuis toujours.

彼女はずっと前から**油絵**を描くのが好きです.

682

En regardant ce t_____, il a voulu aller en Afrique.

あの**絵**を見て彼はアフリカに行きたくなった.

683

Voulez-vous nous prendre en p_____ ?

写真を撮っていただけますか.

684

Le c_____ de jazz commence à quelle heure ?

ジャズの**演奏会**は何時に始まりますか？

685

L'o_____ a été diffusé à la télévision avant-hier.

その**オペラ**はおとといテレビ放送された.

686

Ma fille avait cinq ans quand elle a commencé le p_____.

娘は５歳で**ピアノ**を始めた.

687

Ma sœur joue de la g_____ dans un groupe de rock.

姉（妹）はロックバンドで**ギター**を弾いている.

musique

[myzik] **nf**

音楽

別例 écouter de la musique en ligne「(ネットの) 配信音楽を聞く」/ Que pensez-vous de cette musique ? この音楽をどう思いますか.

---

peinture

[pɛ̃tyr] **nf**

(芸術としての) 絵画, 絵 = **tableau**, 絵画作品

別例 Ils ne comprennent vraiment pas la peinture moderne. 彼らは間違いなく現代絵画を理解していない.

---

tableau

[tablo] **nm pl tableaux**

(一枚の) 絵, 黒板 = **tableau noir**

例文は <donner envie de + inf.>「〜したい気を起こさせる」を用いて Ce tableau lui a donné envie d'aller en Afrique. と書き換えられる.
別例 Tu aimes bien ce tableau ? この絵は好きですか.
*総称 (ジャンル) としての「絵画, 絵」には peinture を使う.

---

photo

[fɔto] **nf**

写真　*photographieの略語.

prendre *qqn* / *qqch* en photo「〜の写真を撮る」(=photographier)
*Pouvez-vous prendre une photo pour nous ? も同義.
別例 Cette actrice est plus belle en photo qu'en personne. この女優は実物より写真の方がいい.
photographe n「カメラマン」

---

concert

[kɔ̃sɛr] **nm**

コンサート, 演奏会

別例 C'était un concert magnifique. すばらしいコンサートでした. / Seriez-vous intéressé(e) à aller au concert samedi prochain ? 興味があるなら今度の土曜日, コンサートに行きませんか.

---

opéra

[ɔpera] **nm**

オペラ, オペラ劇場

別例 L'opéra ne m'intéresse pas du tout. オペラはまったく私の関心を引かない. / L'Opéra se trouve à côté du Café de la Paix, non ? オペラ座はカフェ・ドゥ・ラ・ペのそばにありますよね.

---

piano

[pjano] **nm**

ピアノ

別例 faire du piano「ピアノをひく」(=jouer du piano)
pianiste n「ピアニスト」

---

guitare

[gitar] **nf**

ギター

jouer de la guitare で「ギターを弾く」(=faire de la guitare) の意味.
別例 chanter à la guitare「ギターに合わせて歌う」
guitariste n「ギター奏者」

688

Mon fils joue bien du v____ et il s'entraîne dur tous les jours.

息子は**バイオリン**が上手で, 毎日一生懸命練習しています.

689

Hier matin, j'ai eu un cours de l____ russe de 9h à 10h30.

昨日の朝, 9時から10時半までロシア**文学**の講義がありました.

690

Racontez-nous l'intrigue de votre r____ préféré.

あなたのお気に入りの**物語**のプロット (あらすじ) を教えてください.

691

Ce l____, qui est écrit dans un français simple, peut être lu par un enfant.

この**本**は簡単なフランス語で書かれているので子供でも読める.

692

Vous aimez les s____s d'hiver ?

ウインター**スポーツ**は好きですか.

693

Tu as vu le m____ de football entre l'Inde et l'Iran ?

インドとイランのサッカーの**試合**を見ましたか.

694

Mon fils est allé jusqu'en finale du t____ d'échecs.

息子はチェス・**トーナメント**の決勝に残った.

695

Mon mari fait de la c____ chaque matin.

夫は毎朝**ランニング**をしている.

violon
[vjɔlɔ̃] **nm**
バイオリン

別例 Véronique va probablement gagner le premier prix au concours de violon. Véronique はバイオリンのコンクールでおそらく優勝することでしょう.
violiniste n「バイオリン奏者」

---

littérature
[literatyr] **nf**
文学

別例 Depuis que je suis petit(e), j'aime beaucoup l'art et la littérature. 子供の頃から芸術と文学が大好きです.
littéraire adj「文学の, 文化系の」例 histoire littéraire「文学史」/ Mon fils est plus littéraire que scientifique. 息子は理科系よりも文化系向きです.

---

roman
[rɔmɑ̃] **nm**
(一般に) 物語,(長編) 小説

別例 J'aime beaucoup les romans policiers. 私は推理小説が大好きです.
romancier, romancière n「小説家」
例 Ce romancier a obtenu tous les prix littéraires. この小説家はあらゆる文学賞を総なめにした.

---

livre
[livr] **nm**
本, 書物, ノート,
(大部の作品の) 巻

別例 J'ai offert à ma fille un livre d'images. 私は娘に絵本をプレゼントした. / Combien de livres puis-je emprunter ici ? ここでは本を何冊借りられますか. / Quel genre de livres lis-tu habituellement ? 普段はどんな本を読んでいますか.

---

sport
[spɔr] **nm**
スポーツ, 娯楽

別例 Il fait du sport pour rester en bonne santé. 彼は健康維持のためにスポーツをやってます.
sportif, sportive adj n「スポーツの, スポーツ好きの, スポーツ選手」例 Il regarde souvent les émissions sportives à la télévision. 彼はよくテレビでスポーツ中継を見ている.

---

match
[matʃ] **nm**
(スポーツ) 試合, ゲーム

別例 Ils ont gagné le match 5 à 2. 彼らは5対2で試合に勝った.

---

tournoi
[turnwa] **nm**
トーナメント

別例 compétition en forme de tournoi「トーナメント方式の競争(レース)」

---

course
[kurs] **nf**
走ること, レース,(複数で) 買い物 = achats, commissions

faire de la course は「ランニングする, ジョギングする」の意味.
別例 S'il fait beau demain, nous sortirons faire des courses. 明日晴れなら, 買い物にでかけます. *faire des [les, ses] courses「(日用品の) 買い物をする」, faire du shopping「ショッピングをする」

696

Atteindre la demi-finale est un grand exploit pour notre é____.

準決勝進出はわが**チーム**にとって大きな成果です.

697

Quel genre d'e____ faites-vous ?

どんな**運動**をしていますか.

698

La piscine est à côté du t____ de tennis.

プールはテニス**コート**のとなりです.

699

Je fais du j____ deux ou trois fois par semaine.

週に２～３回**ジョギング**をする.

700

Mon fils a mis un dossard et a couru un m____.

息子はゼッケン（背番号）をつけて**マラソン**を走った.

701

Nous sommes allé(e)s voir un match de f____ hier soir.

私たちは昨晩**サッカー**の試合を見に行った.

702

Gilles est golfeur. Il a commencé à jouer au g____ à l'âge de 8 ans.

Gillesはゴルフ選手です. 彼は8歳のときに**ゴルフ**を始めました.

703

Mon père joue habituellement au t____ deux ou trois fois par semaine au printemps.

父はふつう, 春になると週に 2, 3 回**テニス**をします.

équipe

[ekip] **nf**

(仕事やスポーツの) チーム, 組

別例 Notre équipe de volley va jouer dimanche prochain. うちのバレーボールチームは今度の日曜に試合をします.
*「バレーボール」は **volley-ball nm** ともいう.

exercice

[εgzεrsis] **nm**

(健康保持の) 運動, トレーニング, 練習

別例 Je fais de l'exercice tous les matins pour garder la forme. 私は体型維持のために毎朝運動しています. / Ma fille fait des exercices de piano tous les jours. 娘は毎日ピアノの練習をしています.

terrain

[tε(e)rε̃] **nm**

(使用目的を持った) 土地, グラウンド

別例 un morceau de terrain「1区画の土地」/ terrain vague「空き地」*「曖昧な」を意味する vague だが, これは vide の意味で用いられた例で「(都心部の) 空き地」を指す.「使われていない土地 = 空き地」の意味なら terrain inoccupé という.

jogging

[dʒɔgiŋ] **nm**

ジョギング

faire du jogging「ジョギングをする」
別例 Votre mari continue-t-il à faire du jogging dans le parc tous les matins ? 旦那さんは毎朝ずっとジョギングを続けているのですか.

marathon

[maratɔ̃] **nm**

マラソン

別例 discussion-marathon「長時間にわたる議論」
*持久力を有する競技や交渉事にも使われる.

football

[futbol] **nm**

サッカー
*footと略す.

別例 jouer au football「サッカーをする」(=jouer au foot), faire du foot en salle [futsal]「フットサルをする」/ Nous étions fous de la coupe du monde de football. 私たちはサッカーワールドカップに熱狂していた.

golf

[gɔlf] **nm**

ゴルフ

別例 un terrain de golf「ゴルフ場」/ Il va jouer au golf, qu'il fasse beau ou qu'il pleuve. 彼は晴れていても雨でもゴルフに出かけて行く.

tennis

[tenis] **nm**

テニス

別例 jouer au tennis「テニスをする」(=faire du tennis) / J'ai un match de tennis ce dimanche. 今週の日曜日にテニスの試合がある.
*なお「(テニスの) ボール」など小さめのものは **balle nf**,「(サッカーやバスケットなどの) 大きめのボール」なら **ballon nf** と区別する.

704

L'é____ est un sport particulièrement apprécié des Françaises.

乗馬はフランス人女性に特に人気のスポーツです.

705

La n____ aide à développer les muscles.

水泳は筋肉強化の役に立つ.

706

Tu nages chaque matin à la p____ ?

毎朝, **プール**で泳ぐのですか.

707

Yvette pratique le y____ depuis dix ans.

Yvette は**ヨーガ**を10年間やっています.

708

La vie est un j____.

人生は**ゲーム**だ.

709

Il a acheté un j____ coûteux à son enfant.

彼は子どもに高価な**おもちゃ**を買ってあげた.

équitation

[ekitasjɔ̃] **nf**

乗馬, 馬術

別例 faire de l'équitation au Bois de Boulogne「ブローニュの森で乗馬をする」

natation

[natasjɔ̃] **nf**

水泳, 競泳

*「泳ぎ」は nage nf という.

別例 Ma mère prend des cours de natation pendant une heure une fois par semaine. 母は週に1回, 1時間の水泳のレッスンを受けています.

piscine

[pisin] **nf**

プール

別例 Mon mari va à la piscine trois fois par semaine. 夫は週3回プールに行きます.

yoga

[jɔga] **nm**

ヨーガ　*瞑想を意味するが, 現在ではエクササイズを含む.

別例 Il fait son yoga avant d'aller travailler tous les matins. 彼は毎朝出勤前にヨーガをやっています. / Ne prendriez-vous pas un cours d'essai de yoga ensemble ? ヨガの体験レッスンをいっしょに受けてみませんか.

jeu

[ʒø] **nm**　**pl jeux**

遊び, 競技

別例 Les enfants sont absorbés par leurs jeux. 子どもたちは遊びに夢中です. / Arrête avec les jeux vidéo ! テレビゲームはやめなさい.

jouet

[ʒwɛ] **nm**

おもちゃ

別例 coffre à jouets「おもちゃ箱」/ rayons des jouets「おもちゃ売り場」/ magazin de jouets「おもちゃ屋」

関連 おもちゃ

- ☐ poupée **nf** 人形
- ☐ marionnette **nf** 操り人形
- ☐ peluche **nf** ぬいぐるみ
- ☐ puzzle **nm** ジグソーパズル
- ☐ mots croisés **nmpl** クロスワードパズル

710

Est-ce que les Japonais ont la plus longue espérance de v______ au monde ?

日本人の**平均寿命**は世界一長いのですか.

711

N'as-tu pas peur quand tu penses à la m______ ?

死を意識すると怖くはありませんか.

712

De nombreuses personnalités sont enterrées au c______ de Montparnasse à Paris.

パリのモンパルナス**墓地**にはたくさんの人たちが埋葬されている.

713

Ce roman est basé sur les e______s de son auteure.

この小説は女流作家の**体験**に基づいている.

714

Le bruit de la rue a interrompu notre c______.

通りの騒音が私たちの**会話**をさえぎった.

715

Vous allez entendre 5 d______s correspondant à 5 situations différentes.

（問題指示文）５つの異なる状況に対応する５つの**対話**を聞きます.

716

Si on passait à un autre s______ ?

別の**話題**に移りましょうか？

vie
[vi] **nf**
人生, 生命, 暮らし, 生計

別例 Qu'est-ce que vous faites dans la vie ? 仕事は何をなさっていますか. / Le coût de la vie à Kyoto est étonnamment élevé. 京都の生活費は思いのほか高い.

---

mort
[mɔr] **nf**
死 ↔ vie

別例 être entre la vie et la mort「生と死の境をさまよう」
mourir vi「死ぬ」(↔ naître)
*公文書などでは「死亡する, 逝去する」は décéder という単語を用いる.

---

cimetière
[simtjɛr] **nm**
墓地

「墓, 墓穴」は **tombe nf**,「墓碑, 墓石」は **tombeau nm** という.
例 prier sur la tombe de *qqn*「人の墓にお参りする」

---

expérience
[ɛksperjɑ̃s] **nf**
経験, 体験, 実験

別例 Rien ne vaut l'expérience. 経験に勝るものはない. / Ils font des expériences sur les vitamines dans leur laboratoire. 彼らは研究室でビタミンの実験を行なっている.

---

conversation
[kɔ̃vɛrsasjɔ̃] **nf**
会話, おしゃべり

別例 Vous utilisez cette expression dans la conversation quotidienne ? この表現を日常会話で使いますか.

---

dialogue
[djalɔg] **nm**
対話 ↔ monologue,
(映画や劇の) せりふ

別例 Les dialogues de ce film sont très drôles. この映画のせりふはとてもおもしろい.

---

sujet
[syʒɛ] **nm**
主題, テーマ, 話題

Changeons de sujet.「話題を変えましょう」も同義.
別例 Quel est le sujet du débat ? 討論 (ディベイト) のテーマは何ですか.

717

Lisez cet a____ sur un site Internet français puis répondez aux questions.

（問題指示文）フランスのウェブサイト上のこの**記事**を読み，質問に答えなさい．

718

Vous allez entendre deux fois un d____.

（問題指示文）録音された**資料（記録）**を２回聞いてください．

719

J'ai une pile de d____s qui m'attend.

やらなきゃいけない**仕事**が山ほどある（山積みの**ファイル**がある）．

720

Pourriez-vous me remplir cette feuille pour mon a____ ?

私の**保険**用にこの書類を書いていただけますか．

721

Pour l'a____ du club, un certificat médical est indispensable.

クラブへの**入会**には診断書が必要です．

722

Est-ce que vous voulez renouveler votre a____ ?

会員証（券）を更新したいですか．

723

L'Histoire n'est pas l'étude du passé, mais de certains e____s choisis par les historiens.

歴史は過去の研究ではなく，歴史家によって選ばれた特定の**出来事**の研究です．

724

Ne fais pas de b____ !

うるさくしないで（騒がないで）．

article
[artikl] **nm**

記事, 項目

別例 Mon frère lit régulièrement des articles sur l'astronomie. 兄（弟）は天文学に関する論文を定期的に読んでいる.

document
[dɔkymɑ̃] **nm**

書類, 記録, 資料

papiers nmpl も「書類」の意味で使われる.
別例 Vous souhaitez faire 10 copies de ce document ? この書類を10部コピーしていただけますか.

dossier
[dosje] **nm**

ファイル, 書類 = **document**, フォルダー

ファイルの背（dos）に書類の中身を記したことから.
別例 un dossier médical「カルテ」
*見出し語は情報関連なら「フォルダー」の意味,「ファイル」は **fichier nm** という.

assurance
[asyrɑ̃s] **nf**

書類, 保険, 保証, 確信

別例 assurance contre le vol「盗難保険」/ assurance sur la vie「生命保険」/ répondre avec assurance「確信をもって答える」
assurer vt「保証する, 保険をかける, 主張する（=affirmer）」

adhésion
[adezjɔ̃] **nf**

加入, メンバーシップ

別例 bulletin d'adhésion「入会申込書」
adhérer vi「（à に）入会する,（政党などに）加入する」
例 J'ai adhéré à une salle de sport il y a un mois. 1ヶ月前にスポーツクラブに入会した.

abonnement
[abɔnmɑ̃] **nm**

（劇場や会の）定期会員加入, 入会金,（ガス・電気などの）加入契約, 料金

別例 prendre un abonnement à *qqch*「～を購読する」（=s'abonner à *qqch*）

événement, évènement
[evɛnmɑ̃] **nm**

出来事, 事件

別例 La Révolution française a été un événement politique considérable. フランス革命は重要な政治的事件だった.

bruit
[brɥi] **nm**

騒音,（気になる, 嫌な）物音

faire du bruit で「音を立てる、騒ぐ」の意味. **別例** On entend des bruits dans la chambre voisine. 隣の部屋で物音がします. / Ce bruit me donne mal à la tête. この音を聴いていると頭が痛くなる.

725

Tu as des e____s ?

お困りですか.

726

Ce n'est pas ma f____.

それは私の**ミス**（私のせい）じゃない.

727

Ma secrétaire fait souvent des e____s d'inattention.

私の秘書はよくうっかり**ミス**をします.

728

Il écrit un r____ sur les romans occidentaux.

彼は西洋小説に関する**レポート**を書いています.

729

Quel est votre a____ ?

あなたの**意見**はどうですか.

730

Quelle est votre o____ à ce sujet ?

この件に関してどのような**意見**を持っていますか.

731

Le premier ministre forme son g____.

首相が**政府**を樹立する.

732

Les é____s auront lieu dimanche prochain.

選挙は次の日曜日だ.

ennui
[ɑ̃nɥi] **nm**

悩み, トラブル, 退屈

別例 J'ai bien des ennuis avec ce lave-vaisselle. この食洗機はトラブル続きです. / Parce que j'ai eu des ennuis ; c'est-à-dire que mon chien est tombé malade. ちょっとトラブルがあって, というか犬が病気になったんです.

faute
[fot] **nf**

間違い, 過失 = erreur

類義の **erreur nf** が「(つい気づかずにやってしまう) うっかりミス」を指すのに対して, faute は「(そうあるべきことが) 正しくなされていない」という意味.
別例 On ira sans faute demain soir. 明晩, かならずまいります.

erreur
[ɛrœr] **nf**

(多く, 気づかずに犯す) 間違い, 誤り, 失敗

faute d'inattention nf「ケアレスミス」ともいう.
別例 Apprendre de nos erreurs est la meilleure façon d'avancer. 失敗から学ぶことが前進する最善の方法です.

rapport
[rapɔr] **nm**

報告 (書), リポート

別例 Il y a beaucoup d'erreurs dans ce rapport. このレポートにはたくさんミスがあります. / Ma fille est grande par rapport à la moyenne. うちの娘は平均よりも背が高い.
*par rapport à *qqn* / *qqch* で「〜に比べて」の意味.
rapporter vt「報告する, (元の場所に) 返す」

avis
[avis] **nm**

意見, 見解, 通知 (書)

別例 changer d'avis「意見を変える」/ À mon avis, il vaudrait mieux attendre. 私の考えでは (思うに), 待ったほうがいいでしょう.

opinion
[ɔpinjɔ̃] **nf**

意見, 見解 = avis, idée,
世論 = opinion publique

Pouvons-nous entendre votre opinion à ce sujet ? といった言い回しも類義になる.
別例 Ses opinions politiques ont changé petit à petit. 彼 (彼女) の政治的な考えは少しずつ変わった.

gouvernement
[guvɛrnəmɑ̃] **nm**

政府, 政権

別例 Il est temps d'avoir un changement de gouvernement. そろそろ政権交代があってもいい頃だ.
gouvernemental(e) adj「政府 (側) の」
gouverner vt「統治する」

élection
[elɛksjɔ̃] **nf**

選挙

électoral(e) adj「選挙の」
élire vt「選挙する, 選出する」
例 On a élu M. Escoffier président de l'assemblé à l'unanimité. 全会一致で Escoffier 氏を議長に選出した.
électeur, électrice n「有権者」

733

Avant les élections, ils s'inquiètent des résultants des s____s d'opinions.

選挙前で彼らは世論**調査**の結果が気になっている.

734

Vous avez cinq minutes ? C'est pour une e____ sur les voyages.

ちょっとお時間ありますか. 旅行に関する**アンケート**です.

735

Ma v____ tremble quand je parle en public.

私は人前で話すと**声**が震えてしまいます.

736

Le s____ est d'or.

(ことわざ) **沈黙**は金.

737

Quelle est la raison de votre a____ ?

あなたの**欠席**理由は何ですか.

738

Quelle est votre a____ de loisirs préférée ?

あなたの好きな余暇の**活動**は何ですか.

739

Avez-vous des r____s quotidiennes pour votre santé ?

健康のために何か**日課**にしていることはありますか.

740

Quelle c____ japonaise appréciez-vous ?

日本のどんな**習慣**がお気に入りですか.

sondage

[sɔ̃daʒ] **nm**

アンケート, 調査, ボーリング調査

別例 sondage d'écoute「視聴率調査」

enquête

[ɑ̃kɛt] **nf**

調査, アンケート

別例 On fait une enquête sur le niveau de vie des Chinois. 中国人の生活水準について調査する.

voix

[vwa] **nf**

声

別例 parler à haute voix [à voix haute / à voix basse]「大声[小声]で話す」/ Vous avez une belle voix. あなたは声がすてきだ.

silence

[silɑ̃s] **nm**

沈黙

La parole est d'argent.「言葉（雄弁）は銀」に続く言葉.「言わぬが花」と訳せば, Mieux vaut ne rien dire. と類義表現.
別例 Elles ont quitté la salle de classe en silence. 彼女たちは黙って教室を出ていった. *en silence「黙って」(=silencieusement) / garder [rompre] le silence「沈黙を守る[破る]」

absence

[apsɑ̃s] **nf**

欠席 ↔ **présence**, 留守, 不在

absent(e) adj「留守の, 欠席の, 不在の（↔ présent）」
例 Ma sœur est absente parce qu'elle est malade. 姉（妹）は欠席です, 病気なので.

activité

[aktivite] **nf**

活動,（ある目的のための）行動, 元気

別例 Depuis combien d'années êtes-vous impliqué(e) dans ce secteur d'activité ? この仕事（業種・事業）に携わって何年になりますか. / participer à des activités bénévoles「ボランティア活動に参加する」/ Les enfants ont beaucoup d'activités. 子供たちは元気いっぱいです.

routine

[rutin] **nf**

習慣的な行動, 型にはまった行動

別例 Je voudrais me dégager de la routine quotidienne. マンネリ化した日常から抜け出したい.

coutume

[kutym] **nf**

（社会の）習慣, しきたり
*個人的な「習慣」は habitude nf という.

別例 Le village conserve les anciennes coutumes. その村は古いしきたりを守っている.

741

D'h____, je me réveille vers 7h et je prends mon petit déjeuner à 7h20.

普段は7時に起きて, 7時20分に朝食をとります.

742

Nous arrêtons les o____s du 28 décembre au 5 janvier.

弊社は12月28日から1月5日まで**休業**いたします.

743

Quel est le b____ de votre séjour ?

（入国審査などで）滞在の**目的**は何ですか.

744

Je n'ai pas l'i____ de devenir pilote comme mon père.

父親のようにパイロットになる**つもり**はありません.

745

La bonne volonté ne suffit pas : il faut des a____ concrètes.

善意だけでは足らない, 具体的な**アクション**が必要だ.

746

Notre patron a une a____ négative à propos de ce projet.

うちの上司はこのプロジェクトには否定的な**態度**をとっています.

747

Je prévois des v____ en Afrique.

休暇はアフリカに行こうと思っています.

748

Vous avez besoin d'un long r____ après ce travail.

この仕事のあとあなたには長い**休養**が必要だ.

habitude
[abityd] **nf**
(個人の) 習慣

d'habitude「いつもは, 普段 (ふだん) は」(=habituellement)
別例 comme d'habitude「いつものように」/ avoir l'habitude de + inf.「～する習慣がある」
(s')habituer vt「(人を) 慣らす, (à に) 慣れる」

---

opération
[ɔperasjɔ̃] **nf**
作業, 活動, 軍事作戦,
手術 = **opération chirurgical**

別例 subir une opération「手術を受ける」
*être opéré(e), se faire opérer ともいう.
opérer vt「手術する」
例 Un ami a été opéré d'urgence. 友人が緊急手術を受けた.

---

but
[by(t)] **nm**
目的 (地), 目標 = **objet** ,
(サッカーなどの) ゴール

別例 marcher sans but「あてもなく歩く」/ gagner deux buts à un「2対1で勝つ」

---

intention
[ɛ̃tɑ̃sjɔ̃] **nf**
意図, 意向

avoir l'intention de + inf. で「～するつもりだ」(=compter + inf.) の意味.
別例 Quelles sont vos intentions ? あなたのご意向はいかがですか.

---

action
[aksjɔ̃] **nf**
(一連の能動的な) 活動,
アクション

類義の **acte nm** は「行為, 行ない, 行動」の意味.
例 On est jugé sur ses actes. 人は自分の行ないで判断される. / L'action a plus de poids que les mots. 言葉より実行だ (←行動は言葉より重い) .
*なお action は「(会社の) 株」の意味がある.

---

attitude
[atityd] **nf**
態度

別例 Arnaud n'est pas content de votre attitude. Arnaud はあなたの態度が気に入らない.

---

vacances
[vakɑ̃s] **nfpl**
バカンス, 休暇

別例 partir en vacances「バカンスに出かける」/ Il est en vacances à Monaco. 彼はモナコで休暇中です. / Qu'est-ce que tu feras pendant les vacances ? バカンス中は何をするつもりですか. / Vous êtes ici pour affaires ou en vacances ? お仕事, それとも遊びでいらしているのですか.

---

repos
[rəpo] **nm**
休み, 休息, 休養

別例 prendre du repos「休息をとる, 休む」
(se) reposer vp「(人が) 休息する, 休む」
例 Tu as l'air fatigué(e). Repose-toi bien ! お疲れのご様子ですね. ちゃんと休んでください.

749

Dites-moi votre façon idéale de passer une journée de c_____, s'il vous plaît.

あなたにとって理想的な**休日**の過ごし方を教えてください.

750

J'ai envie de faire la s_____...

昼寝がしたいな……

751

Mon oncle fait des v_____s d'affaires partout dans le monde.

おじは世界中至る所に仕事で**旅**をする（出張する）.

752

Bonjour, je voudrais aller à la cathédrale de Chartres. Pourriez-vous m'indiquer l'i_____ ?

こんにちは, シャルトルの大聖堂に行きたいのですが. **行き方**を教えていただけないでしょうか.

753

C'est ma deuxième v_____ en Californie.

カリフォルニアを**訪問する**のはこれで2回目です.

754

Quelle est la d_____ de cet appareil ?

この道具の**用途**は何ですか.

755

Quel est le numéro de la porte d'e_____ ?

搭乗ゲートは何番ですか.

756

Aux a_____ de Paris, la circulation est difficile selon l'heure de la journée.

パリに**アクセス**する道は, 時間帯によって交通渋滞する.

congé

[kɔ̃ʒe] **nm**

休み, 休暇, 休日

別例 En France, on a cinq semaines de congé par an. フランスでは年に5週間の休暇が取れる.

sieste

[sjɛst] **nf**

(昼食後の) 昼寝, 休息

faire la sieste で「昼寝をする」の意味. Je ferais bien une petite sieste. とか, faire un somme「ちょっと眠る, うたた寝する」を使って Je ferais bien un petit somme. といった言い回しでも同義になる.

voyage

[vwajaʒ] **nm**

旅, 旅行, (乗り物での) 行き来, 移動 = **trajet**

faire un voyage で「旅をする」, faire un voyage d'affaires なら「出張する」(=se déplacer) の意味.
別例 Bon voyage ! (旅立つ人に) よい旅を.

itinéraire

[itinerɛr] **nm**

道順, コース, (旅行の) 日程

別例 J'ai établi l'itinéraire de mon voyage en Amérique du Sud. 南アメリカ旅行の日程を立てた.

visite

[visit] **nf**

訪問, 見物

別例 Le Président va faire une visite officielle cet hiver. 大統領はこの冬に公式訪問の予定だ. / Hier, j'ai rendu visite à mon collègue. 昨日, 私は同僚を訪れた.

destination

[dɛstinasjɔ̃] **nf**

行き先, 目的地, 用途

別例 vol (avion) / train à destination de Bruxelles「ブリュッセル行きの便 (飛行機) / 列車」
*<à destination de + [場所]>「〜行きの」(↔ <en provenance de + [場所]>) は主に数字にからむ聞き取り問題で頻出.

embarquement

[ɑ̃barkəmɑ̃] **nm**

搭乗, 乗船 ↔ **débarquement**

別例 Les passagers en partance pour Milan, embarquement immédiat, porte numéro 18. (アナウンス) ミラノへご出発のお客様は18番ゲートよりただちにご搭乗ください.*聞き取り問題でゲート番号とのつながりで頻出. **embarquer vi vt**「(飛行機や船などに) 乗り込む (↔ débarquer), (乗客や荷物を) 乗せる」

accès

[aksɛ] **nm**

アクセス, (場所へ) 近づくこと, 入り口

別例 Les élèves ont accès à la bibliothèque de l'école. 生徒たちは学校の図書館を利用できます.
*avoir accès à *qqch*「(場所に) 近づける, 入れる」
accessible adj「(場所に) 近づける」 例 Cette île n'est accessible que par bateau. あの島には船でしか行けない.

757

Ma v____ n'est pas encore sortie.

スーツケースがまだ出てきません.

関連 スーツケース
- □ faire sa valise [ses valises]　旅の準備をする, 荷造りする
- □ sangle **nf**（スーツケース用の）ベルト, バンド

758

Lors de notre d____, il pleuvait beaucoup à Nantes.

私たちが**出発**したときナントは大雨だった.

759

Air-France annonce l'a____ du vol 740 en provenance de Dakar, porte numéro 20.

エールフランスからお知らせいたします, ダカール発の740便が20番ゲートに**到着**いたしました.

760

Je te propose de passer me voir dès mon r____, si tu es d'accord ?

私が**戻り**次第, 会いに来てください, よろしいですか.

761

Faisons une p____ dans le parc !

公園を**散歩**しようよ.

762

Un youtubeur courait dans la direction opposée sur un t____ roulant.

ユーチューバーが歩く**歩道**を逆走していた.

valise

[valiz] **nf**

スーツケース

別例 Votre valise était trop lourde à porter. あなたのスーツケースは重すぎて持てません. / Gardez un œil sur votre valise. スーツケースから目を離さないで. / faire sa valise「旅の支度（したく）をする」

☐ reçu de bagage **nm** 手荷物引換証
☐ tapis roulant (de l'aéroport) **nf**（空港の）手荷物用のレーン, コンベア

départ

[depar] **nm**

出発 ↔ **arrivée**

動詞 **partir**「出発する」から派生した単語. **départir**「分かち与える」からではない.
別例 Laissez-moi devant les Départs.（タクシーで）出発ロビー階で降ろしてください.

arrivée

[arive] **nf**

到着（時刻）↔ **départ**, 到来

別例 Veuillez m'informer de l'heure d'arrivée au terminus. 終着駅への到着時間を教えてください. / ligne d'arrivée「ゴール（ライン）」/ arrivée de l'hiver「冬の訪れ」

retour

[rətur] **nm**

帰り, 戻ること

別例 un aller-retour「往復切符」(=un aller et retour) / Mon mari sera de retour dans trois jours. 夫は3日後には家に戻っています.
retourner vi「（今, 話し手も対話者もいない場所へ）帰る, 戻る」

promenade

[prɔmnad] **nf**

散歩, 散歩道

faire une promenade「散歩する」(=se promener)
別例 Si on allait faire une petite promenade ?
「ちょっと散歩しようか」＊<Si + S + V [直説法半過去] ?>で「誘い」の意味合い.

trottoir

[trɔtwar] **nm**

歩道 ↔ **chaussée**

「横断歩道」は **passage piéton[clouté] nm** という. あわせて「（アスファルト）舗装道路」は **route goudronnée nf** と呼ばれ,「（主に石畳の）舗道」は **route pavée nf** という.

763

Comme j'avais oublié de prendre ma carte de crédit, j'ai dû chercher une banque pour retirer de l'a____.

クレジットカードを持ってくるのを忘れたので, 銀行を探して**お金**を引き出す羽目になった.

764

Le s____ est versé le vingt.

給料は20日払いです.

765

Vous pouvez me faire de la m____ ?

くずしていただけますか.

766

Hier, j'ai signé un b____ avec un agent immobilier.

昨日, 不動産屋と**賃貸借契約**を結んだ.

767

Ça vous fait 150 euros au t____.

全部で150ユーロになります.

768

Le y____ est l'une des principales devises du monde.

円は世界の主要な外国通貨のひとつです.

769

Moi, je prends le menu à 30 e____s.

私は30**ユーロ**のコースにします.

770

- Excusez-moi, quel est le taux de c____ d'aujourd'hui ?
- C'est 140 yens pour un euro.

ーすみません, 今日の**為替**相場はいくらですか. ー1ユーロ140円です.

argent

[arʒɑ̃] **nm**

お金, 銀

別例 L'argent ne pousse pas sur les arbres. 金のなる木などない. / L'argent ne fait pas le bonheur, mais il y contribue. お金は幸せを生むものではないが, 幸せの役にはたつ. / une médaille d'argent「銀メダル」

salaire

[salɛr] **nm**

給与 = **paye, paie**, 賃金

On est payés le vingt. も同義になる. 別例 Quel salaire attendez-vous pour ce travail ? この仕事に対してどれぐらいの給料が欲しいですか. / On espère une augmentation de salaire. 昇給を期待しています. ＊類義の **paye, paie nf** が「金が支払われる (=payer) こと」に力点があるのに対して, salaire は「労働の対価としての給与」という点で若干イメージに差がある.

salarié(e) n「サラリーマン」

monnaie

[mɔnɛ] **nf**

貨幣, 通貨, 小銭, 釣り銭

別例 Gardez la monnaie. おつりは結構です. (=Gardez tout.) / Autrefois, la monnaie françaises était le franc. かつてフランスの通貨はフランでした.

bail

[baj] **nm** **pl baux** [bo]

賃貸借 (契約)

「2年契約で家を借りる」は prendre une maison à bail de deux ans としても同義になる.

total

[tɔtal] **nm**

合計, 総計

au total で「合計で, 総計で」の意味.

total(e) adj「全体の, まったくの」

totalment adv「まったく, 完全に」

yen

[jɛn] **nm**

(日本の貨幣単位) 円

「円高」は le yen fort (←強い円), 「円安」は le yen faible (←弱い円) という言い方をする.

euro

[øro] **nm**

(欧州統一通貨) ユーロ

別例 On peut payer en euro ? ユーロで支払えますか.

change

[ʃɑ̃ʒ] **nm**

為替, 両替,
両替所 = **bureau de change**

別例 **lettre de change nf**「為替手形」/ Où est le bureau de change ? 両替所はどこですか.

771

L'é____e de l'île est entièrement dépendante du tourisme.

その島の**経済**は全面的に観光業に依存している.

772

Le c____ électronique s'est développé rapidement au cours des dernières années.

E-コマース（電子商取引）が近年急速に成長している.

773

La parole est d'argent, le silence est d'o____.

（ことわざ）雄弁は銀, 沈黙は**金**.

774

Combien coûte un sac p____ ?

ビニール袋は１枚いくらですか.

775

Si les p____ du pétrole augmentent, la croissance économique ralentira.

石油**価格**が上昇すると, 経済成長は鈍化する.

776

Est-ce que vous avez un t____ réduit pour les étudiants ?

学割（学生用の割引き**料金**）はありますか.

777

En français, TVA signifie t____ sur la valeur ajoutée.

フランス語でTVAは付加価値**税**の意味です.

778

L'expert-comptable a négligé de payer ses i____s l'année dernière.

あの公認会計士は去年**税金**を滞納した.

économie

[ekɔnɔmi] **nf**

経済（学）, 倹約, 節約, 景気

別例 L'économie a atteint son point le plus bas. 景気が底入れした. **économique adj**「経済（学）の, 経済的な」
例 Changer de travail dans cette mauvaise situation économique, ce n'est pas prudent. こんなに経済状況が悪いのに転職するのは慎重さを欠いている.

commerce

[kɔmɛrs] **nm**

商業, 貿易

commercial, commerciale mpl commerciaux adj「商業の, 営業の, 貿易の」例 centre commercial「ショッピングセンター」
commerçant(e) n「商人」
*ただし, 補語をともうケースなら主に **marchand(e) n** が使われる（例 marchand d'armes「武器商人」）.

or

[ɔr] **nm**

（金属）金

「（金に次いで）貴重なもの」,「（金のように）貴重なもの」として「銀と金」を並べた言い回し. 同様の比喩的表現で l'âge d'or は「黄金時代, 幸福な時代」の意味.

plastique

[plastik] **adj**

プラスチックの

plastique nm「プラスチック」は会話で「ビニール袋, ポリ袋」の意味でも使う, また「ペットボトル」は une bouteille en plastique という.

prix

[pri] **nm & pl**

値段, 価格, 物価, 賞

別例 Cette année, la hausse des prix a été de cinq pour cent. 今年, 物価上昇は5%だった. / J'ai hâte de voir mon écrivain préféré remporter le prix Nobel. お気に入りの作家がノーベル賞を取るのを目にすることを心待ちにしています.

tarif

[tarif] **nm**

料金, 定価

「通常料金, 普通料金」plein tarif に対して, tarif réduit は「割引料金」をいう.
別例 Tout est compris dans le tarif ? その料金は全部込みですか.

taxe

[taks] **nf**

税金

企業が払う税金, la taxe sur la valeur ajoutée の略.
別例 Ce prix est hors taxes. この価格は税抜きです.
*フランス語（書き言葉）では H.T. と略される.
taxer vt「課税する」例 Le gouvernement a décidé de plus taxer les cigarettes. 政府はさらにタバコに課税すると決めた.

impôt

[ɛ̃po] **nm**

（個人や団体の収入・財産への）税金,（総称として）税
= contribution

別例 Nous avons toujours payé nos impôts. これまでずっと税金を払ってきました. / impôts sur le revenu「所得税」
*サービスへの見返りとして徴収される「税」, 物品にかかる「（間接）税」には **la taxe** が使われる. **le droit** は特定行為への許可に要する税, たとえば「関税, 印紙税」などを指す.

779

Il faut compter combien pour les f____ d'expédition ?

送料はいくらぐらいかかりますか.

780

Le l____ est gratuite.

配送は無料です.

781

- Je peux voyager en première ?
- Oui, c'est possible, avec s____.

-ファーストクラスで旅行できますか. -はい, できますが, **追加料金**がかかります.

782

Envoyez-moi la f____, s'il vous plaît.

請求書を送ってください.

783

La commission est prélevée automatiquement sur votre c____.

手数料はあなたの**口座**から自動的に引き落とされます.

784

On doit vérifier un c____.

計算が合っているか確認しなくてはならない.

785

Je voudrais un r____, s'il vous plaît.

領収証をお願いします.

786

Excusez-moi, pouvez-vous garder mes objets de v____ ?

(フロントで) すみません, **貴重品**を預かってもらえますか.

frais
[frɛ] **nmpl**
(複数で) 費用, 経費, 支出

別例 frais de scolarité「学費（授業料）」/ frais de personnel「人件費」

livraison
[livrɛzɔ̃] **nf**
(商品などの) 配達,(配達された) 商品

「配送料」は le frais de livraison ともいう. 別例 livraison à domicile「宅配（便）」/ centre de livraison「配送センター」
livrer vt「配達する, 届ける」 例 Vous serez livré dans trois jours. 3日以内にお届けいたします.
livreur, livreuse n「(商品の) 配達人」

supplément
[syplemɑ̃] **nm**
補足, 追加 (料金)

女性名詞 première は「(乗り物の) 1等」を指す.
supplémentaire adj「補足の, 追加の」
例 Ma femme fait des heures supplémentaires aujourd'hui. 今日, 妻は残業です.

facture
[faktyr] **nf**
請求書

別例 Il a enfin réglé sa facture d'électricité. 彼はやっと電気代を支払った.

compte
[kɔ̃t] **nm**
計算,(賃借の) 勘定,(銀行などの) 口座

別例 à son compte は「自分の責任で」の意味. travailler à son compte で「独立して働いている」の意味になる. / tenir compte de *qqch*「～を考慮に入れる」/ rendre compte à *qqn* de *qqch*「人に～を説明する」

calcul
[kalkyl] **nm**
計算, 数え方

この例を名詞化して「計算のチェック（確認）」なら la vérification d'un calcul となる. 動詞「計算する」は calculer という.
calculatrice nf「計算機」

reçu
[rəsy] **nm**
領収証, 受取証

ホテルの「勘定書」なら **note nf** を使い, レストランやカフェの「伝票」なら **addition nf** という.

valeur
[valœr] **nf**
(物や人の) 価値 (観),
重要性

「貴重品」は objet précieux ともいう.
別例 Je reconnais la valeur de mon secrétaire. 秘書の能力を認めています.
valable adj「価値がある, 根拠がある」 **valoriser vt**「(価値や評価を) 高める」 **valorisant(e) adj**「価値を高める, 評価を上げる」

787

Un b_____ de TGV pour Genève, s'il vous plaît.

ジュネーヴ行きのTGVの**切符**を１枚ください.

788

Tu ne trouves plus ton t_____ ?

切符が見つからないの.

789

Vous avez un p_____ du métro ?

地下鉄の**地図**はありますか.

790

Pourriez-vous me dire comment remplir cette c_____ de débarquement ?

この入国**カード**の記入方法を教えていただけますか.

関連 **出入国カード** la carte d'entrée et de sortie du territoire

- ☐ nom / prénom　姓 / 名
- ☐ sexe　性別
- ☐ nationalité　国籍（＊女性形で答える）
- ☐ date de naissance　生年月日
- ☐ adresse de résidence　住所
- ☐ numéro de passeport　パスポート番号

791

Vous pourriez me dire comment remplir cette f_____ de demande de logement ?

（寮やホームステイなどの）住まいの申込**用紙**の書き方を教えてください.

792

Ce f_____ joint est important.

この添付**ファイル**は重要だ.

billet

[bijɛ] **nm**

(電車・飛行機などの大型の)切符, 紙幣

別例 un billet d'avion aller-retour à prix réduit「割引往復航空チケット」/ un billet de 100 euros「100ユーロ札」
*2022年秋まで「(1綴の) 回数券」**carnet (de tickets) nm** があったが, 現在は販売されていない.

ticket

[tikɛ] **nm**

(地下鉄やバスなどの小型の)切符, 券, チケット

別例 un ticket d'autobus [de métro]「バス[地下鉄]のチケット」/ un ticket de caisse「レシート」

plan

[plɑ̃] **nm**

(町などの) 地図, 市街図, 計画, プラン

「地図」は通例, une carte というが, 市街地図や地下鉄の路線図などには un plan を用いる.
別例 Quels sont vos plans pour le futur ? あなたの将来の計画はどのようなものですか.

carte

[kart] **nf**

カード, 身分証, 地図, メニュー

別例 payer avec la carte「カードで払う」/ la carte d'étudiant「学生証」/ la carte nationale identité「(フランス国民が持っている) IDカード (CNI)」/ la carte bancaire「(銀行の) カード」/ J'ai souvent du mal à lire les cartes. 私は地図を読むのに苦労することが多い. / carte de fidélité「(店の) お得意様カード」/ carte postale「絵葉書」

- ☐ numéro de vol　航空便名
- ☐ lieu de débarquement　搭乗地
- ☐ lieu d'embarquement　降機地
- ☐ adresse de résidence (dans le pays)　(滞在国の) 住所
- ☐ durée de séjour　滞在予定日数
- ☐ but de la visite　滞在目的
- ☐ nombre de membres de la famille vous accompagnant　同行する家族

fiche

[fiʃ] **nf**

(分類・整理用の) カード

別例 la fiche médical「カルテ」(=dossier médical) / la fiche d'inscription「(宿泊カードなどの) 登録用紙」

fichier

[fiʃje] **nm**

(パソコンの) ファイル, 資料カード

「添付ファイル」は un fichier attaché ともいう.

793

Je n'ai pas le d____ de garder un animal de compagnie dans mon immeuble.

うちのマンション（建物）ではペットを飼うことはできません（**権利**はない）.

794

Nul n'est censé ignorer la l____.

誰もが**法**を知っていることが前提だ.

795

Il n'y a pas de r____ sans exception.

例外のない**規則**はない.

796

Tu aimes obéir aux o____s ?

命令に従うのがお好きなのですか.

797

Elle est en p____ avec les voisins.

彼女は近隣住民と**係争**中だ.

798

À cause d'une g____ de la RATP, le service dans Paris est perturbé ce matin.

RATP（パリ市交通公団）の**ストライキ**により, 今朝パリでの列車の運行が混乱しています.

799

C'est le d____ de ceux qui sont nés forts d'aider les faibles.

弱き人を助けることは強く生まれた者の**責務**です.

droit

[drwa] **nm**

権利 ↔ **devoir**, 法律, (複数で) 税

avoir le droit de + inf.「～する権利はある (許されている)」という意味.

別例 Chaque personne a droit à vingt kilogrammes de bagages en franchise. 各人, 重量制限20キロまで持ち込みが許されています. / Elle est en fac de droit à Lille. 彼女はリールの法学部の学生です.

loi

[lwa] **nf**

法律, 法則

例文は「誰であれ法律を知らないとはみなされない」が直訳.

別例 violer une loi「法律に違反する」/ la loi de l'offre et de la demande「需要と供給の法則」

règle

[rɛgl] **nf**

(個々の) 規則, 定規, (複数で) 月経

別例 Ses papiers d'identité ne sont pas en règle. 彼 (彼女) の身分証は正規のものではない. / tracer une ligne avec une règle「定規を使って線を引く」/ avoir ses règles「生理中です」

règlement nm「(集合的な) 規約, 規定」

réglementer vt「規制する, 統制する」

ordre

[ɔrdr] **nm**

順番, 命令, 秩序, 指示

別例 par ordre alphabétique「アルファベット順に」/ Sa chambre est toujours en ordre. 彼 (彼女) の部屋はいつも整頓されている.

ordonner vt「命じる, 指図する, 秩序立てる」**例** Elle nous a ordonné de nous taire. 彼女は私たちに静かにするよう命じた.

*ordonner には「(医者が) 処方する」の意味もあり, そこから **ordonnance nm**「処方箋」という名詞が派生.

procès

[prɔsɛ] **nm**

訴訟

別例 faire un procès à qqn「人を訴える」

procédure nf「手続き, 訴訟手続き」

procéder vi「(手順を踏んで) 行なう」

例 Si vous voulez avancer régulièrement dans ce travail, il faut procéder par étape. この作業を着実に進めたいなら, 順序立てて行なう必要があります.

grève

[grɛv] **nf**

ストライキ

別例 Les profs sont en grève 教員たちがストライキ中である. / Il y a une grève dans les transports publics. 公共交通機関がストをやっている.

gréviste n「ストライキ参加者」

devoir [1]

[dəvwar] **nm**

宿題, 義務

別例 Fais tes devoirs maintenant. さあ, 宿題をすませてしまいなさい.

800

Ce centre est ouvert au b____ des handicapés.

この施設（センター）は障害のある人たちの**ためのもの**です.

801

Pourriez-vous faire ce t____ pour moi ?

代わりにこの**仕事**をやってくれませんか.

802

J'ai un petit b____. Je suis livreur de pizzas.

バイトをしてます. ピザを配達してます.

803

Mon mari est en voyage d'a____.

夫は**出張**中です.

804

J'ai un grand i____ pour la politique.

私は政治に大いに**関心**があります.

805

Nous n'avons plus cet article en s____.

もうこの商品は**在庫**がありません.

806

Dites-moi trois c____s que vous voulez maintenant, s'il vous plaît.

あなたが今欲しい**もの**を3つ教えてください.

bénéfice

[benefis] **nm**

(売買などによる) 利益, 恩典, 特権

別例 Nous lui avons accordé le bénéfice du doute. 我々は疑わしきは罰せずの原則 (証拠不十分) を彼 (彼女) に認めた.
bénéficier vi 「(de の) 恩恵に浴する, (à に) 利益をもたらす」
例 Les deux pays bénéficieront de ce nouvel accord. 両国はこの新しい合意で恩恵を受けるだろう.
bénéfique adj 「好都合な, 有益な」

travail

[travaij] **nf pl travaux** [-vo]

仕事, 勉強,(複数で) 工事

別例 Cet été, Thomas va venir à Dhaka pour son travail. 今年の夏, Thomas は仕事でダッカにやってきます. / Dans ce quartier, les travaux de construction sont toujours en cours. この地区ではずっと建設工事が続いている. / travail invisible 「目に見えない (姿の見えない) 仕事」
*主に女性が担っている公的に認められていない無給の仕事を指す.

boulot

[bulo] **nm**

(口語で) 仕事, 勉強 = travail

J'ai un job. でも「バイトをしている」の意味になる.
別例 Il a acheté une veste pour le boulot. 彼は仕事用にジャケットを買いました.

affaires

[afɛr] **nfpl**

(複数で) (人がなすべき) 用事, ビジネス, 身の回りの品

faire un voyage d'affaires なら「出張する」(=se déplacer) の意味.
別例 Comment vont vos affaires ? (仕事や活動などの) 調子はどうですか. / Ce sont mes affaires personnelles. これは私の持ち物です. *見出し語は語源をさかのぼれば à faire「なすべきこと」から派生している.

intérêt

[ɛ̃terɛ] **nm**

興味, 関心, 面白さ, 利息, メリット

別例 J'ai lu ce livre avec intérêt. 私はこの本を興味深く読んだ. / un taux d'intérêt annuel de 2 %「年利2パーセント」

stock

[stɔk] **nm**

(商品の) 在庫, ストック

「在庫がある」は en stock, 「在庫のない」は en rupture de stock という.
別例 Le magasin garde un stock important de chaussures. その店は靴をたくさん取り揃えている.

chose

[ʃoz] **nf**

(具体的な) 物, (抽象的な) こと, 事態

別例 J'ai beaucoup de choses à te dire. あなたに言いたいことがたくさんあります. / Voulez-vous boire quelque chose ? 何か飲みますか. *quelque chose で「何か (あるもの, こと)」の意味.

807

Quel est l'o____ de cette réunion ?

この会議の**目的**は何ですか.

808

Je ne peux pas encore accepter le f____ que mon chien soit mort.

飼っていた犬が死んだという**事実**を私はまだ受け入れられません.

809

Pouvez-vous me donner un e____ concret ?

具体例を示してくれませんか.

810

Avez-vous des p____s pour ce week-end ?

今週末, 何か**ご予定**はありますか.

811

Vous avez des q____s concernant l'entretien ?

面接に関して**質問**がありますか.

812

Il est difficile d'imaginer les p____s que l'intelligence artificielle va créer à l'avenir.

人工知能が将来どのような**問題**を引き起こすかを想像するのは困難です.

813

C'est mon a____.

それは私の**問題**です.

814

La s____ au problème s'est avérée plus difficile que nous l'avions supposé.

その問題の**解決**は予想以上に難しかった.

objet

[ɔbʒɛ] **nm**

物, 品物, 目的 = **but**

別例 Ce sont des objets de valeur. それは貴重品です. (=des objets précieux)

fait

[fɛ] **nm**

事実, 出来事 = **événement**

別例 tout à fait「まったく, すっかり」, en fait「(ところが) 実際には, 実は」, au fait「(別の話題に転じる) ところで」(=à propos) / Le fait est que vous êtes en retard pour la troisième fois cette semaine. あなたが今週3回遅刻しているのは確かです.

exemple

[ɛgzɑ̃pl] **nm**

例, 手本

別例 Votre diligence est un bon exemple pour nous tous. あなたの勤勉さは私たち皆のよい手本です. / Vous ne pouvez pas laisser votre perroquet chez quelqu'un, par exemple ? たとえば, どなたかの家にお宅のオウムを預けることはできませんか. *par exemple は「たとえば」と具体例を示す際に.

projet

[prɔʒɛ] **nm**

(比較的長期の) 計画, 企画

別例 Patrick est contre notre projet. Patrick は私たちの計画に反対している. / Qules sont vos projets pour cette année ? あなたの今年の計画はどんなものですか.

question

[kɛstjɔ̃] **nf**

質問 = **interrogation** ,
問題 = **problème**

別例 Utilisez Internet et répondez aux questions ci-dessous. インターネットを使って, 下記の質問に答えなさい.
questionner vt「(人に) 質問する」
例 questionner un candidat「受験者に面接試験をする」
questionnaire nm「アンケート, (アンケートの) 質問事項」

problème

[prɔblɛm] **nm**

(急いで解決が求められる) 問題, 課題

別例 Il n'y a pas de problème. 問題ありません (大丈夫です).
*何かを頼まれて承諾の返事「いいですよ, 問題ありません 」「OKですよ」の意味で例文や Pas de problème. が使われる.

affaire

[afɛr] **nf**

(何かに関わる) 問題, 事例

別例 C'est une affaire d'habitude. それは慣れの問題です.
*本書では複数形の affaires は別見出しとしている.

solution

[sɔlysjɔ̃] **nf**

(設問への) 解答, 解決, 溶解, 溶液

別例 La seule solution, c'est de divorcer. 離婚しかないよ.
*「唯一の解決策は離婚することだ」というのが直訳.

815

Je n'ai aucun d_____ sur ses capacités.

私は彼（彼女）の能力に全幅の信頼を寄せている.

816

Je voudrais enseigner l'anglais avec une nouvelle m_____ .

新しい**方法**で英語を教えたい.

817

Ma femme a perdu le c_____ de sa voiture sur la route verglacée.

妻は凍結した道路で車の**制御**ができなかった.

818

Que pensez-vous de la s_____ actuelle de l'enseignement de l'anglais en Afrique ?

アフリカの英語教育の現在の**状況**についてどう思いますか.

819

Ma sœur cherche un travail qui offre de meilleures c_____s.

姉（妹）はもっと**条件**のよい仕事を探しています.

820

Ce livre vous donnera une bonne i_____ de la grammaire allemande.

この本を読めば独文法の**考え**がよくわかりますよ.

821

J'ai l'i_____ que c'est le printemps aujourd'hui.

今日はまるで春の**ようです**（春のような**印象をもつ**）.

822

La population de ce pays a t_____ à s'accroître.

この国の人口は増加**傾向**にある.

doute

[dut] **nm**

疑い, 疑念

別例 Il neigera sans doute demain matin. おそらく明朝は雪でしょう. *sans doute で「おそらく, たぶん」の意味. Il neigera probablement demain matin. とか Il est probable qu'il neigera demain matin. などと書き換えられる. なお, sans aucun doute は「疑いなく, 確かに」の意味.

méthode

[metɔd] **nf**

方法, 方式, 筋道

別例 agir sans méthode précise「明確な方針もなく行動する」/ avec méthode「系統的に, 一定のやり方で」
methodique adj「系統的な」

contrôle

[kɔ̃trol] **nm**

(ある目的を達成するために行使する) 支配, 統制, (機械の) 制御

別例 Ce professeur n'a aucun contrôle sur les étudiants. あの教師は学生を統率する力がない.

situation

[sitɥasjɔ̃] **nf**

位置, 状況, 情勢, 立場

別例 Si elle refuse d'être présidente, cela créera une situation difficile. もし彼女が学長就任を固辞したら困難な状況が生まれるでしょう.

condition

[kɔ̃disjɔ̃] **nf**

(多くは複数で) 状況, 諸条件, 状況 = situation

à ces conditions なら「その条件で (は)」, sous condition なら「いくつかの条件つきで」(=conditionnellement), sans condition なら「無条件で」の意味になる.

idée

[ide] **nf**

考え = pensée , アイデア, 意見 = opinion

別例 C'est une bonne idée ! いい考えだ.
*Il m'est venu une idée.「私にある考えが浮んだ」も基本の言い回し. / D'où vient cette idée ? その考えはどこから生まれるの (なぜそんな考えになるわけ). / L'idée que je ne te verrai plus me rend triste. もう君に会えないと思うと悲しくなります.

impression

[ɛ̃presjɔ̃] **nf**

印象, 感じ

<avoir l'impression de + inf. / que + [直説法]> で「～のような気がする, ～という印象をもつ」という意味.
別例 La première impression est très importante. 第一印象はとても重要です. / Quelle est votre impression du Portugal ? ポルトガルの印象はどうですか.

tendance

[tɑ̃dɑ̃s] **nf**

傾向, 動向

別例 Cette année, les couleurs vives sont tendance. 今年の傾向は鮮やかな色です.

823

J'ai eu la c_____ de travailler avec lui.

運よく彼と仕事をする**機会**がありました.

824

Ici à Londres, je n'ai pas l'o_____ de parler français.

ここロンドンでは, フランス語を話す**機会**がありません.

825

En Chine, j'ai eu la p_____ de découvrir une nouvelle culture.

中国で新しい文化に出会う**機会**がありました.

826

J'ai pris trois livres au h_____.

私は**無作為**に３冊の本を選んだ.

827

Quelle c_____ de te rencontrer ici !

こんなところであなたと会うなんて, なんて**偶然**なんだ.

828

Prends ton parapluie avec toi au c_____ où il pleuvrait.

雨が降ると**いけないから**傘をもって行って.

829

On dit que les trèfles à quatre feuilles portent b_____.

四葉のクローバーは**幸運**をもたらすと言われる.

関連 副詞句から副詞 -ment の例

- ☐ par bonheur → heureusement　幸運にも
- ☐ avec ardeur → ardemment　熱心に
- ☐ avec soin → soigneusement　慎重に

chance

[ʃɑ̃s] **nf**

（多くは複数で）可能性, チャンス,（偶然めぐってきた）幸運 ↔ malchance

avoir la chance de + inf.「～する幸運に恵まれる, 運よく～する」の意味. 反意の「不運にも～する」は avoir la malchance de + inf. となる. 別例 Quelle chance ! なんて運がいいんだろう. / Selon l'horoscope, vous aurez de la chance demain. 星占いによると, あなたは明日ラッキーですよ.

occasion

[ɔkazjɔ̃] **nf**

機会, チャンス = chance

別例 Il y aura d'autres occasions. またチャンスはあるよ. / si l'occasion se présente「もし機会があれば」 *「[行動などが] 時宜にかなった」というニュアンスで **opportunité nf** も使われるが, これを「好機」の意味で使うのは英語からの影響とされる.

possibilité

[pɔsibilite] **nf**

可能性, 可能なこと, 機会

別例 Vous avez le choix entre plusieurs possibilités. あなたはいくつかの可能性の中から選択できます.

† hasard

['azar] **nm**

偶然（の出来事）= occasion

au hasard「でたらめに, あてもなく」の意味.
別例 Avez-vous un chargeur pour iPhone par hasard ? iPhone の充電器を持ってるなんてことはないですか.
*par hasard「たまたま, 偶然に」

coïncidence

[kɔɛ̃sidɑ̃s] **nf**

偶然の一致

別例 Ce n'est pas une coïncidence. これは偶然の一致なんかじゃない.

cas

[ka] **nm & pl**

場合, ケース, 事由

別例 C'est différent dans mon cas. 私の場合は（事情が）違います. / en ce cas「その場合は, そういうことなら」/ en tout cas「とにかく, いずれにせよ」(=de toute façon)

bonheur

[bɔnœr] **nm**

幸福 ↔ malheur,
幸運 = chance ↔ malchance

別例 Je vous souhaite beaucoup de bonheur. お幸せに（ご多幸をお祈りいたします）. / Peut-on faire du bonheur le but de la vie ? 幸福を人生の目的とすることができるか. *この文はバカロレア（哲学）の試験問題.

- □ à la fin → finalement　ついに
- □ à la légère → légèrement　軽く
- □ en réalité → réellement　現実に
- □ en vain → vainement　無駄に
- □ sans cesse → continuellement　絶えず

830

Elle est sûre de votre s____.

彼女はあなたの**成功**を確信しています.

831

Grâce au d____ des services de réunion en ligne, beaucoup de gens commencent à travailler à domicile.

オンライン会議サービスが**広がった**おかげで, たくさんの人が在宅勤務を始めています.

832

Il est assez difficile de distinguer le v____ du faux.

真偽を区別するのはかなり難しい.

833

Pour dire la v____, je n'aime pas ce professeur.

実を言うと, あの先生が好きではない.

834

La r____ dépasse la fiction.

事実は小説より奇なり.

835

Mon r____, c'est d'acheter une Ferrari rouge.

私の**夢**は赤いフェラーリを買うことです.

836

Le s____ est compris ?

サービス料は込みですか.

837

André et moi avons reçu un a____ chaleureux.

Andréと私は暖かい**もてなし**を受けた.

succès

[syksɛ] **nm**

成功 ↔ **échec**,
好結果 ↔ **déboires**

別例 Je vous souhaite du succès. あなたの成功をお祈りします. / Quelle est votre idée du succès ? あなたにとって成功とはどんなものですか.

développement

[devlɔpmɑ̃] **nm**

発展, 発達

別例 un pays en voie de développement「発展[開発]途上国」

vrai

[vrɛ] **nm**

真実, 事実

例 À vrai dire, la musique classique m'ennuie à mourir.
本当のことを言えば（実を言うと），クラシック音楽は私には死ぬほど退屈です.
vrai(e) adj「本当の, 正しい（↔faux），本物の（=authentique）」
vraiment adv「本当に, まったく」

vérité

[verite] **nf**

真実, 真理

別例 À la vérité, ma femme n'en sait rien du tout. 実のところ, 妻はまったく何も知りません.
véritable adj「本当の, 真の」
例 Cette ceinture est en cuir véritable. このベルトは本革です.
véritablement adv「本当に, 実に」

réalité

[realite] **nf**

現実, 現実性

別例 Regardez la réalité en face ! 現実を直視しなさい. / Elle est toujours gaie, mais en réalité elle est pessimiste. 彼女はいつも陽気だが, 実際は悲観的な人物だ.
réaliser vt「実行する, 実現させる」

rêve

[rɛv] **nm**

（睡眠中の）夢,
（心に描く）夢

別例 J'ai fait un mauvais rêve cette nuit. 昨夜（ゆうべ）悪夢を見た.
*「悪夢（怖い夢）を見る」faire un cauchemar という言い回しも使う.

service

[sɛrvis] **nm**

手助け,（人の役に立つ）サービス,（会社などの）部局,（企業などでの）勤務

Le service est inclus ? ともいう.
別例 Est-ce que vous pouvez me rendre un petit service ? ちょっとお願いしたいことがあるのですが. / Vous avez utilisé un service payant ? 有料サービスをご利用なさいましたか. / Il a 30 ans de service. 彼は勤続30年です.

accueil

[akœj] **nm**

もてなし, 受け入れ,（官庁や企業の）受付 = **bureau d'accueil**

André et moi avons été accueillis chaleureusement. と動詞 **accueillir** を用いて書き換えられる.
別例 Venez à l'accueil avec une photo et une pièce d'identité. 顔写真と身分証明書を持って受付にお越しください. / J'ai mis à jour la page d'accueil hier. 昨日ホームページを更新しました.

838

B____ au Danemark !

(歓迎して) **ようこそ**デンマークに.

839

Je dois sortir les p____s.

ごみを出さなくちゃ .

840

Les entreprises ne semblent pas intéressées par la réduction des d____s.

企業は**ごみ**の量を減らすことに関心がないようだ.

841

Les é____s et le shogi japonais sont similaires.

チェスと日本の将棋は似ています.

842

Mon père va à la p____ le week-end.

父は週末には**釣り**に出かける.

843

Voudriez-vous aller faire un p____ avec nous ?

いっしょに**ピクニック**に行きませんか.

844

Le j____ le weekend est mon activité préférée.

週末の**庭いじり**が私の楽しみです.

bienvenue

[bjɛ̃vny] **nf**

歓迎, 歓待

自宅に来てくれた相手なら, Bienvenue à la maison !「よく来てくれました!」といった言い方をする.

bienvenu, bienvenue n「歓迎される人」

例 Tes amis seront toujours les bienvenus chez nous. 君の友人なら我が家でいつでも大歓迎です.

poubelle

[pubɛl] **nf**

ごみ箱, 屑入れ

パリの「ごみ箱」考案者 Eugène Poubelle の名から. フランスでは車輪のついた「(全体が緑で蓋が緑・黄・白の) ごみ箱」にごみを分類して外に出す.

別例 Jette-moi ça à la poubelle. これをごみ箱に捨てて.

déchet

[deʃɛ] **nm**

(主に複数で) ごみ, くず, 廃棄物

別例 « Déposez les déchets dans la poubelle » (掲示) ごみはゴミ箱へ. *類語「ゴミ箱」la boîte à ordures は現在はあまり使われない. / des déchets radioactifs「放射性廃棄物」/ le recyclage des déchets「ごみのリサイクル」

関連 ごみ

□ ordure **nf**「(やや大きめの) ごみ, 家庭ゴミ, 汚物」
*les ordures ménagères「家庭ごみ」/ une benne à ordure「ごみ収集車」

échec

[eʃɛk] **nm**

(複数で) チェス, 失敗 ↔ **réussite, succès**

échecs / chess はペルシャ語の「王様」Shah が語源だが, 仏語 jeux d'échecs (→失敗のゲーム) という連想が記憶に残りやすい.「チェックメイト」checkmate は仏語では échec et mat という.

別例 C'est dans l'échec qu'on apprend. 失敗は成功のもと.

pêche

[pɛʃ] **nf**

釣り

別例 **pêcher vt**「(魚を) 釣る」

例 Ils sont en train de pêcher au bord d'un lac. 彼らは湖のほとりで釣りをしています.

pique-nique

[piknik] **nm**
pl pique-niques

ピクニック, 野外での食事

aller faire un pique-nique「ピクニックに行く」(=pique-niquer) .

jardinage

[ʒardinaʒ] **nm**

庭いじり, ガーデニング

別例 faire du jardinage「ガーデニングをする」(=jardiner)

845

J'ai décidé de prendre des cours de d____ avec mon mari.

夫と**ダンス**教室に通うことに決めました.

◉ 場所がらみ・行動

846

La France est le p____ du cyclisme.

フランスは自転車競技の盛んな**国**だ.

847

Le président a-t-il le soutien de la n____ ?

その大統領は**国民**の支持を受けていますか.

848

Quelle est la différence entre i____ et immigrant ?

immigréとimmigrantの違いは何ですか.

849

Il y a des disputes futiles sur les f____s ici et là.

国境をめぐる不毛な紛争があちこちで起こっている.

850

Quand vous sentez-vous reconnaissant pour la p____ ?

平和のありがたみを感じるのはどんな時ですか.

851

Le peuple japonais a renoncé à la g____.

日本人は**戦争**を放棄しました.

danse

[dɑ̃s] **nf**

ダンス

別例 La danse est assez amusante pour que je libère mon stress. ストレスを発散するのにダンスは十分楽しいものです.
danseur, danseuse n「ダンサー」

pays

[pei] **nm**

国, 国家, (国内の特定の) 地域

別例 Vous venez de quel pays ? お国はどちらですか. *Quel est votre pays ? も類義. Vous êtes de quelle nationalité ? も似た意味だが nationalité を使うのは少々事務的な印象がある. / Mon père s'est rendu dans plus de 20 pays pour son travail. 父は仕事で20カ国以上の国に行っている.

nation

[nasjɔ̃] **nf**

国民,
(国民の集合として) 国家

別例 la voix de la nation「国民の声 (世論)」/ L'Organisation des Nations Unies (L'ONU) défend la paix.「国際連合は平和を守る」**national(e) adj**「国民の, 国の, 国立の」
例 En France, la quatorze juillet est la fête nationale. フランスでは7月14日は国民の祝日だ.

immigré, immigrée

[imigre] **n**

移民, 移住者

見出し語は「外国から来てすでに定住している移民の人, (他国からの) 移住者」を指す. 類義の **immigrant(e)** は「外国から移住してきた人」という意味の単語 (例 immigrants illégaux「不法移民」).

frontière

[frɔ̃tjɛr] **nf**

国境, 境界

別例 être à la frontière entre la vie et la mort. 生死の境をさまよう.

paix

[pɛ] **nf**

平和

別例 Mon grand-père vit en paix avec ses voisins. 祖父は隣人たちと仲良く暮らしている.
*en paix で「仲良く, 心静かに」の意味.

guerre

[gɛr] **nf**

戦争 ↔ paix

別例 On ne veut pas la guerre et on est contre la guerre. 戦争はしたくないし, 戦争には反対です. / Le 20ème siècle a vu deux guerres mondiales. 20世紀には2つの世界大戦があった. / Ma femme et ma mère sont en guerre. 妻と母は戦争状態です.

852

C'est vrai ? Vous voulez être enregistré(e) par des caméras de s_____ ?

本当に. あなたは**防犯**カメラで録画されたいのですか.

853

La l_____ d'expression est restreinte dans ce pays.

この国では言論の**自由**が制限されている.

854

En automne, le temps dans cette r_____ est changeant.

秋になると, この**地域**の天気は変わりやすい.

855

Je suis né(e) dans une grande v_____ et j'ai grandi à la campagne.

私は大**都市**で生まれ, 田舎で育ちました.

856

Mon grand-père habite dans un petit v_____ isolé depuis son enfance.

祖父は子どもの頃から人里離れた小さな**村**に住んでいる.

857

Quelle est la p_____ de ce village ?

この村の**人口**はどれぐらいですか.

858

Vous pouvez me dire la c_____ de la Confédération suisse ?

スイス連邦の**首都**を言えますか.

sécurité
[sekyrite] **nf**

(危険に対する心配のない) 安全, 保障

別例 La sécurité avant tout ! 安全第一 (←何よりもまず安全). / une ceinture de sécurité「シートベルト」

---

liberté
[libɛrte] **nf**

(身体や行動に関する) 自由

別例 « Liberté, Egalité, Fraternité »「(フランス共和国の標語) 自由, 平等, 友愛 (博愛)」*ちなみに「標語, スローガン」は **devise nf** という.
libérer vt「(人を) 自由にする, 解放する」

---

région
[reʒjɔ̃] **nf**

(地理的・文化的に分けられた広い) 地方, 地域

別例 Vous venez de quelle région ? どの地方のご出身ですか.
régional, régionale adj mpl régionaux「地方 (特有) の」
例 la cuisine régionale「郷土料理」
*なお,「(特別な用途や目的を持った) 地帯, 地域」は **zone nm** と呼ばれる (例 une zone industrielle「工場地帯」).

---

ville
[vil] **nf**

都市, 都会, 町

別例 Préférez-vous la ville à la campagne ? 田舎よりも都会が好きですか. / Quelle est votre ville d'origine ? 出身地はどちらですか. / Je vis dans la ville de Mitaka. C'est une ville facile à vivre. 私は三鷹市に住んでいます. 住みやすい街です.

---

village
[vilaʒ] **nm**

村

別例 J'ai grandi dans un village. 私は村で育ちました. / Le village de montagne est à dix kilomètres. その山村は (ここから) 10キロ先です.

---

population
[pɔpylasjɔ̃] **nf**

人口

別例 la densité de la population「人口密度」/ population scolaire「就学人口」
populeux, populeuse adj「人口の多い」

---

capitale
[kapital] **nm**
mpl capitaux [to]

首都, 大文字

別例 Brasilia est la capitale du Brésil. ブラジリアはブラジルの首都です. / écrire en capitales「大文字で書く」

859

Quelle est la différence entre la capitale et la p____ ?

首都と**地方都市**はどういう点が違いますか.

関連 フランス田舎暮らし

☐ agriculture **nf** 農業
☐ champ **nm** 畑
＊「田んぼ, 水田」は rizière **nf** という.
☐ champ de blé **nm** 小麦畑
☐ verger **nm** 果樹園
☐ vignoble **nm** ブドウ畑
＊vendange **nf** は「(ワイン用の) ブドウの収穫」を指す.

860

Elle habite dans le 10e a____ de Paris depuis l'année dernière.

彼女は昨年からパリの10**区**に住んでいる.

861

À la c____, l'air est plus pur qu'en ville.

田舎は都会に比べて空気がきれいだ.

862

Mes parents habitent 17 r____ de Rivoli.

両親はリヴォリ**通り**17に住んでいます.

863

Une nouvelle boutique a ouvert sur la r____ principale, beaucoup de fleurs ont été déposées à l'entrée.

幹線**道路**に新しいお店がオープンし, 入り口にはたくさんの花が置かれていました.

864

Prenons l'a____, c'est plus rapide.

高速にしましょう, その方が速いから.

province

[prɔvɛ̃s] **nf**

（パリや首都圏に対して）地方（都市），田舎

「地方都市」une ville de province と表記するケースもある.
別例 Ma tante habite en province. おばは地方に住んでいる.
＊「地方なまり，地方人気質，田舎臭さ」を指す **provincialisme nm** という語もある.

- ☐ oliveraie **nf** オリーブ園
- ☐ ferme **nf** 農家，農場
- ☐ élevage **nm** 牧畜，飼育，養殖
- ☐ basse-cour **nf**（農場の）飼育場
- ☐ porcherie **nf** 養豚場
- ☐ prairie **nf** 牧草地

arrondissement

[arɔ̃dismɑ̃] **nm**

（パリなど大都市の）区

le 10e arr. と略記される.
別例 Paris est divisé en 20 arrondissements. パリは20区に分かれている.

campagne

[kɑ̃paɲ] **nf**

（都市，都会に対して）田舎
↔ ville

別例 vivre à la campagne「田舎で暮らす」/ Autrefois, on allait à la campagne le week-end. かつては，週末になると田舎に行っていました.

rue

[ry] **nf**

（両側に家並みのある）通り，～街

別例 dans la rue「通りで，街なかで」/ Quelle est la plus longue rue de New York ? ニューヨークで1番長い通りはどこですか. / Prenez la deuxième rue à gauche. 2番目の通りを左に曲がってください. / rue piétonne「歩行者専用道路」

route

[rut] **nf**

（町と町を結ぶ）道，ルート

別例 Il n'a pas pris la route habituelle et s'est perdu. 彼はいつもの道を通らなかったので，道に迷った. / En route ! さあ，出発だ（行こう）. ＊Allez, on y va ! あるいは Allez, allons-y ! も類義. ただし，文中で en route を使えば「途中で」の意味になる. **routier, routière adj**「道路の」＊**routier nm** は「長距離トラックの運転手」を指す.

autoroute

[oɔrut] **nf**

高速道路

別例 Il y avait beaucoup de voitures sur l'autoroute A7. 高速A7号線は車でいっぱいだった.

865

J'ai demandé mon c______ à une passante.

私は通行人に**道**を尋ねた.

関連 **道**
- ☐ une ruelle　小さな道, 裏通り
- ☐ un cul-de-sac　袋小路, 行き止まり (=une impasse)

866

Elles se sont promenées sur le b______ Saint-Michel.

彼女たちはサン=ミッシェル**大通り**を散歩した.

867

Notre magasin se trouve 101, a______ des Champs-Élysées.

うちの店はシャンゼリゼ**通り**101にある.

868

Prenez à gauche au prochain c______.

次の**交差点**を左に曲がってください.

869

Ce p______ est bien connu pour les cerisiers en fleurs.

この**公園**は桜で有名です.

870

Avant-hier, j'ai visité le m______, et j'ai mangé un bon couscous.

おととい, **市場**に出かけて, おいしいクスクスを食べました.

871

Il y a beaucoup de monde sur la p______.

広場に大勢の人がいる.

chemin

[ʃəmɛ̃] **nm**

(ある地点へと向かう) 道, 田舎道 = sentier , 道のり

別例 Quel est le chemin le plus court pour aller à Châtelet ? シャトレに行くにはどの道が一番近いですか. / Il y a une heure de chemin. (歩いて) 1時間の道のりだ. *une heure de route なら「(車で) 1時間」の意味.

☐ un passage piéton　横断歩道
　*un passage clouté ともいう.
☐ un passage souterrain　地下道
☐ marcher sur le trottoir　歩道を歩く
☐ traverser la chaussée　車道を横切る

boulevard

[bulvar] **nm**

(環状の, 並木のある都会の) 大道り

見出し語は, そもそも「都市の城壁跡の環状通り」を指していた. なお, 住所表記に際しては **bd** と略記できる.
別例 Cette rue mène au boulevard. この道は大通りに通じています.

avenue

[avny] **nf**

(街の中心を通る並木のある直線の) 大通り

見出し語はそもそも「都市周辺部を走る環状の大通り」のこと. 現在では, 広場や記念建造物に向かう「(並木のある都市中心部を走る直線の) 大通り」を指す.

carrefour

[karfur] **nm**

交差点, 四つ角

別例 Hier soir, un accident a eu lieu près de ce carrefour.
昨夜, 事故はあの交差点の近くで起こった.
*なお「(2つの道路が交わる) 合流点」la jonction des deux routes という言い方もある.

parc

[park] **nm**

(規模の大きな) 公園

規模もさることながら parc は比較的「自然な公園」, 類義の jardin public は「人工的に造られた公園」という違いがある. 別例 Chaque matin, je me promène dans le parc. 毎朝, 公園を散歩します. / En automne, les arbres du parc changent de couleur. 秋になると公園の木々が色づきます. / parc d'attractions「遊園地」

marché

[marʃe] **nm**

市場, マーケット, 売買

別例 marché aux puces「蚤の市」/ Négociez-vous quand vous achetez des choses sur le marché ? 市場で物を買うときに値段交渉をしますか. / Ces produits sont maintenant sur les marchés à l'étranger. それらの商品は現在海外市場に出回っている.

place

[plas] **nf**

広場, 座席, (空いている) スペース = espace , 立場

別例 Avez-vous une place préférée ? (飛行機などで) 座席の希望はありますか. / À votre place, j'accepterais. あなたの立場だったら, 承諾します. *英語の place と混同されやすいがこれは「(人や物が占めている) スペース」を指す単語.「(具体的なイメージと結びついた) 場所」なら **endroit nm** という.

872

Il y a tellement d'e___s intéressants à Okinawa.

沖縄にはおもしろい**場所**がとてもたくさんあります.

873

L'église se trouve au c____ de la rue.

教会は通りの**角**です.

874

La jeune fille est assise en silence sur le b____ du banc.

その若い娘はベンチの**端**に黙って座っている.

875

Vous verrez l'hôtel de ville en briques rouges sur votre gauche. Le musée que vous recherchez se trouve juste en f____.

左手に赤レンガの市役所があります. お探しの美術館はその**真正面**です.

876

Le magasin d'alimentation est de l'autre c____ de la rue.

その食料品店は道路の**反対側**にあります.

877

Vous trouverez des livres sur l'Europe au f____ du magasin à droite.

ヨーロッパに関する書籍でしたら右側, 店の**奥**にございます.

878

Mes parents aiment se promener au b____ du lac.

両親は**湖畔**を散歩するのが好きです.

879

Elles font le t____ du lac artificiel presque tous les jours.

彼女たちはほぼ毎日人造湖を**一周**しています.

endroit

[ɑ̃drwa] **nm**

(具体的な) 場所 = lieu

別例 Je connais un endroit où vous pouvez admirer le magnifique Mt.Fuji. 絶景の富士山を眺められる場所を知っています.
*place nf (英語 place と混同されやすい) が「(人や物が占めている) スペース」を指すのに対して, 見出し語は「(具体的なイメージと結びついた) 場所」を指す.

coin

[kwɛ̃] **nm**

角, 隅, 一角

別例 Veuillez mettre la chaise dans le coin de la pièce. 椅子は部屋の隅に置いてください. / Il n'y a pas un coin d'ombre devant cette gare. この駅前には日陰になる場所がひとつもない.

bout

[bu] **nm**

端 = extrémité,
(パンなどの) 切れ端

別例 au bout du couloir「廊下の突きあたりに」/ Tu veux un autre bout de gâteau ? ケーキをもう一切れどうですか. / Au bout d'un moment, il a arrêté de faire des pompes. 少し経って, 彼は腕立て伏せをやめた.

face

[fas] **nf**

正面, 側面 = aspect

en face「正面に, 向かい (の)」
別例 Notre immeuble de bureaux est juste en face de la gare. うちのオフィスビルは駅の真向かいです.
*en face de *qqn* / *qqch*「～の向かいに (の)」

côté

[kote] **nm**

(建物などの) 側面, 方向,
わき (腹)

別例 Ma maison est à côté de l'école. 私の家は学校のとなりです. / Vous préférez côté fenêtre ou côté couloir ? (乗物で) 窓側になさいますか通路側になさいますか. *Vous désirez une place côté fenêtre ou côté couloir ? も同義.

fond

[fɔ̃] **nm**

奥, うしろ, 基本

au fond de *qqch*「～の奥, ～のうしろ (後方)」
別例 Au fond du couloir, à gauche. 廊下の突き当たり, 左側です.
fondamental(e) adj「基本的な, 基礎的な」
*これは抽象名詞を修飾する語で, 具体名詞を含めて修飾する際には de base の形が用いられる.

bord

[bɔr] **nm**

岸, 縁

別例 Je connais un endroit merveilleux pour pique-niquer au bord d'une rivière. 川のそばでピクニックをするのに素晴らしい場所を知っています.

tour [3]

[tur] **nm**

輪郭, 縁, 周囲

別例 Quel est votre tour de taille ? あなたのウエストはどれくらいですか. / tour du visage「顔の輪郭」

880

Nous avons atteint le s____ du Mont Blanc vers midi.

私たちは昼ごろにモンブランの**山頂**に着いた.

881

L'attrait de cette région est sa p____ de Paris.

この地域の魅力はパリに**近い**ことだ.

882

Elle a une heure de t____ pour se rendre à son bureau.

彼女は**通勤**に１時間かかる.

883

J'ai grandi à La Défense, dans la b____ de Paris.

私はパリ**近郊**のラ・デファンス育ちです.

884

Ma maison est dans un q____ résidentiel tranquille.

わが家は閑静な住宅街の中にあります.

885

Cette actrice a l'accent du M____.

あの女優には**南仏**なまりがある.

◉ 方角・方向

886

La tempête se tournera plus vers le n____.

嵐はさらに**北**へと進路を変えるでしょう.

sommet

[sɔmɛ] **nm**

(山などの) 頂 (いただき), サミット

ちなみに「山の麓」なら **pied nm** を使う (例「山の麓で暮らしている」vivre au pied de la montagne).
別例 sommet des 7 grands pays「主要7カ国首脳会議」

proximité

[prɔksimite] **nf**

(空間的) 近さ, 隣接, (時間的・順番の) 近さ

別例 Y a-t-il une station-service à proximité ? 近くにガソリンスタンドはありますか.

trajet

[traʒɛ] **nm**

道のり, 道筋

別例 sur le trajet de l'école「学校に行く道で」/ faire le trajet en voiture「車で行く」*これは faire le voyage en voiture と言い換えられる.

banlieue

[bɑ̃ljø] **nf**

郊外, (特に) パリ郊外, 近郊

別例 en banlieue も「郊外に」の意味だが, 場所や番地を特定する dans la banlieue と違って, en ville「都会に」や à la campagne「田舎に」と同じく具体性を示さない. なお, 「パリ近郊に住んでいる人」を指して **banlieusard(e)** という単語を使う.

quartier

[kartje] **nm**

地区, 界隈 (の人々)

別例 Désolé(e). Je ne suis pas du quartier. すみません, この町のものではないので. / J'ai vécu dans ce quartier il y a environ deux décennies. かれこれ20年ぐらい前この辺りに住んでいました.

Midi

[midi] **nm**

南仏, 南フランス

別例 Il a passé ses vacances dans le Midi. 彼は南仏でバカンスを過ごした.

nord

[nɔr] **nm**

北, 北部

別例 La Belgique est au nord de la France. ベルギーはフランスの北にある. / Vous habitez dans le nord de Lyon ? リヨンの北部に住んでいるのですか.
nord adj「北の」例 Il habite dans la banlieue nord de Kyoto. 彼は京都の北の郊外に住んでいる. *形容詞 nord は不変.

887

J’aimerais aller dans le s____ de la France pour ma lune de miel.

新婚旅行は**南**フランスに行きたい.

888

Le soleil se lève à l’e____ et se couche à l’ouest.

日は**東**から昇り, 西に沈む.

889

La Chine est à l’o____ du Japon.

中国は日本の**西**にある.

890

En Australie, on roule à g____.

オーストラリアでは車は**左側**通行だ.

891

Tournez à d____ au prochain carrefour.

次の交差点を**右**に曲がってください.

892

C’est la bonne d____ pour la station de métro ?

地下鉄の駅へはこちらの**方向**であってますか.

893

C’est le c____, on met la fourchette à gauche et le couteau à droite.

これは**あべこべ**だよ, フォークは左でナイフは右に置くもんだ.

sud
[syd] **nm**
南, 南部

「南フランス（南仏）」は le Midi ともいう.
別例 Il y a un lac à dix kilomètres au sud de la ville. 町の10キロ南に湖がある.
*この例では, 湖は市内から離れた位置にあるが, これを dans le sud de la ville とすれば「市内の南部」の意味になる.

---

est
[ɛst] **nm**
東

別例 Asakusa, où je suis né, se trouve dans l'est de Tokyo. 私の生まれた浅草は東京の東にある. / Sa chambre est exposée à l'est. 彼（彼女）の寝室は東向きです.

---

ouest
[wɛst] **adj**
西 ↔ est

à l'ouest du Japon は「日本を外れた西（西方）に」, 前置詞が dans なら「日本の内の西（西部）に」の意味になる.
別例 Nantes se trouve sur la Loire, dans l'ouest de la France. ナントはフランス西部, ロワール川沿いにある.

---

gauche
[goʃ] **nf**
左, 左側

別例 Vous verrez un bâtiment en briques rouges sur votre gauche. あなたの左手に赤レンガの建物が見えるはずです.
gauche adj「左の, 左側の」
例 Elle a été blessée au pied gauche en tombant. 彼女は転んで左足を負傷した.

---

droite
[drwat] **nf**
右 ↔ gauche

à droite「右に」と sur la droite「右手に」(sur votre droite「あなたの右手に」) の違いは微差だが視界がひろがっているかどうかという違いがある. 前者は道路上で使い, 通常, 前方の視界はビルや木々などの遮蔽物で丸々は見渡せない. しかし, 見晴らしのいい場所で方向を指すなら後者が使われる.

---

direction
[dirɛksjɔ̃] **nf**
方向, 方角

別例 C'est dans la direction opposée. それは反対側です. / Les enfants marchent en direction du port. 子供たちは港の方向に歩いている. / Pardon, madame, quelle est la direction de Ginza ? すみません, 銀座に行くのはどちらですか.

---

contraire
[kɔ̃trɛr] **nm**
反対, 逆

この例は C'est l'inverse. と言い換えられる.
contraire adj「(àと) 反対の (=inverse, opposé), 逆の」
例 aller en sens contraire「反対方向に進む, (時代に) 逆行する」

◉ 数量・種類

894

Choisissez un c____ entre 0 et 9.

0から9のうち**数字**をひとつ選んでください.

895

Voici le n____ de suivi d'expédition de votre commande.

こちらがご注文の配送追跡**番号**です.

896

Il a démarré une nouvelle entreprise et a gagné 2 m____s d'euros.

彼は新事業を立ちあげて**200万**ユーロもうけた.

897

Il fait environ dix degrés au-dessous de z____ ce soir.

今晩はだいたい**零下**10度です.

898

Le t____ de criminalité à Tokyo est très faible par rapport aux autres grandes villes du monde.

東京の犯罪**率**は世界の他の大都市に比べてとても低い.

899

Les experts disent que la p____ des anglophones n'utilisent qu'environ 3500 mots.

専門家によると, **ほとんどの**英語話者は約 3500 の単語しか使用していない.

900

Les Français travaillent en m____ 35 heures par semaine.

フランス人は**平均**週に35時間働く.

chiffre
[ʃifr] **nm**

数字, 暗号

見出し語は個々の数字の表記法, つまり0から9までの個々の数字が chiffre, 類義の le nombre はそれを組み合わせてできる具体的な「数字」(たとえば123) を指す.
別例 Je ne sais pas comment expliquer ces chiffres. この数字をどう説明したらいいのかわからない.

numéro
[nymero] **nm**

番号, 番地
*略号 N°

別例 Je souhaite vous contacter, pouvez-vous me donner votre numéro de téléphone ? あなたと連絡を取りたいので, 電話番号教えてくれますか. / Ma tante habite rue Saint-Jacques, au numéro 7. おばはサン・ジャック通り7番地に住んでいる.

million
[miljɔ̃] **nm**

100万

別例 Il y a environ 380 millions de locuteurs natifs de l'anglais. 英語の母語話者数は約3億8000万人です.

zéro
[zero] **nm**

ゼロ, 零

例文は Il fait moins dix degrés ce soir. と言い換えられる.
「気温0度」は仏語では zéro degré と単数だが, 英語なら zero degrees と複数形を用いる.

taux
[to] **nm**

率, 割合

別例 taux de croissance économique「経済成長率」/ taux de change「為替相場 (レート)」/ taux de mortalité「死亡率」/ taux de natalité「出生率」

plupart
[plypar] **nf**

(la plupart de +[複数名詞]) 大部分の～, 大多数の～

別例 La plupart de mes étudiantes sont très sérieuses. 大多数の私の (教えている) 女子学生はとても真面目です. *主語として用いた場合, 動詞は複数になり性は de に続く名詞に一致. / la plupart du temps「たいてい, ほとんどいつも」

moyenne
[mwajɛn] **nf**

平均

en moyenne「平均して」
moyen, moyenne adj「平均的な, 中間の」例 la durée de vie moyenne「平均寿命」/ La température moyenne le mois dernier était de 20° C. 先月の平均気温は20度だった.

901

À quelle f____ pratiquez-vous le violon ?

どのぐらいの**頻度**でバイオリンの練習をしますか.

902

C'est la première f______ que je viens en Norvège.

ノルウェーは**初めて**です.

903

Vous pouvez maintenant acheter des dictionnaires électroniques avec une r____ de 20 %.

今なら電子辞書が20%**割引**で購入できます.

904

Cette tour fait environ 25 m____ de haut.

この塔は約25**メートル**の高さがある.

905

Le vin est de bonne q____ cette année.

今年, ワインの**質**はいい.

906

Pour lui, la q____ compte plus que la qualité.

彼には, 質より**量**が問題だ.

907

Quelle g____ de plat est-ce ?

それはどんな**種類**の料理ですか.

908

- C'est quel t____ de petit-déjeuner ? - C'est un buffet.

(ホテルなどで) どのような**タイプ**の朝食ですか. ビュッフェ形式です.

fréquence
[frekɑ̃s] **nf**

頻度, 頻発さ

別例 la fréquence des bus「(一定の時間内の) バスの本数」
fréquent(e) adj「頻繁な, よく見られる」

fois
[fwa] **nf**

度, 回, 倍

<[数にからむ語] fois par + [時間単位]>「〜につき…回 (度)」の意味 (例 une fois par mois「月に1度」, plusieurs fois par an「年に数回」).
別例 à la fois 同時に (=en même temps)

réduction
[redyksjɔ̃] **nf**

割引, 削減

別例 L'objectif de réduction de CO^2 du gouvernement est déraisonnable. 政府の掲げる CO^2 削減目標には無理がある.
*なお,「割引, ディスカウント」を意味する **rabais nm** という単語もある.

mètre
[mɛtr] **nm**

メートル
*mと略す.

centimètre nm「センチメートル」

qualité
[kalite] **nf**

質, 品質 ↔ **quantité**, 才能, 長所

別例 préférer la qualité à la quantité「量より質をとる」/ Quelle est la qualité la plus importante chez un partenaire conjugal ? 結婚相手に一番重要な資質は何ですか.

quantité
[kɑ̃tite] **nf**

量 ↔ **qualité**, 分量

別例 augmenter [diminuer] en quantité「量が増える [減る]」

genre
[ʒɑ̃r] **nm**

種類, ジャンル, (文法の) 性, (所有形容詞とともに) 好み

別例 Tu aimes quel genre de musique ? どんなジャンルの音楽が好きなの. / Ce n'est pas mon genre de tenir un journal. 日記をつけるなんて私の趣味ではない.

type
[tip] **nm**

タイプ, 型, 種類

<quel type de + [無冠詞名詞]>で「どのような種類 (タイプ) の〜」と大まかな種別を問う形.
別例 Quel type de personne êtes-vous ? あなたはどのようなタイプの人ですか.

909

Cette table a une f____ bizarre.

このテーブルは奇妙な**形**をしている.

910

Cette actrice est un m____ d'élégance.

あの女優はまさに上品さの**鑑**だ.

◉ 色（形容詞も添えて）

911

Avez-vous ce style dans une c____ différente ?

これと同じスタイルで**色**違いはありませんか.

912

Romane a traversé la rue bien que le feu était r____.

信号は**赤**だったがRomaneは通りを渡った.

913

Vous voyez la fille en b____, c'est Bernadette.

青い服を着た女の子が見えますね, あの子がBernadetteです.

914

Au fur et à mesure que l'automne s'approfondissait, les arbres viraient au rouge et au j____.

深まる秋, 木々が赤や**黄色**に変わった.

915

En générale, ce fromage se sert avec une salade v____.

一般に, このチーズは**グリーン**サラダとともに供される.

forme

[fɔrm] **nf**

(物の)形,(内容に対して)形式,様相,(心身の)調子

別例 Ma fille est toujours en forme. 娘はいつも元気です.
*être en forme で「元気だ, 好調だ (=tenir la forme)」の意味.

modèle

[mɔdɛl] **nf**

(服や車などの)型,(商品の)タイプ,(人の)手本, 規範

別例 Ce nouveau modèle de voiture est très populaire. このニューモデルの車(新型車)はとても人気がある.

couleur

[kulœr] **nf**

色, 色調

別例 Quelle couleur aimez-vous ? 何色がお好きですか. *「何色」と名詞を問う形. / De quelle couleur est votre voiture ? あなたの車は何色ですか. *「何色」と形容詞を問う文. / Cette couleur vous va bien. この色はよくお似合いです.

rouge

[ruʒ] **nm adj**

赤, 赤い, 口紅

le feu rouge「赤信号」*信号の「赤・青・黄」には le rouge, le vert, l'orange を用いる. 別例 la langue de bœuf au vin rouge「牛タンの赤ワイン煮」/ Quelle voiture est la tienne, la rouge ou la blanche ? あなたの車は赤ですかそれとも白ですか. / se mettre du rouge à lèvres「口紅をつける」

bleu

[blø] **nm**
bleu, bleue [blø] **adj**

青, 青い, ブルーの

別例 Le ciel est bleu ce matin. 今朝, 空は青い. / Il portait une chemise blanche et un pantalon bleu. 彼は白いシャツを着て, 青いズボンをはいていた.
*bleu はステーキの焼具合(「レア」**saignant** よりも「さらに生に近い状態」)でも使い, また男性名詞として「青, 青色」のほかに「ブルーチーズ」や「(打撲による) 青あざ」といった意味でも使われる.

jaune

[ʒon] **nm adj**

黄色, 黄色い

別例 Quel est ce fruit jaune ? この黄色い果実は何ですか.
*「色」に -âtre をつけると「少々～ががった」の意味になる. **jaunâtre** で「黄色ががった」, **blanchâtre** なら「白っぽい」という意味.

vert

[vɛr] **nm**
vert, verte [vɛr, vɛrt] **adj**

グリーン(の), 緑色(の),(植物が)生の

別例 J'aime surtout le thé vert. 私は特に緑茶が好きです. / Mangez des légumes verts. 生野菜を食べてください. / Cette ville est plus verte qu'on ne pourrait le croire. この都市は意外に緑が多い.

916

Tout est b____ car il a beaucoup neigé.

大雪が降ったのでどこも**真っ白**だ.

917

L'époque de la télévision en n____ et blanc me manque.

白**黒**テレビの時代が懐かしい.

918

Ma sœur a les cheveux b____s.

姉(妹)は**茶色**の髪(**ブルネット**)です.

919

J'ai fait du bricolage et peint la clôture en g____.

日曜大工をして, 塀を**グレー**に塗った.

920

Ma secrétaire est grande et b____.

秘書は背が高くて, 髪は**ブロンド**です.

921

Avez-vous un rouge à lèvres d'un rouge plus f____ ?

もっと**濃い**赤の口紅はありますか.

922

C'est trop v____.

それは**派手**すぎる.

blanc

[blɑ̃] **nm**
blanc, blanche [blɑ̃, blɑ̃ʃ] **adj**

白, 白い, 白色の ↔ noir

別例 vin blanc「白ワイン」＊見出し語を名詞として用いて Un blanc, s'il vous plaît. でも「白ワインを1杯ください」の意味になる. / Mon grand-père avait de beaux cheveux blancs. 祖父はきれいな白髪だった. **blanchir vt vi**「白くする, (肌着などを) 洗濯する, 白くなる」**blanchissage nm**「クリーニング」**blanchisserie nf**「クリーニング店」

noir

[nwar] **nm**
noir, noire [nwar] **adj**

黒, 黒い ↔ blanc,
暗い = sombre ↔ clair

日仏で「白黒」の順番が逆.
別例 Elle ne porte que des vêtements gris et noirs. 彼女はグレーと黒の服ばかり着ています. / Ma femme a les cheveux noirs. 妻は黒髪です. / Ça se pourrait, le ciel est noir. そうなるかもしれませんね, 空が暗いですから.

brun, brune

[brɑ̃, -yn] **adj**

茶色の,(肌が) 浅黒い

別例 Vous avez de la bière brune ? 黒ビールはありますか.
＊通常の「(ラガー) ビール」は une bière blonde という. なお, 日本人の「黒い目 (瞳)」は les yeux bruns という.

gris

[gri] **nm**
gris, grise [gri, griz] **adj**

灰色, 灰色の, グレーの

別例 Mon secrétaire porte souvent des costumes gris. 私の秘書はよくグレーのスーツを着る. / Le ciel est gris, on dirait qu'il va pleuvoir. 空は灰色で, 雨が降り出しそうだ.

blond, blonde

[blɔ̃, blɔ̃d] **adj n**

ブロンドの (人), 金髪の (人)

「金髪」は cheveux blonds, cheveux d'or, cheveux dorés といった言い方をする. ちなみに「銀髪」は cheveux argentés という.
se blondir vp「(髪を) ブロンドに染める」
blondeur nf「金髪の輝き」

foncé, foncée

[fɔ̃se] **adj**

(色が) 濃い ↔ pâle,
暗い ↔ clair

別例 une jupe bleu foncé「濃紺のスカート」
＊色の形容詞の後に添えられる場合には, 色の形容詞ともども不変化になる.

voyant, voyante

[vwajɑ̃, ɑ̃t] **adj**

(見た目が) 派手な,
あからさまな

別例 Il raconte parfois des mensonges voyants. 彼はときに見えすいた嘘をつく.

2章

礎石となる形容詞・動詞・副詞を見極める

◉ 対で覚える

grand ↔ petit

001

Cet arbre-ci est g_____, mais cet arbre-là est p_____.

この木は**大きい**が, あの木は**小さい**.

関連 “a-「状態への移行」+ [形容詞 + ir /er]”で動詞になる例

□ grand → agrandir 「大きくする, 拡げる」
□ faible → affaiblir 「弱める, 衰弱させる」

002

gros ↔ maigre

003

Les lions dans les zoos sont g_____, mais les lions dans la nature sont m_____s.

動物園のライオンは**太って**いるが, 野生のライオンは**痩せて**いる.

004

épais ↔ mince

005

Ce roman est vraiment é_____, mais ce dictionnaire est m_____.

この小説は分**厚い**が, その辞書は**薄い**.

grand, grande

[grɑ̃, grɑ̃d] **adj**

大きい, 背が高い,
(程度が) すごい

別例 Napoléon est un grand homme bien connu, mais il n'était pas grand. Napoléon は知られた偉人だが背は高くなかった. ＊実際にはそれほど低身長ではなく, この噂はイギリス人による嘲笑の類とされる.
grandeur nf「(形の) 大きさ」
grandement adv「大いに」

- ☐ lourd → alourdir 「重くする, 重量を増す」
- ☐ léger → alléger 「軽くする, 軽減する」
- ☐ long → allonger 「長くする, 伸ばす」

petit, petite

[p(ə)ti, p(ə)tit] **adj**

小さい, 背が低い ↔ **grand** ,
年下の ↔ **âgé**

別例 Mon ami a habité dans un petit village en Turquie. 友だちはトルコの小さな村に住んでいた. / C'est un petit cadeau pour vous. あなたへのプレゼントです. ＊この petit は「ちょっとした」「心ばかりの」という意味合いで添えられている.

gros, grosse

[gro, gros] **adj**

太った ↔ **maigre** , 大きい,
重大な = **grave**

別例 Ça me stresse quand on me dit que je suis gros(se). 太っていると言われるとストレスを感じる. / Elle a une grosse valise. 彼女は大きなスーツケースを持っている. / Nous avons un gros chat à la maison.
grossir vi「太る」
例 Elle a grossi. 彼女は太った. (=Elle a pris du poids.)

maigre

[mɛgr] **adj**

(不健康に) 痩せた ↔ **gros**

maigre を強調すると squelettique「(骸骨のように) 骨と皮の」となる.「(健康的に) 痩せた」なら mince を使い,「かっこよく細身な, すらりとした」なら svelte を用いる. なお, **maigrichon, maigrichonne adj n**「痩せっぽちの (人)」という派生語もある.
maigrir vi「やせる」(=perdre du poids)
例 Elle a maigri du visage. 彼女は顔がやつれた.

épais, épaisse

[epɛ, -ɛs] **adj**

厚い ↔ **mince**

別例 Le ciel est couvert d'épais nuages ce matin. 今朝は空が厚い雲に覆われている. ＊「厚い雲」には「重苦しい」lourd や「(密度が) 濃密な」dense といった形容詞を使うこともできる.
épaisseur nf「厚さ」 **épaissir vt**「厚くする, 濃くする」
例 épaissir une sauce「ソースを濃くする」

006

007

Cette viande est trop g______.

この肉は**脂身**が多すぎる.

large ↔ étroit

008

La porte de ma douche est trop é______, je veux la remplacer par une plus l_____.

うちのシャワーのドアの**幅が狭**すぎるので, もっと**広い**ドアに取り替えたい.

009

010

On peut jouir d'un v_____ panorama du sommet de cette montagne.

あの山頂から**広々とした**眺望が楽しめる.

long ↔ court

011

Que préférez-vous, les cheveux l______s ou les cheveux c______s ?

長い髪と**短い**髪, どちらが好きですか?

012

mince

[mɛ̃s] **adj**

(人が)ほっそりした ↔ gros,
(肉や壁などが)薄い ↔ épais

mince が「スマートな」という肯定的な意味, maigre は「やせ細った」というネガティブな意味合い.
別例 Ma sœur est mince mais pas maigre. 姉(妹)はスマートだが, やせ細ってはいない.

gras, grasse

[gra, gras] **adj**

肥満した, (食品が)脂肪質の,
油じみた

別例 foie gras「フォアグラ」/ mardi gras「謝肉の火曜日」/ faire la grasse matinée「ゆっくりと朝寝坊する」faire la grasse matinée「ゆっくりと朝寝坊する」*そもそもは「長い間ぐっすり寝る」の意味だったが, gras(se)「(朝寝坊で)太る」→「怠惰な」を連想させる言い回しとなっている.

large

[larʒ] **adj**

(寸法・幅の)大きい,
広い ↔ étroit

英語の large は「(面積や容積が)大きい」という意味だが, フランス語 large は「幅のある」の意味で英語の wide に近い.
別例 Ce couloir est beaucoup plus large que je ne le pensais. あの廊下は思ったよりずっと広い.
largeur nf「幅, 横」**largement adv**「広く, 大きく」

étroite, étroite

[etrwa, -at] **adj**

(幅が)狭い, 窮屈な ↔ large

別例 Entrez par la porte étroite. (ことわざ)狭き門より入れ. / Cette rue est si étroite que le soleil n'y pénètre pas. その道はとても狭くて陽もそこには差しこまない.

vaste

[vast] **adj**

(面積・空間など)広大な,
(知識・計画など)広範な

別例 Le professeur a de vastes connaissances. その教師は知識が広い.

long, longue

[lɔ̃, lɔ̃g] **adj**

(空間的・時間的に)長い
↔ court

別例 Les jours sont longs en été. 夏は日が長い. / La Garonne est moins longue que la Loire. ガロンヌ河はロワール河ほど(全長は)長くない. **longueur nf**「長さ, 縦」**longuement adv**「長い間, 長々」**allonger vt**「(空間的に)長くする」**prolonger vt**「(時間的・空間的に)延長する」

court, courte

[kur, kurt] **adj**

(長さが)短い ↔ long,
(時間が)短い = bref

別例 J'ai acheté une jupe courte. ミニスカートを買いました. / Quel est le chemin le plus court pour aller à la gare ? 駅に行くのにどれが一番の近道ですか.
écourter vt「短くする, つめる」

lourd ↔ léger

013

Une pièce d'un yen est l_____. En comparaison, la pièce de 500 yens est l_____.

1円玉は**軽い**. それに比べて500円玉は**重い**.

014

haut ↔ bas

015

La tour de Tokyo est h_____. Par contre, cette tour radio est b_____.

東京タワーは**高い**. 対して, この電波塔は**低い**.

016

difficile ↔ facile

017

À mon avis, écrire les kanji est assez d_____, mais les lire est relativement f_____.

思うに, 漢字を書くのはかなり**難しい**ですが, 読むのは比較的**簡単**です.

018

lourd, lourde

[lur, lurd] **adj**

重い ↔ léger, (天気が) うっとうしい, (料理などが) 胃にもたれる

別例 Léon n'arrive pas à soulever cette valise tout seul, elle est trop lourde. Léon はこのスーツケースを一人で持ち上げることはできません, 重すぎます. / Depuis peu, j'ai l'impression que la viande grillée est trop lourde pour mon estomac. 近頃, 焼き肉は胃にもたれる気がします.

léger, légère

[leʒe, -ɛr] **adj**

軽い ↔ lourd, 薄い, あっさりした

別例 Ce sac est aussi léger qu'une plume. このバッグはすごく軽い (羽のように軽い). / Ce café est un peu léger. このコーヒーは少し薄い. / Elle a un léger rhume. 彼女は軽い風邪を引いている.
légèrement adv「軽く, わずかに, 軽率に」
légèreté nf「軽さ, 軽率」

† haut, haute

['o, 'ot] **adj**

(高さ・声・音などが) 高い, (値段・質などが) 高い

別例 La plus haute montagne de Tokyo est le mont Kumotori. 東京で一番高い山は雲取山です. / Quelle est la plus haute tour de ce pays ? この国で一番高い塔 (超高層ビル) は何ですか. *Quelle est la tour la plus haute de ce pays ? も同義.
†**hauteur nf**「高さ, 高所」例 Quelle est la hauteur de la tour Eiffel ? エッフェル塔の高さはどのぐらいですか.

bas, basse

[ba, bas] **adj**

(位置が) 低い ↔ haut, (音や声が) 小さい

別例 La Mer Morte est l'endroit le plus bas sur la Terre. 死海は地球上で一番低い場所だ. / Ma grand-mère parle toujours à voix basse. 祖母はいつも小声で話をする. *「小声で」à voix basse (=à mi-voix), 反意「大きな声で, 声を出して」なら à haute voix, à voix haute という.

difficile

[difisil] **adj**

難しい ↔ facile, 困難な, 気難しい

別例 Sa présentation était un peu difficile à comprendre pour nous. 彼 (彼女) のプレゼンテーションは私たちには理解するのが少し難しかった. / C'est un homme difficile à vivre. 彼はつきあいにくい (気難しい性格だ).
difficulté nf「困難, 難しい点」

facile

[fasil] **adj**

簡単な = simple, 容易な ↔ difficile

別例 Les taxis sont relativement faciles à trouver dans les grandes villes. 主要都市ではタクシーは比較的容易に見つけられます. / Mon fils ainé n'est pas un enfant facile. うちの長男は扱いにくい子です.
facilité nf「容易さ, (複数で) 分割払い」

cher ↔ bon marché

019

Les menus de ce restaurant sont trop c_____s, mais à ma surprise les boissons sont b_____.

この店のコース料理は**高すぎ**だが, 驚いたことに飲み物は**安い**.

020

possible ↔ impossible

021

C'est p_____ aujourd'hui. Cependant, c'est i_____ le matin.

今日は**可能**です. ただし, 午前中は**不可能**です.

022

riche ↔ pauvre

023

Elle a grandi dans une famille p_____ et a connu de nombreuses difficultés, mais 20 ans plus tard, elle a épousé un homme r_____.

彼女は**貧しい**家庭に育ち苦労を重ねたが, 20年後**お金持ち**と結婚した.

関連 en-「状態への移行」+ [形容詞 + ir /er]

☐ riche → enrichir 「豊かにする, 富ませる」
☐ dur → endurcir 「(肉体・精神を) 強くする」
☐ cher → enchérir 「(sur より) 高い値をつける」

024

cher, chère

[ʃɛr] **adj**

高価な = coûteux ↔ bon marché, 親しい

別例 Les hôtels chers ne sont pas nécessairement les meilleurs. 値の張るホテルが必ずしも最高とは限らない. / Chère Madame「(手紙の冒頭) 拝啓」＊相手が男性なら Cher Monsieur で始める.

bon marché

[bɔ̃marʃe] **adj, adv**

安い, 廉価の

別例 Aujourd'hui, les fraises sont bon marché. 今日はイチゴが安い.
＊見出し語は形容詞句だが, 性数変化はしない. 比較級は meilleur marché という (例 Ceux-ci sont bien meilleur marché que ceux-là. こちらのほうがあちらよりずっとお買い得だ).

possible

[pɔsibl] **adj**

できる, 可能な ↔ impossible

別例 J'aimerais avoir un jour de congé demain, si possible. できれば明日休ませてもらいたいのですが. / Je vous serais reconnaissant(e) si vous pouviez répondre dès que possible. 早急にお返事をいただけたら幸いです. ＊dès que possible「できるだけ早く」(=aussitôt que possible)

impossible

[ɛ̃pɔsibl] **adj**

不可能な = irréalisable, 手に負えない = insupportable

別例 Il me semble impossible de finir cette tâche avant 20 heures. この仕事を20時までに終えることは不可能だと私には思えます. / Isabelle a un caractère impossible. Isabelle は気むずかしい性格だ.

riche

[riʃ] **adj n**

金持ち(の), 裕福な ↔ pauvre, 肥沃な = fertile

別例 Tout le monde veut être riche. 誰だって裕福になりたい. / La terre dans cette région n'est pas riche. この地域の土地は肥沃ではない.
richesse nf「富, 豊かさ, (複数で) 財産」

- □ maigre → maigrir「痩せる, 細くなる」
- □ gras → engraisser「太る (=grossir), 太らせる」
- □ ivre → enivrer「酔わせる」

pauvre

[povr] **adj**

(金・質量・才能などが) 貧しい ↔ riche, かわいそうな

別例 La petite fille vient d'une famille pauvre. その少女は貧しい家の生まれだ. / Prosper ne pense qu'à l'argent. Quel pauvre type ! Prosper は金のことしか考えない. 哀れなやつだ.
pauvreté nf「貧しさ, 貧乏」

fort ↔ faible

025

La ligne entre « f_____ » et « f_____ » est souvent fine.

「**強い**」と「**弱い**」の境界線はしばしば微妙なことがある.

026

027

Une de mes amies a l'estomac f_____.

友人は胃が**弱い**.

rapide ↔ lent

028

Il y a des courants r_____s et des courants l_____s. Il y a une raison pour laquelle le débit d'une rivière peut être comparé à la vie.

急流もあれば, **ゆったりとした**流れもある. 川の流れが人生に喩えられるのはさもありなん.

029

030

Je suis désolé(e), mais je dois annuler notre rendez-vous car quelque chose d'u_____ est arrivé.

申し訳ありませんが, **緊急の**用事が入ったので約束をキャンセルしなければなりません.

031

La démission s_____ du chef du gouvernement a surpris le pays tout entier.

国家元首の**突然の**辞職は国全体を驚かせた.

fort, forte

[fɔr, fɔrt] **adj**

強い ↔ faible,
(コーヒーなどが) 濃い,
(スポーツ・科目など) 得意だ

別例 Ma mère est forte aux échecs. 母はチェスが得意です. / Il est fort en maths. 彼は数学が得意です.
*「～が得意です」<être fort(e) à + [ゲーム・スポーツなど]> と <être fort(e) en + [分野・教科など]> に注意. / Le vent est fort ce matin. 今朝は風が強い.

faible

[fɛbl] **adj**

(身体・能力が) 弱い ↔ fort

別例 Ma grand-mère était trop faible pour se lever. 祖母はあまりに衰弱していて立ち上がれなかった. / Il est faible en anglais. 彼は英語が苦手だ. *Il n'est pas bon en anglais. / L'anglais n'est pas son fort. も類義.「英語は彼のウイークポイントだ」L'anglais est son point faible. などともいう.

fragile

[fraʒil] **adj**

(体が) 弱い,
虚弱な = faible ↔ robuste,
壊れやすい ↔ solide

別例 Il y a des objets fragiles dans ce colis. この小包には壊れ物が入っています.

rapide

[rapid] **adj**

(速度が) 速い,
すばやい ↔ lent

別例 Le Shinkansen est l'un des trains les plus rapides au monde. 新幹線は世界最速の電車のひとつです. / Je vous remercie pour votre réponse rapide. 早速のお返事ありがとうございます.
rapidement adv「速く, 急いで」例 Il a fait ce travail très rapidement. 彼はとても素早くその仕事を仕上げた.

lent, lente

[lɑ̃, lɑ̃t]

遅い, ゆっくりした

別例 Mon ordinateur est vieux et lent. 私のパソコンは古くて遅い. / Elle est lente à comprendre. 彼女は飲み込みが悪い.
lentement adv「ゆっくりと」

urgent, urgente

[yrʒɑ̃, -ɑ̃t] **adj**

(物事が) 緊急の

別例 C'est urgent. 緊急の用事です.
urgence nf「(事態の) 緊急性, 救急」
例 le service des urgences「(病院の) 救急部門」

soudain, soudaine

[sudɛ̃, -ɛn] **adj**

突然の, 不意の

soudainement adv「急に, 突然に」(=tout à coup, brusquement)
*ただし, soudainement は文章語なので, 文頭に soudain を置いて副詞として用いることが多い. (例 Soudain, il a commencé à pleuvoir. 突然, 雨が降り出した)

clair ↔ sombre

032

Le ciel c_____ se couvrit soudain de nuages s_____s.

晴れ渡った空が突然, **暗い**雲に覆われた.

033

034

Le temps est si e_____ que mes enfants ont envie d'aller à la piscine.

燦々と**日が照っている**ので子供たちはプールに行きたがっています.

dur ↔ mou

035

Certaines personnes aiment les lits d_____s, d'autres les m_____s.

硬いベッドが好きな人もいれば, **柔らかい**ベッドが好きな人もいる.

036

ouvert ↔ fermé

037

Je pensais que le magasin était o_____, mais il était f_____.

その店は**開いている**と思っていましたが, **閉まって**いました.

038

clair, claire

[klɛr] **adj**

(部屋や空, 色などが) 明るい, 明確な

別例 L'entrée de cet hôtel est très claire. このホテルのエントランスはとても明るい. / Il est clair que mon ami a raison. 友人が正しいのは明らかだ. *<il est clair que + [直説法] >で「〜であることは明らかだ」の意味.

sombre

[sɔ̃br] **adj**

(場所などが) 暗い ↔ clair, 薄暗い, 陰気な, 憂鬱な

別例 Cette pièce est sombre. この部屋は薄暗い.
*「照明が暗い」の意味合いなら Cette pièce est mal éclairée. という言い方もする. なお「薄暗い」には obscur(e) も使う.
(s')assombrir vt vp「暗くする, 暗くなる」

ensoleillé, ensoleillée

[ɑ̃sɔleje] **adj**

日の当たる, 晴天の

別例 Les appartements ensoleillés sont très confortables. 日当たりのいいアパルトマンはとても快適です.

dur, dure

[dyr] **adj**

硬い, 固い ↔ tendre, mou, 困難な = pénible, difficile, 厳しい = sévère

別例 Cette viande est très dure. この肉はとても硬い. *coriace「(肉などが革のように) 硬い」などにも置き換えられる. / Tu aimes les œufs durs à la mayonnaise ? マヨーネーズを添えた固ゆで卵は好きですか. / C'est dur de travailler et d'étudier en même temps. 仕事と勉強の両立は難しい.

mou(mol), molle

[mu(mɔl), mɔl] **adj**

柔らかい, 軟弱な, だらけた

別例 Ce beurre reste mou même lorsqu'il est conservé au réfrigérateur. このバターは冷蔵庫で保存しても柔らかなままだ. / On se sent tout mou avec cette chaleur et cette humidité. この暑さと湿気でぐったりしてしまう.

ouvert, ouverte

[uvɛr, -ɛrt] **adj**

開いている, 開いた

別例 Ce supermarché est ouvert 24 heures sur 24. あのスーパーは24時間ずっと開いている. / Ne laissez pas la porte ouverte. ドアを開けっ放しにしないでください.

fermé, fermée

[fɛrme] **adj**

閉まった, 閉じた

別例 Par malheur, aujourd'hui, tous les magasins près d'ici sont fermés. あいにく今日は, この近くのすべての店が閉まっています.

libre ↔ occupé

039

Il est o______ ou l______ ce soir ?

今晩, 彼は**忙しい**ですかそれとも**暇**ですか.

040

041

L'entreprise de mobilier de bureau propose-t-elle la livraison g______ ?

そのオフィス家具の会社は**無料**配達をしていますか.

042

L'entrée est p______ en semaine.

平日は入場は**有料**です.

bon ↔ mauvais

043

Les b______s et les m______s jours alternent en ce moment.

最近, **いい**日と**悪い**日が交互にやってくる.

044

libre

[libr] **adj**

(人が) 自由な, 暇な, (席などが) 空いている ↔ **occupé**, 無料の = **gratuit**

別例 «Entrée libre»「入場無料」*«Entrée gratuite» ともいう. / Désolé(e), il n'y a pas de chambres libres. あいにくですが, 空いている部屋はございません. / Qu'est-ce que vous aimez faire pendant votre temps libre ? 時間がある時はどんなことするのが好きですか.

occupé, occupée

[ɔkype] **adj**

忙しい, (場所が) ふさがっている ↔ **libre**, 使用中の

別例 Désolé(e), je suis occupé(e) jusqu'à 22 heures. すみません, 夜の10時まで忙しいです. *類義の表現に être pris(e)「予定が詰まっている, 用事がある」がある. / Les toilettes sont occupées. トイレは使用中です.

gratuit, gratuite

[gratɥi, -it] **adj**

ただの, 無料の = **libre** ↔ **payant**

別例 Le stationnement est gratuit ? 駐車は無料ですか.
gratuité nf「無料 (であること)」
gratuitement adv「無料で」
例 On entre gratuitement dans ce musée le lundi. その美術館は月曜は入場無料です.

payant, payante

[pɛjɑ̃, -ɑ̃t] **adj**

有料の ↔ **gratuit**

payable adj「(ある方法で) 支払われるべき」
例 payable en espèce「現金払いの」

bon, bonne

[bɔ(bɔn), bɔn] **adj**

よい ↔ **mauvais**, 優れた, おいしい, (健康状態が) 良好な, 十分な

別例 Bonne journée ! よい1日を. / Tu connais un bon restaurant français près d'ici ? この近くで, おいしいフランチ・レストランを知っていますか. / On a attendu une bonne heure. 優に1時間は待ちました. *数詞とともに用いられた見出し語 (あるいは grand) は「たっぷりと」の意味.

mauvais, mauvaise

[mo(ɔ)vɛ, -vɛz] **adj**

悪い ↔ **bon**, (天気が) 悪い, まずい, 苦手な

別例 La condensation devient assez mauvaise pendant l'hiver. 冬の間は結露がかなりひどくなる. / Quel mauvais temps ! なんてひどい天気なんだ.
mauvais adv「悪く」例 Il fait mauvais.「天気が悪い」
*Il fait mauvais temps. も同意だが, その際 mauvais は形容詞.

meilleur ↔ pire

045

La faim est ce qui fait la différence entre la m_____ nourriture et la p_____, n'est-ce pas ?

最高の食べ物と**最悪**の食べ物を分けるのは空腹ですよね.

046

supérieur ↔ inférieur

047

Le niveau d'anglais de Ken est s_____ au mien, mais i_____ à celui de ma sœur.

Kenの英語力は私に**勝り**ますが, 私の姉（妹）に比べると**劣り**ます.

048

rond ↔ carré

049

Elle a un visage r_____ et des lunettes c_____s.

彼女は**丸**顔で**四角い**メガネをかけています.

050

meilleur, meilleure

[mɛjœr] **adj**

(bon の比較級・最上級) より よい, 最もよい

別例 Je pense que ce film français est meilleur que l'autre. このフランス映画は別のものより優れていると思います. / Quel est le meilleur hôtel dans la banlieue de Tokyo ? 東京郊外で最上のレストランはどこですか.

pire

[pir] **adj**

(mauvais の比較級・最上級) より悪い, 最悪の

状況・人・ものの抽象的な評価に用いる.
別例 C'est pire que tout. 最悪だ. / C'est le pire accident nucléaire de l'histoire. これは史上最悪の原発事故だ.
*具体的事物が「より悪い」なら plus mauvais を用いることが多い.

supérieur, supérieure

[syperjœr] **adj**

(à より) 優れた, 高級な, (場所の) 上の, 川上の

例文の出だしは Ken parle mieux l'anglais que moi. と言い換えられる. 別例 Ce tissu est bien supérieur à celui-là. この生地はあちらよりずっと上等だ. / Ils habitent dans les étages supérieurs. 彼らは上の階に住んでいます.
supérieur, supérieure n「目上の人, 上司」
supériorité nf「優れていること, 優位」

inférieur, inférieure

[ɛ̃ferjœr] **adj**

(à より) 劣った, 下の, 少ない

別例 Sa note est inférieure à la mienne. 彼 (彼女) のテストの点は私より下です.
inférieur, inférieure n「目下の人, 部下」
infériorité nf「劣っていること, 劣等」

rond, ronde

[rɔ̃, rɔ̃d] **adj**

丸い

「丸々太った顔」なら le visage arrondi という.
arrondir vt「丸くする, (金額の) 端数を切り捨てる」
例 arrondir les yeux「(驚いて) 目を丸くする」

carré, carrée

[kare] **adj**

四角い, 正方形の, 平方の

別例 visage carré「角ばった顔」/ L'État de la Cité du Vatican a une surface de 0,49 km² (kilomètres carrés). バチカン市国は0.49平方キロメートルの面積です. *0.44という数値も各所で紹介されているが, これは過去の面積計算ミスをそのまま踏襲した表記のようだ.

majeur ↔ mineur

051

Tu es déjà m_____(e), mais ta sœur est encore m_____.

君はもう**大人**だけれど, 妹はまだ**未成年**です.

052

vrai ↔ faux

053

Entre l'anglais et le français, il y a de v_____ amis et de f_____ amis.

英語とフランス語の間には, **本当の**友と**偽りの**友がいます.

054

055

Quelle est la v_____ raison de votre échec ?

あなたが失敗した**本当の**理由はなんですか.

né ↔ mort

056

Un chaton n_____ à Moscou est m_____ depuis six mois.

モスクワ**生まれ**の子猫が**死んで**半年になる.

057

majeur, majeure

[maʒœr] **adj**

青年に達した, もっと大きい, 重大な

別例 Notre fille dépense la majeure partie de son salaire en voyages à l'étranger. 娘は給料の大部分を海外旅行に使っている. / subir une opération majeure「大手術を受ける」
majeur(e) n「成年者」
majorité nf「成年, 大多数」

mineur, mineure

[minœr] **adj**

未成年の, (より) 小さい, 重要でない

別例 C'est un problème mineur. これは取るに足らない問題です.
mineur(e) n「(18歳未満の) 未成年」
minorité nf「未成年, 少数派」

vrai, vraie

[vrɛ] **adj**

(虚偽ではない) 本当の = réel, 真実の = véridique

別例 Il est vrai que les salaires des sportifs de haut niveau sont scandaleux. トップアスリートの年俸が法外なのは事実です.
vérité nf「真実, 真理」
例 Dites-moi la vérité. 本当のことを言ってください.

faux, fausse

[fo, fos] **adj**

偽の ↔ exact, vrai, 間違った

別例 Les données étaient fausses. データは偽物だった. / Je regrette, mais c'est faux. 申し訳ないですが, それは違います.

véritable

[veritabl] **adj**

本当の = vrais, 本物の, (評価) まったくの, (素材などが) 本物の = authentique

vérité nf「真実, 真理, 本当のこと」
véritablement adv「本当に, 実際に, 実に」
例 Cette actrice est véritablement belle. あの女優さんは実に美しい.

né, née

[ne] **adj**

生まれた

別例 C'est une Française née en Algérie. 彼女はアルジェリア生まれのフランス人です.

mort, morte

[mɔr, mɔrt] **adj**

死んだ, 枯れた

別例 La saison où les feuilles mortes s'entassent dans notre jardin approche à grands pas. もうすぐわが家の庭に枯葉が積もる季節がやってくる.
mort nf「死」 例 Tu n'as pas peur de la mort ? 死が怖くないの.

058

J'aime beaucoup ce quartier, il est v_____, plein de monde.

この界隈が大好きだ, **にぎやかで**, 人があふれている.

nouveau ↔ ancien

059

Dans le bureau de mon père, des livres a_____s étaient alignés sur de n_____s étagères.

父の書斎には**新しい**書棚に**古**書が並んでいた.

060

061

Connaissez-vous la coiffure féminine t_____ française appelée « coiffe » ?

« coiffe »と呼ばれるフランスの**伝統的な**女性の被り物をご存知ですか.

062

Je voudrais quelque chose de c_____.

クラシックな感じのものが欲しいのですが.

neuf ↔ d'occasion

063

Votre voiture est-elle n_____ ou d'o_____ ?

あなたの車は**新車**ですか**中古**ですか？

064

vivant, vivante

[vivɑ̃, -ɑ̃t] **adj**

生きている = **en vie**, 元気な, (場所が) 活気にあふれた

厳密には形容詞 mort, morte の反意語はこの単語.
vivre vi vt「生きている (=être en vie), 暮らす, 生きる」

---

nouveau [nuvo] **(nouvel** [-vɛl]**)** **nouvelle** [-vɛl]

adj mpl nouveaux [-vo]

(名詞の前で) 新しい, 今度の, (名詞の後で) [初めて現れて] 新しい

別例 Comment se passe votre nouveau cours de français à l'école de langues ? 語学学校の新しいフランス語のクラスはどうですか. / Ce vin nouveau est très bon. この新酒はとてもおいしい.
nouveau nm「新しいこと (もの)」
例 à nouveau「改めて, 新たに」/ de nouveau「再び, もう一度」
nouveauté nf「新しさ, 新しいもの (こと)」
renouveler vt「新しくする, 更新する」

---

ancien, ancienne

[ɑ̃sjɛ̃, -ɛn] **adj**

古い = **vieux**, 昔の, 前の, 元の

別例 Il y a des jours où mon ancienne vie me manque. 昔の暮らしを恋しく思う日もあります. / C'est le plus ancien pont de cette ville. これはこの町で一番古い橋です.
*vieux と類義だが, 見出し語は現在とは「別時代の」という意味合い, それに歴史的対象物として価値が含意される.

---

traditionnel, traditionnelle

[tradisjɔnɛl] **adj**

伝統の, 昔から伝わる

tradition nf「伝統, しきたり」
例 C'est un temple shintoïste avec une longue tradition. ここは長い伝統のある神社です.

---

classique

[klasik] **adj**

古典的な, 古典の, 伝統的な

別例 musique classique「クラシック (音楽)」/ langues classiques「(ギリシア語・ラテン語) 古典語」
classicisme nm「古典主義, 古典的な美」
classiquement adv「古典的に」

---

neuf, neuve

[nœf, nœv] **adj**

(物が) 新品の, 新しい

別例 Alors, quoi de neuf ? で, 何か変わったことは.
*Quoi de nouveau ? も同義. 親しい相手との会話を始めるのに使う定番の表現.
neuf nm「新品, 新しいもの (こと)」

---

d'occasion

[dɔkazjɔ̃] **loc.adj**

中古の, 一時的な

別例 une voiture d'occasion「中古車」/ un livre d'occasion「古本」*「新車」は voiture neuve という. なお,「使い古した」の意味なら usé(e) を用いる.

jeune ↔ vieux

065

Une j_____ femme et un v_____ homme dansaient main dans la main.

若い女性と**年取った**男性が手を取り合って踊っていた.

066

067

Je suis plus â_____ que ma sœur de deux ans.

私は妹より2つ**年が上**です.

beau ↔ laid

068

Cette fille n'est ni b_____ ni l_____.

あの娘は**美人**でも**ブス**でもない.

069

070

Cet oiseau est très j_____.

この鳥はとても**かわいい**.

jeune

[ʒœn] **adj**

若い ↔ **vieux**, 年下の

別例 J'ai envie de faire le tour du monde pendant que je suis encore jeune. まだ若いうちに，世界一周したい． / Sa grande sœur paraît plus jeune que son âge. 彼（彼女）の姉は年よりも若く見える．

jeunesse nf「青春時代，若さ，（集合的に）若者たち」

vieux (vieil), vieille

[vjø(vjɛj), vjɛj] **adj**
mpl vieux

（物が）古い = **ancien**,
（人が）年取った = **âgé**,
老けた

別例 un vieil arbre「古い木，老木」/ un vieil ami「旧友（今も友人，女性なら une vieille amie）」*un ancien ami は「昔の友」（今は違う）という意味合い．

vieillir vi「年を取る，老ける」

vieillesse nf「老年，老い」

vieillard(e) n「老人」

*「第3年齢期（老後）」troisième âge という呼び方もある．

âgé, âgée

[aʒe] **adj**

年をとった，老齢の

別例 On doit respecter les personnes âgées. お年寄りは敬（うやま）わなくてはなりません．

*現在では「老人」を表す際に「高齢者」を意味する les personnes âgées を使う．「老人」**vieillard nm** はときに軽蔑的に響く単語なので注意を要す．

beau(bel), belle

[bo(bɛl), bɛl] **adj**
mpl beaux [bo]

美しい ↔ **laid**,
晴れた ↔ **mauvais**, すばらしい

別例 Qu'est-ce que tu veux faire demain s'il fait beau ? 天気がよければ明日何をしたいですか． / Ce film français a remporté un beau succès. このフランス映画はすばらしい成功を収めた．

beauté nf「美しさ，美人」

embellir vt「美しくなる，美化する」

laid, laide

[lɛ, lɛd] **adj**

（容貌・外観が）醜い ↔ **beau, joli**,
恥ずべき

別例 un homme laid「醜い男」/ C'est laid de mentir. 嘘をつくのは恥ずべきことだ．

joli, jolie

[ʒɔli] **adj**

きれいな，かわいい ↔ **laid**

別例 Elle a acheté une jolie robe pour son rendez-vous avec Jacques. 彼女は Jacques とのデートにきれいなワンピースを買った．

*類義の **beau** が最も広く「（美的で）美しい」の意味で使われるのに対して，見出し語は「かわいい，きれいな」と言い表すケースで使われる．なお，「小さくてかわいい」なら **mignon, mignonne**（**例** Elle est migonne, cette petite fille !「かわいいお嬢ちゃんだこと」）を用いることも多い．

heureux ↔ malheureux

071

Je ne sais pas si je suis h_____ ou m_____.

自分が**幸せな**のか**不幸な**のかわかりません.

072

073

Notre fils est vraiment j_____ d'avoir retrouvé notre chat perdu.

うちの息子はいなくなった猫に再会して本当に**喜んで**いる.

074

Je suis r_____ de vous rencontrer.

お目にかかれてとても**うれしい**.

optimiste ↔ pessimiste

075

Paloma est d'un caractère o_____, mais son mari est toujours p_____.

Palomaは**楽天的**な性格ですが, 彼女の夫はいつも**悲観的**です.

076

077

Ma tante parle facilement avec tout le monde, elle est s_____.

おばは誰とでも気楽に話をする, **自然体の**人です.

heureux, heureuse

[œrø, -øz] **adj**

(人が) 幸福な, 幸せな, 嬉 (うれ) しい ↔ **malheureux**

別例 Je suis très heureux(se) de travailler avec vous ici. よろしくお願いします (ここでいっしょに働けることをとても嬉しく思っています). / Je suis heureux(se) de vous voir. お目にかかれて嬉しく思います.
*Je suis heureux(se) de faire votre connaissance. も同義.
heureusement adv「運よく, 有利に」

malheureux, malheureuse

[malœrø, -øz] **adj**

不幸な, 不運な ↔ **heureux**, (出来事が) 悲しい = **triste**

別例 Notre mariage était malheureux. 私たちの結婚生活は不幸でした.
*接頭辞 mal- は「悪い」の意味で, 他に「器用な」adroit(e) と「不器用な」maladroit(e) といった例がある.
malheur nm「不幸, 不運 (↔ bonheur), 災難 (=accident)」
malheureusement adv「不幸にも, 残念ながら (↔ heureusement)」

joyeux, joyeuse

[ʒwajø, -øz] **adj**

喜んだ, 陽気な

別例 Joyeux anniversaire ! お誕生日おめでとう.
joie nf「喜び, 喜びの種」
例 C'est une joie de te revoir. また会えてうれしいです.
rejouir vt「喜ばす, 楽しませる」

ravi, ravie

[ravi] **adj**

(de で) 大変うれしい

別例 Mes parents sont ravis de pouvoir faire un voyage autour du monde. 両親は世界一周の旅ができるのをとても喜んでいます.

optimiste

[ɔptimist] **adj & n**

楽天的な, 楽天家, オプティミスト

別例 Comment pouvez-vous être aussi optimiste ? どうしてそんなに楽天的でいられるのですか.
optimisme nm「楽天主義」
例 avec optimisme「楽観的に, 楽観して」

pessimiste

[pesimist] **adj & n**

悲観的な, 厭世家, ペシミスト

別例 Il est pessimiste quant à l'avenir de son entreprise. 彼は自分の会社の将来について悲観的な見方をしている.
pessimisme nm「悲観論, 厭世主義」

spontané, spontanée

[spɔ̃tane] **adj**

率直な, 天真爛漫な, 自発的な

spontanéité nf「自発性, 率直さ」
例 avec spontanéité「自発的に, 率直に」
spontanément adv「自発的に」
例 Les enfants acquièrent le langage spontanément. 子供は自発的に言語を身につける.

propre ↔ sale

078

Il fait trop sombre pour dire si cette salle de bain est p______ ou s______.

暗すぎて, この浴室が**きれいな**のか**汚れている**のかよくわからない

079

080

Zoé a un style qui lui est p______.

Zoéには彼女**独特の**流儀がある

081

Avec toutes ces usines, comment voulez-vous que l'air soit p______ ?

これだけ工場があるのに, どうすれば空気が**澄む**というのか.

calme ↔ bruyant

082

C'est une ville b______ pendant la journée, mais vraiment c______ la nuit.

昼間は**騒がしい**街だが, 夜は実に**静か**だ.

083

084

Laissez-moi t______ !

私にかまわないで (←**そっとして**おいて).

propre [1]

[prɔpr] **adj**

清潔な，きれいな ↔ **sale**

別例 une ville propre sans détritus「ゴミが散乱していない清潔な都市」/ Il faut développer les énergies propres, telle la biomasse. バイオマスのようなクリーンエネルギーを開発しなければならない.

propreté nf「清潔さ」(↔ saleté)

sale

[sal] **adj**

よごれた，汚い

別例 Ils ont laissé l'appartement très sale. 彼らはそのマンションをとても汚いままにしていった.

salir vt「汚す」

saleté nf「不潔，ごみ」

propre [2]

[prɔpr] **adj**

(àに) 固有の，適した

別例 goût propre au bleu d'Auvergne「オーヴェルニュ産ブルーチーズ特有の風味」/ un homme propre à rien「何の役にも立たない男」

propriété nf「所有物，所有権」

propriétaire n「所有者，家主 (↔ locataire)」

pur, pure

[pyr] **adj**

純粋な ↔ **impur**，澄んだ，(名詞の前に置いて) まったくの，単なる

un air pur「澄んだ空気 (大気)」の反意になるのは un air pollué「汚染された空気 (大気)」.

別例 Il n'intervient dans vos affaires que par simple curiosité. 彼は単なる好奇心からあなたの問題に口をさしはさんでいるだけだ.

calme

[kalm] **adj**

静かな，冷静な

別例 Restez calme, ne paniquez pas ! 冷静に (落ち着いて)，あわてないで. / Je préfère un restaurant calme. 静かなレストランがいいです.

calmer vt「静める，落ち着かせる」例 J'ai mis longtemps à la calmer. 彼女を落ち着かせるのに時間がかかった.

bruyant, bruyante

[brɥijɑ̃, -ɑ̃t] **adj**

(人や場所などが) 騒がしい

別例 C'est très bruyant à côté. (ホテルなどで) 隣がすごく騒がしいです. / une classe bruyante「騒がしい教室」

bruit nm「音，物音，騒音，うわさ」

tranquille

[trɑ̃kil] **adj**

静かな = **calme**，おとなしい = **sage**，安心した ↔ **inquiet**

別例 Cette station thermale est vraiment tranquille et c'est très agréable. この温泉地は実に静かでとても心地よい.

urbain ↔ rural

085

Cette tradition est r____, elle n'est pas d'origine u____.

このしきたりは**田舎**のもので, **都市部**に由来するものではありません.

086

087

Elle est p____, elle n'est pas orginaire de Paris.

彼女は**地方の**出で, パリ出身ではありません.

088

Vous avez des spécialités l____s ?

土地の名物料理はありますか.

◉ 性質・状態

089

Les gens i____s cherchent à comprendre avant de juger.

頭のいい人は判断する前に理解しようと努める.

090

Nos enfants ne sont pas toujours s____s.

うちの子たちはいつも**おとなしい**わけではありません.

urbain, urbaine

[yrbɛ̃, -ɛn] **adj**

都市の

見出し語は la ville「都市」に対応する形容詞. la cité「都市」から派生した「都市の, 都会の」という形容詞 citadin(e) は類義語.
例 la vie citadine「都市生活」

rural, rurale

[ryral] **adj** **mpl ruraux** [-o]

農村の, 田舎の

「田園の, 田舎の」campagnard(e) は類義語, また rustique「田舎風の, ひなびた」という語もある. なお, rural と urbain をプラスした rurbain(e) は社会学で使われ出した単語で「(都市郊外の)田園都市の, 近郊農村の」という意味の形容詞.

provincial, provinciale

[prɔvɛ̃sjal] **adj**
mpl provinciaux [-o]

(首都に対して) 地方の, 田舎の

別例 La vie provinciale est calme. 田舎暮らしは静かです.
*「首都」での暮らしに照らしてという前提がある言い回し.

local, locale

[lɔkal] **adj** **mpl locaux** [-o]

(ある特定の) 地方の,
その土地に固有の

別例 un journal local「地方新聞」/ des produits locaux「地方の特産物」*類義「地方の」を意味する **régional(e)** という形容詞もある.
localement adv「局地的に, ところによって」

intelligent, intelligente

[ɛ̃teliʒɑ̃, -ɑ̃t] **adj**

頭のいい ↔ **bête** , 知的な

別例 Il est intelligent.「彼は頭がいい」
*brillant(e)「頭が切れる, 優秀な」も類義.
intelligence nf「知能, 知性, 頭のよさ」

sage

[saʒ] **adj**

賢明な,
思慮分別のある **=raisonnable** ,
(子どもが) おとなしい

別例 On doit reconnaître que vos conseils étaient sages. あなたの忠告は思慮に富んだものだったと認めなくてはならない.
***sagesse nf**「(言動の) 賢明さ, (子どもの) 従順」を用いて On doit reconnaître la sagesse de vos conseils. と書き換えられる.
sagement adv「おとなしく, 賢明に (=avec sagesse)」

091

Il m'a posé une question i____.

彼は私に**ばかげた**質問をした.

092

J'ai fait une faute s____.

私は**ばかな**ミスをした.

093

C'est loin d'être une satisfaction s____.

これでは**精神的な**満足とはほど遠い.

094

C'est f____ de faire ça !

そんなことするなんて**馬鹿げてる**.

095

Il faisait un temps t____ hier soir.

昨晩は**ひどい**天気だった.

096

Les critiques étaient s____s contre l'écrivain.

批評家たちはその作家に対して**手厳し**かった.

097

Le maître charpentier est p____ sur ceci et cela.

大工の棟梁はあれこれと**口うるさい**.

idiot, idiote

[idjo, -ɔt] **adj**

ばかげた,
愚かな ↔ **intelligent**

idiot, idiote n「ばか, 間抜け」
idiotie nf「愚かさ, ばかな言動」
例 Mon oncle ne dit que des idioties. おじは馬鹿なことばかり言っている.

stupide

[stypid] **adj**

ばかな,
愚かな ↔ **intelligent** ,
(行動が) へまな

別例 C'est un gars stupide. あいつは愚かな奴だ.
stupidité nf「愚かさ, 愚鈍, へま」
例 Je suis étonné(e) de sa stupidité et de son ignorance. 彼 (彼女) の愚かさと無知にはあきれはてた.

spirituel, spirituelle

[spiritɥɛl] **adj**

精神的な, 精神の = **mental** ↔ **matériel** , 機知に富んだ

esprit nm「精神, 知性, 才気」例 corps et esprit「肉体と精神」/ état de l'esprit「精神状態, メンタリティー」/ Mon fils est plein d'esprit. 息子は機知に富んでいる.

fou (fol), folle

[fu(fɔl), fɔl] **adj**
mpl fous [fu]

狂った, 馬鹿げた,
(de に) 夢中になった

別例 Ma sœur est folle de cinéma français. 姉 (妹) はフランス映画に夢中です. / Ma sœur est folle de joie. 姉 (妹) は嬉しくてたまりません.

terrible

[tɛribl] **adj**

ひどい, 恐ろしい, 激しい

別例 Hier matin, j'ai été témoin d'un accident terrible. 昨日の朝, 恐ろしい事件を目撃した.
terriblement adv「ものすごく, とても」

sévère

[sevɛr] **adj**

厳しい, 厳格な = **rigoureux**

sévèrement adv「厳しく, 手厳しく」
例 Ceux qui harcèlent sexuellement doivent être sévèrement punis. セクハラをした人が厳しく罰せられるのは当然です.
sévérité nf「厳しさ」
例 avec sévérité (=sévèrement)

pointilleux, pointilleuse

[pwɛ̃tijø, -øz] **adj**

(細かいことに) 口うるさい,
(悪い意味で) 細かい

「(いい意味で) 細かい」なら méticuleux, méticuleuse という形容詞を用いる (例 Elle est méticuleuse dans son travail. 彼女は仕事が細やかだ).

098

Il est i____ d'agir immédiatement.

すぐに行動することが**大切だ**.

099

Il a eu un g____ accident de moto avant-hier matin.

おとといの朝, 彼はバイクで**大**事故を起こした.

100

C'est une personne d____ de confiance.

あの人は信頼に**足る**人物です.

101

Le directeur d'usine est r____ de l'incendie.

工場長は火災の**責任を負っている**.

102

Où sont les p____s attractions touristiques de cette région ?

この地域の**主要な**観光名所はどこですか.

103

Le français est la langue o____ dans plusieurs pays d'Afrique.

フランス語はアフリカのいくつもの国々で**公用**語となっている.

104

La toxicomanie devient un problème s____ de plus en plus grave.

薬物乱用はますます深刻な**社会**問題になってきている.

important, importante
[ɛ̃pɔrtɑ̃, -ɑ̃t] **adj**

重要な, 大切な,
(数量が) 大きな = **considérable**

左記の例文は Il est important qu'on agisse immédiatement. と書き換えられる. **別例** Il est difficile d'apprendre ce texte par cœur. このテクストを暗記するのは難しい. *Ce texte est difficile à apprendre par cœur. とも表現できる.
importance nf「重要性」
例 Ça n'a aucune importance. たいしたことじゃない (大丈夫).

---

grave
[grav] **adj**

重要な, 重大な ↔ **anodin**,
(事故などが) 大きい,
(病気が) 重い

別例 Ce n'est pas grave. 大丈夫です (気にしないで大したことじゃないから). / Le changement climatique est un problème grave. 気候変動は重大問題だ. / Elle a complètement guéri d'une maladie grave. 彼女は重い病気からすっかり回復した.

---

digne
[diɲ] **adj**

価値がある, (賞罰に) 値する,
(de に)似つかわしい

別例 Ce genre de réponse est bien digne d'elle. そうした類の応答はいかにも彼女らしい.
dignité nf「尊厳, 威厳」
dignement adv「立派に, 堂々と」

---

responsable
[rɛspɔ̃sabl] **adj**

(de に)責任のある ↔ **irresponsable**,
原因がある

別例 Le manque de motivation est responsable des abandons dans les cours de ligne. モチベーションの欠如は, オンライン授業を放棄する原因になります.
responsible n「責任者」**responsabilité nf**「責任, 責務」
responsabiliser vt「(人に) 責任感を持たせる」

---

principal, principale
[prɛ̃sipal] **adj**
mpl principaux [-po]

主要な

別例 Il y a deux raisons principales pour lesquelles le pays s'est tourné vers la croissance démographique. その国が人口増加に転じたのには2つの主要な理由があります.
principalement adv「主として, 特に」

---

officiel, officielle
[ɔfisjɛl] **adj**

公的な, 公式の ↔ **officieux**

別例 communiqué officiel「(マスコミに向けた) 公的発表, コミュニケ」/ prix officiel「公定価格」/ L'euro est la monnaie officielle de l'Union européenne. ユーロは欧州連合の公式通貨です.

---

social, sociale
[sɔsjal, -o] **adj**
mpl sociaux [-o]

社会の, 社会的な

別例 entrer dans la vie sociale「実社会に入る, 就職する」/ J'utilise les réseaux sociaux pendant quelques heures après le travail. 仕事のあと, 数時間SNSを使っている.

105

Mes amis aiment beaucoup les discussions **p____s.**

友人たちは**哲学的な**議論が大好きだ.

106

En tout cas, vous ne pouvez pas déposer de l'argent l____ français sur un compte étranger.

いずれにせよ, フランスの**現金**を外国の口座に入金することはできません.

107

Le taux de change a____ du dollar est d'environ 140 yens.

現在のドルの為替レートはおよそ140円です.

108

Ce meurtre horrible est r____.

この凄惨な殺人は**現実に起きたもの**です.

109

Est-ce que vous êtes pour ou contre la privatisation des services p____s ?

公共サービスの民営化に賛成ですか, 反対ですか.

110

On doit respecter la vie p____.

プライバシーは尊重しなくてはならない.

111

Cette conversation doit rester c____.

この会話は**秘密にして**おく必要がある.

112

Cet acteur garde sa vie privée s____.

あの俳優は私生活を**秘密**にしている.

philosophique
[filɔzɔfik] **adj**
哲学的な

philosophie nf「哲学」
例 En France, on étudie la philosophie à partir du lycée. フランスではリセから哲学を学ぶ.
philosophe n「哲学者」

---

liquide
[likid] **adj**
(金銭が) すぐに使える

argent liquideで「現金」, liquideだけでも名詞で「現金」の意味になる.
例 payer en liquide「現金で支払う」(=payer en espèces)

---

actuel, actuelle
[aktɥɛl] **adj**
現代の, 現在の

actuellement adv「現在, 目下, 今のところ」(=à l'heure actuelle)
例 Notre bureau est actuellement fermé. 当社のオフィスは現在閉まっています. / Quel est le taux de change du yen par rapport à l'euro actuellement ? 現在, 円からユーロへの為替レートはいくらですか.

---

réel, réelle
[reɛl] **adj**
現実の ↔ **irréel, imaginaire**,
(名詞の前で) 本当の ↔ **faux**

réellement adv「現実に, 本当に, (文頭で) 実のところ」
réalité nf「現実, 実人生」
例 La réalité dépasse la fiction. 事実は小説より奇なり.
réaliser vt「実行する, 実現させる」(=accomplir)

---

public, publique
[pyblik] **adj**
公の, 公共の ↔ **privé**,
公開の

別例 sécurité publique「治安」(=ordre public) / Cette information n'a pas encore été rendue publique. この情報はまだ公開されていません.
public nm「大衆, 読者, (映画などの) 観衆」
例 en public「人前で, 公衆の面前で」(↔ en privé)

---

privé, privée
[prive] **adj**
私的な, 個人的な, 私立の

別例 Il y a peu d'universités privées en France. フランスには私立大学はほとんどない.
privé nm「民間企業, 私生活」例 dans le privé「民間企業で, 私生活では」/ en privé「個人的に, 内輪で (=entre nous ↔ en public)」

---

confidentiel, confidentielle
[kɔ̃fidɑ̃sjɛl] **adj**
内密の, 内緒の

別例 documents confidentiels「機密文書 (書類)」/ code confidentiel「暗証番号」*(code) NIP (numéro d'identification personnel の略) ともいう.

---

secret, secrète
[səkrɛ, -ɛt] **adj**
秘密の, 隠された

secret nm「秘密, 秘訣」
例 C'est un secret entre nous. これは私たちの秘密です (内緒事です).
secrètement adv「秘密に」

113

Pensez-vous que les smartphones sont une nécessité dans la société m_____ ?

スマートフォンは**現代**社会の必需品だと思いますか.

114

Selon un r_____ sondage, la cote de popularité du parti au pouvoir a légèrement augmenté.

最近の世論調査によると与党の支持率はわずかに上昇した.

115

De nos jours, de plus en plus de gens choisissent un enterrement n_____.

最近では, **自然**葬を選択する人が増えています.

116

Les immigrés n'oublient jamais leur pays n_____.

移民した人たちはけっして**生まれ**故郷を忘れない.

117

Le fonctionnement du corps h_____ est fort compliqué.

人間の体（人体）の機能は非常に複雑だ.

118

Le développement de l'intelligence a_____ mènera-t-il vraiment directement au bonheur humain ?

人工知能の発展は本当に人の幸せに直結するのだろうか.

119

Tu es en bonne condition p_____ ?

体調（**体の**調子）はいいですか.

moderne

[mɔdern] **adj**

近代の, 現代の

別例 Le mercredi, le musée d'Art Moderne est ouvert jusqu'à 20 heures. 水曜日, 近代美術館は午後8時まであいています. / La plupart des bâtiments modernes sont antisismiques. 近年の建物はほとんどが耐震構造です.

récent, récente

[resɑ̃, -ɑ̃t] **adj**

最近の ↔ **ancien**, できて間もない

récemment adv「最近, 先ごろ」
例 M. Racine s'est marié récemment. Racine さんは最近結婚した.

naturel, naturelle

[natyrɛl] **adj**

自然の, 生まれつきの, 天然の, 当然の

別例 Ces produits ne contiennent que des ingrédients naturels. ここにある製品は天然素材だけを使っています.
naturellement adv「自然に, 本来, (返事として) 当然」

natal, natale

[natal] **adj** **mpl natals**

生まれた, 生まれた場所の

natalité nf「出生率」
例 La natalité est en baisse au Japon et en Corée du Sud. 日本や韓国では出生率が落ちている.
*le taux de natalité ともいう.

humain, humaine

[ymɛ̃, -ɛn] **adj**

人間の, 人間的な

別例 L'erreur est humaine, le pardon divin. あやまちは人の常, 許すのは神のわざ.

artificiel, artificielle

[artifisjɛl] **adj**

人工の, 模造の ↔ **naturel**

例 satellite artificiel「人工衛星」/ des fleurs artificielles「造花」
artificiellement adv「人工的に」

physique

[fizik] **adj**

身体の, 肉体の, 物質の, 物理学の

別例 le travail physique et le travail intellectuel「肉体労働と頭脳労働」
physique nm「身体, 体格, 容姿」
例 Elle a un physique agréable. 彼女は容姿端麗だ.
*la physique は「物理学」の意味.

120

Mon ex-femme a un caractère s____.

前妻は**落ち着いた**性格だ.

121

C'est une chance e____.

これは**まれに見る**幸運だ.

122

C'est n____ de se tromper.

間違えるのは**当たり前の**ことだ.

123

Au Japon, il devient courant de rencontrer l'anglais dans la vie q____.

日本では**日常**生活において普通に英語に出合うようになってきている.

124

Ma fille parle allemand de manière c____.

うちの娘は**流暢に**ドイツ語を話します.

125

Le costume de M. Orange est tout à fait o____.

Orange氏のスーツはまったく**ありふれた**ものだ.

126

Comme vous le savez, les téléchargements sont i____x.

ご存知のように, そうしたダウンロードは**違法**です.

stable

[stabl] **adj**

安定した, 変化しない

stabilité nf「安定性」
stabilisation nf「安定化」

exceptionnel, exceptionnelle

[ɛksɛpsjɔnɛl] **adj**

例外的な, 並はずれた, ものすごい

別例 Il fait une chaleur exceptionelle pour la saison. この季節にしては桁外れの暑さだ.

normal, normale

[nɔrmal] **adj**
mpl normaux [nɔrmo]

普通の, 正常な = **ordinaire** ↔ **anormal**

se normaliser vp「正常になる」
例 Quand la circulation des trains va-t-elle se normaliser ? 電車の運行が正常に戻るのはいつですか.
normalement adv「普段, ふつうは」
例 Normalement, que faites-vous après l'école ? 普段, 授業の後は何をしていますか.

quotidien, quotidienne

[kɔtidjɛ̃, -ɛn] **adj**

日々の, 日常の = **journalier**

別例 Elle est partie faire sa promenade quotidienne. 彼女は毎日の（日課にしている）散歩に出かけた.
quotidien nm「日常的な事柄, 日常生活」
例 Une promenade avant le petit-déjeuner fait partie de mon quotidien. 朝食前の散歩は私の日課の一部です.

courant, courante

[kurɑ̃, -ɑ̃t] **adj**

流れる, 日常の, 現在の

courir の現在分詞から派生した語.
別例 Les embouteillages sont une chose courante sur cette route. この道路では渋滞はよくあることです. / alimenter son compte courant「当座預金に入金する」
couramment adv「流暢に（=de manière courante), 普通に」

ordinaire

[ɔrdinɛr] **adj**

通例の, 普通の, ありふれた ↔ **extraordinaire**

別例 La nourriture de ce restaurant est très ordinaire. この食堂の食べ物はごくありふれている.
ordinaire nm「通常, 普通の水準」**例** D'ordinaire, je dîne à neuf heures. 普通, 9時に夕飯を食べます. *d'ordinaire で「普通, 一般に」(=ordinairement, d'habitude) の意味.

illégal, illégale

[ilegal] **adj**
mpl illégaux [-o]

違法な, 非合法の

類義の **illicite** は法的な禁止とともに, 習慣的に禁じられている行為「社会的な規範に合わない, 道徳に反する」という意味合いも含む（**例** Dans ce pays, le cannabis reste une substance illicite. この国では大麻は依然として禁止薬物である).
illégalité nf「違法（性）」
illégalement adv「不法に, 法に反して」

127

Mon patron m'a soudainement dit de faire des heures s____.

上司から急な残業を（**超過**勤務をするように）言い渡された.

128

Elle est très s____. Vous pouvez compter sur elle.

彼女はとても**まじめ**です. 頼れる人ですよ.

129

Le chien est un animal f____.

犬は**忠実な**動物だ.

130

Connaissez-vous des Français c____s ?

有名なフランス人を誰か知っていますか.

131

Quelle est la vie i____ pour toi ?

君にとって**理想的な**暮らしってどんなものなの.

132

Quel est votre trésor le plus p____ ?

あなたにとって一番**価値のある**宝物は何ですか.

133

Elles séjournaient dans un hôtel l____.

彼女たちは**豪華な**ホテルに滞在していた.

134

Elle avait envie d'étudier dans une école célèbre au Canada, parce que les professeurs y sont e____s.

彼女はカナダの有名な学校で勉強したかった, その学校の教師たちが**優れている**からだ.

supplémentaire
[syplemɑ̃tɛr] **adj**

追加の

別例 train supplémentaire「臨時列車」
supplément nm「追加（料金），補足，補遺」
例 Le vin est en supplément. ワインは別料金です．
*en supplément で「追加で，別料金で」の意味．

sérieux, sérieuse
[serjø, -øz] **adj**

まじめな，信頼できる，
（傷や病などが）重い，重大な

別例 Ils ont un problème sérieux. 彼らは深刻な問題を抱えています．*「深刻さ」を強調するなら un sérieux problème の語順も可．**sérieusement adv**「まじめに，本気で」例 Mes secrétaires travaillent toujours sérieusement. 私の秘書たちはいつもまじめに働いている．

fidèle
[fidɛl] **adj**

忠実な，
誠実な = loyal ↔ infidèle

別例 fidèle client「なじみ客」
fidélité nf「忠実さ，（店の）愛顧」
例 La fidélité à notre parole est pour nous un devoir. 私たちは自分の言葉に忠実でなくてはならない．/ une carte de fidélité「（顧客優遇の）お客様カード，ポイントカード」

célèbre
[selɛbr] **adj**

（ひろく名誉や称賛を受けて）
有名な = connu ↔ inconnu

別例 Notre village est célèbre pour ses vins rouges. 私たちの村は赤ワインで知られています．
célébrité nf「有名，名声」*「有名な」は illustre > fameux(se) =célèbre > (bien) connu(e) の順で「有名」の度合いは弱くなる印象だが，illustre は改まった単語，また fameux(se) は英語 famous を連想させるがそれほど使用頻度は高くない．

idéal, idéale
[ideal] **adj** **mpl idéaux** [-o]

理想的な，
非の打ちどころのない

idéal nm「理想」
例 Il y a un gouffre entre l'idéal et la réalité. 理想と現実のギャップが大きい．

précieux, précieuse
[presjø, -øz] **adj**

高価な，価値のある，貴重な

別例 Rien n'est plus précieux que le temps. 時間ほど貴重なものはない．/ L'important n'est pas où vous partez en vacances mais comment vous utilisez votre temps précieux. 重要なのは休日にどこに行くかではなく，貴重な時間をどう過ごすかです．

luxueux, luxueuse
[lyksɥø,-øz] **adj**

贅沢な，豪華な

<「名詞」+ de luxe >「デラックスな，豪華な」を用いて，Elles séjournaient dans un hôtel de luxe. としても類義．ただし <de luxe> を添えるケースは具体的に名前をイメージできるような「（あの）高級ホテルに滞在した」という含意．

excellent, excellente
[ɛkselɑ̃, -ɑ̃t] **adj**

優れた，優秀な，すばらしい

別例 C'est une excellente idée ! それはすばらしい考えです．/ Le jogging est excellent pour la santé. ジョギングは健康にとてもよい．

135

C'est m____ !

すばらしい！

136

Alma a un talent r____.

Almaは**傑出した**才能をもっている.

137

Les vacances d'hiver dans un cottage suisse, ce sera f____.

スイスのコテージで過ごす冬のヴァカンスは**すばらしい**だろうね.

138

Il fait un temps m____ ce matin.

今朝は**すばらしい**天気だ.

139

C'est d____ !

すごく**おいしい**.

140

Je pense que les aliments f____s sont moins sains que les aliments cuits au four ou crus.

揚げ物は焼き物や生の食べ物よりも健康によくないと思う.

141

Est-ce que vous mangez de la viande c____ ?

生の肉を食べますか.

magnifique

[maɲifik] **adj**

見事な,
すばらしい = **splendide**

別例 D'après les commentaires sur Instagram, ce film français est magnifique. インスタグラムのコメントによれば，そのフランス映画はすばらしいとのことです.

remarquable

[rəmarkable] **adj**

注目に値する，傑出した，
すばらしい

例文は副詞を用いて Alma est remarquablement douée. といった言い換えもできる. **remarquablement adv**「すばらしく，著しく」**remarquer vt**「気づく，注目する (=noter)，見分ける (=distinguer)」例 J'ai remarqué qu'elle avait l'air triste. 彼女が悲しそうだと気づいた. / Avec ces vêtements voyants, on te remarque de loin. その派手な服なら，遠くからでも君だとわかる.

formidable

[fɔrmidabl] **adj**

すごい，
すばらしい = **extraordinaire**

別例 C'est formidable !「それはすごい」
*当該の人物ではなく，その人の行為などを指して使う.

merveilleux, merveilleuse

[mɛrvɛjø, -øz] **adj**

すばらしい，信じられないほど

「すばらしい」の類義語は他に fantastique「途方もない」，extraordinaire「並外れた」，exceptionnel「例外的な，卓越した」，superbe「すばらしく美しい」，super「すごい，最高の」(supérieurの略) などがある.

délicieux, délicieuse

[delisjø, -øz] **adj**

(味や香りなどが) とてもおいしい

別例 Ici le hors-d'œuvre d'artichauts est vraiment délicieux. ここのアーティチョークのオードブルは実においしい. / un moment délicieux「楽しいひととき」

frit, frite

[fri, frit] **adj**

(油で) 揚げた，フライにした

frites nfpl「フライドポテト」(=pommes [de terre] frites)
例 Alors un steak avec des frites, mademoiselle. では，フライドポテト添えのステーキをお願いします. / Je prendrai un hamburger, des frites et un petit Coca, s'il vous plaît. ハンバーガーとフライドポテトとコーラの小をください.

cru, crue

[kry] **adj**

(食べ物が) 生の，
火を通していない ↔ **cuit**

別例 Presque partout dans le monde, les gens mangent du poisson cru dans un plat appelé sushi. ほぼ世界中で，人々は寿司と呼ばれる料理で生魚を食べています.

142

C'est un vin d____.

それは**甘口**ワインです.

143

J'aime bien tout ce qui est s____.

甘いものはなんでも好きです.

144

Ce plat est très s____.

この料理はとても**しょっぱい**.

145

Ce café est a____.

このコーヒーは**にがい**.

146

C'est é____.

これは**辛い**.

147

Aujourd'hui est une journée p____ pour une séance d'entraînement.

今日はトレーニングに**もってこいの**日和です.

148

Donnez-moi un compte rendu c____ de l'incident.

その出来事について私に**余すことなく**説明してください.

149

Ce lac est connu dans le monde e____ pour sa beauté.

この湖はその美しさで**世界中に**知られています.

doux, douce

[du, dus] **adj**

甘い,
(性格などが) 優しい = tendre,
(気候が) 穏やかな ↔ rude

もし「(砂糖のように) 甘い」なら sucré を使うケースもある. 逆に, ワインの「辛口」の意味なら sec を用いる.
別例 Il fait doux ce matin. 今朝は穏やかな天気だ.

sucré, sucrée

[sykre] **adj**

砂糖入りの, 甘い

「甘いもの」を意味する名詞 **sucrerie nf** を複数で用いて J'aime les sucreries. / J'ai la dent sucrée.「甘党です」といった言い方もある. *ただし, "dent sucrée" は anglicisme (英語の影響を受けた語) でカナダなどでは用いられるがフランスでは使わない.「甘党」は le bec sucré ともいう. **sucre nm**「砂糖」

salé, salée

[sale] **adj**

塩気のある, 塩からい,
(値段が) 馬鹿高い = très cher

別例 eau salée「塩水」
sel nm「塩」 **saler vt**「(料理などに) 塩味をつける」
例 Attention à ne pas trop saler ; mon père souffre d'hypertension artérielle. 塩味をつけすぎないように気をつけて, 父は高血圧ですから.

amer, amère

[amɛr] **adj**

(飲食物や薬などが) にがい
↔ doux, (比喩的に) にがい

別例 Un bon médicament a un goût amer. 良薬口ににがし. *ただし, これは日本語からの直訳. フランス語では, Ce qui est amer à la bouche est doux au cœur. (←口ににがいものは心には甘い) といった言い方をする.

épicé, épicée

[epise] **adj**

(スパイス, 香辛料が効いて) 辛い

「刺すような, ピリッとした辛さ」を形容するなら C'est piquant. (**piquant nm** は「刺 (とげ)」の意味) といった言い方をする.
épice nf「スパイス, 香辛料」

parfait, parfaite

[parfɛ, -ɛt] **adj**

完璧な, この上ない

別例 Tout a été parfait. すべて完璧でした. / Personne n'est parfait. 完璧な人はいません (誰でも間違えることはある).
parfaitement adv「完璧に, まったく」
例 La cravate à rayures bleues vous ira parfaitement. そのブルーのストライプのネクタイはあなたに実にお似合いです.

complet, complète

[kɔ̃plɛ, -ɛt] **adj**

完全な, 十分な, 全部の

類義語 parfait(e) は「質・程度・水準」において完全という含意, 見出し語は「欠けなく揃っている, 徹底して完全だ」という意味の語.
別例 L'hôtel était complet. ホテルは満室だった.
complètement adv「完全に, まったく」

entier, entière

[ɑ̃tje, -ɛr] **adj**

全体の, 全部の

別例 Mon grand-père a passé sa vie entière dans ce petit village de montagne. 祖父はあの小さな山村で全生涯を過ごした.
entièrement adv「完全に, すっかり」

150

C'est une femme très s_____.

あの人はとても**感じのいい**女性だ.

151

C'est très a_____ de vivre en pleine nature.

自然に囲まれて暮らすのは実に**快適だ**.

152

Ce taxi limousine n'est pas très c_____.

あのリムジンタクシーはたいして**乗り心地がよく**ない.

153

Ce qui est s_____, c'est qu'elle reviendra avant 22 heures.

確かなのは, 彼女が22時までには戻ってくるということです.

154

C'est sûr et c_____.

それは**絶対に間違いありません**.

155

C'est d_____ de traverser la rue sans regarder des deux côtés.

道の両側（左右）をよく見ないで通りを横切るのは**危険だ**.

156

N'aie pas peur de ce chien, il n'est pas m_____.

あの犬は怖がらなくていいよ, **噛みついたり**しないから.

sympathique

[sɛ̃patik] **adj**

(人が) 感じがいい, (雰囲気が) 快適な ↔ **antipathique**

別例 L'autre jour, j'ai trouvé un restaurant français avec une très bonne ambiance dans mon quartier. 先日, 近所にとても雰囲気のいいフレンチレストランを見つけました.
sympathie nf「好感, 共感」

agréable

[agreabl] **adj**

快適な = **confortable**, 感じのよい = **sympathique**

人に用いて un homme agréable なら「感じのいい人」, 天候に用いて C'est agréable, ce temps. なら「今日は気持ちのいい天気だ」といった意味になる.

confortable

[kɔ̃fɔrtabl] **adj**

快適な, 心地よい ↔ **inconfortable**

agréable は類義だが confortable「心地よい」というより「気持ちがいい」というニュアンス.
confort nm「快適 (な暮らし), (住居などの) 設備」
confortablement adv「快適に, 心地よく」

sûr, sûre

[syr] **adj**

(de を) 確信している, 確かな = **certain**, 安全な

別例 Ce quartier n'est pas très sûr. この辺はあまり安全ではない. / Bien sûr.「もちろん」(=Sûrement.) *ただし, 文法上この sûr は副詞.
sûreté nf「確信, 安全」
sûrement adv「きっと, 確実に」
例 Il va sûrement neiger demain. 明日はきっと雪です.

certain, certaine

[sɛrtɛ̃, sɛrtɛn] **adj**

確実な, 確かな

sûr et certain は類語を2語並べた強調表現で「絶対に確実な」の意味. たとえば,「100%確かだ (疑う余地はない)」J'en suis sûr(e) à cent pour cent. といった言い回しに近い.
別例 Il est certain qu'elle est responsable de cet accident. 彼女があの事故に責任があるのは確かだ.
certainement adv「確かに」
*peut-être「たぶん」は50%, sans aucun doute「間違いなく」は100%の可能性を表現する. 前述の sûrement が概ね85%, certainement は100%に近い「可能性」を表す副詞.

dangereux, dangereuse

[dɑ̃ʒrø, -øz] **adj**

危険な

別例 Le parachutisme est un sport assez dangereux. スカイダイビングはかなり危険なスポーツだ.
danger nm「危険」
例 De nombreuses langues sont en danger d'extinction dans le monde. 世界中で多くの言語が絶滅の危機に瀕している.

méchant, méchante

[meʃɑ̃, -ɑ̃t] **adj**

(人が) 意地悪な, (動物が) 危険な = **dangereux**

別例 « Chiens Méchants »「猛犬注意」

157

L'hiver r____ rend la vie des réfugiés encore plus difficile.

厳しい冬が難民の暮らしをいっそう困難なものにしている.

158

Le plan h____ du président a été étonnamment facilement approuvé.

社長の**大胆な**計画は意外にあっけなく承認された.

159

Je cherche quelque chose de s____.

シンプルな感じのものを探しているのですが.

160

Il faut suivre une procédure c____ pour recueillir des informations dans cette zone.

この地域で取材するには**複雑な**手続きが必要だ.

161

Le nouvel ordinateur est très p____.

新しいパソコンはとても**便利**です.

162

Claire a trouvé une valise très c____ chez un antiquaire.

Claireは古道具屋でとても**使い勝手のよい**スーツケースを見つけた.

163

Ton appartement, il te plaît ? Il est a____ comment ?

アパルトマンは気に入ってるの. どんな**間取り**なの.

rude

[ryd] **adj**

(気候が)厳しい = rigoureux, (仕事が)つらい, (手触りが)荒い ↔ doux, (人が)荒っぽい

別例 drap rude「ごわごわのシーツ」/ Mon oncle est rude de tempérament. おじは気性が荒い.
rudesse nf「粗野, (手触りの)荒さ」
rudement adv「荒々しく, 手厳しく」

† hardi, hardie

['ardi] **adj**

大胆な = audacieux, 奔放な

hardiesse nf「大胆さ, 奔放さ」
例 Il a la hardiesse d'affronter plusieurs ennemis seul. 彼は大胆にもひとりで複数の敵と相対した.
*avoir la hardiesse de + inf. で「大胆にも〜する」(=oser + inf.).

simple

[sɛ̃pl] **adj**

単純な, 簡単な

例文の simple は「凝った」élaboré(e) の反意語.
別例 Cette équation est simple à résoudre. この方程式は簡単に解ける. / Un aller simple pour Bruxelles, s'il vous plaît. ブリュッセル行きの片道切符を1枚ください.
*un aller simple「片道切符」(↔ un aller-retour「往復切符」)
simplicité nf「単純さ, 簡単, 簡素」

compliqué, compliquée

[kɔ̃plike] **adj**

複雑な

(se) compliquer vt vp「複雑にする, 複雑になる」
例 La situation se complique. 状況がこじれる.
complication nf「複雑であること, (主に複数で)厄介なこと」

pratique

[pratik] **adj**

便利な, 実用的な

別例 C'est tellement pratique de se faire livrer à manger. 食べ物の宅配はとても便利です.
pratiquer vt「(スポーツなどを)する」
例 Oui, je pratiquer le judo depuis six mois. はい, 半年前から柔道をやっています. *faire du judo も同義になる.
pratique nf「実践, 実行 」(↔ théorie)

commode

[kɔmɔd] **adj**

(道具などが)便利な, 使いやすい

commodité nf「便利さ, 快適さ」
例 Je comprends la commodité des livres électroniques, mais la sensation tactile de feuilleter un livre me manquerait trop. 電子書籍の便利さはわかりますが, 本のページをめくる触感が私にはなんとも捨てがたく.

agencé, agencée

[aʒɑ̃se] **adj**

配置された, 構成された

agencement nm「配置, 構成」
例 agencement des pièces d'une maison「家の間取り」

164

La plupart des Japonais sont moins r____ que leurs parents.

ほとんどの日本人は親より**信仰心が**薄い.

165

Mon neveu a étudié les sciences p____s à l'université.

甥（おい）は大学で**政治**学を学んだ.

166

Comment faut-il éliminer les déchets i____s ?

産業廃棄物はどのように処理しなければならないのか.

167

La France est la première puissance a____ de l'Union européenne.

フランスは欧州連合の主要な**農業**大国です.

168

Le bon sens français et le bon sens japonais sont d____s.

日本人とフランス人では常識に**違い**がある.

169

L'université est dans la direction o____.

大学は**反対**方向です.

170

Quand il avait sept ans, ses parents sont tombées m____s.

彼が7歳のときに, 両親が**病気**になった.

religieux, religieuse

[rəliʒjø, øz] **adj**

宗教の, 宗教的な, 信心深い

religion nf「宗教, 信仰」
例 La liberté de religion, c'est important. 信仰の自由は大事なものだ.
religiosité nf「宗教心, 宗教的感情」

politique

[pɔlitik] **adj**

政治の, 政治的な

別例 un parti politique「政党」/ un homme politique, une femme politique「政治家」＊なお,「政治屋」と揶揄する際には **politicien, politicienne n** が使われる.
politique nf「政治, 政策」
例 Le gouvernement a décidé de changer sa politique étrangère. 政府は外交政策の変更を決めた.

industriel, industrielle

[ɛ̃dystrijɛl] **adj**

産業の, 工業の

別例 Au mois de février, la production industrielle baisse dans cette région. 2月, この地方では工場生産が落ち込む.
industriel nm「(製造業の) 企業家, 工場経営者」
例 La nouvelle loi a suscité la consternation chez les industriels. 新しい法律は企業家たちを意気消沈させた.
industrie nf「産業, 工業」

agricole

[agrikɔl] **adj**

農業の

別例 produit agricole「農産物, 農作物」
agriculture nf「農業」
agriculteur, agricultrice n「農業従事者, 農業経営者」

différent, différente

[diferɑ̃, -ɑ̃t] **adj**

違う, 異なった, いろいろな

別例 Son impression était différente de la mienne. 彼(彼女)の印象は私とは違っていた. / Je m'intéresse beaucoup aux cultures différentes. 私は異文化に大いに関心があります.
différence nf「違い, 相違点, 差」

opposé, opposée

[ɔpoze] **adj**

(方向や性格などが) 反対の, 逆の = **contraire, inverse**

例文は **opposé nm**「反対, 逆」を使って L'université est à l'opposé. としても同義になる.
別例 des caractères tout à fait opposés「まったく逆の性格」
(s')opposer vt「(à に) 対立させる, (à に)反対する (↔ permettre)」
例 Ma mère s'oppose à ma décision. 母は私の決定に反対している.
opposition nf「対立, 反対, 野党 (↔ majorité)」

malade

[malad] **adj n**

病気の, 病人

tomber malade で「病気になる」の意味. 別例 Mon chat est malade ; le vétérinaire dit que ce n'est pas grave. 飼っている猫が病気ですが, 獣医は大したことはないと言っています. / L'état du malade s'aggrave. 病人の容態は悪化している. ＊malade は「病人, 患者」の意味だが, 医師から見た「患者」なら **patient(e) n** と称し, 開業医であれば **client(e) n** を「患者」の意味で使っている.

171

Notre fils est s____ de corps et d'esprit.

うちの息子は心身ともに**健康**です.

172

Comparé à Lyon, Paris est plus p____.

リヨンに比べて, パリは**人口が多い**.

173

Ce quartier est d____ le week-end.

この界隈は週末になると**ひと気がない**.

174

L'église est s____ au centre de la ville.

その教会は街の中心に**位置して**います.

175

Notre métier est de maintenir l'équilibre é____ du lac Léman.

われわれの仕事はレマン湖の**生態系の**バランスを維持することだ.

176

Beaucoup de célébrités vivent dans ce quartier r____ de luxe.

あの高級**住宅**地には有名人が大勢住んでいる.

177

La pollution e____e de ce lac atteint un niveau inimaginable.

この湖の**環境**汚染は想像を絶したレベルに達している.

sain, saine

[sɛ, sɛn] **adj**

健康な ↔ malade, 健全な, 健康によい ↔ malsain

別例 nourriture saine「健康食品」/ Il est sorti sain et sauf de l'accident de voiture. 彼は交通事故にあったが無事だった.
*sain et sauf (女性形 saine et sauve) で「(試練や危機などを経て) 無事に, つつがなく」の意味.
sainement adv「健康的に, 健全に」

peuplé, pleuplée

[pœple] **adj**

人の住んでいる

別例 une ville trop peuplée「人口過密都市」/ une région peu peuplée「過疎地」/ En 2023, l'Inde est devenu le pays le plus peuplé du monde. 2023年, インドが世界で一番人口の多い国になった.

désert, déserte

[dezɛr, -ɛrt] **adj**

ひと気がない, 人のいない

désert nm「砂漠, ひと気のない場所」
désertification nf「砂漠化」
désertique adj「砂漠 (特有) の」

situé, située

[sitɥe] **adj**

位置した

別例 appartement situé au sud「南向きのアパルトマン」
situer vt「位置づける」

écologique

[ekɔlɔʒik] **adj**

環境保護の, 生態学の, 生態上の

écologie nf「生態学, エコロジー, 自然環境」
例 l'écologie des zones humides「湿地の自然環境」
écologiste n「エコロジスト」(écolo と略す)

résidentiel, résidentielle

[rezidɑ̃sjɛl] **adj**

住宅 (向き) の, 居住用の

résider vi「居住する, 在留する」
例 Ils résident actuellement à Cannes. 彼らは現在カンヌに居住している.

environnemental, environnementale

[ɑ̃virɔnmɑ̃tal] **adj**
mpl environnementaux [-o]

環境の, 環境上の

environnement nm「環境, (周辺の) 状況」
environnementaliste adj n「環境保護の (専門家)」

178

La Coupe du monde de football attire des spectateurs i____.

サッカーワールドカップは**世界中の**観客を魅了する.

179

Quand a éclaté la seconde Guerre m____ ?

第2次**世界**大戦が勃発したのはいつですか.

180

Le principe de « travail é____ salaire é____ » n'est pas appliqué dans notre entreprise.

当社では「**同一**労働, **同一**賃金」の原則は適用されていません.

181

Le PACS a les m____s avantages fiscaux que le mariage.

パックス（連帯市民協約）には結婚と**同じ**税制上の優遇措置がある.

182

Il semble que tous les étudiants soient p____s de nos jours.

最近の学生はみんな**同じように**思える.

183

Je ne suis pas obligé(e) de répondre à une t____ question.

そのような質問に答える義務はありません.

◉ 天候・必要性・感情

184

Il fait s____.

空気が**乾いて**いる（乾燥している）.

international, internationalle
[ɛ̃tɛrnasjɔnal] **adj**
mpl internationaux [-o]

国際的な ↔ **national**

別例 Il a acquis une renommée internationale comme pianiste. 彼はピアニストとして国際的な名声を得た.
internationalisation nf「国際化」
internationaliser vt「〜を国際化する」
*なお, 盲点となりやすいが, 副詞「国際的に」には mondialement を用いる.

---

mondial, mondiale
[mɔ̃djal] **adj**
mpl mondiaux [o]

世界の, 世界的な

別例 à l'échelle mondiale「世界的規模で」
mondialement adv「世界的に, 全世界で」
mondialiser vt「全世界に広める, 世界規模にする」
mondialisation nf「グローバリゼーション」

égal, égale
[egal] **adj** **mpl égaux** [-o]

等しい, 同じ

別例 Ça m'est égal. (それは) どちらでもいい. / Montréal est une ville sans égale en Amérique du Nord. モントリオールは北米で比類のない都市です. *sans égal(e)「比類なき, 抜群の」の意味で sans の前の名詞と性数一致する.
également adv「等しく, 同様に」 **égalité nf**「平等, 等しさ」

---

même
[mɛm] **adj**

同じ, まさにその, 〜自身

別例 en même temps「同時に」(=à la fois) / Ma femme a le même âge que moi. 妻は私と同い年です. *Ma femme et moi avons le même âge. も同義.

---

pareil, pareille
[parɛj] **adj**

同じような, このような

別例 Je n'ai jamais dit une chose pareille. そんなことは一度も言ったことはありません.

---

tel, telle
[tɛl] **adj**

そのような, このような

別例 Laissez-le tel quel.「それ, そのままにしておいて」*tel quel「そのまま (で)」の意味. ただし, 修飾する名詞に応じて形が変わる (例 Laissez-les tels quels [telles quelles]. それらをそのままにしておいて). / Il ne faut pas manquer une telle occasion. そうした機会を逃してはなりません.

---

sec, sèche
[sɛk, sɛʃ] **adj**

乾燥した, 乾いた ↔ **humide, mouillé**, (ワインが) 辛口の

別例 Je vous conseille ce vin blanc sec. この辛口の白ワインをおすすめします. / J'ai la peau sèche à cause du chauffage. 暖房のせいで肌が乾燥している.
*なお, この単語は「やせて弱々しい」という意味でも使われ, musclé(e)「筋骨たくましい」と対比されることがある.
sécheresse nf「乾燥」 **sécher vt**「乾かす」

185

Il pleut depuis près d'une semaine et tout est h____.

ほぼ1週間雨が降り続き, すべてが**じめじめして**います.

186

Il fait plus c____ de jour en jour.

日に日に**暑くなって**いる.

187

Le vent est f____ ce soir.

今夜は風が**冷たい**.

188

Grâce à la pluie d'hier, l'air du matin était plus f____ que d'habitude.

昨日の雨のおかげで, 朝の空気はいつもより**清々しい**.

189

Selon les chercheurs, cette découverte pourrait être u____ dans la lutte contre les virus.

研究者によると, この発見はウイルスとの戦いに**役立つ**可能性があります.

190

C'est un remède e____ contre le mal de tête.

これは頭痛に**よく効く**治療法(薬)です.

191

J'ai essayé en v____ de l'empêcher de partir.

私は彼(彼女)が出て行くのをはばもうとしたが**無駄**だった.

humide

[ymid] **adj**

湿った,
じめじめした ↔ **sec**

深いな湿気を指す単語. 類語に「汗ばんで, 湿っぽい」moite,「ぬれた」mouillé(e) がある.
別例 Il fait chaud et humide aujourd'hui. 今日は蒸し暑い.
humidité nf「湿気」**例** Quelle humidité ! なんて湿気だろう.
*「湿っぽさ」なら **moiteur nf** という.

chaud, chaude

[ʃo, ʃod] **adj**

暑い, 温かい ↔ **froid**,
熱い

例文は Il fait un peu plus chaud chaque jour. と書くこともできる.
別例 Attention, le plat est chaud ! 気をつけて, 料理は熱いよ. / Elle adore le chocolat chaud. 彼女はホットココアが大好きです. / de l'eau chaude「お湯」
chaleur nf「暑さ, 熱さ」*さらに強く「焼けつくような」という形容詞なら **caniculaire**,「猛暑, 熱波」は **canicule nf** という.

froid, froide

[frwa, frwad] **adj**

寒い, 冷たい ↔ **chaud**,
冷淡な

別例 Elle s'est montrée froide avec nous. 彼女は私たちに冷淡だった.
froid nm「寒さ」(↔ chaleur)

frais, fraîche

[frɛ, frɛʃ] **adj**

(気候が) 涼しい, (食料・飲み物などが) 冷たい, 新鮮な

別例 Il fait frais aujourd'hui. 今日は涼しい. / Je voudrais boire quelque chose de frais. 何か冷たい飲み物が欲しいです. / Cette salade verte est très fraîche. このグリーンサラダはとてもみずみずしい.

utile

[ytil] **adj**

(使うと効果的で) 役に立つ,
有益な ↔ **inutile**

別例 L'argent est toujours très utile. お金は常にとても役に立つ.

efficace

[efikas] **adj**

有効な,
能率的な ↔ **inefficace**

efficacité nf「効力, 効率, 能率」
例 Internet a accru l'efficacité de notre travail. インターネットは私たちの仕事の能率を高めた.

vain, vaine

[vɛ̃, vɛn] **adj**

無駄な = **inutile**, むなしい,
効果のない ↔ **efficace**

en vain で「無駄に」(=inutilement) の意味.
別例 無駄な努力をする faire un effort vain
vanité nf「虚栄心, 虚しさ, 空虚」
例 par vanité「虚栄心から」/ sans vanité「自慢ではなく」

192

Les citoyens sont f____s à ce projet.

市民はこの計画に**好意的**です.

193

Je peux venir vous chercher, si n____.

必要なら迎えに行きますよ.

194

Ils sont arrivés à une conclusion e____.

彼らは**極めて重要な**結論に達した.

195

Votre aide nous est i____ pour la réussite du projet.

私たちがプロジェクトを成功させるにはあなたの助けが**不可欠**です.

196

Êtes-vous s____ de votre travail actuel ?

現在の仕事に**満足**ですか.

197

Je suis c____ de vous voir.

お会いできてとても**うれしい**.

198

Ce film français était très é____.

あのフランス映画はとても**感動的**だった.

favorable

[favɔrabl] **adj**

(à に) 好意的な ↔ hostile , 好都合な, 有利な

favorablement adj「好意的に, 有利に」
favoriser vt「促進する, 助ける (=aider), (人を) 優遇する」
faveur nf「特別のはからい, 優遇, 引き立て」

nécessaire

[nesesɛr] **adj**

必要な

別例 Des vêtements chauds sont nécessaires quand vous allez au ski. スキーに行くときは暖かい服装が必要です. / un mal nécessaire「必要悪」
nécessaire nm「必要なこと, 必需品」 **nécessité nf**「必要」
nécessairement adv「どうしても, 必ず」

essentiel, essentielle

[esɑ̃sjɛl] **adj**

極めて重要な, 本質的な ↔ accidentel , (à, pour にとって) 必要不可欠な = indispensable

essentiel nm「もっとも重要なこと (点), 肝心なこと」
例 Racontez-moi l'essentiel. 要点を話してください.
essentiellement adv「本質的に, 何よりも, とりわけ」
essence nf「ガソリン, エッセンス」
例 La liberté est l'essence de la vie. 自由は人生の真髄だ.

indispensable

[ɛ̃dispɑ̃sabl] **adj**

必要不可欠な = nécessaire

別例 Il est indispensable que je finisse mon travail avant midi. 昼までにどうしても仕事を終えなくてはならない.

satisfait, satisfaite

[satisfɛ, -ɛt] **adj**

(人が) 満足した

satisfaisant(e) adj「満足のゆく, 申し分のない」
satisfaire vt「(人を) 満足させる」(=contenter ↔ décevoir) 例 Il n'est pas facile de satisfaire tout le monde. みんなを満足させるのは容易ではない.

content, contente

[kɔ̃tɑ̃, -ɑ̃t] **adj**

満足している ↔ mécontent , うれしい

別例 Mon fils semble content de son petit salaire pour l'instant. 息子は今のところ少ない給料で満足そうだ. / Je suis content(e) que ma fille ait réussi ce concours. 娘がこの試験に合格したことをうれしく思います.
contenter vt「(人を) 満足させる」(↔ mécontenter)

émouvant, émouvante

[emuvɑ̃, -ɑ̃t] **adj**

感動的な, 心を揺さぶる

(s')émouvoir vt vp「感動 (動揺) させる, 感動 (動揺) する」
例 sans s'émouvoir「平然とうろたえずに」

199

Si vous êtes m_____, n'hésitez pas à me le faire savoir.

何か**不満**がある場合は, 遠慮なくお知らせください.

200

La femme assise à côté de vous dans l'avion était très n_____.

機内であなたの隣に座っていた女性はとても**緊張して**いた.

201

Pourquoi elle est t_____ ?

どうして彼女は**悲しんでいる**の？

関連 「悲しい」の関連語

- ☐ mélancolique 「寂しい, 憂鬱な」
- ☐ déprimé, déprimée 「意気消沈した」
- ☐ ennuyeux, ennuyeuse 「退屈な, 気がかりな」

202

Les mineurs de tanzanite font un travail p_____.

タンザナイトを掘っている人たち (採掘労働者) は**つらい**仕事をしている.

203

Tu n'es pas i_____ par les gens qui utilisent leur smartphone en marchant ?

歩きスマホをする人に**イライラ**しませんか.

204

J'ai été très s_____ quand j'ai croisé mon collègue au coin d'une rue à Paris.

パリの街角でばったり同僚に会って, 本当に**びっくりした**.

mécontent, mécontente

[mekɔ̃tɑ̃, -ɑ̃t] **adj**

(de に) 不満な, 満足していない = insatisfait ↔ content, satisfait

別例 Margaux est mécontente de son poste actuel. Margauxは今の地位に不満だ.

mécontenter vt「不満を抱かせる」(↔ contenter)

nerveux, nerveuse

[nɛrvø, -øz] **adj**

神経の, 神経質な = énervé

別例 C'est quelqu'un de très nerveux. あの人はとても神経質だ.

nerf nm「神経」

nerveusement adv「神経的に, いらいらして」

triste

[trist] **adj**

悲しい, 情けない, みじめな = misérable

別例 Ma mère avait l'air très triste. 母はとても悲しげだった.

attrister vt「悲しませる」(=chagriner ↔ réjouir)

tristesse nf「悲しみ, 悲嘆」

- ☐ dur, dure 「つらい」
- ☐ anxieux, anxieuse 「不安な」
- ☐ inquiet, inquiète 「心配な,気がかりな」
- ☐ misérable 「みじめな, 憐れむべき」

pénible

[penibl] **adj**

(仕事が) つらい = dur ↔ facile, 悲しい, 痛ましい = cruel

例文は Les mineurs de tanzanite travaillent dans conditions pénibles. とも言い換えられる.

別例 une scène pénible à voir「見るに耐えない光景」

peine nf「悲しさ, 苦悩 (↔joie), 苦労 (=difficulté)」

irrité, irritée

[irite] **adj**

いらだっている, 怒っている

irriter vt「怒らせる, いらいらさせる」

例 Il m'a irrité en refusant de me répondre. 彼は返答を拒んで私をいらだたせた.

surpris, surprise

[syrpriz] **adj**

驚いた

別例 Surprise, elle a dévisagé son fils. 彼女は驚いて, 息子の顔をまじまじと見た.

surprendre vt「(意表をついて) 驚かせる, 不意に襲う」

205

Ce n'est pas é_____.

それは当たり前だ（**驚くべきこと**ではない）.

206

Ce grand port est un centre de commerce a_____.

この大きな港は**活発な**商業の中心だ.

207

Je ne sais pas pourquoi, mais je me sens plutôt p_____ aujourd'hui.

何故かはわかりませんが, 今日はかなり**前向きな**気分です.

208

Votre fils est v_____, n'est-ce pas ?

あなたの息子さんは**活発**ですね.

209

Au début, la manifestation était pacifique, mais plus tard, la foule est devenue v_____.

当初は平和的なデモが, そのうち群衆が**暴力的**になった.

210

Mon collègue est g_____ avec les femmes.

同僚は女性に対して**失礼**だ.

étonnant, étonnante

[etɔnɑ̃, -ɑ̃t] **adj**

驚くべき, 思いがけない

(s')étonner vt vp「驚かせる (=surprendre), 驚く」
例 Ça ne m'étonne pas. それは当たり前だ (それは私を驚かせることではない).
étonnamment adv「驚くほど」/ **étonné(e) adj**「(人が) 驚いた」＊初学者がとまどう喜怒哀楽に関する形容詞 (現在分詞派生と過去分詞派生の2種の存在) は,そもそも「何らかのきっかけがないと自らの喜怒哀楽を表現できない」と他動詞的に考える仏語 (英語も同じ) と, 自動詞で言い表せる日本語との差異から生じている. つまり, 人は「自発的に驚く」わけではなく (その発想なら代名動詞を用いる), 何かの要因が「人を驚かせる」ととらえるのが仏語のあり方だから.

---

actif, active

[aktif, -iv] **adj**

活発な, 積極的な ↔ **inactif**

別例 Le mt. Aso est un volcan actif. 阿蘇山は活火山です.
＊「活火山」は un volcan en activité ともいう.

---

positif, positive

[pozitif, -iv] **adj**

積極的な, 確実な,
肯定的な = **affirmatif** ↔ **négatif**

別例 montrer des résultats positifs「よい結果を示す」/ une réponse positive「はっきりした返事」

---

vif, vive

[vif, viv] **adj**

活発な, (性格が) 激しい,
鮮明な, 生きている

別例 Mon mari a un tempérament vif. 夫は気性が激しい.

---

violent, violente

[vjɔlɑ̃, -ɑ̃t] **adj**

激しい, 暴力的な, 猛烈な

別例 Valère est connu pour son carctère violent. Valère は凶暴な性格で知られている.
violence nf「暴力, 激しさ」
例 J'admets la colère, jamais la violence. 怒りは認めるが, 暴力はけっして認めない.

---

grossier, grossière

[grosje, ɛr] **adj**

(人や態度が) 粗野な, 無作法な,
(間違いなどが) ひどい

grossièreté nf「粗野, 無作法」
grossièrement adv「粗野に, 無作法に, 大雑把に」

211

C'est une v____ histoire.

それは**雲をつかむような**話だ.

212

Ne soyez pas t____.

恥ずかしがることはありません.

213

Il est h____ de se mettre soudainement en colère en mangeant.

食事中に突然怒り出すなんて**恥ずべき**ことだ.

214

Je suis tellement d____ pour mon ami qui a perdu son chien dans un accident de voiture.

交通事故で飼い犬を亡くした友人をとても**気の毒に思います**.

215

Sa coiffure est b____, non ?

彼(彼女)の髪型, **変**じゃない?

216

Qu'est-ce qu'il y a de si d____ ?

何がそんなに**おかしい**の.

217

Mon grand-père est f____ de son ascendance samouraï.

祖父は侍の血を引いていることを**誇り**に思っている.

vague

[vag] **adj**

漠然とした, 曖昧な, うつろな = distrait, (服が) だぶだぶの

同じ「曖昧な」の意味でも見出し語は「漠然とした, はっきりしない」という意味合い.「両義の」の意味なら **équivoque** を使い,「多義の」なら **ambigu, ambiguë** といった形容詞を用いる.
別例 un vague sourire「うつろな笑み」/ terrain vague「空き地」
*なお, 見出し語と同じ綴り **vague nf** は「波」の意味.
vagument adv「漠然と, 曖昧に」

timide

[timid] **adj**

臆病な, 内気な, おずおずした ↔ hardi

別例 Au début, nous étions timides face à notre nouveau professeur principal. 当初, 僕たちは新しい担任を前にしておずおずしていた.
timidité nf「内気, 遠慮」(↔ audace)

† honteux, honteuse

['ɔ̃tø, -øz] **adj**

恥ずべき, 恥じいる

別例 À mon avis, il est honteux que tant d'agriculteurs aient du mal à gagner leur vie. とても多くの農民が生計を立てるのに苦労しているのは恥ずべきことだと私は思う.
†**honte nf**「恥, 恥ずかしさ」

désolé, désolée

[dezɔle] **adj**

すまないと思う, 残念に思う

別例 Désolé(e), je suis un peu en retard. すみません, 少し遅れます. / Je suis désolé(e) de vous le dire, mais votre mère est décédée. お気の毒ですが, お母様がお亡くなりになりました.

bizarre

[bizar] **adj**

(人や物が) 変な, 不思議な = curieux, étrange

別例 C'est bizarre. Je l'ai aperçue ce matin dans un supermarché à proximité. それはおかしいな. 今朝, 近所のスーパーで見かけたのですが. / Ça sent bizarre. 変なにおいだ. *Il y a une drôle d'odeur. も同義になる.

drôle

[drol] **adj**

おかしな, 滑稽な = amusant, 面白い, 変な = bizzare

例文は Qu'est-ce qui te fait rire comme ça ? などと言い換えられる.
別例 Ce n'est pas drôle ! ふざけないで (不愉快だよ). *C'est pas marrant ! という言い方もする. / Ça a un drôle de goût. 変な味がする. *un (une) drôle de で「奇妙な〜」の意味.

fier, fière

[fjɛr] **adj**

(人や性格が) 高慢な, (deを) 自慢に思っている

別例 Florence est fière de sa beauté. Florence は自分の美しさを鼻にかけている (容貌を自慢にしている).
fierté nf「誇り, プライド, 自慢 (の種)」

218

Ce que vous venez de dire nous semble très i____.

あなたが今言ったことは私たちにはとても**興味深く**思われます.

219

C'est a____ de regarder le tournage d'un film.

映画の撮影を見学するのは**楽しい**ものです.

220

Quel est votre film p____ ?

どんな映画が**お好き**ですか.

221

Quel est votre passe-temps f____ ?

趣味は何ですか.

222

Je pense que la cuisine japonaise deviendra plus p____ dans les pays étrangers.

日本食は海外の国々でもっと**人気になる**と思います.

223

Louis n'est pas c____.

Louisは**勇気が**ない.

224

Mon fils de cinq ans est très c____, il s'intéresse à tout.

5歳の息子はとても**好奇心が強く**て, 何にでも興味を向ける.

intéressant, intéressante
[ɛ̃terɛsɑ̃, -ɑ̃t] **adj**
興味のある, おもしろい, (値段が) 得な = avantageux

別例 Pour moi, il est intéressant de découvrir les différences entre Paris et Londres. 私にとって, パリとロンドンの違いを見つけ出すことはおもしろいことです.
(s')intéresser vp「～に興味をもつ」(↔ se désintéresser)
例 Je m'intéresse à la littérature asiatique. 私はアジア文学に興味がある.

amusant, amusante
[amyzɑ̃, -ɑ̃t] **adj**
おもしろい, 楽しい

amusant のくだけた単語, marrant(e) も同義.
(s')amuser vt vp「楽しませる, 楽しむ (=jouir)」
*「気晴らしする」という意味合いなら se divertir,「満喫する」なら goûter といった動詞が使われる.
amusement nm「楽しみ, 娯楽」

préféré, préférée
[prefere] **adj**
お気に入りの, ひいきの

別例 Mes fleurs préférées sont les cyclamens. 好きな花はシクラメンです. *なお, 見出し語は「お気に入り (の物, の人)」の意味で名詞としても使われる.

favori, favorite
[favɔri, -it] **adj**
お気に入りの, 大好きな

passe-temps favori は直訳すると「お気に入りの趣味 (暇つぶし)」で **hobby nm** と類義.
別例 lecture favorite「愛読書」/ C'est mon actrice favorite. その人は私の好きな女優です. / Le bleu foncé est sa couleur favorite. 紺 (こん) は彼 (彼女) の大好きな色です.

populaire
[pɔpylɛr] **adj**
人気のある, 大衆の ↔ bourgeois

別例 Le Tour de France est une course très populaire. ツール・ド・フランスはとても人気のあるレースだ. / La K-POP est populaire dans le monde entier ces jours-ci. 最近, K-POP が世界的に人気です.
popularité nf「人気, 知名度」例 la popularité croissante des achats en ligne「ネットショッピングの高まる人気」

courageux, courageuse
[kuraʒø, -øz] **adj**
勇敢な, 勇気のある, 気丈な

名詞 **courage nm** を用いて avoir du courage も「勇気がある」の意味. なお, 例文は Louis manque de courage. と書き換えられる.

curieux, curieuse
[kyrjø, -øz] **adj**
好奇心の強い, 詮索好きな, 妙な

例文は **curiosité nf**「好奇心」を使って Mon fils de cinq ans est plein de curiosité. としても類義になる.

225

Je suis **f____** et je n'arrive pas à me concentrer sur mon travail.

疲れていて, 仕事に集中できません.

226

Ma fille est **b____**.

うちの娘は**おしゃべり**だ.

227

Ma collègue n'est pas **h____** avec moi.

同僚は私に対して不**誠実**だ.

228

Mon oncle est **g____**.

おじは**気前がいい**（寛大だ）.

229

Soyez **g____s** avec les personnes âgées.

お年寄りには**親切に**しなさい.

230

Merci. Vous êtes très **a____**.

ご親切にありがとうございます.

231

Son visage m'est **f____**... Nous sommes-nous rencontré(e)s auparavant ?

彼（彼女）の顔に**見覚えはある**のですが……, 以前お会いしたことがありましたか.

fatigué, fatiguée

[fatige] **adj**

疲れる, うんざりする

別例 Je suis fatigué(e) de la vie en ville. 都会の生活にはうんざりだ.
fatigant(e) adj「疲れさせる, うんざりな」例 Vivre dans la vallée entre les gratte-ciel est intéressant, mais c'est aussi très fatigant. 高層ビルの谷間で暮らすのはおもしろいが, 同時にとても疲れる.
fatigue nf「疲労, 疲れ」**fatiguer vt**「疲れさせる (↔ reposer), うんざりさせる」例 Ça me fatigue de discuter avec elles. 彼女たちと議論するのは疲れる.

---

bavard, bavarde

[bavar, -ard] **adj**

おしゃべりな ↔ silencieux

bavard(e) n「おしゃべり人」
***moulin nm**「風車」を使って,「とめどもなくおしゃべりする人」を un moulin à paroles と呼ぶこともある.

---

honnête

[ɔnɛt] **adj**

誠実な,
正直な ↔ malhonnête ,
ごまかしのない,
まずまずの = raisonnable, acceptable

honnêteté nf「誠実さ, 正直さ」
honnêtement adv「正直に言って, 誠実に」
例 Honnêtement, je crois que tu fais une erreur. 正直に言って, 君は間違っていると思います.

---

généreux, généreuse

[ʒenerø, -øz] **adj**

気前のいい, やさしい, 寛大な

Mon oncle a du cœur. あるいは Mon oncle a le cœur sur la main. (←手の上に心臓がある) という言い回しでも類義になる.
générosité nf「気前のよさ, 寛大さ」

---

gentil, gentille

[ʒɑ̃ti, -tij] **adj**

親切な, やさしい, すてきな

別例 Vraiment, c'est trop gentil. わざわざ, ご親切にありがとうございます. *プレゼントを手渡された際の返事. / C'est gentil à vous de m'avoir invité(e). ご招待いただきありがとうございます.
gentillesse nf「親切 (な言動)」**gentiment adv**「親切に」

---

aimable

[ɛmabl] **adj**

親切な = gentil , 愛想がいい

別例 Elle est aimable avec tout le monde. 彼女は誰にでも愛想がいい.
aimablement adv「親切に」
amabilité nf「愛想のよさ, 親切」

---

familier, familière

[familje, -ɛr] **adj**

親しい, 慣れ親しんだ

別例 Tout dans ce quartier m'est familier. この界隈のことなら何でも知っています.

232

Quelle place tient la conversation dans un dîner a____ ?

友好的なディナー（食事会）では会話がどんな役割を果たしますか.

233

Quelle est votre situation f____ ?

あなたの**家族の**状況はどんなですか.

234

Le sac dans le grenier est un souvenir l____ à mon enfance.

屋根裏部屋にあるカバンは私の幼年時代と**つながる**思い出だ.

◉ 順番・分量・その他

235

Prenez la p____ rue à gauche.

最初の通りを左に行ってください.

236

Samedi d____, j'ai visité des musées.

この前の土曜日, 美術館めぐりをしました.

237

Ne pouvons-nous pas prolonger le délai à vendredi p____ ?

締め切りを**次の**金曜日に延期できないのですか.

238

Où est la gare la plus p____ d'ici ?

ここから一番**近い**駅（最寄駅）はどこにありますか.

amical, amicale

[amikal] **adj** **mpl amicaux** [-o]

親しみのこもった, 友好的な ↔ **hostile**

amicalement adv「親しげに, 友情を込めて」

familial, familiale

[familjal] **adj** **mpl familiaux** [-o]

家族の, 家庭の, 家庭的な

DELFの面接で問われる質問. 結婚していれば状況説明をするが,「独身」なら Je suis célibataire. と返答すれば「妻や子供」がいないことが面接官にわかる.

別例 ma maison familiale「実家」

lié, liée

[lje] **adj**

(à に) 関連した, 結びついた, (avec と) 親交がある

別例 Elle est très liée avec cet avocat. 彼女はあの弁護士と親交が深い.

premier, première

[prəmje, -ɛr] **adj**

最初の, 第一番目の ↔ **dernier**

別例 Mon petit frère est en première année. 弟は1年生です. / C'est mon premier voyage à l'étranger. これが私の初めての海外旅行です.

dernier, dernière

[dɛrnje, -ɛr] **adj**

(名詞の後:時間的に) この前の, (名詞の前:時間的に) 最後の, 最新の, (場所・順番が) 最後の

別例 la semaine dernière「先週」/ le mois dernier「先月」/ l'année dernière「去年」(=l'an dernier) / À quelle heure part le dernier train pour Strasbourg ? ストラスブール行きの終電は何時ですか.

prochain, prochaine

[prɔʃɛ̃, -ɛn] **adj**

(現在を軸に) 次の, 今度の ↔ **dernier**, 近い

別例 le mois prochain [la semaine prochaine, l'année prochaine]「来月[来週, 来年]」/ À la prochaine ! また今度 (近いうちに会いましょう). / Laissez-moi descendre au prochain feu. 次の信号のところで降ろしてください.

proche

[prɔʃ] adj **adj**

(時間的・空間的に) 近い, 接近した ↔ **éloigné**

別例 L'hôtel où je loge demain est tout proche de la gare. 明日泊まるホテルは駅のすぐ近くです.
*L'hôtel où je loge demain est juste à côté de la gare. も類義.

239

Il est huit heures et d____.

8時**半**です.

240

Au Japon, de n____ personnes visitent les sanctuaires pendant les vacances du Nouvel An.

日本では年末年始に**多くの**人が神社にお参りに行きます.

241

À cette heure-ci, les restaurants sont p____s.

この時間, レストランは人で**いっぱい**だ.

242

Le stade de football était b____ de spectateurs.

サッカースタジアムは観客で**満員**だった.

243

J'ai le nez b____.

鼻が**詰まって**います.

244

Le frigo était v____.

冷蔵庫は**からっぽ**だった.

245

Mon collègue est c____ comme un œuf.

同僚はつるつるに**禿げて**います.

demi, demie

[dəmi] **adj**

(名詞が表す単位の) 半分の

別例 Ma fille a commencé à parler à un an et demi. 娘は1歳半で話し始めた. **demi nm**「(ジョッキ1杯, 4分の1リットルの) ビール」**demi-heure nf**「半時間, 30分」例 Je vous attends depuis une demi-heure ! もう30分は待っています. ＊**le demi-siècle**「半世紀」(=la mi-siècle), **demi-mort(e)**「半ば死にかけた」といった単語もある.

nombreux, nombreuse

[nɔ̃brø, -øz] **adj**

多くの, 多数の

別例 famille nombreuse「大家族」/ Il y a de nombreuses fautes d'orthographe dans ce dictionnaire. この辞書にはたくさんのスペリングミスがある. / Les accidents sont nombreux à ce carrefour. この交差点は事故が多い.

plein, pleine

[plɛ̃, plɛn] **adj**

(deで) いっぱいになった, 満ちた, 満員の = complet ↔ vide

別例 Elle travaille à plein temps. 彼女はフルタイム (常勤) で働いている. / à pleine vitesse「全速力で」

bondé, bondée

[bɔ̃de] **adj**

ぎっしり詰まった, 満員の

別例 Il est difficile de respirer dans un train bondé le matin. 朝の満員電車内は息苦しいほどだ.

bouché, bouchée

[buʃe] **adj**

詰まった, ふさがれた, 栓をした

別例 La baignoire est bouchée. 風呂 (浴槽) の水が流れません.

vide

[vid] **adj**

(中身が) からの ↔ plein, (場所・時間が) 空いている, うつろな

Il n'y avait plus rien dans le frigo. (←冷蔵庫にもう何もなかった) も類義の言い回し.
＊トイレなど「(使用されていない状態で) 空いている」(↔ occupé) の意味なら, 形容詞 **vacant(e)** が使われる.

chauve

[ʃov] **adj**

禿げた

逆に「髪の毛が潤沢だ」と言い表すなら avoir beaucoup de cheveux (←髪が多い) といった言い方をする. ちなみに une chauve-souris は動物「コウモリ」のこと.

246

Tu vérifies tes mails p____ fois par jour ?

1日に**何**度もメールをチェックするのですか.

247

Je prendrai ma retraite dans q____s années.

後**数**年で定年（退職）です.

248

Ce professeur n'est pas j____ envers les étudiants.

あの教授は学生に対して**公平**ではない.

249

Il déjeune ici presque t____ les jours.

彼はほとんど**毎**日ここで昼食を食べている.

250

Je suis m____ de deux enfants.

私は**結婚していて**子供が2人います.

plusieurs

[plyzjœr] **adj**

いくつもの, 数名（数個）の

plusieurs は「数が少ないものが予想に反して多い」ことを含意する語. 別例 Plusieurs maisons sont en flammes. 何軒もの家が炎に包まれている. / Aujourd'hui, je sais saluer en plusieurs langues. 今では, 私は複数の言語で挨拶ができます.

---

quelque

[kɛlk(ə)] **adj**

いくつかの = plusieurs, なんらかの

別例 J'ai quelques amis à Londres. ロンドンに何人か友人がいます. ＊「いくつかの, 数個の」を意味する類義語 plusieurs が可算名詞とともに用いられて「数が多め」を意味するのに対して, quelques は「数の少なさ」に照準を合わせる傾向がある.

---

juste

[ʒyst] **adj**

公平な, 正当な, 正確な = exact, （衣類などが）きつい

別例 Avez-vous l'heure juste ? 正確には今何時ですか. / des chaussures trop justes「（ピッタリすぎて）きつい靴」
justement adv「まさに, ちょうど, 正確に, 公正に」
justesse nf「正確さ, 適切さ」

---

tout, toute

[tu, tout] **adj**
pl tous, toutes [tu(s), tout]

すべての〜, 〜すべて

tous les jours「毎日」(=chaque jour) ＊<tous [toutes] + 定冠詞（指示・所有形容詞）+ [名詞]> で「すべての〜, 〜ごとに」の意味. 特に,「〜ごとに, 〜おきに」なら <tous [toutes] les + [時間・距離の名詞]> という形が大半（例 Le bus passe ici toutes les trente minutes. バスは30分おきにここを通ります）.

関連 tout（形容詞）を用いた表現

- ☐ tout le monde 「みんな,全員」
- ☐ toute la journée 「1日中」
- ☐ toute la nuit 「1晩中」
- ☐ tout le temps 「いつでも,絶えず」(=sans arrêt)
- ☐ à toute vitesse 「全速力で」
- ☐ en tout (tous) cas 「とにかく,いずれにせよ」(=de toute façon)

---

marié, mariée [2]

[marje] **adj**

既婚の, 結婚している ↔ célibataire

もしも「子供が2人いるシングルマザーです」なら Je suis une mère célibataire avec deux enfants. といった言い方をする. なお, Je suis célibataire. は「独身です」, Je suis fiancé(e). は「私は婚約しています」の意味. 別例 Nous sommes mariés depuis trois ans. 結婚して3年です.

251

Non, je suis c____.

いいえ, **独身**です.

252

Va-t-elle vivre s____ pour le reste de sa vie ?

彼女は残りの人生を**独身で**暮らすつもりなのですか.

253

Je suis fils [fille] u____.

私は**ひとりっ**子です.

254

Est-ce que vous faites quelque chose de s____ pour rester en bonne santé ?

健康維持ために何か**特別な**ことをやっていますか.

255

Nous ne faisions rien de p____ quand l'alarme incendie a sonné.

特に何もしていなかったのに, 火災報知器が鳴った.

256

C'est un photographe p____.

あの人は**プロの**カメラマンです.

257

La date l____ est le 31 mars.

締め切り日は3月31日です.

célibataire [2]

[selibatɛr] **adj**

独身の ↔ marié , 独身者

「既婚者」marié(e) と同様, célibataire は名詞「独身者」の意味でも使われる.
別例 une mère célibataire「未婚の母, シングルマザー」
*これを fille-mère (18歳以下で子供のいる若者) と混同している辞書や参考書がある.

---

seul, seule

[sœl] **adj**

唯一の, ただ〜だけ = unique , 一人だけの = isolé

vivre en colocation は反意で「(住居を借りて共同で) 誰かと一緒に暮らす」という意味.
別例 Je ne l'ai vue qu'une seule fois. 彼女には1度しか会っていない. / Je me demande si je peux finir de manger ça tout(e) seul(e). これを一人だけで食べきれるかな.

---

unique

[ynik] **adj**

唯一の, 単一な, 独特な, 特異な

別例 Les coutumes japonaises concernant le Nouvel An sont vraiment uniques. お正月に関する日本の習慣は実にユニークです. / Cette rue sera à sens unique à partir du 1er juillet. その道は7月1日から一方通行になります.
uniquement adv「もっぱら, ただ」

---

spécial, spéciale

[spesjal] **adj**
mpl spéciaux [-o]

特別の ↔ ordinaire, général

別例 Aujourd'hui est un jour spécial pour nous. 今日は私たちにとって特別の日です.
spécialiste n「専門家, 専門医」
spécialement adv「特に, とりわけ, 特別に」

---

particulier, particulière

[partikylje, -ɛr] **adj**

特殊な, 特別の, 個人の

別例 C'est un cas un peu particulier. これはいささか特殊なケースです.
particulier nm「特殊」例 J'aime ce film français, en particulier sa musique. このフランス映画が好きです, 特に音楽が好きです.
*en particulier で「特に」(=surtout, particulièrement) の意味.

---

professionnel, professionnelle

[prɔfɛsjɔnɛl] **adj**

プロの ↔ amateur , 職業の

別例 Michael est élève dans l'enseignement professionnel. Michael は職業学校の生徒です.
professionnel, professionnelle n「プロ, 専門家」
professionnalisme nm「プロ精神[意識]」

---

limite

[limit] **adj**

限界の, 期限の

limite nf「限界, (国などの) 境界」例 la limite d'âge「年齢制限」/ Ma patience a ses limites. 私の忍耐にも限度があります.
limiter vt「制限する」例 Votre temps est limité, alors ne le gaspillez pas à vivre la vie de quelqu'un d'autre. 時間には限りがある, だから誰かの人生を生きて浪費するなかれ.

258

Quelle est la ville é____ que vous aimeriez le plus visiter ?

一番行ってみたい**外国の**都市はどこですか.

259

Ma fille fait un séjour l____ au Canada.

娘はカナダで**語学**留学をしています.

260

La plupart des professeurs d'université aiment les arguments a____s.

大学教員の大半は**抽象的な**議論が好きだ.

261

Faites-nous des propositions plus c____s !

私たちにもっと**具体的な**提案をしてください.

262

Ce dictionnaire é____ est vraiment pratique.

この**電子**辞書は実に便利だ.

263

Les portes a____s étaient en panne.

自動ドアが故障していた.

264

Au Japon, la rentrée u____ est en avril.

日本では**大学の**新学期は4月です.

étranger, étrangère

[etrɑ̃ʒe, -ɛr] **adj**

外国（人）の, よその

🄱別例 Il y a de plus en plus de touristes étrangers à Kyoto. 京都には外国人観光客が増えています.
étranger, étrangère n「外国人」**étranger nm**「外国」
例 Avez-vous déjà habité à l'étranger ? 今まで外国に住んでいたことはありますか.
*Avez-vous déjà vécu dans un pays étranger ? も類義.

linguistique

[lɛ̃gɥistik] **adj**

言語に関する, 言語学の

linguistique nf「言語学」
linguiste n「言語学者」

abstrait, abstraite

[apstrɛ, -ɛt] **adj**

抽象的な ↔ concret, 観念的な

別例 des spéculations abstraites「机上の空論, 抽象的な思弁」/ Leurs discussions sont abstraites et difficiles à comprendre. 彼らの議論は抽象的でわかりにくい.

concret, concrète

[kɔ̃krɛ, -ɛt] **adj**

具体的な ↔ abstrait

concrètement adv「具体的に」
例 Expliquez-moi concrètement ! 具体的に説明してください.
*de manière concrète などに置き換えられる.
concrétiser vt「具体化する」

électronique

[elɛktrɔnik] **adj**

電子の, 電子工学の

別例 une adresse électronique「メールアドレス」/ un jeu électronique「コンピュータゲーム」
électronique nf「エレクトロニクス, 電子工学」
例 Mon frère est ingénieur et il travaille dans une société d'électronique. 兄（弟）はエンジニアでエレクトロニクスの会社に勤めています.

automatique

[otɔmatik] **adj**

自動の, 自動的な, 必然的な

別例 prendre de l'argent au guichet automatique「ATMでお金を引き出す」
automatiquement adv「自動的に, 必然的に」

universitaire

[ynivɛrsitɛr] **adj**

大学の

別例 un restaurant universitaire「学生食堂」
*resto U あるいは RU「学食」と略す.

◉ 助動詞・助動詞に準ずる動詞・非人称動詞

265

Qu'est-ce que vous a____ ?

どうしたのですか.

□□□

266

Ce créateur de mode p____ non seulement une maison avec piscine, mais aussi une villa de luxe.

あのファッションデザイナーはプール付きの家だけでなく, 豪華な別荘も**所有しています**.

□□□

267

Ce terrain vague n'est pas à moi, il a____ à mon voisin.

この空き地は私のものではない, 隣の人のものです.

□□□

268

Ils m'o____ saisi par les bras.

彼らは私の腕を**つかんだ**.

□□□

269

J'aime, donc je s____.

私は愛する, だから**存在する**.

□□□

270

La vie e____-t-elle sur Mars et Vénus ?

火星や金星に生命は**存在する**か.

□□□

動詞の脇にある数字は巻末の動詞活用表の当該番号を指す. なお, 2 章で見出し語として扱った「動詞」に関する箇所にのみ番号をふっている.

---

avoir [1]

[avwar] **vt** 1

avez　j'ai / j'aurai / j'ai eu

持っている, 所有している, 〜がある (いる)

別例 Vous avez des frères et sœurs ? 兄弟姉妹はいますか. / Elle a 90 ans. 彼女は90歳です. / J'ai peur.「怖い」 *<avoir + [無冠詞名詞]> の例. ほかに avoir faim「空腹である」, avoir chaud「暑い」, avoir tort「間違っている」等々.

---

posséder

[pɔsede] **vt** 12

possède　je possède / je pssèderai / j'ai possédé

所有する, (能力や資質などを) 持っている

別例 Il possède une grande fortune personnelle. 彼には大きな個人的資産がある.
possession nf「所有, 精通」

---

appartenir

[apartənir] **vi** 20

appartient　j'appartiens / j'appartiendrai / j'ai appartenu

(àの)所有である, ものである, (àに)属する

別例 appartenir à un groupe politique「ある政治団体に属する」
appartenance nf「所属」

---

avoir [2]

[avwar] **v** 3

aux　ont

複合時制の助動詞として

*例文は直説法複合過去.
別例 J'aurai fini ce travail avant midi. 午前中にこの仕事は終わらせてしまいます. / Je ne crois pas qu'elle ait dit la vérité. 彼女は本当のことを言わなかったと思う. *前者は直説法前未来の例, 後者は接続法過去の例.

être [1]

[ɛtr] **vi** 2

suis　je suis / je serai / j'ai été

〜である, いる, 存在する

別例 Je suis médecin. 私は医者です. / Nous sommes en hiver. 冬です. / Vous avez déjà été en France ? フランスに行ったことがありますか.

---

exister

[ɛgziste] **vi** 7

existe　j'existe / j'existerai / j'ai existé

存在する, ある

別例 Il existe quatre ensembles de caractères différents en japonais : hiragana, katakana, kanji et alphabet latin. 日本語には, ひらがな, カタカナ, 漢字, ローマ字の4つの異なる文字体系があります.
existence nf「存在, 生活」例 Ils doutent de l'existence de Dieu. 彼らは神の存在を疑っている.

271

Elles s____ arrivées au Sénégal hier soir.

彼女たちは昨夜セネガルに**到着しました**.

272

Combien de temps est-ce qu'il f____ pour aller aux îles Goto ?

五島列島に行くにはどれくらい時間が**かかります**か.

273

Vous d____ passer plusieurs jours sur une île déserte avant d'être secouru(e).

あなたは助け出されるまで数日を無人島で過ごさ**なくてはなりません**.

274

La loi nous o____ à payer des impôts.

法律は私たちに税金を支払うことを**強いる**.

275

Je vous d____ mon succès.

成功したのはあなたの**おかげです**.

276

On ne p____ pas acheter de boisson car le distributeur automatique est en panne.

自動販売機が故障しているせいで飲み物を買うことが**できません**.

être [2]

[ɛtr] **v aux** 4 5

sont

複合時制や受動態の助動詞として

例文は直説法複合過去の例.
別例 Elle s'est blessée à la main. 彼女は手に負傷した. / M. Leblanc a été élu président à l'unanimité. Leblanc 氏は全会一致で議長に選出された. *前者は代名動詞の複合過去の助動詞として使われた例. 後者は受動態 (複合過去) の例.

---

falloir

[falwar] **v impers** 62

faut　il faut / il faudra / il a fallu

必要である, (時間が) かかる,
〜しなければならない

別例 Il faut beaucoup d'argent pour faire ça. それをするにはたくさんのお金が必要だ. / Il ne faut pas être en retard. 遅刻してはいけません. *否定で「禁止」のニュアンス.

---

devoir [2]

[dəvwar] **vt** 53

devez　je dois / je devrai / j'ai dû

(不定法をともない助動詞的に) 〜しなければならない, 必ず〜する, きっと〜だろう, 〜に違いない

別例 Elle doit arriver ici avant vingt et une heures. 彼女は21時までにここに着くことになっている. / Ça doit être un cadeau pour vous. それはきっとあなたへのプレゼントです.

---

obliger

[ɔbliʒe] **vt** 9

oblige　j'oblige / j'obligerai / j'ai obligé

(人に) 義務を負わせる,
強制する = **forcer, contraindre**

obligé(e) adj「〜せざるを得ない, やむを得ない」
例 Je suis obligé(e) de rentrer au Japon demain. 明日日本に帰らなくてはなりません.
*être obligé(e) de + inf. で「~せざるを得ない」の意味になる.

---

devoir [3]

[dəvwar] **vt** 53

dois

(金品を) 借りている, おかげである,
負っている

別例 Je vous dois combien ? おいくらですか (いくらお借りしていましたか). / Je lui dois beaucoup. 彼 (彼女) には恩義があります. *「借金」の意味だけではない.

---

pouvoir

[puvwar] **vt** 54

peut　je peux / je pourrai / j'ai pu

(可能) 〜できる, (許可) 〜してよい,
(依頼：疑問文) 〜してくれませんか

別例 Il sait bien nager, mais aujourd'hui il ne peut pas. 彼は泳ぎはうまいですが, 今日は泳げません. *「(能力的に) 可能」savoir と「(今ここで) 可能」pouvoir の差異. / Est-ce que je peux essayer cette robe ? このワンピース (ドレス) を試着してもいいですか.

277

Que pensez-vous v____ faire dans quatre ans, pour la Coupe du Monde ?

ワールドカップが開催される今から4年後, あなたは何を**していたい**と思いますか.

278

À ton avis, il v____ mieux prendre le métro ?

地下鉄に乗る**方がいい**と思いますか.

279

Comment o____-tu me dire ça !

私に**よくも**そんなことが口に**できるね**.

280

Est-ce qu'il p____ quand vous avez quitté le bureau ?

あなたが事務所を出るときに**雨は降っていました**か.

281

Il n____ tellement à New York que la circulation est impossible.

ニューヨークにたくさん**雪が降り**, 交通が麻痺しています.

◉好き嫌い・感覚・確認

282

J'a____ voyager à l'étranger.

外国を旅するのが**好き**です.

vouloir

[vulwar] **vt** 58

voulez　je veux / je voudrai / j'ai voulu

欲しい, ～したい, (2人称主語の疑問文) ～してくれませんか

別例 Je voudrais parler à madame Vix. Vix さんと話したいのですが. / Qu'est-ce que ça veut dire ? どういう意味ですか. *vouloir dire *qqch* で「～を意味する」, ただし直訳的に「言いたい」とする方がしっくりするケースもある (例 Je vois ce que tu veux dire. 君の言いたいことはわかります).

valoir

[valwar] **vi** 59

vaut　je vaux / je vaudrai / j'ai valu

～の価値がある

(非人称) <il vaut mieux + inf. / que + [接続法]> で「～する方がよい」の意味. 別例 Il vaut mieux ne rien dire. 何も言わない方がいい. / Il vaut mieux que tu ailles voir un médecin. 医者に診てもらった方がいい.
valeur nf「価値, 重要性」

oser

[oze] **vt** 7

oses　j'ose / j'oserai / j'ai osé

(不定詞を従えて) 勇敢にも～する, 厚かましくも～する

別例 M. Martin a osé dire ce qu'il pensait. Martin さんは自分の考えていることを思い切って口にした. / Je n'oserais pas en parler à mon patron. そういう話はとてもオーナーにはできませんよ.

pleuvoir

[pløvwar] **v impers** 61

pleuvait　il pleut / il pleuvra / il a plu

雨が降る

別例 Regardez le ciel ! Il va pleuvoir. 空を見て. 雨が降りそうです. / La météo dit qu'il pleuvra. 予報は雨だと言っている. / Il pleut des cordes. 土砂降りです.
*pleuvoir à verse [à torrents] ともいう.
pluie nf「雨」
例 la saison des pluies「雨季, (日本の) 梅雨」
pluvieux, pluvieuse adj「雨の多い, 雨の降る」

neiger

[neʒe] **v impers** 9

neige　il neige / il neigera / il a neigé

雪が降る

別例 Il commence à neiger. 雪が降り出した.
neige nf「雪」 例 Il neige beaucoup en hiver au Japon. 日本の冬は雪が多い.
*ちなみに年間降雪量が多い世界の都市ベスト3は日本が独占している.
neigeux, neigeuse adj「雪に覆われた, 雪の降りそうな」

aimer

[eme] **vt** 7

aime　j'aime / j'aimerai / j'ai aimé

愛する, 好き ↔ **détester, haïr**

別例 Je t'aime. 愛してる. / J'aime les chats. 猫が好き.
s'aimer vp「愛し合う」 例 Ils s'aiment bien l'un l'autre. ふたりは互いに愛し合っている.
aimable adj「愛想がよい, 親切な」 **amour nm**「愛, 恋愛」 **amoureux, amoureuse adj**「恋をしている, (de に)夢中だ」

283

Monsieur Ardant m'a demandé si j'a____ les sports d'hiver.

Ardant氏は私にウインタースポーツが**大好きなのか**と尋ねてきた.

284

Je d____ vraiment prendre le métro aux heures de pointe.

ラッシュアワーで地下鉄に乗るのは本当に**嫌だ**.

285

Vous d____ visiter le musée du Louvre ?

ルーヴル美術館に行かれたら**いかがですか**.

286

S____-vous faire de la chirurgie esthétique ?

整形手術を受け**たいのですか**.

287

Ce film français p____ beaucoup aux jeunes.

あのフランス映画は若者に大**人気だ**.

288

Quelle heure vous c____ le mieux ?

何時頃なら都合が**よろしい**でしょうか.

adorer

[adɔre] **vt** 7

adorais j'adore / j'adorerai / j'ai adoré

(人や物が) 大好きである ↔ **détester**

別例 J'adore quand il neige à Noël. クリスマスに雪が降ると素敵だと思います.
*<adorer quand + [直説法]> で「～のときが大好き, ～を素敵だと思う」という言い回し.

---

détester

[detɛste] **vt** 7

déteste je déteste / je détesterai / j'ai détesté

ひどく嫌う = **haïr** ↔ **adorer, aimer**

別例 Je déteste les aliments amers. 私は苦味のある食べ物は大嫌いだ.
détestable adj「嫌な」
例 Quel temps détestable ! なんて嫌な天気だ.

---

désirer

[dezire] **vt** 7

désirez je désire / je désirerai / j'ai désiré

欲する, 望む = **souhaiter**

Vous désirez + *qqch* / inf. ? は「～はいかがですか, ～したらいかがですか」と何かを勧める言い回し.
別例 Vous désirez ? (店員が) 何にいたしましょうか.
*「いらっしゃいませ」とも訳せる. Que désirez-vous ? / Madame [Monsieur] désire ? なども同義.

---

souhaiter

[swete] **vt** 7

Souhaitez je souhaite / je souhaiterai / j'ai souhaité

望む, 願う = **désirer, vouloir**

別例 Je vous souhaite une bonne année. 新年おめでとうございます. / Je souhaite que votre mère aille vite mieux. お母さんが早く回復するといいですね. / Mon fils souhaite devenir avocat. 息子は弁護士になるつもりでいます.

---

plaire

[plɛr] **vi** 36

plaît je plais / je plairai / j'ai plu

(à の) 気にいる

別例 Cette montre me plaît beaucoup. この時計はとても気に入っています. / Passez-moi le sel, s'il vous plaît. 塩をとってください. / Dis-lui bonjour de ma part, s'il te plaît. 私からもよろしくと彼 (彼女) に伝えてくださいね.

---

convenir

[kɔ̃vnir] **vi** 20

conviendrait je conviens / je conviendrai / j'ai convenu

(à に) 適している, 都合がよい, 気に入る

別例 Ces chaussures ne conviennent pas au jogging. この靴はジョギングに適していない.
convenable adj「きちんとした, 適切な」
convenu(e) adj「取り決められた」
例 comme convenu「予定通り」(=「約束通り」comme prévu)

289

Quel mode de vie p_____-vous : celui des villages ou celui des grandes villes ?

あなたは村での暮らしと大都会での暮らし, どちらが**好きですか**.

290

Ce petit studio me s_____.

私にはこの小さなワンルームマンションで**十分です**.

291

Qu'elle soit de mon avis ou non, cela i_____ peu.

彼女が私の意見と同じだろうとそうでなかろうと, そんなことは**どうでもいい**.

292

Ma femme a_____ calmement à tout moment.

妻はどんな時でも冷静に**行動する**.

293

Grâce au beau temps, nous avons e_____ une promenade à vélo.

好天に恵まれて, 私たちはサイクリングを**した**.

294

Tout le monde veut que le système fiscal soit r_____.

皆, 税制が**改め**られるよう願っている.

préférer

[prefere] **vt** 12

préférez je préfère / je préférerai / j'ai préféré

より〜を好む, 〜するほうを好む

別例 Quand je pars en vacances, je préfère la montagne à la mer. バカンスに行くなら海よりも山が好みです. *aimer mieux A que B を用いて j'aime mieux la montagne que la mer. と言い換えられる. 名詞 **préférence** を用いて La montagne a ma préférence sur la mer. といった言い方もする.

suffire

[syfir] **vi** 34

suffit je suffis / je suffirai / j'ai suffi

十分である,
(非人称構文で) 〜で十分である

別例 Ça suffit (comme ça) ! もうたくさん (いい加減にしろ). / Il suffira de trois jours pour terminer ce travail. この仕事を終えるには3日あれば十分だろう.
suffisant(e) adj「十分な」(↔ insuffisant)
suffisamment adv「十分に」

importer [1]

[ɛ̃pɔrte] **vi** 7

importe il importe / il importerai / il a importé

(àにとって) 重要である, 大事である

この動詞は不定詞・現在分詞・3人称主語でのみ用いる.
別例 La seule chose qui importe, c'est l'amour. 大事なのはただひとつ, 愛だけだ. / n'importe quand [où, qui, quoi, comment]「いつ (どこ, 誰, 何, どんな風に) でも」

agir

[aʒir] **vi** 17

agit j'agis / j'agirai / j'ai agi

行動する

s'agir vp「(de が) 問題である, 〜が重要だ」
例 De quoi s'agit-il ? 何のことですか (どうしたの). / Apparemment, il s'agit d'une personne sérieuse. 見たところまじめな人物のようです.
*非人称構文 <il s'agit de + [不定冠詞] + [名詞]> で, 実質的には c'est 〜 に近い感覚で使われる.

effectuer

[efektɥe] **vt** 7

effectué j'effectue / j'effectuerai / j'ai effectué

実行する, 行なう

effectuer une promenade à vélo で「サイクリングをする」の意味.
別例 effectuer des réformes「改革を実行する」

réformer

[refɔrme] vt 7

réformé je réforme / je réformerai / j'ai réformé

改革する, 改める

別例 Le nouveau président réforme tous azimuts. 新大統領はあらゆる方向から改革を進めている.
*なお, 動詞 **reformer** は「作り直す, 再編成する」という動詞なので注意.
réforme nf「改革, 改正」例 Une réforme du système médical est engagée. 医療制度改革が推し進められている.

295

Je vais v_____ pour l'opposition.

私は野党に**投票します**.

296

Mon mari a c_____ le costume aux teintes printanières.

夫は春めいた色合いのスーツを**選びました**.

297

Ce vin a été soigneusement s_____ pour les passagers de première classe.

このワインはファーストクラスのお客さまのために**厳選された**ものです.

298

Je vais vous v_____ à 20 heures devant Hachiko à Shibuya.

午後5時に渋谷のハチ公前で**会い**ましょう.

299

Mon mari r_____ les émissions qu'il a manquées sur l'ordinateur.

夫はパソコンで見逃し配信を**見ています**.

300

On a_____ un monument au loin !

遠くに大きな建築物（ランドマーク）が**見えます**.

voter

[vɔte] **vi** 7

voter je vote / je voterai / j'ai voté

投票する, 採決する

vote nm「投票, (賛否の) 票 (=voix), 採決」
例 Le vote est l'un des droits du citoyen. C'est aussi un devoir. 投票は市民の権利のひとつ. 義務でもある.

choisir

[ʃwazir] **vt** 17

choisi je choisi / je choisirai / j'ai choisi

(いくつかの中から1つを) 選ぶ, 選択する

迷って「決めた」なら Mon mari s'est enfin décidé pour le costume aux teintes printanières. といった言い方をする. 別例 Vous avez choisi, Madame ? (レストランの注文で) お決まりですか.
choix nm「選択 (肢)」例 C'est le travail de mon choix. これは自分が選んだ仕事です.

sélectionner

[selɛksjɔne] **vt** 7

sélectionné je sélectionne / je sélectionnerai / j'ai sélectionné

選抜する, 選りすぐる

別例 Ma sœur a été sélectionnée parmi 2 500 candidats à travers le Japon et est allée étudier en France. 姉 (妹) は日本全国2500人の志願者から選抜されて, フランスに留学した.
selection nf「選抜, 選択」例 Il a été laissé de la liste de sélection. 彼は選抜リストに漏れた.

voir

[vwar] **vt** 57

voir je vois / je verrai / j'ai vu

見る, (人に) 会う, (医者に) 診てもらう, 理解する

別例 Ça fait longtemps que je n'ai pas vu mes parents. ずいぶん長いこと親に会っていません. / Vous feriez bien d'aller voir le médecin. 医師に診てもらったほうがいいですよ. / Tu vois ce que je veux dire ? 私の言っている意味がわかりますか.

regarder

[rəgarde] **vt vi** 7

regarde je regarde / je regarderai / j'ai regardé

見る, (多くは否定・疑問で) (人に) 関係がある

別例 Je regarde seulement. (店で) ちょっと見ているだけです. / Cette affaire ne te regarde pas. その件はあなたには関係ない. / Regardez ces graffiti, c'est l'œuvre des élèves. この落書きを見て, 生徒たちの仕業ですよ.
regarde nm「視線, 目つき」

apercevoir

[apɛrsəvwar] **vt** 52

aperçoit j'aperçois / j'apercevrai / j'ai aperçu

(多くは遠くに突然) 見える, 目に入る, 認める

別例 Je l'ai aperçue ce matin dans la rue. 今朝, 町で彼女を見かけました.
s'apercevoir vp「(de に)気づく」(=remarquer)
例 Gabriel s'est aperçu de son erreur. Gabriel は自分の間違いに気づいた.
aperçu nm「一瞥, 概要」
aperception nf「(哲学・心理学での概念) 統覚」

301

Ma femme a longuement o_____ ce tableau.

妻はその絵を長い間**見つめていた**.

302

Vous allez e_____ plusieurs petits dialogues correspondant à des situations différentes.

(設問文) 異なった状況に対応するいくつかの短い対話を**聞いて**ください.

303

É_____ les messages et cochez les bonnes réponses.

(設問文) メッセージを**聞いて**, 正しい解答をチェックしてください.

304

Je m'excuse de vous déranger, mais est-ce que vous s_____ à quelle heure le train arrive à Naples ?

お邪魔してすみませんが, 列車がナポリに何時に到着するか**ご存知でしょう**か.

305

Tu n'as pas s_____ le tremblement de terre hier soir ?

昨日の夜, 地震を**感じ**なかったの.

306

Ne t_____ pas, s'il vous plaît.

(展示品などに) 手を**触れ**ないでください.

observer

[ɔpsɛrve] **vt** 7

observé j'observe / j'observerai / j'ai observé

注視する, 観察する, じっと見守る = examiner, (規則や法律を) 守る

別例 observer une limitation de vitesse「速度制限を守る」
observation nf「観察, (規則などの) 遵守」

entendre

[ɑ̃tɑ̃dr] **vt** 28

entendre j'entends / j'entendrai / j'ai entendu

聞こえる, 理解する = comprendre

別例 Excusez-moi, je ne vous entends pas bien. すみません, 話がよく聞きとれないのですが. / On a entendu des oiseaux qui chantaient. 鳥がさえずっているのが聞こえた. *On a entendu des oiseaux chanter. も同義.
entendu(e) adj「了解された」
例 Bien entendu. もちろん (当然).

écouter

[ekute] **vt** 7

Écoutez j'écoute / j'écouterai / j'ai écouté

(注意して) 聞く, (人の言うことを) 聞く

別例 J'écoute de la musique sur mon smartphone pendant mon trajet du matin. 朝の通勤時間にスマホで音楽を聴いています. / J'écoute un cours de langue étrangère à la radio. ラジオの語学講座を聞いています.
écoute nf「(放送などを) 聞くこと, 聴取」

savoir

[savwar] **vt** 56

savez je sais / je saurai / j'ai su

知っている, 覚えている, ～できる

別例 Mon fils sait trois langues étrangères. 息子は3つの外国語ができる. *savoir は「(能力的に) できる」, pouvoir は「(今ここでの) 可能性」をいう.なお connaître「(学問・技術に) ～に通じている」を用いて Mon fils connaît trois langues étrangères. とも言える.

sentir

[sɑ̃tir] **vt vi** 19

senti je sens / je sentirai / j'ai senti

(聞く・見る以外の感覚を通じて) 感じる, におう

別例 Ça sent bon [mauvais] dans ce salon. この応接間はいい [嫌な] においがする.
se sentir vp「自分が～だと感じる」例 Je me sens sentimental les jours de pluie. 雨の日には感傷的な気分になる. **sentiment nm**「(精神的な) 感情, 印象 (=impression)」 **sensation nf**「(身体的な) 感覚 (↔sentiment), 印象」 **sentimental(e) adj**「感情の, 愛情の, 感傷的な」 **sensible adj**「感じやすい, (身体が) 敏感な」

toucher

[tuʃe] **vi vt** 7

touchez je touche / je toucherai / j'ai touché

さわる, 触れる, (人を) 感動させる, (配当や給与などを) 受け取る

別例 J'ai été très touché(e) par ses aimables paroles. 彼 (彼女) の優しい言葉に心打たれました. / Mon mari touche son salaire le 20 de chaque mois. 夫は毎月20日に給与をもらう.

307

Mon père s____ du diabète.

父には糖尿病の持病があります（←**苦しんでいます**）.

308

Si j'étais millionnaire, j'achèterais tout ce que je veux sans me s____ du prix.

もしも自分が大富豪なら，金に**糸目をつけずに**欲しいものは何でも買うでしょう.

309

É____ les glucides a fait baisser ma glycémie.

糖質を**避けるようにしたら**血糖値が下がった.

310

Tu me d____.

君には**がっかりさせられる**.

311

Mon grand-père v____ le numéro de téléphone sur son agenda.

祖父は手帳で電話番号を**調べている**.

312

Téléphonez pour c____ votre réservation.

電話をして，予約を**確認してください**.

souffrir

[sufrir] **vi** 23

souffre　je souffre / je souffrirai / j'ai souffert

(肉体的・精神的 de で) 苦しむ

別例 Je souffre de vous voir si triste. そんなに悲しそうにしているあなたを見るのがつらい. / Ma grand-mère a souffert du dos pendant longtemps. 祖母はずっと背中が痛かった. *Ma grand-mère a eu mal au dos pendant longtemps. も同義になる.
souffrance nf「苦しみ, 苦悩」

(se) soucier

[susje] **vp** 7

soucier　je me soucie / je me soucierai / je me suis soucié(e)

〜を気にかける, 心配する

soucieux, soucieuse adj「(人が) 気がかりな, (de を) 気にかけている」**例** Elle avait un air soucieux. 彼女は心配そうな様子だった.
souci nm「心配 (事), 気がかかり」**例** Vous avez des soucis, en ce moment ? 最近, 心配事でもあるの.

éviter

[evite] **vt** 7

Éviter　j'évite / j'éviterai / j'ai évité

避ける, よける, 控 (ひか) える

別例 Je me demande si elle m'évite ces jours-ci. 近頃, 彼女はぼくを避けているのかな. / Tu dois éviter de boire trop de café. コーヒーの飲み過ぎは控えないと.
*éviter de + inf. で「〜するのを避ける」の意味.

déprimer

[deprime] **vt** 7

déprimes　je déprime / je déprimerai / j'ai déprimé

へこませる, 意気消沈させる

déprimé, déprimée adj「がっかりした, 落ち込んだ」
例 Je me sens un peu déprimé(e) ce matin. 今朝はちょっと落ち込んでいます.

vérifier

[verifje] **vt** 7

vérifie　je vérifie / je vérifierai / j'ai vérifié

(真偽や正確さなどを) 確かめる
= confirmer

別例 Notre fille vérifie sa boîte e-mail plusieurs fois par jour. うちの娘は1日に何度もメールを確認する.
vérification nf「検査, チェック」

confirmer

[kɔ̃firme] **vt** 7

confirmer　je confirme / je confirmerai / j'ai confirmé

(約束や予約などを) 確認する, 裏づける

別例 Ma réservation a déjà été confirmée par email avant le départ. 予約はすでに出発前にメールで確認済みです.

313

Mon mari a r_____ une suite à l'hôtel.

夫はホテルのスイートルームを**予約した**.

314

S'il pleut, nous devrons a_____ le match de tennis.

もし雨が降れば, テニスの試合は**中止**しなければならない.

315

Il n'y a plus de régions à e_____ sur cette île déserte ?

この無人島で**探検する**場所はもうないですか.

◉ 起床・飲食・売買

316

Le week-end, je me l_____ plus tard que d'habitude.

週末はふだんより遅く**起きます**.

317

Je me suis r_____ au milieu de la nuit.

夜中に**目が覚めた**.

318

Je voudrais b_____ ma veste. Ets-ce que je peux emprunter une brosse ?

上着に**ブラシをかけ**たいのです. ブラシを貸してもらえますか.

réserver

[rezɛrve] **vt** 7

réservé　je réserve / je réserverai / j'ai réservé

（ホテルや席などを）予約する，とっておく

別例 Nous réservons cet argent pour notre mariage. このお金は結婚のためにとってあります．

réservation nf「予約」

例 faire [annuler] une réservation「予約する［予約を取り消す］」＊「人と会う約束や人の時間の確保」の意味での「予約」なら **rendez-vous nm** を用いる．

annuler

[anyle] **vt** 7

annuler　j'annule / j'annulerai / j'ai annulé

（約束や予約などを）取り消す，中止する

別例 Je téléphone pour annuler ma réservation. 予約の取り消しで電話しています．

explorer

[ɛksplɔre] **vt** 7

explorer　j'explore / j'explorerai / j'ai exploré

（未知の地域などを）探査する，詳しく調べる

別例 Nous devons explorer toutes les possibilités de dialogue pour ne pas aggraver les choses. 事を荒立てないために対話のあらゆる可能性を模索すべきです．

exploration nf「探検，踏査（=expédition），探求」

(se) lever

[ləve] **vp** 6 10

lève　je me lève / je me lèverai / je me suis levé(e)

起きる，（太陽が）昇る

別例 Je me lève toujours tôt en semaine. 平日はいつも早起きです． / En été, le soleil se lève tôt. 夏は日の出が早い．

lever vt「上げる，起こす」

例 lever son verre「乾杯する（杯を上げる）」

(se) réveiller

[reveje] **vp** 7

me suis réveillé(e)　je me réveille / je me réveillerai / je me suis réveillé(e)

目が覚める，起きる ↔ **s'endormir**

別例 Réveille-toi, il est huit heures ! 起きて，8時ですよ．

réveiller vt「目を覚まさせる，起こす」例 Vous pouvez me réveiller à six heures demain ? 明日，6時に起こしていただけますか．**réveil nm**「目覚め，目覚まし時計」**réveillon nm**「レヴェイヨン」＊夜通し起きているクリスマスや大晦日の祝宴を指す．

brosser

[brɔse] **vt** 7

brosser　je brosse / je brosserai / j'ai brossé

ブラシをかける，（ブラシで）磨く

se brosser vp「自分の～を磨く，（服や体に）ブラシをかける」

例 Tu t'es brossé les dents ? 歯は磨いたの．(=se laver les dents, se nettoyer les dents)

brosse nf「ブラシ」

319

Je pense que la façon dont les gens s'h____ montre leur caractère.

着こなしはその人らしさを表していると思う.

320

Ce coiffeur c____ très bien.

あの美容(理容)師はすごく腕がいい(←とても上手に**髪をセットする**).

321

Tu pourrais aller p____ les chiens ?

犬を**散歩に連れて**行ってもらえる.

322

Je me p____ tous les matins dans le sanctuaire Meiji.

私は毎朝明治神宮を**散歩します**.

323

Se c____ tôt et se lever tôt rend un homme sain et riche.

早寝早起きは,人を健康で富める者にする.

324

Je mange peu, et je n'arrive pas à bien d____.

ほとんど食事が取れず,ちゃんと**眠れ**ません.

(s')habiller

[abije] **vp** 7

s'habillent　je m'habille / je m'habillerai / je me suis habillé(e)

服を着る ↔ **se déshabiller**

別例 Tu n'as pas encore fini de t'habiller ? まだ着替えが終わらないのですか.
habillé(e) adj「服を着た, ドレスアップした」
例 Mon mari est mal habillé. 夫は服の趣味が悪い(だらしない). *mettre が動作, porter が状態を表すように,「服を着る」は s'habiller で,「服を着ている」なら être habillé(e) を用いる.

---

coiffer

[kwafe] **vt** 7

coiffe　je coiffe / je coifferai / j'ai coiffé

髪をセットする, (帽子を) かぶる

別例 se faire coiffer「髪をセットしてもらう」
coiffure nf「ヘアタイル」
coiffé(e) adj「髪を整えた, (deを) かぶった」
例 Je suis mal coiffé(e) ce matin. 今朝は髪がきまらない (セットがうまくいかない).
décoiffer vt「髪を乱す」
例 Le vent l'a décoiffée. 風で彼女の髪が乱れた.

---

promener

[prɔmne] **vt** 10

promener　je promène / je promènerai / j'ai promené

(犬などを) 散歩させる, 案内する

se promener vp「散歩する」
例 Mon père se promène seul dans le quartier. 父は一人で近所を散歩している.

(se) promener

[prɔmne] **vp** 10

promène　je me promène / je promènerai / je me suis promené(e)

散歩する

promenade「散歩」を用いて, faire une promenade ともいう.
別例 promener des amis étrangers à travers Kyoto「外国の友人たちに京都を案内する」
promener vt「散歩させる」例 Mon père promène son chien tous les soirs. 父は毎晩犬を散歩させている.

(se) coucher

[kuʃe] **vp** 7

coucher　je me couche / je me coucherai / je me suis couché(e)

(床につく) 寝る, (太陽が) 沈む

別例 À quelle heure t'es-tu couché(e) hier soir ? 昨夜は何時に寝ましたか. / Le soleil va se coucher. もうすぐ太陽が沈む.
coucher vt vi「(人を) 寝かせる, 泊まる」
例 Il a couché son bébé. 彼は赤ちゃんを寝かしつけた.

---

dormir

[dɔrmir] **vi** 19

dormir　je dors / je dormirai / j'ai dormi

眠る, 眠っている

別例 Quand je suis rentrée, mon mari dormait encore dans notre lit. 家に帰ってきたら, 夫はベッドでまだ寝ていた. / Mon chien fait semblant de dormir. うちの犬が寝たふりをしている. / Je ne peux pas dormir sans somnifères. 睡眠薬がないと眠れません.

325

Cette musique de film m'e____.

この映画音楽は**眠くなる**.

326

À quel âge as-tu commencé à b____ ?

いつから（何歳で）**お酒を飲む**ようになったの.

327

V____-moi à boire.

飲み物を**ついでください**.

328

Tu pourrais a____ les fleurs ?

花に**水をあげて**もらえる.

329

Pendant les fêtes de fin d'année, j'ai trop m____ et j'ai pris de 3 kilos.

年末年始にかけて, **食べ**過ぎて3キロ太った.

330

Ma fille ne sait pas c____.

うちの娘は**料理が**できない.

endormir

[ɑ̃dɔrmir] **vt** 19

endort j'endors / j'endormirai / j'ai endormi

眠らせる ↔ **réveiller**

s'endormir vp「寝入る, 眠り込む」
例 Notre bébé s'est endormi dans mes bras. 赤ちゃんは私の腕の中で寝てしまった. / Mon grand-père s'est endormi sur le canapé. 祖父はソファで眠り込んだ.

boire

[bwar] **vt vi** 41

boire je bois / je boirai / j'ai bu

(人が飲み物を) 飲む, 酒を飲む

別例 Vous voulez boire quelque chose ? 何か飲みたいですか. / Attendons-les en buvant un verre. 一杯飲みながら彼らを待ちましょう.

verser

[vɛrse] **vt** 7

Versez je verse / je verserai / j'ai versé

(液体を) 注ぐ, 振りまく,
(金を) 払い込む

別例 verser de l'eau chaude dans un pot「ポットにお湯を注ぐ」/ Plus tôt ce matin, j'ai versé 2000 euros sur votre compte. 今朝方, あなたの口座に2000ユーロを払い込みました. / Le salaire est versé le vingt. 給料は20日に振り込まれます. (=On est payé le vingt.)

arroser

[aroze] **vt** 7

arroser j'arrose / j'arroserai / j'ai arrosé

水をかける, 水をまく, (川が) 流れる

別例 La rivière Tone arrose la vaste plaine du Kanto. 利根川は広大な関東平野を潤している.

manger

[mɑ̃ʒe] **vt vi** 9

mangé je mange / je mangerai / j'ai mangé

食べる, 食事をする

別例 manger du pain「パンを食べる」/ manger de la soupe「スープを飲む」/ Je ne trouve rien à manger dans le frigo. 冷蔵庫に食べるものが何ひとつ見つからない. / Avez-vous déjà mangé du caviar et du foie gras ? キャビアやフォアグラを食べたことがありますか.

cuisiner

[kɥizine] **vt vi** 7

cuisiner je cuisine / je cuisinerai / j'ai cuisiné

料理する = **faire la cuisine**

別例 Ma fiancée cuisine bien. フィアンセは料理がうまい. *Ma fiancée fait bien la cuisine. / Ma fiancée est bonne cuisinière. も類義. préparer *qqch*「〜を料理する」(例 préparer le dîner「夕飯の支度をする」) という動詞もある.

331

G_____ ce fromage, s'il vous plaît.

どうぞ, このチーズを**味見して**ください

332

J'ai fait c_____ la pâte dans un four préchauffé pendant 10 minutes.

生地を予熱したオーブンで10分**焼きました**.

333

Je sens quelque chose qui b_____.

何か**焦げ**臭い.

334

Mon collègue est mal c_____ chez lui.

同僚の家は**暖房がきいて**いない.

335

Tu peux a_____ la télévision, si tu veux.

よかったらテレビを**つけて**くれる.

336

Vous pourriez é_____ votre cigarette, s'il vous plaît ? C'est non-fumeur, ici.

すみません, たばこを**消して**いただけますか. ここは禁煙です.

goûter

[gute] **vt** 7

Goûtez　je goûte / je goûterai / j'ai goûté

～の味をみる

調味料 **l'assaisonnement nm**

- ☐ le sel「塩」
- ☐ le poivre「胡椒」
- ☐ le sucre「砂糖」
- ☐ la sauce de soja「醤油」
- ☐ le vinaigre「酢」
- ☐ l'huile **nf**「油」
- ☐ le beurre「バター」
- ☐ la moutarde「マスタード」

cuire

[kɥir] **vt vi** 35

cuire　je cuis / je cuirai / j'ai cuit

(食べ物に) 火を通す, 焼く, 煮る, ゆでる = **faire bouillir**, 炒める = **faire sauter**

例示のように, この動詞は faire cuire「(食べ物を) 焼く, 煮る」の形でよく使う.

cuit, cuite adj「(食べ物が) 焼けた, 煮えた (↔ cru)」例 Bien cuit, s'il vous plaît. (ステーキを) ウエルダンでお願いします.

brûler

[bryle] **vt, vi** 7

brûle　je brûle / je brûlerai / j'ai brûlé

焼く, やけどさせる, 燃える, 焦げる

別例 L'eau bouillante m'a brûlé la main. 熱湯で手をやけどした. ＊代名動詞を使って, Je me suis brûlé la main avec de l'eau bouillante. と言い換えられる. / Le feu brûle vivement dans la cheminée. 暖炉で火が赤々と燃えている.

se brûler vp「やけどする」

brûlure nf「やけど, 焼けこげ」

chauffer

[ʃofe] **vt vi** 7

chauffé　je chauffe / je chaufferai / j'ai chauffé

(金属や水などを) 熱する, 温める, 暖める ↔ **refroidir**, 熱くなる

別例 faire chauffer du lait「牛乳を温める」

préchauffer vt「(オーブンなどを使用前に) 予熱する」

chauffage nm「暖房」

例 chauffage au gaz「ガス暖房」/ chauffage central「セントラルヒーティング」

allumer

[alyme] **vt** 7

allumer　j'allume / j'allumerai / j'ai allumé

火をつける ↔ **éteindre**, (明かり・暖房・電気製品などを) つける

別例 allumer le gaz「ガスをつける」/ allumer la lumière「明かりをつける」/ allumer un ordinateur「パソコンを起動する」＊なお,「(パソコンを) USBから起動する」なら allumer ではなく,「つなぐ」brancher と考えて brancher une clé USB という.

éteindre

[etɛ̃dr] **vt** 30

éteindre　j'éteins / j'éteindrai / j'ai éteint

(火や明かり・ガス・テレビなどを) 消す ↔ **allumer**

別例 éteindre la télévision「テレビを消す」/ éteindre la lumière du couloir「廊下の明かりを消す」

s'éteindre vp「(火などが) 消える」

例 La bougie s'est éteinte. ろうそくが消えた.

337

M____ la farine avec les œufs, le lait et le sel dans un saladier.

サラダボールに小麦粉と卵, 牛乳, 塩を入れて**かき混ぜて**ください.

338

Le fleuve p____ la région en deux.

川がその地域を2つに**分けている**.

339

Notre fille ne peut pas d____ le réel de la fiction.

うちの娘は現実とフィクションを**区別する**ことができない.

340

Ma femme c____ toujours les prix sur Internet.

妻はいつもインターネット上で価格を**比較する**.

341

Ce petit restaurant caché s____ de la vraie cuisine française.

この隠れた小さなレストランは本格的なフランス料理を**出す**.

342

Mon père a d____ l'entreprise pendant cinquante ans.

父は50年会社を**経営していた**.

mélanger

[melɑ̃ʒe] **vt** 9

Mélangez je mélange / je mélangerai / j'ai mélangé

混ぜる

類義の mêler と比較すれば，意識して混ぜる比率や方法を考慮する際に使われる．特に料理で主として使われるのが mélanger.

mélange nm「混ぜること，混合」

例 mélange de vodka et de jus de pamplemousse「ウォッカとグレープフルーツジュースを混ぜ合わせる(=cocktail)」

partager

[partaʒe] **vt** 9

partage je partage / je partagerai / j'ai partagé

(金や食事などを) 分ける，分配する = diviser，(食事などを) ともにする

別例 partager un gâteau en deux moitiés「ケーキを2等分する」

partage nm「分配，分割」

partagé(e) adj「分かれた」

例 Les avis étaient partagés sur les détails. 細かな部分で意見は分かれていた．

distinguer

[distɛ̃ge] **vt** 7

distinguer je distingue / je distinguerai / j'ai distingué

区別する，識別する = remarquer

別例 Ma grand-mère ne distingue même plus ton visage. 祖母はもうあなたの顔さえ見分けられない．

distinction nf「区別，優雅さ，気品」

distingué(e) adj「上品な」(=chic)

comparer

[kɔ̃pare] vt 7

compare je compare / je comparerai / j'ai comparé

(à, avec と) 比較する

comparer A à B で「A を B と比べる」の意味だが，前置詞を変えて comparer A avec B とすると比較対象が厳格なイメージを帯びる．

comparable adj「比較できる，似通った」

comparativement adv「比較して，比較的に」

comparaison nf「比較，対比」例 En France, les trains sont souvent en retard, par comparaison avec le Japon. 日本と比べると，フランスでは電車が頻繁に遅れる．

servir

[sɛrvir] **vt vi** 19

sert je sers / je servirai / j'ai servi

奉仕する，給仕する，(～する) 役に立つ

別例 Je ne suis pas encore servi(e). 頼んだものがまだ来ないのですが．/ Ce que tu fais ne sert à rien. 君がしていることは何の役にも立たない．

se servir vp「(de を) 自分で取り分ける」

例 Je vous en prie, servez-vous ! (料理を) どうぞご自由にお取りください．

diriger

[diriʒe] **vp** 9

dirigé je dirige / je dirigerai / j'ai dirigé

経営する，指導する

se diriger vp「(vers に) 向かう，(仕事の) 進路を決める」例 Mes filles se sont dirigées vers la médecine. 娘たちは医学の道へと進んだ．

343

Le maire a_____ la commune.

市長は自治体の**行政に当たる**.

344

Où est-ce qu'on a_____ les tickets ?

チケットはどこで**買えます**か？

345

Combien c_____ le parking pour une heure ?

駐車料金は1時間**いくらです**か.

346

Pourquoi tout le monde dit qu'il veut g_____ le plus d'argent possible ?

皆ができるだけお金をたくさん**稼ぎ**たいと口にするのはどうしてなのだろう.

347

J'aimerais o_____ au moins 50 sur 100 au DELF ce week-end.

今週末のDELFの試験で最低でも5割は**取り**たい.

348

J'ai encore p_____ mes clés. Je p_____ toujours des choses.

また鍵を**なくしてしまった**. 私はいつも物を**なくしてしまう**.

administrer

[administre] vt 7

administre j'administre / j'administrerai / j'ai administré

(国や地方などの) 行政を行なう, 経営[管理]する

administration nf「行政 (機関), 管理, 経営」
例 conseil d'administration「取締役会, 理事会」
administratif, administrative adj「管理の, 行政の」
administrativement adv「管理上, 行政上」

acheter

[aʃte] **vt** 10

achète j'achète / j'achèterai / j'ai acheté

買う ↔ **vendre**

別例 J'ai acheté ce sac en solde avec 15% de réduction. このバッグをセールで15%引きで購入しました.
achat nm「購入」(↔ vente)
例 faire des achats「買い物をする」(=faire des courses)

coûter

[kute] **vi vt** 7

coûte je coûte / je coûterai / j'ai coûté

(値段が) 〜である

別例 Combien ça coûte ? いくらですか.
*食べ物や飲み物, または比較的安価な物の値段を聞く際の定番, Ça fait combien ? も同義. C'est combien ? も類義だが, これは目の前に購入したい品がある際に使う.
coûteux, coûteuse adj「高価な, 費用のかかる」

gagner

[gaɲe] **vt** 7

gagner je gagne / je gagnerai / j'ai gagné

(働いて金を) 稼ぐ, (試合などに) 勝つ

別例 Comment est-ce qu'elle gagne sa vie ? 彼女はどうやって生計を立てているのですか. / Heureusement, elles ont gagné le premier prix au concours de chant. 幸運にも彼女たちは合唱コンクールで1等をとった.

obtenir

[ɔptənir] **vt** 20

obtenir j'obtiens / j'obtiendrai / j'ai obtenu

手に入れる, 獲得する = **gagner**

別例 Comment avez-vous obtenu cette information ? あなたはこの情報をどうやって手に入れましたか. / Patrick Modiano est un écrivain français qui a obtenu le prix Nobel de littérature. Patrick Modiano はノーベル文学賞を受賞したフランス人作家です.

perdre

[pɛrdr] **vt** 28

perdu / perds je perds / je perdrai / j'ai perdu

失う ↔ **retrouver**, (勝負に) 負ける ↔ **gagner**

別例 Mon oncle a perdu une grosse somme au jeu. おじは賭けで巨額の金を失った. / perdre une partie de tennis「テニスの試合で負ける」
se perdre vp「道に迷う (=s'égarer), 途方にくれる」
例 Je me suis perdu dans un quartier que je ne connais pas. 知らない街で道に迷ってしまった.

349

Les Japonais c____ plus de temps aujourd'hui aux loisirs.

今, 日本人は今までよりも余暇に多くの時間を**費やしています**.

350

Qu'est-ce que les Français c____ le plus ?

フランス人が最も**消費するもの**（飲み食いするもの）は何ですか.

351

Ce pays p____ d'excellents semi-conducteurs.

この国はすぐれた半導体を**生産する**.

352

On f____ des meubles à monter depuis 50 ans.

かれこれ50年組立式の家具を**製造しています**.

353

Il n'est rien r____ de notre effort.

私たちの努力は何も**生まなかった**.

354

Il y a une résistance à dire que nous devons é____ de l'argent pour nos vieux jours.

老後に備えて**貯金**しなければならないという言い方には抵抗がある.

consacrer

[kɔ̃sakre] **vt** 7

consacrent　je consacre / je consacrerai / j'ai consacré

(時間・労力・金を) 当てる, 費やす

別例 Pouvez-vous me consacrer un peu de votre temps ? 少しお時間を割いていただけますか.
se consacrer vp「没頭する」
例 se consacrer à l'étude「研究に没頭する」

consommer

[kɔ̃sɔme] **vt** 7

consomment　je consomme / je consommerai / j'ai consommé

(飲食物を) 食べる, 飲む, 消費する

別例 Cette voiture consomme trop d'essence. この車はガソリンを食いすぎる.
consommation nf「消費, 飲食」
consommateur, consommatrice n「消費者」

(se) produire

[prɔdɥir] **vt** 35

produit　je produis / je produirai / j'ai produit

(国や地域などが) 生産する, (映画などを) 制作する, 生じる = **arriver, avoir lieu**

別例 Ces changements ne se sont pas produits tous seuls. こうした変化はひとりでに起こったわけではない.
productif, productive adj「生産的な, 生産性の高い」
production nf「生産, 生産量, (映画などの) 制作」
producteur, productrice n「生産者, プロデューサー」

fabriquer

[fabrike] vt 7

fabrique　je fabrique / je fabriquerai / j'ai fabriqué

(品物を) 製造する, 生産する = **produire, faire**

例文は「工場」を主語にして Cette usine fabrique des meubles à monter depuis 50 ans. とも書けるが, 人が主語になることが多い. 類義語 **faire** に比べて「手で作る」という含意があり, あわせて, くだけた言い回しで「(何かをぐずぐず) する, やる」の意味にもなる (例 Alors, qu'est-ce que tu fabriques ? いったい, 何やってるの). **fabrication nf**「製造, 製作」例 la date de fabrication「製造年月日」

résulter

[rezylte] **vt** 7

résulté　il résulte / il résultera / il a résulté

(de から) 生じる, 結果である

不定法・現在分詞・3人称で用いる. 助動詞は avoir または être を用いる.
résultat nm「(行為・行動の) 結果, 成果, (多くは複数で) 成績」例 L'inondation est le résultat de fortes pluies. 洪水は豪雨のために起きた (豪雨の結果だ). / Les élèves ont obtenu de bons résultats à l'examen. 生徒たちは試験でよい成績をとった.

économiser

[ekɔnɔmize] **vt vi** 7

économiser　j'économise / j'économiserai / j'ai économisé

貯金する, 節約する

別例 économiser sur la nourriture「食費を切りつめる」
économie nf「経済, 節約, (複数で) 貯金」
économique adj「経済の, 経済的な」

355

Où est-ce qu'on v____ ce sac original ?

この独創的なバッグはどこで**売ってます**か.

356

Est-ce que je peux e____ un sèche-cheveux ?

ヘアードライアーを**借り**られますか.

357

Je voudrais l____ une voiture.

（レンタカー）車を**借り**たいのですが.

358

Tu me p____ ton parapluie ?

傘を**貸して**くれない.

359

Je lui ai demandé de me prêter de l'argent que je lui r____ bientôt.

私はすぐに**返す**のでお金を貸して欲しいと彼（彼女）に頼んだ.

360

Est-ce que je peux p____ par carte ?

カードで**支払え**ますか？

vendre

[vɑ̃dr] **vt** 28

vend　je vends / je vendrai / j'ai vendu

売る ↔ **acheter**

別例 Il a vendu ses vieux vêtements au marché aux puces. 彼はフリーマーケットで古着を売った.
se vendre vp「売れる」
vente nf「販売」(↔ achat)
vendeur, vendeuse n「(デパートなどの) 店員」(↔ acheteur)

---

emprunter

[ɑ̃prœ̃te] **vt** 7

emprunter　j'emprunte / j'emprunterai / j'ai emprunté

(à から) 借りる

別例 Est-ce que je peux t'emprunter ton vélo ? 自転車を借りてもいいですか.
*「自転車を貸してくれる」Est-ce que tu peux me prêter ton vélo demain matin ? と書き換えられる.

---

louer

[lwe] **vt** 7

louer　je loue / je louerai / j'ai loué

賃貸しする,
賃借りする (レンタルする)

この単語は「貸す」(=prêter),「借りる」(=emprunter) の両方の意味を持ち,「金銭授受」をともなう. ただし, 金銭を介さずに「貸す」「借りる」ケースやお金そのものを「貸す」「借りる」と表現する際には prêter, emprunter を用いる.

---

prêter

[prete] **vt** 7

prêtes　je prête / je prêterai / j'ai prêté

(無料で) 貸す ↔ **emprunter**

別例 Elle a prêté un dictionnaire japonais-français à son ami. 彼女は友だちに和仏辞典を貸した.
「無償で物品を貸す」あるいは「人にお金を貸す」といったケースに使う. 比喩的に「手を貸す」prêter la main といった言い方もする.

---

rembourser

[rɑ̃burse] **vt** 7

rembourserais　je rembourse / je rembrouserai / j'ai remboursé

(借金などを) 返済する, 返金する, 払い戻す

別例 Cette bourse n'a pas besoin d'être remboursée. この奨学金は返済する必要はありません. / Si vous me donnez le reçu, je vous rembourserai. レシートを渡していただけましたら, 返金いたします.
remboursement nm「返済, 払い戻し」

---

payer

[peje] **vt** 14

payer　je paye / je payerai / j'ai payé

(金・給与などを) 支払う,
買ってやる = **acheter**

Est-ce que je peux payer avec ma carte ? も同義.「現金で支払う」なら payer en (argent) liquide, payer cash などという.「(通貨) で支払う」ならば <en + [貨幣 (複数形)]> を用い, payer en euros「ユーロで払う」などという. payer par chèque は「小切手で払う」の意味.
paye nm「給料」(=salaire)
paiement nm「支払い」**例** faire un paiement「支払う」(=payer) / facilités de paiement「分割払い」

361

Ce remboursement m'a____ envers mon collègue.

今回の支払いで同僚に対する自分の**借金はおしまいです**.

362

Mon père d____ beaucoup d'argent en livres d'occasion.

父は古本に多くのお金を**使う**.

◉ **移動**（注意：主に複合動詞で être を助動詞とする往来発着昇降生死の自動詞を中心としながら，他の移動に関する動詞もこのジャンルに分類している）

363

Nous a____ souvent au bowling quand nous étions lycéens.

高校生の頃, 私たちはよくボーリングに**行ったものです**.

364

S____ cette rue et vous arriverez à l'hôtel ABC.

この通りをそのまま**行ってください**, そうすればABCホテルに着きます.

365

Pourquoi les nouveaux stagiaires ne v____-ils pas à la fête de fin d'année de l'entreprise ?

新しい実習生はどうして会社の忘年会に**来**ないのでしょうか.

acquitter

[akite] **vt** 7

acquittera j'acquitte / j'acquitterai / j'ai acquitté

(税金・借金などを) 支払う, (被告人を) 無罪放免する

acquittement nm「(借金の) 返済, 無罪 (放免)」
例 prononcer un verdict d'acquittement「(陪審員が) 無罪の評決を下す」 *「陪審 (団)」は **jury nm** と呼ばれ,「陪審員」は **juré(e) n** と称される.

dépenser

[depɑ̃se] **vt** 7

dépense je dépense / je dépenserai / j'ai dépensé

(金などを) 使う, (時間や電力などを) 消費する = **consommer**

はっきり「浪費する, 乱費する」と表現するなら prodiguer, gaspiller, dilapider といった動詞を使う.
dépense nm「出費, 費用 (=frais ↔ recette), 消費 (=consommation)」
例 C'est une dépense inutile ! それは無駄づかいだ.

aller

[ale] **vi** 16

allions je vais / j'irai / je suis allé(e)

(場所へ) 行く ↔ **venir**, (健康が) ～である, (事柄が) はかどる, (機械などが) 動く, (近接未来) (これから) ～する

別例 Comment allez-vous ? お元気ですか. / Tout va bien.「すべて順調です」/ Il va pleuvoir. (まもなく) 雨が降りそうだ. *この例は aller + inf. で近接未来の形.

suivre

[sɥivr] **vt vi** 38

Suivez je suis / je suivrai / j'ai suivi

後について行く ↔ **précéder**, 沿って進む, 従う, (授業などに) 出る, 次に来る

別例 Suivez-moi, je vous montre le chemin. 私についてきてください, 道を教えますから. / Je n'arrive pas à suivre. 話についていけません. / L'été suit le printemps. 春が過ぎて夏が来る.
suite nf「続き, 連続 (=série), 結果」
例 Vous voulez regarder la suite ? 続きが見たいですか. / tout de suite「すぐに」

venir

[vənir] **vi** 21

viennent je viens / je viendrai / je suis venu(e)

来る, (相手の立場・視点に立って) 行く, (de から) 来る, 出身である, (近接過去) ～したばかりだ

別例 D'où venez-vous ? どこからいらしたのですか (出身はどちらですか). *D'où êtes-vous ? どちらの方ですか. とか De quelle nationalité êtes-vous ? お国はどちらですか. なども類義. / Non, je viens de manger. いいえ, 食事をしたばかりですから. *近接過去.

366

Quand est-ce qu'elle r____ à Osaka ?

彼女はいつ大阪に**戻ってきます**か.

367

R____ avant qu'il ne pleuve.

雨が降る前に**帰りましょう**.

368

Je n'a____ pas à installer le nouveau logiciel.

新しいソフトウエアのインストールが**できません**.

369

Je te ferai p____ le programme des réjouissances.

(催し物の) スケジュールを**お届け**します.

370

Ma mère est m____ au premier étage.

母は2階に**上がった**.

371

Pouvez-vous me dire quand d____ ?

(バスで) いつ**降りたらいいのか**教えていただけますか.

revenir

[rəvnir] **vi** 21

revient　je reviens / je reviendrai / je suis revenu(e)

(話し手あるいは対話者のいる場所に) 帰る, 戻る

別例 Excusez-moi, je reviens tout de suite. すみません, すぐに戻ります. *会話中に用事ができたときなど, 中座するときに使う. / J'attendrai ici jusqu'à ce que tu reviennes. あなたが戻るまでここで待ちます.

rentrer

[rɑ̃tre] **vi** 7

Rentrons　je rentre / je rentrerai / je suis rentré(e)

(自宅など生活の拠点へ) 帰る, (出先から会社に) 戻る

別例 Ma femme est rentrée très tard à la maison. 妻はとても遅くに帰宅した. / Je préparais le dîner quand ma mère est rentrée. 私が夕食の準備をしていたら母親が帰ってきた.

rentrée nf「(本拠地に) 戻ること, 新学期 (=rentrée scolaire)」

arriver

[arive] **vi** 7

arrive　j'arrive / j'arriverai / je suis arrivé(e)

着く, 達する = **atteindre**, (物事が) 起きる

arriver à + inf. の否定で「(目的や水準に) どうしても～達さない」の意味.

別例 On va bientôt arriver à l'aéroport Charles-de-Gaulle. まもなくシャルル・ド・ゴール空港に到着します. / Qu'est-ce qui est arrivé ? 何があったのですか. / J'arrive, j'y suis presque. 今向かってる, もうすぐ着くよ.

parvenir

[parvənir] **vi** 21

parvenir　je parviens / je parviendrai / je suis parvenu(e)

(物が) 届く, (場所に) たどり着く, (à + inf.) 苦労して～に成功する

別例 parvenir au sommet de la montagne「山頂にたどり着く」/ Je ne parviens pas à le contacter. どうしても彼に連絡がつかない.

monter

[mɔ̃te] **vi vt** 7

montée　je monte / je monterai / je suis monté(e), j'ai monté

(階段などを) 上がる, (車などに) 乗る, のぼる

別例 Les prix des hôtels dans la région continuent à monter. 地域のホテルの料金は上がり続けています. / Tu pourrais monter le son ? ボリュームを上げてくれる. *augmenter le son ともいう. なお, 逆に「下げる」なら baisser [diminuer] le son という.

descendre

[desɑ̃dr] **vi vt** 28

descendre　je descends / je descendrai / je suis descendu(e), j'ai descendu

降りる ↔ **monter**, 下車する, 泊まる = **loger**

別例 Pardon, je descends ! (バスなどで) すみません, 降ります. / Vous descendez à quel hôtel ? どのホテルに泊まられますか. / Vous descendez ? (エレベーターで) 下ですか. *「上ですか」なら Vous montez ? などとエレベーター内の人に問いかける.

descente nf「下降, 下り坂, 下ろすこと」

372

Les deux sont t____ amoureux au premier regard.

ふたりは一目で恋に**落ちた**.

373

E____ !

（ノックに応じて）**どうぞお入りください**.

374

Avant de s____, j'ai appelé mon bureau.

出かける前に, 事務所に電話しておいた.

375

À quelle fréquence p____ la navette pour l'aéroport ?

空港のシャトルバスはどのくらいの頻度で**出ます**か.

376

Sitôt arrivé à Paris, Jules est r____ pour Londres.

Julesはパリに着くとすぐにロンドンに向け**再び出発した**.

377

On q____ Marseille dans une semaine.

1週間後にマルセイユを**離れます**.

tomber

[tɔ̃be] **vi** 7

tombés　je tombe / je tomberai / je suis tombé(e)

ころぶ, 落ちる, (雨などが) 降る, (ある状態に) なる

別例 laisser tomber *qqch*「(うっかり) ～を落とす」/ faire tomber「落とす, 転ばせる」/ tomber malade「病気になる」/ tomber en panne「故障する」

entrer

[ɑ̃tre] **vi** 7

Entrez　j'entre / j'entrerai / je suis entré(e)

入る ↔ sortir, 入学する

別例 Elsa entre dans un café avec ses amis. Elsa は友人とカフェに入る. / Elles sont entrées à l'université sans passer d'examen. 彼女たちは無試験で大学に入学した.

sortir

[sɔrtir] **vi** **vt** 18

sortir　je sors / je sortirai / je suis sorti(e), j'ai sorti

出かける, (de から) 外に出る, (de から) 取りだす

別例 Elles sont sorties du théâtre à minuit. 彼女たちは夜の12時に劇場を出た. / Ma femme a sorti un mouchoir de son sac. 妻はバッグからハンカチを取り出した. *直説法複合過去の助動詞 être, avoir の差異に注意したい.

sortie nf「(人が) 出ること, 出口 (↔ entrée)」

partir

[partir] **vi** 18

part　je pars / je partirai / je suis parti(e)

出発する, 出かける

別例 Où est-ce que tu pars en vacances cet été ? 今年の夏, バカンスはどこに出かけますか. / Elle est partie chercher ses parents à la gare. 彼女は両親を迎えに駅へ行った. *partir + inf.「～しに出かける」の意味.

départ nm「出発」(↔ arrivée)

repartir

[rəpartir] **vi** 18

reparti　je repars / je repartirai / je suis reparti(e)

再び出発する, また最初から始める

別例 repartir de zéro「1からやり直す (新規まき直しをする)」

*なお, 他動詞 **répartir**「分ける, 分配する, 分類する」(例 Mon grand-père a réparti tous ses biens entre ses enfants. 祖父は財産をすべて子供たちに分配した) と混同しないように.

quitter

[kite] **vt** 7

quittera　je quitte / je quitterai / j'ai quitté

(場所を) 離れる, (仕事などを) やめる

別例 Ne quittez pas. (電話で切らずに) そのままお待ちください. / Il faut que je vous quitte, j'ai un rendez-vous. そろそろ, おいとましなくてはなりません, 約束がありますから.

378

Après sa retraite, mon père a v____ à travers le monde.

定年退職後, 父は世界中を**旅した**.

379

Comme le temps p____ vite !

時間が**経つ**のは何と速いことか.

380

Je prévois de r____ dans cette ville pour le moment.

当分の間, この町に**滞在する**予定です.

381

Je vais s____ à Genève plus d'une semaine.

1週間以上ジュネーブに**滞在する**予定です.

382

D____ cette chaise, elle est dans le passage.

この椅子を**移動させてください**, 通るのに邪魔です.

383

Suivez les instructions pour i____ le logiciel.

ソフトをインストールするには説明書に従ってください.

voyager

[vwajaʒe] **vi** 9

voyagé　je voyage / je voyagerai / j'ai voyagé

旅行する = **faire un voyage**

別例 Viviane voyage souvent en bateau avec sa famille. Viviane はよく家族と船で旅をする.
voyage nm「施行」

passer

[pase] **vi vt** 7

passe　je passe / je passerai / je suis passé(e), j'ai passé

通る, (時が) たつ, 過ごす, 渡す

別例 Passez-moi le sel, s'il vous plaît. 塩をとってください.
se passer vp「(事件などが) 起きる, (時が) 過ぎる, (de なしで) すませる」
例 Qu'est-ce qui se passe ? どうしたの. / Pierrot ne peut pas se passer de vin. Pierrot はワインなしではいられない.

rester

[rɛste] **vi** 7

rester　je reste / je resterai / je suis resté(e)

(その場所にそのまま) いる, 残る, 〜のままでいる = **demeurer**

別例 Elles sont restées trois jours à Vichy. 彼女たちは3日間ヴィシーに滞在した. ＊動詞 séjourner に置き換えらえる. / Il ne reste plus de vin. もうワインは残っていません.
reste nm「残り」**例** le reste du temps「残りの時間」

séjourner

[seʒurne] **vi** 7

séjourner　je séjourne / je séjournerai / j'ai séjourné

滞在する = **rester**

別例 J'aimerais séjourner une nuit de plus. 滞在をもう1日延ばしたいのですが.
séjour nm「潜在, 潜在期間」
例 Quel est le but de votre séjour ? (入国審査で) 滞在の目的は何ですか.

déplacer

[deplase] **vt** 8

Déplacez　je déplace / je déplacerai / j'ai déplacé

移動させる, 配置転換する

se déplacer vp「移動する, 動き回る」
例 Le typhon se déplace vers le nord. 台風が北へ移動している. / Notre usine va se déplacer en banlieue. うちの工場は郊外に移転します.
déplacement nm「移動, 人事異動, 出張」

installer

[ɛ̃stale] **vt** 7

installer　j'installe / j'installerai / j'ai installé

インストールする, (家具や電化製品などを) 置く, 設置する

別例 Mon père a installé des étagères sur le mur. 父が壁に棚をこしらえた.
s'installer vp「身を落ち着ける, 居をかまえる」
例 Installez-vous, je vous en prie. どうぞこちらにお座りください.
installation nf「取り付け, 設備, 入居」

384

Tu penses que les Japonais r____ plus lentement que les Français ?

日本人はフランス人よりも車の運転がゆっくりだ（←ゆっくり**運転する**）と思いますか.

385

Le camion-citerne a accéléré soudainement et a tenté de me d____.

タンクローリーが突然スピードをあげて私の車を**追い抜こう**としてきた.

386

Je vais vous a____ à la gare.

駅まで**送り**ましょう.

387

Ma fille apprend à c____.

娘は**車の運転**を習っている.

388

Je m____ souvent mes enfants au zoo.

子供たちをよく動物園に**連れて行きます**.

389

Je t'e____ en voiture.

車で**連れて行って**あげますよ.

rouler

[rule] **vi** **vt** 7

roulent　je roule / je roulerai / j'ai roulé

(車が) 走る, 転がる, 転がす,
(体の一部を) ゆする

別例 Attention ! Tu roules trop vite ! 気をつけて, スピードを出しすぎです. / rouler à 100km à l'heure「時速100キロで走る」/ rouler de la pâte「生地を麺棒で延ばす」/ rouler les yeux「目をきょろきょろさせる」
se rouler vp「転げ回る」例 Le chien se roulait par terre. 犬が地面の上を転げ回っている.

dépasser

[depase] **vt** 7

dépasser　je dépasse / je dépasserai / j'ai dépassé

(車などを) 追い越す,
(場所や限界を) 通り過ぎる, 超える

「(車を) 追い越す」には, doubler (←追い越す際には車両が二重になる) という動詞も使う.
別例 Ça me dépasse. それは私の手にあまる.
*C'est trop difficile pour moi.「私には難しすぎる」あるいは Je ne comprends pas.「私には理解できない」といった意味合い.

accompagner

[akɔ̃paɲe] **vt** 7

accompagner　j'accompagne / j'accompagnerai / j'ai accompagné

(人に) 同行する, 付き添う, 伴奏する,
(料理に) 合う

別例 Voulez-vous m'accompagner à la guitare ? ギターで伴奏をお願いできますか. / Ce vin rouge accompagne bien le gibier. この赤ワインはジビエ (料理) と相性がいいです.
accompagnement nm「伴奏, (料理の) 付け合わせ」

conduire

[kɔ̃dɥir] **vt** 35

conduire　je conduis / je conduirai / j'ai conduit

(車などを) 運転する,
(人が主語で場所に) 連れて行く

別例 renouveler son permis de conduire「運転免許を更新する」
conduite nf「行動, 運転」
例 Tu n'as pas pris de leçons de conduite ? 運転の教習を受けなかったの.
conducteur, conductrice n「(特にバスの) 運転手」
*タクシー, トラックなら **chauffeur n** という.

mener

[məne] **vt** 10

mène　je mène / je mènerai / j'ai mené

(人を) 連れて行く, (道が) 通じる

別例 Tous les chemins mènent à Rome. すべての道はローマに通ず. / Ce chemin mène directement au village voisin. この道はまっすぐ隣の村に通じている.

emmener

[ɑ̃mne] **vt** 10

emmène　*menerに準じる.

連れて行く ↔ **amener**

別例 Je vais emmener mon père à l'hôpital demain. 明日, 父を病院に連れて行きます.
*emmener は「どこから」に重きが置かれるため, 例示のように具体的な行き先がなくても使うことができる.

390

Mon mari **a______** souvent chez nous des amis à dîner.

夫はよくわが家に友人を**連れてくる**.

391

Mon ami m'a **r______** chez moi en voiture.

友だちが家まで車に**乗せていってくれた**.

392

À cause de la neige, les trains ne **c______** pas sur les lignes A et C.

雪のため, A線とC線では電車を**運行して**いません.

393

Le sang continue à **c______**.

血が止まりません (**流れ**続けています).

394

Colette, qui est une romancière française, est **m______** en 1954.

コレットはフランスの女流作家だが1954年に**亡くなった**.

395

Pour **t______** le temps, on va jouer aux jeux vidéos.

暇つぶしに (←暇を**つぶす**ために), ビデオゲームをやろうよ.

amener

[amne] 10

amène *menerに準じる.

(人を) 連れてくる ↔ **emmener**, (人を) 連れて行く

別例 Tu peux amener nos fils au cinéma ? 息子たちを映画に連れて行ってくれる.
*amener は例示のように「人を連れてくる」の意味で使うが, 別例のように「"どこへ"という行き先」を明示・強調して「(ある場所へと) 連れて行く」の意味でも使われる.

ramener

[ramne] **vt** 10

ramené(e) je ramène / je ramènerai / j'ai ramené

(再び) 連れて行く (来る), (元の場所へ) 連れ戻す, 送り届ける

別例 Le petit enfant, qui s'était perdu, a été ramené à ses parents par un agent de police. 行方不明になった幼な子は警察官によって両親のもとへ連れ戻された.

circuler

[sirkyle] **vi** 7

circulent je circule / je circulerai / j'ai circulé

(人や車, 列車などが) 通行する, 運行する

別例 Ça circule toujours très mal aux heures de pointe. ラッシュ時はいつも車の流れがひどく悪い.
circulation nf「交通, (通行する) 車」
例 accident de la circulation「交通事故」

couler

[kule] **vi** 7

couler je coule / je coulerai / j'ai coulé

(液体が) 流れる, (川が) 流れる

例文は L'hémorragie ne s'arrête pas. と言い換えられる.
別例 J'ai le nez qui coule. 鼻血が止まらない. / La Seine coule à Paris. セーヌ川はパリを流れている.

mourir

[murir] **vi** 25

morte je meurs / je mourrai / je suis mort(e)

死ぬ ↔ **naître**, (植物が) 枯れる

別例 Ma grand-mère est morte d'un cancer il y a deux semaines. 祖母は2週間前に癌で逝去した. / Je meurs d'envie de fumer. タバコが吸いたい. *mourir d'envie de + inf. で「～したくてたまらない」の意味. / Mon téléphone est sur le point de mourir. 携帯の充電が切れそうです.

tuer

[tɥe] **vt** 7

tuer je tue / je tuerai / j'ai tué

殺す, 死なせる

tuer le tempsで「暇をつぶす」の意味.
別例 La pollution de l'eau a tué beaucoup de poissons dans ce lac. 水質汚染のせいであの湖でたくさんの魚が死んだ.
se tuer vp「自殺する, (事故で) 死ぬ, 健康を損なう」
例 Ne vous tuez pas au travail ! 仕事で体を壊さないで.

396

Si vous pouviez d_____ quelqu'un de célèbre juste pour une journée, qui choisiriez-vous ?

もしも1日だけ有名人に**なれる**としたら, 誰を選びますか.

397

Cette maison c_____ un garage et un grand sous-sol.

あの家にはガレージと大きな地下室が**ある**.

398

Qu'est-ce qu'elle t_____ dans sa main ?

彼女は手に何を**持っています**か.

399

Dans tous les cas, on doit m_____ les choses en l'état actuel.

いずれにしても現状を**維持し**なくてはならない.

400

Vous devriez s_____ l'occasion d'avoir de l'avancement.

あなたは昇進するチャンスを**逃しては**ならない.

401

J'ai eu beau courir, je n'ai pas pu a_____ le bus.

走っても無駄だった, バスは**つかまえられ**なかった.

devenir

[dəvnir] **vi** 21

devenir　je deviens / je deviendrai / je suis devenu(e)

(人や物が) ～になる

別例 Le rêve de mon frère est devenu réalité. 兄(弟)の夢は現実になった. / Les arbres deviennent verts au printemps. 木々は春には緑になる. / Ma sœur est devenue obèse après avoir accouché. 姉 (妹) は出産してからぶくぶく太った.

comporter

[kɔ̃pɔrte] **vt** 7

comporte　je comporte / je comporterai / j'ai comporté

～からなる, 含む

別例 Cette tragédie comporte deux parties principales. この悲劇は2つの主要部からなっている.

tenir

[tənir] **vt** 20

tient　je tiens / je tiendrai / j'ai tenu

握っている, (場所を) 占める, 経営する

別例 Cette table de nuit tient trop de place. このナイトテーブルは場所をとりすぎる. / Je tiens absolument à aller à ce concert. 私はなんとしてもそのコンサートに行きたい. *tenir à + inf. で「どうしても～したい」の意味.
se tenir vp「(状態を) 保つ, (会などが) 行なわれる」
例 Tiens-toi droit. ちゃんと立って.

maintenir

[mɛ̃tnir] **vt** 20

maintenir　je maintiens / je maintiendrai / j'ai maintenu

支える, 維持する, (同じ状態に) 保つ, (自説を) 主張する = **soutenir**

別例 Tu peux dire ce que tu veux, je maintiens que tu as tort. 君は言いたいことを言えばいいが, 私は君が間違っていると主張します.
maintien nm「維持, 保持」
例 maintien de l'ordre「秩序の維持」

saisir

[sezir] **vt** 17

saisir　je saisis / je saisirai / j'ai saisi

つかむ, (感情などが) とらえる, 理解する = **comprendre**

別例 Je n'ai pas bien saisi ce qu'elle veut dire. 彼女が何を言いたいのかよくわからなかった.
*prendre が広く「手にとる」ことを意味するに対して, saisir は確実に「手でつかむ, つかまえる」という意味合い.
saisissant(e) adj「(寒さや痛みなどが) 身にしみる, 衝撃的な」

attraper

[atrape] **vt** 7

attraper　j'attrape / j'attraperai / j'ai attrapé

(動いているものを) つかまえる, (乗り物に) 間に合う, (病気に) かかる

別例 attraper une souris「ネズミをつかまえる」/ Elle a attrapé un rhume. 彼女は風邪をひいた.
*「インフルエンザにかかる」なら attraper la grippe という. ただし, インフルエンザが発病していたら avoir la grippe という.

402

Ces aliments ne c____ aucun colorant artificiel.

これらの食品には人工着色料は**含まれて**いない.

403

Je suis n____ et j'ai grandi à Yokohama.

横浜で**生まれ**育ちました.

404

Cette pendule murale a____ de cinq minutes.

あの壁掛け時計は5分**進んでいる**.

405

Ma montre r____ de cinq minutes.

時計が5分**遅れている**.

◉ 開閉・授受・終始

406

Le Musée Rodin o____ à 10h00 du mardi au dimanche.

ロダン美術館は火曜から日曜まで10時に**開く**.

407

Le centre commercial ne f____-t-il pas tôt le dimanche ?

そのショッピングセンターは日曜日には早く**閉まる**のではないですか.

contenir

[kɔ̃tnir] **vt** 20

contiennent je contiens / je contiendrai / j'ai contenu

含む

別例 Ce bidon en plastique contient de l'essence. このポリ容器にはガソリンが入っています.

naître

[nɛtr] **vi** 44

né(e) je nais / je naîtrai/ je suis né(e)

生まれる ↔ **mourir**

別例 Ma fille est née à Lisbonne le premier avril 2017. 娘はリスボンで2017年4月1日に生まれました.

naissance nf「誕生」

avancer

[avɑ̃se] **vt vi** 8

avance j'avance / j'avancerai / j'ai avancé

(時間を) 早める, 前進する ↔ **reculer**,
(時計を) 進める ↔ **retarder**,
(仕事などが) はかどる

avance nf「(時計・距離などの) 先行, 前払い, 前進」
例 d'avance「あらかじめ, 前もって」/ en avance「進んで, 先んじて」(↔ en retard)

avancement nm「進行, 進展 (=progrès), 昇進」

retarder

[rətarde] **vt** 7

retarde je retarde / je retarderai / j'ai retardé

(時間を) 遅らせる ↔ **avancer**,
(時計が) 遅れる

例文はくだけた言い方なら Je retarde de cinq minutes. ともいう. なお, être à l'heure なら「時間どおり (決められた時間に間に合う)」の意味.

retard nm「遅れ, 遅刻」
例 Je suis arrivé(e) en retard à l'école ce matin. 今朝, 学校に遅刻した.

ouvrir

[uvrir] **vt vi** 23

ouvre j'ouvre / j'ouvrirai / j'ai ouvert

開ける, 開く, 営業する ↔ **fermer**

別例 Il fait chaud. Ouvre la fenêtre. 暑い. 窓を開けて.

s'ouvrir vp「(ドアなどが) 開く, (会などが) 始まる (=commencer)」

ouverture nf「開けること, 開店, 開場, 開館」
例 jours d'ouverture「営業日, 開館日」

ouvert(e) adj「開いた, あいている」

fermer

[fɛrme] **vt vi** 7

ferme je ferme / je fermerai / j'ai fermé

閉める, 閉じる ↔ **ouvrir**

別例 J'ai fermé la porte en laissant la clé dedans. 中に鍵を残したままドアを閉めてしまいました.

fermé(e) adj「閉じている」

fermeture nf「閉める [閉まる] こと, 閉店」

408

Ça te d____ si je m'assois à côté de toi ?

隣に座っても**いいですか**.

409

Damien d____ financièrement de ses parents même après avoir obtenu son diplôme universitaire.

Damienは大学を卒業したあとでも経済的に両親に**頼っていた**.

410

Rose r____ beaucoup à son père.

Roseは父親にとてもよく**似ている**.

411

Bonjour, monsieur. Je veux o____ un bouquet de fleurs à mon amie.

こんにちは. 友人に花束を**贈り**たいのですが.

412

Le vin rouge me d____ mal à la tête.

私は赤ワインを飲むと頭が痛く**なります**.

413

Dans votre lettre, p____ à vos parents de se détendre dans une source chaude.

手紙で, あなたのご両親に温泉でのんびり過ごすよう**提案してください**.

déranger

[derɑ̃ʒe] **vt** 9

dérange je dérange / je dérangerai / j'ai dérangé

邪魔する, 迷惑をかける, 散らかす

別例 Excusez-moi de vous déranger. お邪魔して申し訳ありません. / Ne me dérange pas ! 邪魔しないで. / déranger les papiers「書類をごちゃごちゃにする」 **dérangement nm**「邪魔, わざわざ足を運ぶこと, (体や機械の) 不調」

dépendre

[depɑ̃dr] **vi** 28

dépendait je dépends / je dépendrai / j'ai dépendu

(物が主語で) ～次第である,
(de に) ～依存する

別例 Ça dépend. 場合によりけりです. / Ça dépend du temps. 天候次第です.

ressembler

[rəsɑ̃ble] **vi** 7

ressemble je ressemble / je ressemblerai / j'ai ressemblé

(à に) 似ている

容姿に限らず性格が似ているケースも含む.「性格」の類似に焦点を当てるなら Rose est bien comme son père. といった言い方をする. 別例 Elle vous ressemble comme deux gouttes d'eau, votre fille ! 娘さん, あなたと瓜ふたつね. *comme deux gouttes d'eau は直訳すると「(まるで) 2つの水滴のように」となる.

offrir

[ɔfrir] **vt** 23

offrir j'offre / j'offrirai / j'ai offert

贈る = **donner**, プレゼントする,
提供 (提案) する

別例 C'est pour offrir. プレゼント用 (贈り物) です. **s'offrir vp**「(自分のために) ～を奮発する」 例 Je m'offre une manucure une fois toutes les deux semaines. 自分へのご褒美に2週に1度ネイルをします. **offre nm**「申し出, 提案」例 accepter [refuser] une offre「申し出を受け入れる [断る]」

donner

[dɔne] **vt vi** 7

donne je donne / je donnerai / j'ai donné

(金や物などを) 与える ↔ **recevoir**,
(sur に) 面する

別例 Vous pouvez me donner l'adresse du magasin ? お店の住所を教えてもらえますか. / Pour son anniversaire, j'ai donné un sac en cuir à ma femme. 妻の誕生日に革のバッグをプレゼントした. / Le bureau du directeur donne sur la Seine. 所長室はセーヌ川に面している. **donnée nf**「(基本の) データ, 資料」

proposer

[prɔpoze] **vt** 7

proposez je propose / je proposerai / j'ai proposé

(意見や計画を積極的に) 申し出る,
提案する, ～するつもりだ

別例 L'hôtel d'affaires propose-t-il un service de blanchisserie ? そのビジネスホテルは洗濯サービスを提供していますか. **se proposer vp**「～するつもりである」(=avoir l'intention de) 例 Je me propose de venir travailler dimanche. 日曜に出勤する予定です. **proposition nf**「提案」例 Vous avez une proposition à faire ? 何か提案はありますか. (=Vous avez une suggestion ?)

414

Est-ce que vous c_____ vous installer définitivement en France ?

この先ずっとフランスに住む**つもりですか**.

415

Mon fils sait c_____ jusqu'à 100 en anglais.

うちの息子は英語で100まで**数え**られます.

416

Mon oncle m_____ un mètre quatre-vingt-cinq, et il a une belle barbe.

おじは身長1,85センチ**あり**, 立派なひげをたくわえています.

417

Le Japon i_____ de grandes quantités de pétrole brut des pays arabes.

日本はアラブ諸国から大量の原油を**輸入している**.

418

Je n'ai pas d'ordres à r_____ de toi !

君の指図は受けません (君から**受け取る**べき命令などない).

419

Vous a_____ les cartes ?

クレジットカードは**使えますか**.

compter [1]

[kɔ̃te] **vt vi** 7

comptez　je compte / je compterai / j'ai compté

(+inf.) ～するつもりである = **avoir l'intention de +inf.**, (sur を) 当てにする

別例 Comment comptez-vous utiliser votre français dans votre vie ? フランス語をあなたの人生でどのように活用するつもりですか. / Je compte sur toi. 君を当てにしています.
*compter sur *qqn* / *qqch* で「～を当てにする」の意味.

compter [2]

[kɔ̃te] **vt vi** 7

compter　je compte / je compterai / j'ai compté

数える = **calculer**, 計算に入れる, 重要である

別例 Il faut compter une demi-heure pour aller à Paris en voiture. パリまで車で約30分かかります.

mesurer

[məzyre] **vt vi** 7

mesure　je mesure / je mesurerai / j'ai mesuré

測る, 長さが～ある, 身長が～ある

Mon oncle mesure 1,85 mètres [1,85m]. という表記も可. ただし, 日本式にcmだけを用いて185cmという言い回しは使わない.

importer [2]

[ɛ̃pɔrte] **vt** 7

importe　j'importe / j'importerai / j'ai importé

輸入する ↔ **exporter**

importation nf「輸入 (↔ exportation)」
例 Le Japon limite l'importation de bœuf de l'étranger. 日本は海外からの牛肉の輸入を制限している.

recevoir

[rəsəvwar] **vt** 52

recevoir　je reçois / je recevrai / j'ai reçu

受け取る ↔ **donner, affrir**, (客などを) 迎える, (入学を) 認める

別例 Tu as reçu un cadeau pour ton anniversaire ? 誕生日にプレゼントをもらいましたか. / Ma fille a été reçue à un examen. 娘は試験に受かった.
*être reçu(e)「受け入れられる」→「合格する」の意味.

accepter

[aksɛpte] **vt** 7

acceptez　j'accepte / j'accepterai / j'ai accepté

(申し出などを快く) 受け取る, 受け入れる ↔ **refuser**

Vous prenez les cartes ? も同義.
別例 Tu acceptes de me prêter 50 euros ? 50ユーロ貸してくれるかい.
*Tu veux bien me prêter 50 euros ? も同義.
acceptable adj「(提案などを) 受け入れることのできる」(↔ inacceptable)

420

Tenez, g_____ la monnaie.

はい, おつりは**取っておいてください**.

421

Il n'est pas largement connu que la mousse p_____ l'environnement naturel.

苔（こけ）が自然環境を**守っている**ことはあまり知られていない.

422

L'accusé était i_____ par un avocat de grand talent.

被告はとても有能な弁護士に**擁護されていた**.

423

Est-ce que nous devons i_____ « l'heure d'été » au Japon ?

日本に「サマータイム」を**導入**すべきですか.

424

Il r_____ de revoir ses parents.

彼は両親に再会するのを**拒んでいる**.

425

J'ai c_____ à apprendre le français quand j'avais 10 ans dans mon école à Yokohama.

10歳の時, 横浜の学校でフランス語を学び**始めました**.

garder

[garde] **vt** 7

gardez je garde / je garderai / j'ai gardé

取っておく, 保つ, (人を) 見守る, 世話をする

別例 Deux bouledogues gardent notre maison. 2匹のブルドッグがわが家の番をしています. / Pourriez-vous venir garder mon bébé demain ? 明日, 赤ちゃんの世話をしていただけますか.

protéger

[prɔteʒe] **vt** 9

protège je protège / je protégerai / j'ai protégé

守る, 保護する

se protéger vp「身を守る, 自分を守る」

例 Les vaches se protégeaient du soleil sous un grand chêne. 牛たちは大きな樫の木の下で日差しから身を守っていた.

protection nf「保護」

例 la protection de l'environnement「環境保護」

défendre

[defɑ̃dr] **vt** 28

défendu je défends / je défendrai / j'ai défendu

弁護する = **soutenir**, 守る = **protéger**, 禁じる ↔ **permettre**

代名動詞 **se défendre** なら「身を守る, 自己弁護する」といった意味になる.

別例 Le médecin m'a défendu de fumer. 医者は私にタバコを吸うのを禁じた.

défense nf「守ること, 弁護, 禁止」

introduire

[ɛ̃trɔdɥir] **vt** 35

introduire j'introduis / j'introduirai / j'ai introduit

導き入れる, 取り入れる, 導入する

別例 J'ai été introduit dans le bureau du président-directeur général. 私は社長室に通された. / On a l'intention d'introduire un nouveau type d'ordinateur. 新型のコンピュータを導入するつもりです.

refuser

[rəfyze] **vt** 7

refuse je refuse / je refuserai / j'ai refusé

拒否する ↔ **accepter**, (入学・入場などを) 断る

別例 Elle a refusé une invitation à dîner. 彼女は夕食の招待を断った. / Renée a été refusée à son examen d'entrée. Renée は入学試験に落ちた. / Mon premier mouvement a été de refuser net. 咄嗟に私はきっぱり断ろうと思った. *受け身で使われる点に注意. Renée a échoué à son examen d'entrée. と同義.

refus nm「拒否, 拒絶」

commencer

[kɔmɑ̃se] **vt vi** 8

commencé je commence / je commencerai / j'ai commencé

始まる, 始める ↔ **finir**

commencer à + inf.「～し始める」

別例 On va commencer par visiter le musée du Louvre. ルーヴル美術館の見学からスタートしましょう.

*commencer par *qqch* / inf.「～から始める」

commencement nm「始まり, 初め」

426

La conférence a d____ environ trois heures.

会議は3時間程度**続いた**.

427

Avez-vous f____ de rédiger le rapport ?

レポートは書き**終わりました**か.

428

Le gérant d'une succursale est sorti de la salle bien que la réunion n'était pas t____.

会議が**終わって**いないのに, 支店長は部屋を出ていった.

429

Vous êtes i____ à participer à notre fête de mariage à la Vieille Auberge à partir de 19h.

午後 7 時からVielle Aubergeで開催されるウェディング・パーティーに**ご招待いたします**.

430

L'autre jour, vous avez p____ à un cours d'introduction sur les problèmes environnementaux mondiaux.

（問題文の状況設定）先日, あなたは地球環境問題に関する入門講座に**出席しました**.

431

Tout s'est d____ comme prévu.

すべてが計画通り**進んだ**.

durer

[dyre] **vi** 7

<u>duré</u> je dure / je durerai / j'ai duré

続く = **continuer**, 長引く, 長引かせる

別例 Ce film dure combien de temps ? この映画の上映時間はどれぐらいですか.
durée nf「持続時間, 所要時間」
durable adj「持続性のある, 長もちする」

finir

[finir] **vt vi** 17

<u>fini</u> je finis / je finirai / j'ai fini

終わる,
終える = **terminer** ↔ **commencer**

別例 Le cours finit à cinq heures et demie. 講義は5時半に終わる. / Le suspect a fini par dire la vérité. 容疑者はついに本当のことを口にした. *finir par + inf. で「ついに (とうとう) ～する」の意味.

terminer

[tɛrmine] **vt** 7

<u>terminée</u> je termine / je terminerai / j'ai terminé

(あらかた終わっているものを) 終える
= **finir** ↔ **commencer**

別例 Vers quelle heure terminez-vous le travail ? 仕事は何時頃終わりますか. **se terminer vp**「終わる」 **例** La vente des billets de concert se termine à 17h30. コンサート切符の販売は17:30で終わります.
terminal nm「(空港と連絡する) シティ・エアターミナル」 **terminus nm**「(鉄道やバスの) 終点」(↔ tête de ligne) **terminal(e) adj**「最終の, 末端の」

inviter

[ɛ̃vite] **vt** 7

<u>invité(e)</u> j'invite / j'inviterai / j'ai invité

(人を) 招待する

別例 Elle a invité des amis chez elle hier soir. 彼女は昨晩自宅に友人たちを招待した. / Je t'invite 私がおごるよ.
invitation nf「招待」
例 faire une invitation「招待する」

participer

[partisipe] **vi** 7

<u>participé</u> je participe / je participerai / j'ai participé

(à 会議などに) 参加する = **prendre part à *qqch***

別例 participer au voyage à Nagasaki. 長崎旅行に参加する.*見出し語は「(当事者として) 参加する」ことを指す.「講演会」などに聴衆 (第三者) として「加わる, 出席する」なら assister à *qqch* を用いる.
participation nf「参加, 関与」 **例** Le congrès a eu lieu avec la participation de 150 personnes. その大会は150人の出席のもと開催された.
participant(e) n「参加者」

(se) dérouler

[derule] **vp** 7

<u>déroulé</u> (3人称主語で用いる) il se déroule / il se déroulera / il s'est dérouté

(出来事が) 繰り広げられる, 催される

別例 Pour l'instant, le voyage se déroule bien. 今のところ, 旅は順調です. / Le festival s'est déroulé du 1er au 7 septembre. フェスティバルは9月1日から7日まで開催された.

432

Internet p____ de s'ouvrir sur le monde.

インターネットによって世界と通じることが**できる**.

433

Elle m'a p____ de ne jamais être en retard.

彼女はけっして遅れないと**約束した**.

◉ 成果・伝聞・通知・記載

434

Elle vise à r____ le baccalauréat.

彼女はバカロレアの**合格**を目指しています.

435

J'ai é____ deux fois au permis de conduire.

運転免許に2度**落ちた**.

436

Vos parents s'i____ certainement pour vous.

ご両親はきっとあなたのことを**心配しています**.

437

Nous c____ que la température moyenne dépasse 35 degrés cet été.

この夏は平均気温が35度を超えるのではないかと**心配だ**.

permettre

[pɛrmɛtr] **vt** 47

<u>permet</u> je permets / je permettrai / j'ai permis

(de を) 許可する, 許す, 可能にする

別例 Permettez-moi de me présenter. 自己紹介させていただきます. / La bourse m'a permis d'étudier à Paris. 奨学金のおかげで私はパリで勉強することができた.
permission nf「許可」
permis nm「許可証, (特に) 運転免許証」

promettre

[prɔmɛtr] **vt** 47

<u>promis</u> je promets / je promettrai / j'ai promis

約束する = **garantir**

別例 Je vous le promets.「約束します」*Vous avez ma parole. (→私の約束を持っている) も同義になる.
promesse nf「約束」
例 faire une promesse「約束する」(=promettre), tenir sa promesse「約束を守る」(↔ manquer à sa promesse)

réussir

[reysir] **vi vt** 17

<u>réussir</u> je réussis / je réussirai / j'ai réussi

成功する, 合格する

別例 Je te souhaite de réussir. 君の成功を祈っています.
réussite nf「成功」
例 La réussite de son fiancé rendra Renée heureuse. フィアンセが成功すれば Renée は幸せでしょう.

échouer

[eʃwe] **vi** 7

<u>échoué</u> j'échoue / j'échouerai / j'ai échoué

(à に) 失敗する = **rater** ↔ **réussir**

別例 échouer à un examen「試験に落ちる」
échec nm「失敗, (複数で) チェス」

(s')inquiéter

[ɛ̃kjete] **vt vp** 12

<u>s'inquiètent</u> je m'inquiète / je m'inquiéterai / je me suis inquiété(e)

心配させる, 心配する, 気にかける

inquiet, inquiète adj「気がかりな, 心配な」
例 Je suis inquiète de la santé de mon mari. 夫の健康が心配です.

craindre

[krɛ̃dr] **vt** 30

<u>craignons</u> je crains / je craindrai / j'ai craint

(主に将来の事態について) 恐れる, (que+[接続法]) ～しないかと心配する = **redouter**

別例 Tu n'as rien à craindre. 何も恐れることはありません (何も怖いものはありません).
*この動詞は「人や物を怖がる」の意味では用いない (例 Ma fille a peur des chiens. 娘は犬を怖がる).
crainte nf「恐れ, 不安」
例 Lucas n'ai rien dit de crainte de la vexer. Lucas は彼女を傷つけることを恐れて何も言わなかった.

438

Ma fille a été a____ à l'Université Sophia.

娘が上智大学に**入学した**.

439

Comme professeur, elle m____ d'expérience.

教師として, 彼女は経験が**足らない**.

440

À ce rythme, on va r____ le dernier train !

この調子だと終電に**乗り遅れる**ぞ.

441

Si tu achètes le dernier ordinateur, je t'a____ à l'installer.

もし最新のパソコンを買うなら, インストールを**手伝うよ**.

442

Mon père s____ toujours l'équipe de Belgique de football.

父は今でもベルギーのサッカーチームを**応援している**.

443

Vous m'avez s____ la vie.

あなたは命の恩人です (あなたに命を**救われました**).

admettre

[admɛtr] **vt** 47

admise　j'admets / j'admettrai / j'ai admis

入ることを許す, 合格させる, 認める

admissible adj「許容できる」
admission nf「入学（入場, 入会）許可」

manquer

[mɑ̃ke] **vi vt** 7

manque　je manque / je manquerai / j'ai manqué

(de が) 足らない, 人がいなくて寂しい, 乗り遅れる, 欠席する

別例 Tu me manques beaucoup. 君がいなくてとても寂（さび）しい. *manquer à *qqn* / *qqch* で「〜が欠けていて寂しい」という意味. / Il a manqué (de) rater le dernier train. 彼はあやうく最終電車に乗り遅れるところだった. *manquer (de) + inf. で「あやうく〜するところだ」(=faillir) の意味.

rater

[rate] **vt** 7

rater　je rate / je raterai / j'ai raté

(電車などに) 乗り遅れる, 失敗する = **échouer**

manquer le dernier train も同義になる. 別例 Oops ! J'ai raté l'épisode de ma série préférée d'hier. しまった, お気に入りのテレビシリーズの昨日の1回分を見逃した. / Ils ont raté leur examen. 彼らは試験に落ちた.

aider

[ede] **vt** 7

aiderai　j'aide / j'aiderai / j'ai aidé

助ける, 手伝う

aider *qqn* à + inf. で「人が〜するのを助ける」の意味. 別例 Je peux vous aider ? お手伝いしましょうか（いらっしゃいませ）.
aide nf「助力, 援助（=secours）」
例 J'ai besoin de votre aide. あなたの助けが必要です. / une aide économique「経済援助」

soutenir

[sutnir] **vt** 20

soutient　je soutiens / je soutiendrai / j'ai soutenu

(倒れないように) 支える, 支持する, 支援する

別例 Le gouvernement soutient la reconstruction de cette région. 政府はこの地域の復興を支援している.
soutien nm「支え, 支持, サポート」
例 Votre soutien m'est précieux. あなたのサポートは私にとってかけがえのないものです.

sauver

[sove] **vt** 7

sauvé　je sauve / je sauverai / j'ai sauvé

救う, 助ける

se sauver vp「逃げ出す」
例 se sauver à toutes jambes「一目散に逃げる」
sauvetage nm「救助」

444

Cette activité ne semble pas c____ à la protection de l'environnement.

この活動が環境保護に**貢献している**ようには思えない.

445

On est obligé d'a____ aux cours facultatifs ?

選択(随意)科目に**出席し**なくてはいけないのですか.

446

Je vous r____ de votre invitation.

ご招待いただき**ありがとうございます**.

447

Dimanche, on a c____ le 99e anniversaire de ma tante.

日曜日, おばの99歳の誕生日を**祝った**.

448

Quand vous entrez dans la salle d'examen, n'oubliez pas de s____ les examinateurs.

試験室に入ったら, 試験官に**挨拶する**ことを忘れないでください.

449

A____-moi un verre d'eau, s'il vous plaît.

水を1杯**持ってきて**ください.

contribuer

[kɔ̃tribɥe] **vi** 7

contribuer　je contribue / je contribuerai / j'ai contribué

(à に) 貢献する, 出資する

contribution nf「貢献, 協力 (=collaboration), (複数で) 税金」
contribuable n「納税者」

assister

[asiste] **vi** 7

assister　j'assiste / j'assisterai / j'ai assisté

(à に) 出席する, (仕事などで人を) 手伝う, 補佐する

別例 Vous pouvez m'assister pendant la présentation ? プレゼンテーションの間, 私を補佐していただけますか.
assistance nf「(集合的に) 出席者, 援助」
assistant(e) n「助手, (複数で) 出席者」

remercier

[rəmɛrsje] **vt** 7

remercie　je remercie / je remercierai / j'ai remercié

(人に) 礼を言う, 感謝する

Je vous remercie de m'avoir invité(e) あるいは Merci de m'avoir invité(e). も類義表現.
別例 Je vous remercie de votre lettre. お手紙ありがとう.
remerciement nm「感謝」

célébrer

[selebre] **vt** 7

célébré　je célèbre / je célébrerai / j'ai célébré

(記念日などを) 祝う, (式を) 執り行なう

見出し語は「(誕生日や結婚記念日などに特別なことをして) 祝う」際に使い,「(物事を) 祝う」を指す **fêter vt** もほぼ同義. **commémorer vt** は「(祝日などを記念して儀式や式典などで) 祝う」ことを指し, **féliciter vt** は「(人を) 祝福する, 褒めたたえる」動詞.
célébrité nf「有名, 有名人」

saluer

[salɥe] **vt** 7

saluer　je salue / je saluerai / j'ai salué

(人に) 挨拶する

別例 Vous savez saluer en plusieurs langues ? あなたはいくつもの言語で挨拶ができるのですか.
salutation nf「挨拶・おじぎ」

apporter

[apɔrte] **vt** 7

Apportez　j'apporte / j'apporterai / j'ai apporté

(自分がいる場所に) 持ってくる, (相手がいる場所に) 持っていく, 届ける

別例 Ma fille nous apporte souvent ses plats maison. 娘がよく手料理を持ってきてくれます. / Que dois-je apporter à sa fête d'anniversaire ? 彼 (彼女) の誕生会に何を持っていけばいいのかな. / La fraise est un fruit qui apporte beaucoup de vitamines. イチゴはビタミンを豊富に含む (たくさんのビタミンをもたらす) 果物です.

450

C'est sur place ou à e____ ?

こちらでお召し上がりですか, **お持ち帰り**ですか.

451

Alors, qu'est-ce que vous f____ (dans la vie) ?

ところで, お仕事は何を**なさってますか**.

452

L'absence de ma fille bien-aimée me r____ triste.

最愛の娘がいなくて悲しく**なる**.

453

Elle p____ très bien français.

彼女はとても上手にフランス語を**話す**.

emporter

[ɑ̃pɔrte] **vt** 7

(元の場所から物を) 持っていく ↔ **apporter**, 運ぶ, 連れ去る

別例 Le courage l'a emporté sur la peur. 勇気が恐怖心に打ち勝った. *l'emporter sur *qqn* / *qqch* で「〜に勝つ, 〜より優位に立つ」の意味.

s'emporter vp「かっとなる」

例 Mon mari s'emporte facilement. 夫はすぐかっとなる.

emportement nm「激高, 逆上」

faire

[fɛr] **vt** 31

faites　je fais / je ferai / j'ai fait

作る, する, (時間が) かかる, (値段などが) 〜である, (天気・気温) 〜である, (使役) 〜させる

別例 faire du ski「スキーをする」(=skier) / Quel temps fait-il à Paris ? パリはどんな天気ですか. / Ça fait longtemps qu'il habite ici. 彼はここに長く住んでいます. / Je fais 60 kilos. 体重は60キロです. *Je pèse 60 kilos. も同義.

関連 家事で faire を用いる言い回し

- ☐ faire les courses　「(食料品などの) 買い物をする (=faire les commissions)」
- ☐ faire du shopping　「ショッピングする」
- ☐ faire la cuisine　「料理をする」
- ☐ faire la vaisselle　「皿を洗う」
- ☐ faire la lessive　「洗濯をする」
- ☐ faire le ménage　「(家の) 掃除をする」

rendre

[rɑ̃dr] **vt** 28

rend　je rends / je rendrai / j'ai rendu

(ある状態に) する,
(人に) 〜を返す ↔ **emprunter**

別例 J'ai rendu le vélo à mon ami. 自転車を友だちに返した. / Je rendrai visite à mes parents demain soir. 明晩, 両親のところを訪問するつもりだ. *rendre visite à *qqn* で「人を訪問する」の意味.「人を訪問する」の意味で動詞 visiter は用いない.

se rendre vp「おもむく, 行く」(=aller)

parler

[parle] **vt vi** 7

parle　je parle / je parlerai / j'ai parlé

話す, 話をする

別例 Mon fils a commencé à parler à un an et demi. うちの息子は1歳半で話し出した.

se parler vp「話し合う, 言葉を交わす」

例 Ils ne se parlent plus. 彼らはもう互いに口をきかない.

454

Tu es encore jeune. Pour le d____ autrement, tu as de nombreuses opportunités.

君はまだ若い. 別の**言い**方をすれば, たくさんチャンスがある.

455

R____-moi le voyage qui vous a impressionné le plus.

一番印象に残った旅のことを**話してください**.

456

Ces formes d'onde oscillantes t____ de la violence de ce tremblement de terre.

この揺れ動いたは波形は今回の地震の激しさを**物語っている**.

457

Je te c____ quand j'aurai la réponse.

返事が来たらあなたに**連絡します**.

458

Permettez-moi d'a____ un mot.

もう一言いわせて（←一言**付け加えさせて**）ください.

459

Dites-moi ce que s____ cet idiome, s'il vous plaît.

この熟語の**意味**を教えてください.

dire

[dir] **vt** 32

dire　je dis / je dirai / j'ai dit

言う, 人に言う, 伝える

別例 Comment dit-on « Tadaima » en français ? フランス語で「ただいま」は何と言いますか. / Qu'est-ce qu'elle voulait dire ? 彼女は何を言いたかったのだろうか. *vouloir dire で「(人が) 言いたいと思う」あるいは「(物が) 意味する」という言い回し.

raconter

[rakɔ̃te] **vt** 7

Racontez　je raconte / je raconterai / j'ai raconté

話す, 語る, 物語る

別例 Qu'est-ce que vous racontez ? 何を話しているのですか. / Il n'y a pas grand-chose à raconter. (わざわざ) 話すほどのことではありません.

témoigner

[temwaɲe] **vi** 7

témoignent　je témoigne / je témoignerai / j'ai témoigné

(de を) 証明する, 物語る,
(裁判で) 証言する

別例 témoigner dans un procès「裁判で証言する」
témoignage nm「証言, (愛情などの) しるし」
témoin nm「(裁判の) 証人, 目撃者」

contacter

[kɔ̃takte] **vt** 7

contacterai　je contacte / je contacterai / j'ai contacté

(人との) 連絡する, 接触する

この動詞は英語からの借用なので, 例文は名詞 **contact nm**「連絡」を用いて, Je prendrai contact avec toi quand j'aurai la réponse. とする方がよいとする指摘がないではない. なお,「(人と) 連絡を取る」には動詞 toucher も使われる.

ajouter

[aʒute] **vt** 7

ajouter　j'ajoute / j'ajouterai / j'ai ajouté

付け加える, (言葉を) 言い足す

別例 Pouvez-vous ajouter l'addition à la note de ma chambre ? (ホテル内の飲食で) 部屋に勘定をつけておいていただけますか. / J'ai ajouté des sous-titres sur la vidéo. 私は動画に字幕を載せた.

signifier

[siɲifje] **vt** 7

signifie　je signifie / je signifierai / j'ai signifié

意味する, 表す

別例 Cela ne signifie pas grand-chose. それには別に大した意味はありません. / Je m'appelle Kenichi. En français, ça signifie « la santé, numéro un ». 名前は健一です. フランス語では『健康一番』という意味になります.

460

Le zen est une branche du bouddhisme, mais il m'est trop difficile de l'e___ en détail.

禅は仏教の一宗派ですが, 詳しく**説明する**のは私には難しすぎます.

461

Pouvez-vous p___ vos futurs objectifs, s'il vous plaît ?

今後の目標について**詳しく教えて**ください.

462

Vous pouvez faire un bref exposé et j___ vos opinions ?

簡単にプレゼンテーションをして, 自分の意見を**正しいと証明して**もらえますか.

463

Tous les chefs de département ont d___ de ce projet en salle de conférence.

部課長全員が会議室でこのプランについて**話し合った**.

464

T___ un texte anglais en français, s'il vous plaît.

英語の原文をフランス語に**訳してください**.

465

E___-moi d'être un peu en retard à cause du train.

すみません, 電車の遅延で少し遅れました

expliquer

[ɛksplike] **vt** 7

expliquer　j'explique / j'expliquerai / j'ai expliqué

説明する

s'expliquer vp「(sur について) 釈明する, (物事が) 説明がつく」例 La hausse du carburant s'explique par celle du pétrole brut. 燃料の値上がりは原油のそれによって説明がつきます.
explication nf「説明」例 Notre professeur nous a donné une explication de texte. 先生は私たちにテキスト解釈 (作品分析) を課した. *expliquer *qqch* en détail で「～を詳細に説明する」の意味になる.

préciser

[presize] **vt** 7

préciser　je précise / je préciserai / j'ai précisé

正確に言う, はっきり述べる

précision nf「正確さ, (複数で) 詳細 (な情報)」
例 demander des précisions sur le projet「計画について詳しい説明を求める」

justifier

[ʒystifje] **vt** 7

justifier　je justifie / je justifierai / j'ai justifié

(正しさを) 証明する, 正当化する

justification nf「正当化, 弁明」例 La justification d'un tel prétexte est impossible. そんな言い訳は正当化できない. *Il est impossible de justifier un tel prétexte. と言い換えられる.
justice nf「公正 (↔ injustice), 正義, (当然の) 裁き, 司法, 裁判」例 Il n'a aucun sens de la justice. 彼には正義感がない.

discuter

[diskyte] **vt vi** 7

discuté　je discute / je discuterai / j'ai discuté

議論する, 討議する, 話し合う

別例 Ils n'arrêtent pas de discuter pendant le repas. 彼らは食事の間中ずっと議論をやめない. *「公の場での議論, 討論」は **débat nm**,「(主に書面で) 意見が激しく対立する論争」は **polémique nf** と呼ぶ.
discutable adj「議論の余地がある, 疑わしい」
discussion nf「討議, 議論」例 Le projet de loi est en cours de discussion. その法案は審議中です.

traduire

[tradɥir] **vt** 35

Traduisez　je traduis / je traduirai / j'ai traduit

翻訳する

traduction nf「翻訳」
例 La traduction automatique par ordinateur est assez précise. パソコンによる自動翻訳はかなり精度が高い.
traducteur, traductrice n「翻訳者」

excuser

[ɛkskyze] **vp** 7

Excusez　j'excuse / j'excuserai / j'ai excusé

(人や行為を) 許す = **pardonner**, 容赦する

s'excuser vp「弁解する, 詫びる」
例 Je m'excuse. すみません.
*Excusez-moi. の誤用なのだがよく使われる.
excuse nf「言い訳, 口実, (複数で) 謝罪」
例 Il ne sert à rien de trouver des excuses pour son retard. 彼が遅刻の言い訳をしてもだめです.

466

Le professeur a sévèrement **p____** l'étudiant pour avoir triché.

教師はカンニングした学生を厳しく**罰した**.

467

D____ vos activité des trois prochains jours.

この先3日間の活動について**説明してください**.

468

Nous vous **i____** que notre magasin change d'horaires à partir du 1er avril.

4月1日以降の当店の営業時間変更の**お知らせです**.

469

Merci de nous **p____** de votre présence avant le 25 mars.

3月25日までに出席できるかを**お知らせ**ください.

470

Internet me permet de **c____** en temps réel avec mes amis français.

インターネットのおかげで, フランス人の友人とリアルタイムで**コミュニケーションがとれる**.

471

Je n'arrive pas du tout à me **c____** au wifi.

Wi-Fi(ワイファイ)がまったく**つながり**ません.

punir

[pynir] **vt** 17

puni　je punis / je punirai / j'ai puni

(悪事に対して) 罰する, こらしめる

別例 La loi punit le vol. 法律は盗みを罰する.
punition nf「罰, 処罰」
例 La punition était sévère. 罰は厳しいものだった.

décrire

[dekrir] **vt** 40

Décrivez　je décris / je décrirai / j'ai décrit

(言葉で) 描写する, (詳しく) 述べる

別例 Veuillez décrire brièvement le quartier où vous habitez. あなたの住んでいる周辺地区を簡単に説明してください.
description nf「描写, 記述」
例 Faites une description rapide de votre maison. ご自宅の様子を簡単に述べてください.

informer

[ɛ̃fɔrme] **vt** 7

informons　j'informe / j'informerai / j'ai informé

知らせる, 通知する

別例 J'ai été informé(e) que la réunion serait après-demain. 明後日ミーティングがあるという知らせを受けた. / informer les clients d'un nouveau service「顧客に新しいサービスを知らせる」
information nf「情報」

prévenir

[prevnir] **vt** 20

prévenir　je préviens / je préviendrai / j'ai prévenu

予告する, 知らせる,
(病気や事故などを) 予防する

別例 sans prévenir「予告なしに」/ Il vaut mieux prévenir les épidémies que les soigner. 病気を治療するより予防する方が良い.

communiquer

[kɔmynike] **vt vi** 7

communiquer　je communique / je communiquerai / j'ai communiqué

知らせる, (avecと) つながっている

別例 Communiquez-moi son adresse dès que possible. できるだけ早く彼 (彼女) の住所を知らせてください. / Ce centre commercial communique avec le hall de gare. このショッピングモールは駅のコンコースにつながっている.
communication nf「コミュニケーション, 連絡, (電話などの) 通信」

(se) connecter

[kɔnɛkte] **vt vp** 7

connecter　je connecte / je connecterai / j'ai connecté

(回線・装置などを) 接続する,
コンピュータに接続する

別例 se connecter à Internet「インターネットに接続する」/ la montre connectée「スマートウォッチ」(= smartwatch, montre intelligente)
connexion nf「結合, 連結」

472

B____ le fil dans une prise électrique, s'il vous plaît.

そのコードをコンセントに**差し込んで**ください.

473

En ce qui c____ l'hébergement, est-ce que je peux loger près de la gare ?

宿泊に**関して**ですが, 駅の近くに宿は取れますか.

474

R____ après moi.

私のあとについて**繰り返してください**.

475

Il a c____ mon nom sur la liste.

彼はリスト上の私の名前に**印をつけ**た.

476

Mon nom n'est pas m____ sur la liste.

私の名前はリストに**記載されて**いない.

477

Pouvez-vous r____ des fautes dans ce texte ?

このテキスト中に誤りを**見つけられます**か.

brancher

[brɑ̃ʃe] **vt** 7

Branchez　je branche / je brancherai / j'ai branché

(A sur B)AをBに接続する, プラグを差し込む ↔ **débrancher**

branche nf「(木の) 枝, 枝状のもの, (学問の) 分野」
例 En fin d'automne, il n'y a plus de feuilles aux branches. 秋の終わり, 枝にはもう木の葉がない.
＊「(1本の木) 全体の枝」は **un branchage**,「小枝」は **un rameau** という.

concerner

[kɔ̃sɛrne] **vt** 7

concerne (3人称主語で用いる)　il concerne / il concernera / il a concerné

〜と関係がある, 〜にかかわる

別例 En ce qui me concerne, je n'ai rien contre le planning de travail. 私に関しては, その作業計画に異論はありません. ＊en ce qui concerne *qqn* / *qqch*「〜に関しては」(=concernant)
concerné(e) adj「(par と)関係する, 関係がある」
例 Elle est concernée par cette affaire. 彼女はこの件に関係がある.

répéter

[repete] **vt** 12

Répétez　je répète / je répéterai / j'ai répété

繰り返す, 反復する, 練習 (稽古) する

別例 En français, il est maladroit de répéter un mot qu'on vient d'employer. フランス語では, 使ったばかりの単語を繰り返す (同語反復する) のはつたないとされる. / Les stagiaires ont répété la pièce qu'ils devaient jouer le lendemain. 練習生たちは翌日演じられる芝居の稽古をした.

cocher

[kɔʃe] **vt** 7

coché　je coche / je cocherai / j'ai coché

〜に印をつける

別例 Écoutez les messages et cochez les bonnes réponses. (問題指示文) メッセージを聞いて, 正しい解答をチェックしてください.

marquer

[marke] **vt** 7

marqué　je marque / je marquerai / j'ai marqué

印をつける, 記入する, 痕跡をとどめる

別例 Les feux d'artifice marquant la fin de l'été ont égayé le ciel nocturne. 夏の終わりを告げる花火が夜空を彩った.
marque nf「商標, ブランド」(=marque de fabrique, marque de commerce) 例 De quelle marque est cette imprimante ? このプリンターはどこのメーカーですか.

repérer

[rəpere] **vt** 12

repérer　je repère / je repérerai / j'ai repéré

見つける, 目印をつける = **marquer d'un signe**, 位置を割り出す

別例 Il a repéré la rue qu'il cherchait par GPS. 彼はGPSで探していた通りを見つけた.
＊この例は **localiser vt**「(の) 位置を決定する」に置き換えられる.
repère nm「目印, (指標となる) 点, (判断の) 指針」

478

Veuillez **n____** que l'horaire peut changer.

スケジュールが変更の可能性があるので**ご注意**ください.

479

Cet acteur a **s____** à contrecœur un contrat pour le film.

あの俳優はその映画の契約書にしぶしぶ**サインした**.

480

A____ chaque situation à un dialogue.

(聞こえてくる) 対話とそれぞれの状況を**結んでください**.

481

Il faut **a____** les moyens au but.

手段は目的に**合わせ**なくてはなりません.

482

Je **r____** au questionnaire mais seulement sous condition d'anonymat.

匿名を条件にアンケートに**回答いたします**.

483

À qui dois-je **m'a____** ?

どなたに**問い合わせたら**いいのでしょうか.

noter

[nɔte] **vt** 7

noter　je note / je noterai / j'ai noté

注意する, 書き留める, メモする, 印をつける

別例 Ne quitte pas, je prends un stylo pour noter.（電話を）切らないで, メモするのにペンを取るので. / noter d'une croix une mauvaise phrase「誤文にバツ印をつける」

note nf「（試験などの）点数, メモ, ノート」

例 Tu pourrais me passer tes notes ? ノートを貸してもらえますか.

signer

[siɲe] **vt** 7

signé　je signe / je signerai / j'ai signé

署名する, サインする

別例 signer une lettre [un chèque]「手紙 [小切手] にサインする」/ Veuillez signer ici, s'il vous plaît. ここにサインをお願いします.

associer

[asɔsje] **vt** 7

Associez　j'associe / j'associerai / j'ai associé

(A à B) AをBに結びつける, 仲間にする

別例 associer ce paysage avec les souvenirs de son premier amour「この風景を初恋の思い出と重ね合わせる」

association nf（同じ目的で集まった人々の）協会, 組合

例 Mon mari fait partie de l'association sportive de la ville. 私の夫は町のスポーツ協会の一員です.

adapter

[adapte] **vt** 7

adapter　j'adapte / j'adapterai / j'ai adapté

(à に) 適合させる, 脚色する

別例 Il a adapté son roman pour la télévision. 彼は自分の小説をテレビ用に脚色した.

s'adapter vp「適応する, 順応する」**例** Adam s'est bien adapté à sa nouvelle vie. Adamは新生活にすっかり慣れた. **adaptation nf**「適合, 順応」**adaptabilité nf**「順応性」**adaptable adj**「適応できる, 合わせられる」

répondre

[repɔ̃dr] **vi vt** 28

répondrai　je réponds / je répondrai / j'ai répondu

(à に) 答える, 応じる

別例 Il a répondu à ma question. 彼は私の質問に答えた. / J'ai répondu que tout allait très bien. すべて順調だと返事をした.

réponse nf「答え, 返事」

例 Je lui ai écrit il y a un mois, mais je n'ai pas encore reçu de réponse. 彼（彼女）に1ヶ月前に手紙を書いたが返事をまだもらっていない.

(s')adresser

[adrese] **vp** 7

adresser　je m'adresse / je m'adresserai / je me suis adressé(e)

（情報などを得るため）（人に）問い合わせる

別例 Adressez-vous au service bagages. 手荷物サービスでお尋ねください.

484

Lisette sait l____ le russe.

Lisetteはロシア語が**読め**ます.

485

Pendant que son fiancé faisait son service militaire, Élodie lui a é____ presque tous les jours.

フィアンセが兵役についている間, Élodieはほぼ毎日彼に**手紙を書いた**.

486

Pourriez-vous m'aider à r____ ce papier ?

この書類を**書くのを**手伝っていただけますか.

487

Le typhon a fait d____ la rivière.

台風で川が**あふれた**.

488

Elle va souvent à la campagne pour p____ des paysages.

彼女は風景（画）を**描く**ために田舎に行くことがよくあります.

489

Yakushima est i____ sur la liste des sites du patrimoine mondial.

屋久島は世界遺産のリストに**登録されている**.

lire

[lir] **vt** 33

lire　je lis / je lirai / j'ai lu

読む，読書する

別例 Ma fille a une écriture difficile à lire. 娘は読みにくい字を書く. **se lire vp**「読める，（感情が）読み取れる」**例** Ta gentillesse se lit sur ton visage. 君の優しさは顔に現れている. *se voir と置き換えられる. **relire vt**「読み返す」**lecture nf**「読書」**例** Mon père aime beaucoup la lecture. 父は読書が大好きだ. **lisible adj**「判読できる，読みやすい」

écrire

[ekrir] **vt vi** 40

écrit　j'écris / j'écrirai / j'ai écrit

（文字や手紙を）書く

別例 N'oubliez pas d'écrire vos nom et adresse ici. ここに名前と住所を書くのを忘れずに. ＊「（文書を）作成する，書く」という他動詞 **rédiger** もある.
écriture nf「書き方，表現法」

(se) remplir

[rɑ̃plir] **vt vp** 17

remplir　je remplis / je remplirai / j'ai rempli

（書類に）書き込む，満たす，いっぱいになる

別例 Elle a rempli le réservoir de sa voiture. 彼女は車（の燃料タンク）を満タンにした. ＊「ガソリンを満タンにする」は faire le plein ともいう. / L'opéra s'est vite rempli de spectateurs. オペラ劇場はすぐ観客でいっぱいになった.
remplissage nm「（容器などを）満たすこと」

déborder

[debɔrde] **vi** 7

déborder　je déborde / je déborderai / j'ai débordé

（容器などの）中身があふれる，（川などが）氾濫する

「水浸しにする」という意味合いで動詞 **inonder**（← **inondation nf**「洪水」）という類語もある.
débordant(e) adj「あふれるばかりの，（de で）満ちあふれた」

peindre

[pɛ̃dr] **vt** 30

peindre　je peins / je peindrai / j'ai peint

絵を描く

peindre は「ペンキを塗る」の意味にもなるが，それはたとえば「むき出しの壁に色を塗る」という意味合いで使う.「色を変える」「塗り直す」といった意味合いなら **repeindre** を用いる.

inscrire

[ɛ̃skrir] **vt** 40

inscrite　j'inscris / j'inscrirai / j'ai inscrit

登録する，記入する

s'inscrire vp「（自分を）登録する」
例 Je me suis inscrit(e) dans une boîte d'intérim. 人材派遣会社に登録しました. / Quelle est la date limite pour s'inscrire ? 登録の締切日はいつですか.
***inscription nf**「登録」を使って Quelle est la date limite d'inscription ? と言い換えられる.

◉ 動作・居住・変化（影響）・学習

490

Quand j'étais enfant, je c____ à l'église tous les dimanches.

子供のとき, 私は毎週日曜に教会で歌を**歌っていました**.

491

J'ai c____ un opéra quand j'avais 25 ans.

25歳のときにオペラを**作曲した**ことがあります.

492

J'aime d____, mais je suis médiocre.

踊るのは好きですが, うまくはありません.

493

Elle n____ bien.

彼女は泳ぎがうまい（←彼女は上手に**泳ぐ**）.

494

Tu as du mal à r____ ?

息が苦しいのですか.

495

Mon père a complètement arrêté de f____.

父はすっかり**たばこを吸う**のをやめた.

chanter

[ʃɑ̃te] **vt** 7

chantais je chante / je chanteraі / j'ai chanté

歌う

別例 Mon fils chantait une chanson qu'il venait d'apprendre. 息子は覚えたばかりの歌を歌っていた.
chant nm「歌曲」
chanteur, chanteuse n「歌手」

composer

[kɔ̃poze] **vt** 7

composé je compose / je composerai / j'ai composé

(作品を) 制作する, 作曲する, (複数の要素で) 構成する, (暗証番号などを) 打ち込む

別例 L'eau est composée d'hydrogène et d'oxygène. 水は水素と酸素でできている (=se composer). / composer un code d'accès「アクセスコードを入力する」
compositeur, compositrice n「作曲家」
composition nf「構成, 創作, (小中高の) 試験」

danser

[dɑ̃se] **vi** 7

danser je danse / je danserai / j'ai dansé

踊る

別例 Vous voulez danser avec moi ? 私と踊っていただけますか.

nager

[naʒe] **vi** 9

nage je nage / je nagerai / j'ai nagé

泳ぐ

C'est une bonne nageuse. と言い換えられる.
別例 Je voulais apprendre à nager quand j'étais jeune. 若いときに泳ぎ方を習いたかった. / Les enfants aiment l'été parce qu'ils peuvent nager dehors. 子供たちは外で泳げるから夏が好きです.
nageur, nageuse n「泳ぐ人」

respirer

[rɛspire] **vi vt** 7

respirer je respire / je respirerai / j'ai respiré

呼吸する, 息を吸う ↔ **souffler**, ほっとする, (空気を) 吸う = **inspirer**

別例 Je respire ! ほっとしました (安心した).
respiration nf「呼吸」
例 respiration artificielle「人工呼吸」
respiratoire adj「呼吸の」
例 Le yoga est basé sur des exercices respiratoires. ヨガは呼吸運動に基づいている.

fumer

[fyme] **vi vt** 7

fumer je fume / je fumerai / j'ai fumé

たばこを吸う, (たばこを) 吸う

fumeur, fumeuse n「喫煙の, 喫煙者」
例 Fumeur ou non-fumeur ? 喫煙席ですか禁煙席ですか.
*時代の趨勢で, この表現は徐々に使われなくなってきている.

496

Veuillez vous a____ sur la chaise.

どうぞその椅子に**腰かけて**ください.

497

M____ avec mon chien fait partie de mon quotidien.

愛犬との散歩（**歩くこと**）は私の日課の一部です.

498

Elle d____ en Nouvelle-Zélande le mois prochain.

彼女は来月ニュージーランドに**引っ越します**.

499

Maintenant que le printemps a____, je peux commencer à préparer mon jardin.

春が**近づいている**ので, 庭の準備がはじめられる.

500

É____-vous de la bordure du quai, s'il vous plaît.

（駅で）ホームの端から**離れて**ください.

501

La climatisation ne f____ pas très bien.

エアコン（空気調節）がうまく**働かない**.

(s')asseoir

[aswar] **vp** 60

asseoir je m'assieds / je m'assiérai / je me suis assis(e)

座らせる, 座る, 着席する

この動詞は je m'assois / je m'assoirai の活用形もある.
別例 Ne restez pas debout comme ça. Asseyez-vous. そんな風に立ってないで, お掛けください.
assis(e) adj「座った, 腰掛けた」
例 Excusez-moi, mais vous êtes assis(e) à ma place, je crois. すみません, そこは私の席だと思いますが.

marcher

[marʃe] **vi** 7

Marcher je marche / je marcherai / j'ai marché

歩く, (事柄が) うまく運ぶ, (機械などが) 動く

別例 Je me fais une règle de marcher une heure tous les matins. 毎朝1時間歩くことにしています. / Ton ordinateur ne marche plus ? あなたのパソコンはもう動かないのですか.

déménager

[demenaʒe] **vi** 9

déménage je déménage / je déménagerai / j'ai déménagé

(旧宅を引き払ってよそへ) 引っ越しする
↔ **emménager「新居に入居する」**

déménagement nm「引っ越し, 移転 (↔ emménagement「新居への入居」)」
déménageur, déménageuse n「引っ越し業者」

approcher

[aprɔʃe] **vt vi** 7

approche j'approche / j'apporocherai / j'ai approché

近寄る, 接近する, 近づく

s'approcher vp「(de に) 近づく」(↔ s'éloigner)
例 Il ne faut pas s'approcher du feu. 火に近づかないで. *approcher が話者の思いとは関係なく対象が「近づく」のに対して, 代名動詞 s'approcher は自分からそこに「近づく」という違いがある.
approche nf「(空間的・時間的に) 近づくこと, 接近」

(s')éloigner

[elwaɲe] **vt vp** 7

Éloignez j'éloigne / j'éloignerai / j'ai éloigné

(A de B) AをBから遠ざける, 遠ざかる ↔ **s'approcher**

電車が入線する際の注意喚起,「白線の内側までお下がりください」に相当する言い回し.
別例 L'orage s'est éloigné. 嵐が遠ざかった.
éloignement nm「遠ざけること, 遠ざかること, 隔たり」
éloigné(e) adj「遠く離れた」例 un village éloigné de 20 kilomètres「20キロ離れた村」

fonctionner

[fɔ̃ksjɔne] **vi** 7

fonctionne je fonctionne / je fonctionnerai / j'ai fonctionné

機能する, 働く

La climatisation est en panne. も類義になる.
fonctionnement nm「働き, 作動」
fonction nf「職, (多く複数で) 務め, 機能」
例 Ma femme a quitté ses fonctions à la fin du mois dernier. 妻は先月末で職を辞しました.
*prendre sa retraite なら「(定年) 退職する」の意味.

502

C____-vous sur le tapis roulant pendant 30 minutes par jour ?

トレッドミル（ランニング用マシーン）で1日30分間**走るのですか**.

503

D____-toi, le taxi nous attend !

急いで, タクシーが待ってるよ.

504

Sortez un peu, ça vous d____.

少し外に出てみたら, **リラックスできます**から.

505

Ils ont é____ à l'incendie.

彼らはあやうく火事を**逃れた**.

506

Il faut attacher sa ceinture de sécurité avant de d____.

車が動き出す前にシートベルトを締めなくてはなりません.

507

Allez tout droit sur environ 100 mètres puis t____ à droite.

100メートルほどまっすぐ行って, 右に**曲がってください**.

courir

[kurir] **vi vt** 24

Courez je cours / je courrai / j'ai couru

走る, 急ぐ

別例 Elle a couru pour ne pas manquer son bus. バスに乗り遅れないように彼女は走った. / Les Parisiens courent tout le temps. パリ人（パリジャン）はいつも急いでいる.

(se) dépêcher

[depeʃe] **vp** 7

Dépêche je me dépêche / je me dépêcherai / je me suis dépêché(e)

急ぐ = se hâter, se presser ,
(de + inf.) 急いで〜する

別例 Elle s'est dépêchée pour attraper le dernier bus. 彼女は最終バスに間に合うように急いだ. / Je dois me dépêcher de finir mon mémoire de maîtrise. 急いで修士論文を終えなくてはなりません.

détendre

[detɑ̃dr] **vt** 28

détendra je détends / je détendrai / j'ai détendu

（張っていたものを）ゆるめる,
緊張をほぐす

se détendre vp「のんびりする, リラックスする」
別例 Bon, on va se détendre l'esprit en regardant un film. さて, 映画でも見てのんびりしようか.

échapper

[eʃape] **vi** 7

échappé j'échappe / j'échapperai / j'ai échappé

（à から）逃（のが）れる, 逃げる

物事が主語で「記憶に浮かばない」という意味にもなる.
例 Son nom m'échappe. 彼（彼女）の名前が思い出せない.
s'échapper vp「（de から）逃げる,（水や煙が）出てくる」**例** Un homme s'est échappé de prison. 男が一人が刑務所から脱走した. *この例では **s'évader** という語も使える.

démarrer

[demare] **vt vi** 7

démarrer je démarre / je démarrerai / j'ai démarré

（車や船などが）動き出す = partir ,
（機械が）始動する,（事が）運ぶ

「（パソコンを）起動する」の意味でも使う.「再起動する」なら redémarrer l'ordinateur という.
別例 Je n'arrive pas à faire démarrer ma moto. どうしてもバイクが動きません.
*Ma moto ne veut pas démarrer. と言い換えられる.

tourner

[turne] **vi vt** 7

tournez je tourne / je tournerai / j'ai tourné

曲がる, 向きを変える

別例 Tournez à gauche au coin de la rue, s'il vous plaît. その角（かど）を左に曲がってください. / Tournez le couvercle dans le sens contraire des aiguilles d'une montre pour l'ouvrir, s'il vous plaît. ふたを反時計回り（左回り）にひねって開けてください.

508

À qui est d____ ce message ?

このメッセージは誰に**向けられた**ものですか.

509

Les enfants vont t____ la rue.

子供たちは通りを**渡ろう**としている.

510

Je voudrais e____ mes bagages.

荷物を**預け**たいのですが.

511

C'est un avion qui v____ sans escale de Tokyo à Paris.

これは東京・パリ間をノンストップで**飛ぶ**飛行機です.

512

Mon mari a s____ du toit.

夫が屋根から**飛び降りた**.

513

Ma valise a été v____ alors que je ne regardais pas.

スーツケースが置き引きにあいました（←目を離したすきに**盗まれた**）.

destiner

[dɛstine] **vt** 7

destiné　je destine / je destinerai / j'ai destiné

(目的・用途に)充てる, ～に向ける

別例 C'est un livre destiné aux enfants. これは子供向けの本です.

traverser

[travɛrse] **vt** 7

traverser　je traverse / je traverserai / j'ai traversé

渡る, 横切る, 立ち寄る

別例 On a traversé la France pour aller en Italie. イタリアに行く途中フランスに立ち寄った.

enregistrer

[ɑ̃rəʒistre] **vt** 7

enregistrer　j'enregistre / j'enregistrai / j'ai enregistré

(空港などで荷物を)チェックインする, 録音 [録画] する, 記録 [登録] する

「チェックインで預ける荷物」は bagage à enregistrer, 「機内持ち込みの手荷物」bagage à main と区別して使う.
enregistrement nm「(旅客手荷物の) チェックイン」
例 Où est l'enregistrement, s'il vous plaît ? チェックインはどこですか.

voler [1]

[vɔle] **vi** 7

vole　je vole / je volerai / j'ai volé

(空中を)飛ぶ

別例 On entendrait voler une mouche. ハエの飛ぶ音が聞こえるほど静かだ.
vol nm「飛行, 飛翔」
例 Le pilote a effectué plus de trois mille heures de vol. そのパイロットは3000時間以上飛行した.

sauter

[sote] **vi** 7

sauté　je saute / je sauterai / j'ai sauté

跳ぶ, 飛び降りる, 飛び乗る, (料理で)ソテーする

別例 Notre fille saute parfois le repas de midi. うちの娘はときに昼食を抜きます. / Je saute dans un bus et j'arrive ! バスに飛び乗って, なんとか間に合った.
saut nm「跳躍, ジャンプ」

voler [2]

[vɔle] **vi vt** 7

volée　je vole / je volerai / j'ai volé

盗む

左記の例文は On m'a volé ma valise alors que je ne regardais pas. と言い換えられる. 別例 Mon mari s'est fait voler son parapluie. 夫は傘を盗まれた.
vol nm「盗み, 窃盗, 暴利」
例 C'est du vol. まるで詐欺だ.
voleur, voleuse n「泥棒, 暴利を貪る人」

514

Comment e___ les OGM de se répandre dans la nature ?

OGM(遺伝子組み換え作物・生物)が自然界に広がるのをいかにして**防ぐのか**.

515

B___ l'intrus.

(設問で)間違っているもの(他と異なるもの)を**線で消してください**.

516

Je suis désolé(e) de vous i___ .

おじゃましてすみません.

517

Notre fille a l___ une balle dans le jardin du voisin.

うちの娘は隣の庭にボールを**投げた**.

518

Ma femme j___ l'argent par les fenêtres.

妻はお金を無駄遣いする(←金を窓から**投げ捨てる**).

519

La vue des Japonais r___ silencieusement les ordures du stade est devenue un peu un sujet.

日本人がスタジアムのゴミを黙々と**集める**姿がちょっとした話題になった.

empêcher

[ɑ̃peʃe] **vt** 87

<u>empêcher</u> j'empêche / j'empêcherai / j'ai empêché

妨げる

別例 Le café après le dîner m'empêche de dormir. 夕食後にコーヒーを飲むと眠れない. *S + empêcher *qqn* de + inf.「S のせいで人は〜できない」の意味.
s'empêcher vp「〜することを我慢する」
例 Ma femme n'a pas pu s'empêcher de pleurer. 妻はこらえきれずに涙を流した. *多く否定で用いる.

barrer

[bare] **vt** 7

<u>Barrez</u> je barre / je barrerai / j'ai barré

線を引いて消す,
(通路を) ふさぐ = **bloquer**

別例 Un grand camion barre la rue. 大型トラックが道をふさいでいる.
barrage nm「(道路などの) 通行止め, ダム」
barre nf「棒, (文字の) 横線」

interrompre

[ɛ̃tɛrɔ̃pr] **vt** 50

<u>interrompre</u> j'interromps / j'interromprai / j'ai interrompu

(人の) じゃまをする,
(人の) 話をさえぎる, 中断させる

別例 Le match a été interrompu à cause de la pluie. 試合が雨で中断された.
interruption nf「中断, 妨害」
例 sans interruption「ひっきりなしに, とぎれずに」

lancer

[lɑ̃se] **vt** 8

<u>lancé</u> je lance / je lancerai / j'ai lancé

投げる, 打ち上げる, 開始する

別例 lancer une fusée dans l'espace「宇宙にロケットを打ち上げる」/ Le gouverneur s'apprête à lancer des réformes sans qu'il sache réellement où il va. 知事はどこに向かっているのかわからないまま, 改革に着手する準備をしている. **se lancer vp**「突進する, 身を投じる, 思い切ってやってみる」 **lancement nm**「発射, 打ちあげ, (宣伝による) 売り出し」

jeter

[ʒəte] **vt** 11

<u>jette</u> je jette / je jetterai / j'ai jeté

投げる, 捨てる

別例 Tu peux jeter les boîtes vides là-bas ? そこにある空き缶を捨ててきてくれない. / Je jette l'éponge. すっかりあきらめた (←タオルを投げた).
*「匙を投げる」の意味合い.

ramasser

[ramase] **vt** 7

<u>ramassant</u> je ramasse / je ramasserai / j'ai ramassé

拾う, (散らばっているものを) 拾い集める, 収集する

別例 En automne, on ramasse des champignons dans les forêts. 秋には森できのこ狩りをする.
*「きのこ狩りをする」は「収穫」**cueillette nf** から派生した動詞を用いて, cueillir des champignons といった言い方もする.

520

À la mi-temps, l'entraîneur r____ ses joueurs et il leur demande d'être plus offensifs.

ハーフタイムにコーチは選手たちを**集めて**, もっと攻撃的になるよう指示をする.

521

Ma fille j____ bien de la guitare.

娘はギターを上手に**弾きます**.

関連 jouer を用いる基本表現
☐ jouer au tennis 「テニスをする」
☐ jouer aux cartes 「トランプをする」
*jouer à +[スポーツ（球技）・ゲーム]「〜をする」

522

Mon fils p____ la gymnastique depuis qu'il est petit.

息子は幼い頃から体操を**しています**.

523

On ne doit pas r____ du malheur des autres.

他人の不幸を**笑う**べきではない.

524

Elle a s____ à son mari.

彼女は夫に**微笑みかけた**.

rassembler

[rasɑ̃ble] **vt** 7

rassemble je rassemble / je rassemblerai / j'ai rassemblé

(人を)集める,
(物を)まとめる **= grouper ↔ disperser**

別例 Je rassemble mes affaires et je pars. 荷物をまとめて, 出発します.
rassemblement nm「集まること, 集合」
例 Où est le lieu du rassemblement ? 集合場所はどこですか.

jouer

[ʒwe] **vi vt** 7

joue je joue / je jouerai / j'ai joué

遊ぶ, (スポーツを)する,
(楽器を)演奏する, 出演する

別例 Nous jouions souvent sur la plage. ぼくたちは海辺でよく遊んだものでした.

□ jouer du piano 「ピアノを弾く」
*jouer de + [楽器]「～を演奏する」
(ただし,Il a joué un air de jazz au piano.「彼はピアノでジャズの曲を演奏した」のように他動詞 jouer に「ピアノで」au piano を添えるようなケースもある)

pratiquer

[pratike] **vt** 7

pratique je pratique / je pratiquerai / j'ai pratiqué

(スポーツなどを)する, 実行する,
(職業を)営む

「体操をする」は faire de la gymnastique ともいう.
別例 Elle pratique le français à son travail. 彼女は職場でフランス語を使っています.
pratique nf「実践, 実行, 経験, 慣行」
pratiquement adv「事実上 (↔ théoriquement), ほとんど (↔ presque)」

rire

[rir] **vi** 48

rire je ris / je rirai / j'ai ri

笑う **↔ pleurer**

別例 Mon mari ne rit pas beaucoup. 夫はあまり笑わない. / C'est pour rire. 今のは冗談だよ (=C'est une blaque.).
rire nf「笑い」
例 avoir le fou rire「笑いがとまらない」

sourire

[surir] **vi** 48

souri je souris / je sourirai / j'ai souri

(à に)微笑(ほほえ)む

別例 Notre fille sourit tout le temps. うちの娘はいつも微笑みをたやさない.
sourire nm「微笑(ほほえ)み, 笑顔」**例** Mon fils m'a fait un sourire.「息子が私に微笑んだ」
sourire nm「微 笑」**例** Ma fiancée a une beau sourire. ぼくのフィアンセは素敵な笑顔をしています.

525

C'est une femme qui sait j____ de la vie.

あの人は人生を**楽しむ**術を知っている女性だ.

526

Je suis sur le point de p____.

泣きそうです.

527

R____-vous quelque chose à propos de vos années à l'université ?

大学時代について何か**後悔している**ことはありますか.

528

J'ai c____ ma montre intelligente et perdu mon portefeuille le même jour !

スマートウォッチが**壊れて**, しかも同じ日に財布もなくした.

529

L'année dernière, à cette époque, j'h____ en Égypte.

昨年の今頃, 私はエジプトに**住んでいました**.

530

La plupart des immigrés v____ dans des conditions difficiles.

大半の移民たちは困難な状況下で**暮らしている**.

jouir

[ʒwir] **vi** 17

jouir　je jouis / je jouirai / j'ai joui

楽しむ, 遊ぶ

別例 Ma grand-mère jouit d'une bonne santé. 祖母は健康に恵まれている.
jouissant(e) adj「楽しい, すばらしい」
jouissance nf「悦楽, 享楽, オルガスム」

pleurer

[plœre] **vi vt** 7

pleurer　je pleure / je pleurerai / j'ai pleuré

泣く, 涙を流す ↔ rire

sur le point de + inf.「まさに〜しようとしている, 〜する寸前である」の意味. **別例** pleurer à chaudes larmes「さめざめと泣く」(↔ rire aux éclats) / Ma femme fait semblant de pleurer. 妻は泣いているふりをしている. ＊**larmes nfpl**「涙」を用いた avoir les larmes aux yeux「目に涙を浮かべる」, retenir ses larmes「涙をこらえる」といった言い回しも記憶しておきたい.

regretter

[rəgrɛte] **vt** 7

regrettez　je regrette / je regretterai / j'ai regretté

後悔する, 残念に思う

別例 Je regrette, ma femme n'est pas là. 申し訳ありませんが, 妻はおりません (出かけています). / Je regrette beaucoup de ne pas pouvoir vous accompagner au concert. コンサートにごいっしょできなくてとても残念です.

casser

[kase] **vt** 7

cassé　je casse / je casserai / j'ai cassé

(ガラスなどを) 割 (わ) る,
壊す = briser

se casser vp「自分の〜を折る, 割れる」
例 Il a perdu son emploi et s'est cassé la jambe. Quand il pleut, ça se déverse. 彼は職を失い, 足を骨折した. 悪いことは重なるものだ.

habiter

[abite] **vi vt** 7

habitais　j'habite / j'habiterai / j'ai habité

住む, 居住する

別例 Ma tante habite seule dans un appartement parisien pour son travail. おばは仕事のためにパリのアパルトマンで1人暮らしをしている.

vivre

[vivr] **vi vt** 39

vivent　je vis / je vivrai / j'ai vécu

暮らす = passer sa vie,
生きる = exister

別例 Elle a vécu à Kanazawa jusqu'à l'âge de trente ans. 彼女は30歳まで金沢で暮らしていた. / Je ne voulais pas vivre comme mon père. 自分は父のような生き方はしたくなかった.

531

Mes parents vont se faire b____ une maison.

私の両親は家を**建てる**予定です.

532

Le gouverneur a décidé de c____ une nouvelle ville dans cette zone.

知事はこの地域にニュータウンを**建設する**と決定した.

533

Grâce à l'argent qu'il a légué, on a f____ un hôpital dans la ville.

彼の遺贈したお金のおかげで町に病院が**設立された**.

534

Ce film est b____ sur une histoire vraie.

この映画は実話に**基づいている**.

535

On dit que Dieu a f____ Ève à partir d'une côte d'Adam.

神はAdam(アダム)の肋骨からÈve(イブ)を**形づくった**という.

bâtir

[batir] **vt** 17

bâtir　je bâtis / je bâtirai / j'ai bâti

建てる, 建設する = construire

別例 bâtir un pont「橋を建造する」
bâtisseur, bâtisseuse n「建築者, 建造者」
bâtiment nm「建物, ビル (=immeuble), 建築業」

construire

[kɔ̃strɥir] **vt** 35

construire　je construis / je construirai / j'ai construit

建築する, 建設する = bâtir, 製造する

construction nf「建設」
例 une nouvelle maison en construction「建設中の新家屋」
*なお「(巨大な建築物を) 建てる」édifier とか「(塔や記念碑などを) 建てる」ériger といった動詞もある.

fonder

[fɔ̃de] **vt** 7

fondé　je fonde / je fonderai / j'ai fondé

基礎を築く, 設立する,
(sur に) 基礎 [根拠] を置く

別例 Les règles de grammaire sont généralement fondées sur l'usage. 文法の規則は一般に慣用に基づく.
fondement nm「(多くは複数で) 土台, 基礎」
fondation nf「創立, 建設」

baser

[baze] **vt** 7

basé　je base / je baserai / j'ai basé

(sur の上に) 基礎を置く

se baser vp「(sur に) 基づく」
例 Sur quoi se base-t-elle pour dire cela ? 彼女は何を根拠にそんなことを言うのだろうか.
base nf「土台, 基礎」例 base de donnés「データベース」/ salaire de base「基本給」*de base で「基本となる, 基本の」の意味. 類義の fondamental(e) は抽象的な語句に限定される. なお <à base de + [無冠詞名詞]> は「～をベース (主成分) とした」の意味.

former

[fɔrme] **vt** 7

formé　je forme / je formerai / j'ai formé

形づくる, 組織する, 構成する

別例 Les livres forment l'esprit. 書物は精神を鍛える. / former une équipe「チームを編成する」
formation nf「形成, 編成, 訓練」
例 Ma nièce a suivi une formation professionelle à Fukushima. 姪は福島で職業訓練を受けた.

536

La ville a été d____ par une attaque de missile.

町はミサイル攻撃で**壊滅した**.

537

Le discours du Premier ministre a été a____ dans le journal.

首相の演説は新聞で**たたかれた**.

538

Nous l____ à l'hôtel d'affaires pendant une semaine.

私たちは1週間ビジネスホテルに**宿泊している**.

539

Le lit de ma sœur o____ presque toute sa chambre.

姉（妹）のベットは彼女の寝室を**占有している**.

540

J'ai eu peu de temps pour p____ ma présentation.

プレゼンテーションの**準備をする**時間がほとんどなかった.

541

Mon mari adore o____ nos vacances.

夫はバカンスの**計画を立てる**のが大好きだ.

détruire

[detrɥir] **vt** 35

détruite　je détruis / je détruirai / j'ai détruit

破壊する, 壊す ↔ **construire**

別例 détruire un foyer「家庭を破壊する」
＊「元に戻せないほどダメにする」という意味合い. もし「(建物などを) 取り壊す, 解体する」の意味なら **démolir** を使う.
destruction nf「破壊」
destructif, destructive adj「破滅的な」

attaquer

[atake] **vt** 7

attaqué　j'attaque / j'attaquerai / j'ai attaqué

襲う, 攻撃する

別例 L'ours m'a attaqué(e) sans raison. 熊がわけもなく私を襲った.
attaque nf「攻撃, 発作」
例 Comment survivre à une attaque atomique ? 核攻撃からどうやったら生き残れるか.

loger

[lɔʒe] **vi** 9

logeons　je loge / je logerai / j'ai logé

(短期間) 泊まる, 住む

logement nm「住むこと, 住宅」
例 Quel est le charme des logements japonais traditionnels ? 伝統的な日本の家屋の魅力とは何でしょうか.

occuper

[ɔkype] **vt** 7

occupe　j'occupe / j'occuperai / j'ai occupé

(場所を) 占める, 住む,
(地位などに) 就いている

別例 Olive occupe le poste de directrice d'école depuis deux ans. Olive は2年前から小学校の校長の地位にある.
s'occuper vp「(de の) 世話をする, 面倒を見る」
例 Un instant, et je m'occupe de vous. 少しお待ちください, すぐにご用を承りますので.

préparer

[prepare] **vt** 7

préparer　je prépare / je préparerai / j'ai préparé

準備する, 用意する, 調理する

別例 C'est votre mère qui a préparé ce plat de viande ? この肉料理を作ったのはお母様ですか.
se préparer vp「身支度する」
préparation nf「準備」
例 Il s'est inscrit au cours d'été de préparation du DELF. 彼はDELF準備のための夏期講習に登録した.

organiser

[ɔrganize] **vt** 7

organiser　j'organise / j'organiserai / j'ai organisé

(旅行や計画を) 準備する = **préparer**, 企画する

別例 C'est un voyage organisé. これはツアー旅行です.
＊un voyage organisé を直訳すると「計画された旅行」となる. なお, organiser un voyage pour Paris なら「パリ旅行の計画を立てる」という意味になる.

542

Il me faut environ 90 minutes pour me rendre au travail, car je dois c____ de train trois fois.

仕事に行くのに大体90分かかります, 3回**乗り換え**なくてはならないのです.

関連 **"changer de ＋ [無冠詞名詞]" で「〜を変える」**

☐ changer de train 「電車を乗り換える」
☐ changer de tête [coiffure] 「ヘースタイルを変える」
☐ changer de vêtements 「着替える」

543

Nous avons é____ des informations détaillées par téléphone.

私たちは電話で細かな情報を**交換し合った**.

544

J'ai r____ mon vieux tapis par un neuf.

私は古いカーペットを新しいものに**取り替えた**.

545

Les coutumes v____ d'un endroit à l'autre.

習慣は場所によって**異なる**.

546

Nous acceptons de m____ notre politique.

私たちは方針を**修正する**ことに同意した.

changer

[ʃɑ̃ʒe] **vt vi** 9

changer je change / je changerai / j'ai changé

変える, 変わる

別例 changer des yens en euros「円をユーロに変える」/ changer le mot de passe「パスワードを変更する」
changement nm「変更, 変化, 乗り換え」

- ☐ changer d'avis「意見を変える」
- ☐ changer de sujet「話題を変える」
- ☐ changer de travail [métier]「転職する」

échanger

[eʃɑ̃ʒe] **vt** 9

échangé j'échange / j'échangerai / j'ai échangé

(商品などを) 交換する, (意見を) 交換する

échange nm「交換, 貿易」
例 étudiant(e) en échange「交換留学生」/ échanges internationaux「国際貿易」
échangeur nm「インターチェンジ」

remplacer

[rɑ̃plase] **vt** 8

remplacé je remplace / je remplacerai / j'ai remplacé

(物を) 取り替える = **changer**, (人に) 代わる, 代理をする

語源からすれば“「戻す」+ place「場所」”なので「いったんどけて, 元の位置に戻す」の意味なのだが, 実際には「どけて, そこに別のものを持ってくる」という意味合いで用いることが多い. **別例** Est-ce que tu peux me remplacer au magasin samedi prochain ? 今度の土曜日, 店を代わってもらえませんか.
remplacement nm「取り替え, 代理」

varier

[varje] **vi vt** 7

varient je varie / je varierai / j'ai varié

(段階的・部分的に) 変わる = **changer**, いろいろ変化する, 変える

別例 Le médecin lui a recommandé de varier son alimentation. 医者は彼 (彼女) に食事に変化を持たせるように勧めた. *類義語 **changer** が「(人生や計画などが本質的に) 変わる」ことを意味するのに対して, 見出し語は「(様子や大きさなどが) 部分的・断続的に変わる」ことを指す. **variation nf**「変化, 変動」 **variable adj**「(天候などが) 変わりやすい, 様々な」

modifier

[mɔdifje] **vt** 7

modifier je modifie / je modifierai / j'ai modifié

(基準に照らして部分的に) 変更する, 修正する

類語の **changer** は最も一般的な「変える」を意味する語, **transformer** は「(大きく一変すべく) 変える, 改造する」ことを指し, **convertir** は「目的に合うように変える, 転換する」ことを表す.
modification nf「変更, 修正」

547

L'Internet a t____ nos vies.

インターネットは私たちの暮らしを**変えた**.

548

Ce système peut être considérablement a____.

このシステムはかなり**改良の余地がある**.

549

Le conseil d'administration envisage de r____ les projets de déménagement du campus.

理事会はキャンパスの移転計画を**見直す**つもりだ.

550

Veuillez c____ mon français chaque fois que je dis quelque chose de faux.

何か間違ったことを口にしたらその都度私のフランス語を**直して**ください.

551

Il y a beaucoup de pollen dans l'air aujourd'hui, et je n'a____ pas d'éternuer.

今日は花粉がたくさん飛散していて, くしゃみが**止まり**ません.

transformer

[trɑ̃sfɔrme] **vt** 7

transformé　je transforme / je transformerai / j'ai transformé

（見かけや性質などが大きく）変わる，変える

別例 Son séjour en France l'a transformée. フランスに滞在して彼女は変わった. / Ils ont transformé la grange en garage. 彼らは納屋をガレージに変えた.
transformation nf「変化，変質，変革」
例 Quelle transformation depuis qu'elle est mariée ! 彼女は結婚してからすっかり変わった.

---

améliorer

[ameljɔre] **vt** 7

amélioré　j'améliore / j'améliorerai / j'ai amélioré

（悪い状態などを）改善する，改良する ↔ **détériorer**

例文は Il y a encore beaucoup à faire pour améliorer ce système. などと書き換えられる.
s'améliorer vp「改良される，回復する」
例 Le temps s'améliore petit à petit. 天気は徐々に回復している.
amélioration nf「改良，改善」(↔ détérioration)

---

réviser

[revize] **vt** 7

réviser　je révise / je réviserai / j'ai révisé

（再検討のために）修正する，見直す，復習する

別例 Il est nécessaire de réviser attentivement cet élément de grammaire pour le test. テストのためにこの文法項目を丁寧に復習する必要がある.
révision nf「見直し，修正，復習，校閲」
例 révision de la constitution「憲法改正」

---

corriger

[kɔriʒe] **vt** 9

corriger　je corrige / je corrigerai / j'ai corrigé

訂正する，直す，採点する

別例 corriger une faute d'orthographe「スペリングの誤りを直す」/ corriger les devoirs「宿題を採点する」
correction nf「訂正，校正，添削」
correctement adv「正く，きちんと」
例 Mange correctement ! お行儀よく食べて.

---

arrêter

[arete] **vt** 7

arrête　j'arrête / j'arrêterai / j'ai arrêté

やめる，止める

別例 Mon mari a arrêté de fumer après sa maladie. 夫は病気をしてから禁煙した. / Arrêtez le réveil, s'il vous plaît. 目覚ましを止めてください. *éteindre le réveilともいう.
s'arrêter vp「止まる，休む，立ち寄る」
例 Arrêtez-vous ici, s'il vous plaît. (タクシーで) ここで止まってください.

552

Ma mère a pris le couteau à pain et a c____ quelques tranches.

母はパン切り包丁を手に取り, 何枚かに**切った**.

□□□

553

Il est rapporté que deux personnes ont été b____ dans l'explosion.

その爆発で2人が**負傷した**と報告されている.

□□□

554

Il est expressément i____ de manger et de boire ici.

ここでの飲食ははっきり**禁じられている**.

□□□

555

Il r____ de pleuvoir abondamment ce soir.

今晩, 大雨が降る**かもしれない**.

□□□

556

Seul le personnel autorisé peut s____ ici.

ここに**駐車**できるのは関係者のみです.

□□□

557

Ma femme a g____ sa voiture dans le parking souterrain.

妻は車を地下駐車場に**止めた**.

□□□

couper

[kupe] **vt vi** 7

coupé　je coupe / je couperai / j'ai coupé

切る，（ガス・水道を）止める，さえぎる

se couper vp「（身体を）切る，けがをする」

例 À quelle fréquence te fais-tu couper les cheveux ? どのぐらいの頻度で髪を切るの．＊se faire couper les cheveux で「散髪してもらう」，se couper les cheveux なら「自分で髪を切る」/ Je me suis coupé en me rasant. 髭を剃っていて切り傷をこさえた．

blesser

[blese] **vt** 7

blessées　je blesse / je blesserai / j'ai blessé

（人や動物を）傷つける，けがをさせる，（人の気持ちを）傷つける

se blesser vp「けがをする」

例 Elle s'est blessée à la jambe en faisant une randonnée. 彼女はハイキングをしていて脚を負傷した．

blessé, blessée n「けが人，負傷者」

blessure nf「傷，けが」

interdire

[ɛ̃tɛrdir] **vt** 32

interdit　j'interdis / j'interdirai / j'ai interdit

禁じる，禁止する

公的な禁止の意味合い．一般的な禁止なら il ne faut pas + inf. がひろく用いられる．

別例 Quels objets sont interdits à bord ? 機内（船内）持ち込みが禁じられているものはどれですか．

interdit, interdite adj「禁じられた」

例 un sens interdit「車両進入禁止」

interdiction nf「禁止」

risquer

[riske] **vt** 7

risque　je risque / je risquerai / j'ai risqué

危険にさらす，～する恐れがある，（可能性を指して）～するかもしれない

se risquer vp「（à）思い切って～する」

risque nm「（予測できる）危険，恐れ」

例 s'exposer à un risque「危険に身をさらす」

stationner

[stasjɔne] **vi vt** 7

stationner　je stationne / je stationnerai / j'ai stationné

駐車する，（人が）立ち止まる

別例 Dans la rue, on ne peut pas stationner sur les trottoirs. 道で，歩道への駐車はできません．/ Il est interdit de stationner ici. ここは駐車禁止です．

stationnement nm「駐車」

例 parc de stationnement「駐車場」(=parking)

garer

[gare] **vt** 7

garé　je gare / je garerai / j'ai garé

（車を）駐車させる

「駐車場に車を入れる」と表現するなら mettre sa voiture au parking といった言い方もする．

se garer vp「（人が）駐車する」

例 Il s'est garé le long du trottoir. 彼は歩道の端に駐車した．

558

N'h_____ pas à demander.

遠慮しないで言ってください.

559

Ne l_____ pas la porte ouverte.

ドアをあけっ**放しにしないで**.

560

Je crois que nous devons c____ nos traditions, car elles sont les marques d'une région.

地域の証である私たちの伝統を**守らなければ**ならないと思う.

561

Excusez-moi, je c____ la gare.

すみません, 駅はどこでしょうか (駅を**探しています**).

562

Je surfais sur le net et j'ai t____ une jolie pochette.

ネットサーフィンをしていて, かわいいポシェットを**見つけた**.

563

En automne, les feuilles mortes c____ tout mon jardin.

秋になると, 枯葉がうちの庭をすっかり**覆います**.

hésiter

[ezite] **vi** 7

hésitez j'hésite / j'hésiterai / j'ai hésité

ためらう, 躊躇する

別例 Hanna hésite à se marier maintenant. Elle pense être trop jeune. Hanna は今結婚することにためらいがある. 自分が若すぎると思うからだ.
hésitation nf「ためらい」

---

laisser

[lɛse] **vt** 7

laissez je laisse / je laisserai / j'ai laissé

(放置・放任) 〜のままにさせておく, 預ける, 残す, 置き忘れる

別例 Laisse-moi tranquille, s'il te plaît. そっとしておいてください (私にかまわないで). / Elle m'a laissé son sac. 彼女は私にカバンを預けた. / J'ai laissé mes clés dans mon bureau. 事務所に鍵を置き忘れた.

---

conserver

[kɔ̃sɛrve] **vt** 7

conserver je conserve / je conserverai / j'ai conservé

保存する = **garder**, 保持する

別例 Conservez les aliments dans un endroit frais et sec. 食品を涼しくて乾燥した場所に保管してください.
conserve nf「缶詰, 瓶詰食品」

---

chercher

[ʃɛrʃe] **vt** 7

cherche je cherche / je chercherai / j'ai cherché

探す

Où est la gare ? あるいは Pour aller à la gare, s'il vous plaît. としても同義.
別例 Ça fait des mois qu'il cherche du travail. 彼は何ヶ月も仕事を探している. / Maman, tu peux venir me chercher à la gare ? ママ, 駅に迎えに来てくれる.
*aller[venir] chercher *qqn*「〜を迎えに行く [来る]」
chercheur, chercheuse n「研究者, (金などを) 探す人」

---

trouver

[truve] **vt** 7

trouvé je trouve / je trouverai / j'ai trouvé

見つける, 思う

別例 Comment trouvez-vous ce film japonais ? この邦画をどう思いますか.
se trouver vp「ある, 位置している」(=être)
例 Où se trouve la rue de Rivoli ? リヴォリ通りはどこですか.

---

couvrir

[kuvrir] **vt** 23

couvrent je couvre / je couvrirai / j'ai couvert

カバーする, 覆う

se couvrir vp「曇る, (自分をおおって) 着込む」
例 Le ciel s'est couvert rapidement, il va sans doute neiger. 空が急に曇った, おそらく雪になります.
couvert(e) adj「(de で) 覆われた, 曇った (=nuageux)」
例 Le ciel rest couvert.「曇っている」
*Le ciel est nuageux. も類義.

564

Qui est-ce qui a **d____** la loi universelle de la gravitation ?

万有引力の法則を**発見した**のは誰ですか.

565

Mon neveu a **d____** un nouveau logiciel pour l'apprentissage des langues.

甥（おい）が語学学習用の新しいソフトウェアを**開発しました**.

566

Les journalistes ont sévèrement **c____** le nouveau maire.

新聞記者たちは新しい市長を激しく**非難した**.

567

Les programmes **é____** sans cesse : des mises à jour sont nécessaires.

プログラムは常に**進化しています**. 更新（アップデート）は必須です.

568

La médecine **p____** à grands pas.

医学は長足の**進歩をとげている**.

569

E____-moi ce document par mail.

その書類をメールで**送ってください**.

découvrir

[dekuvrir] **vt** 23

découvert je découvre / je découvrirai / j'ai découvert

(偶然・探検などで) 発見する, 見つける, 見晴らす

別例 L'autre jour, j'ai découvert un restaurant français très sympa. 先日, とても感じのいいフレンチを見つけました. / Vous découvrirez un musée sur les mines près d'ici. この近くに鉱山博物館があります. ＊失くした物を「見つける」の意味なら trouver を用いる.
découverte nf「発見, 探検」

développer

[devlɔpe] **vt** 7

développe je développe / je développerai / j'ai développé

発達する, 発展する, (考えなどを) 展開する

se développer vp「発達する, 発展する, 発育する」**例** Les enfants se développent rapidement. 子供の発育は早い.
développement nm「発展, 進展」
例 pays en voie de développement「発展途上国」

critiquer

[kritike] **vt** 7

critiqué je critique / je critiquerai / j'ai critiqué

批判する, 非難する, 批評する

別例 se faire critiquer「批判される」
critique nf「批判, 非難, 批評」
critique adj「危機的な, 決定的な, 批判的な」
critique n「批評家, 評論家」
例 Mon beau-père est critique de cinéma. 義理の父親は映画評論家です.

évoluer

[evɔlɥe] **vi** 7

évoluent j'évolue / j'évoluerai / j'ai évolué

(情報などが) 進歩する, (生物が) 進化する, (文化や思想などが) 発展する

別例 évoluer en bien「(事態が) 好転する」
évolution nf「(コンピュータや生物などの) 進化, 発展, 変化」
例 la théorie de l'évolution de Darwin「Darwinの進化論」/ L'évolution de cette maladie est assez lente. この病気の進行はかなり遅い.

progresser

[prɔgrese] **vt** 7

progresse je progresse / je progresserai / j'ai progressé

進歩する, 上達する, 前進する = **avancer**

progrès nm「(科学・技術の) 進歩, 向上」
例 Les progrès de la technologie de l'exploration spatiale sont surprenants. 宇宙開発技術の進歩は驚異的だ.
progressif, progressive adj「前進的な, 段階的な」
progression nf「前進, 進行」

envoyer

[ɑ̃vwaje] **vt** 15

Envoyez j'envoie / j'enverrai / j'ai envoyé

(物を) 送る

別例 Je voudrais envoyer ce paquet en Équateur. この小包をエクアドルに送りたいのですが.
envoyeur, envoyeuse n「差出人, 発送人」

570

Pourriez-vous l____ les fleurs à l'endroit désigné cet après-midi ?

今日の午後, 指定の場所に花を**届けて**いただけますか.

571

Un candidat d____ des tracts sous la pluie.

雨の中, 候補者がビラを**配っていた**.

572

Avant j'étais infirmière dans un hôpital, mais je t____ à domicile depuis l'année dernière.

以前, 病院で看護師をしていましたが, ここ1年は在宅**勤務**をしています.

573

Mon fils a p____ tout l'été.

息子は夏の間ずっと**怠けていた**.

574

L'agent de sécurité a n____ son devoir.

その警備員は職務を**おろそかにした**.

livrer

[livre] **vt** 7

livrer　je livre / je livrerai / j'ai livré

配達する, 届ける

se livrer vp「(à に) 従事する, 胸の内を明かす」
例 Ma fille s'est livrée à son meilleure amie. 娘は親友に胸中を打ち明けた.
別例 **livraison nf**「(商品の) 配達」
例 Je choisis la livraison express lors de mes achats en ligne. オンラインで買い物をするときにはお急ぎ便を選びます.

distribuer

[distribɥe] **vt** 7

distribuait　je distribue / je distribuerai / j'ai distribué

(ビラや郵便物などを) 配る

distributeur nm「自動販売機」
例 Où est-ce que je peux trouver un distributeur dans le coin ? どこかこのあたりにATMはありますか.
*distributeur だけで un distributeur de boissons「(飲み物の) 自販機」あるいは un distributeur automatique de billets「ATM」の意味で用いられる.
distribution nf「配ること, (郵便の) 配達」

travailler

[travaje] **vi** 7

travaille　je travaille / je travaillerai / j'ai travaillé

働く, 勉強する

別例 Mon père travaille dans une banque. 父は銀行員です. / Tim travaille comme YouTubeur depuis 2021. Tim は2021年からユーチューバーとして活動している. / Pensez-vous qu'il est plus productif de travailler le matin ? 朝に仕事 (勉強) する方が効率的だと思いますか. / Elle n'est pas encore en état de travailler. 彼女はまだ働ける状態ではない. *en état de + inf. で「〜できる状態にある」の意味.
travailleur, travailleuse n「労働者」

paresser

[parɛse] **vi** 7

paressé　je paresse / je paresserai / j'ai paressé

怠ける, だらだら過ごす = **fainéanter**

別例 paresser en route「道草を食う」
paresseux, paresseuse adj「怠惰な, 無気力な」
paresse nf「怠惰, 無気力」

négliger

[neglіʒe] **vt** 9

négligé　je néglige / je négligerai / j'ai négligé

おろそかにする, 怠る, 無視する

négligent(e) adj「怠惰な, だらしない」
例 Elle est négligente. 彼女はだらしない.
négligence nf「怠惰, 不注意」
例 La négligence d'un employé a causé l'accident. 従業員の怠惰が事故を招いた.

575

J'e____ maintenant de désencombrer autant que possible et de vivre avec un minimum de choses.

私は今できる限り断捨離して, 最小限のもので暮らそうと**努めています**.

576

Dans cet hôpital, on s____ bien les malades.

この病院では, よく病人の**面倒を見てくれる**.

577

La baby-sitter s____ notre bébé.

ベビーシッターが赤ちゃんの**世話をしてくれる**.

578

Vous avez besoin d'une semaine supplémentaire pour r____.

さらに1週間の**療養が**必要です.

579

Je vais faire r____ ma montre de poche.

懐中時計を**修理して**もらうつもりです.

580

Ma femme cuisine et je l____ la vaisselle après chaque repas.

私の妻は料理をして, 毎食後に私が皿を**洗います**.

essayer

[eseje] **vt** 14

essaie, essaye　j'essaie, j'essaye / j'essaierai, j'essayerai / j'ai essayé

試みる, 試着する, (性能などを) テストする

essayer de + inf.「～しようと努める」の意味.
別例 Je peux essayer ? 試着していいですか.
essayage nm「試着」
例 cabine d'essayage「試着室」

soigner

[swaɲe] **vt** 7

soigne　je soigne / je soignerai / j'ai soigné

世話する, 治療する, 気を配る

別例 Elle veut avoir une promotion, alors elle soigne bien son patron. 彼女は昇進したいので, 上司を大事にしている.
soigneux, soigneuse adj「(人が) 入念な, (de に) 気を配る」
soigneusement adv「念入りに, ていねいに」

surveiller

[syrvɛje] vt 7

surveille　je surveille / je surveillerai / j'ai surveillé

(子どもを) 見守る, (仕事を) 監視する, 見張る, (言動などに) 注意する

別例 Je te conseille de surveiller tes paroles ! 口のきき方に気を使ったらどうなの.
surveillance nf「監視, 監督」

récupérer

[rekypere] **vi vt** 12

récupérer　je récupère / je récupérerai / j'ai récupéré

(健康・損失などを) 回復する, 回収する, (失ったものなどを) 取り戻す

別例 Elle a bien récupéré après son opération. 彼女は手術のあと元気を取り戻した.
récupération nf「回復, 回収」
例 La récupération des déchets permet leur recyclage. ごみを回収することでリサイクルが可能となる.

réparer

[repare] **vt** 7

réparer　je répare / je réparerai / j'ai réparé

修理する, 償う

別例 Pouvez-vous venir réparer mon piano ? ピアノの修理に来ていただけますか. / Vous devez réparer vos fautes. 過ちを償わなくてはなりません.
réparation nf「修理, 修繕」*これは「(元通りに) 修理」すること. 類義の **restauration nf** は「(建物や美術品の) 修復」を指し, **raccommodage nm** は「(衣類の) つくろい, 修繕」の意味.

laver

[lave] **vt** 7

lave　je lave / je laverai / j'ai lavé

(衣類・皿などを) 洗う = **nettoyer**

se laver vp「(自分の体を) 洗う」**例** Elle s'est lavée dans la baignoire. 彼女は浴槽で体 (=彼女自身) を洗った. *se が直接目的語なので, 過去分詞が性数一致. / Elle s'est lavé les cheveux dans la salle de bains. 風呂で髪を洗った. *les cheveux が直接目的語で se は間接目的語なので, 過去分詞の性数一致はしない.

581

Je suis occupé(e) à n____ toute la salle de bain.

浴室を丸ごと**掃除をして**いて忙しい.

582

Madame, m____-moi votre permis de conduire.

すみません, 免許証を**拝見します**.

583

La carte i____ un parc forestier à 3 km.

地図によると3キロ先に森林公園が**あるようです**.

584

Son uniforme d____ son grade.

彼（彼女）の制服は階級を**示している**.

585

Une boisson énergisante m'a r____.

1本のエナジードリンクが私を**生き返らせてくれた**.

586

Le policier a r____ son revolver.

警官はピストルに**再び弾（たま）をこめた**.

nettoyer

[nɛtwaje] **vt** 13

nettoyer　je nettoie / je nettoierai / j'ai nettoyé

(洗浄などで汚れを落として) きれいにする, 掃除する, 洗濯する

別例 Samedi, j'ai passé toute la journée à nettoyer la voiture. 今週の土曜日, 1日車を掃除して過ごしました.
*一般に水を使った「掃除」を指す. 家や部屋に対しては faire le ménage を用いる.
nettoyage nm「掃除, クリーニング」

montrer

[mɔ̃tre] **vt** 7

montrez　je montre / je montrerai / j'ai montré

(人に) 見せる, 示す

別例 Je vais vous montrer comment faire. どうやってやるかを教えましょう.

indiquer

[ɛ̃dike] **vt** 7

indique　j'indique / j'indiquerai / j'ai indiqué

指し示す, 教える

別例 Est-ce que vous pourriez m'indiquer la banque, s'il vous plaît ? 郵便局を教えていただけませんか.
*m'indiquer le chemin de la poste としても同義になる.
indication nf「指示, 表示」
例 indication d'origine「(商品の) 生産地表示」

désigner

[deziɲe] **vt** 7

désigne　je désigne / je désignerai / j'ai désigné

指し示す =**indiquer**,
指名する =**nommer**

別例 On l'a désignée pour servir d'interprète. 彼女は通訳を務めるよう指名された.
désignation nf「指名, 任命, 指示 (=indication)」

revitaliser

[rəvitalize] **vt** 7

revitalisé(e)　je revitalise / je revitaliserai / j'ai revitalisé

再び活力を与える, 再興する, 蘇生する

例文は Une boisson énergisante m'a redonné de l'énergie. と言い換えられる.
revitalisant(e) adj「活力を取り戻させる, 蘇生させる」

recharger

[rəʃarʒe] **vt** 9

rechargé　je recharge / je rechargerai / j'ai rechargé

再び充電する, 再装填する

別例 recharger la carte électronique「カードにもう一度チャージする」
接頭辞 re / ré「再び」の意味を持つ動詞
- ☐ rechercher **vt**「再び探す, 探し求める, 追い求める」
- ☐ recouvrir **vt**「再び覆う, 覆いつくす」
- ☐ redire **vt**「繰り返して言う」
- ☐ refaire **vt**「やり直す, 修理する」
- ☐ rénover **vt**「改装する, 刷新する」

587

Pourquoi la ville de Shibuya a____-t-elle les jeunes ?

渋谷の街が若者を**引きつける**のはどうしてなのか.

588

Cette actrice a été i____ dans un scandale.

あの女優はスキャンダルに**巻き込まれた**.

589

Ce médicament peut a____ le foie.

この薬は肝臓に**悪影響を及ぼす**かもしれない.

590

Vous avez quelque chose à d____ ?

(税関検査) 何か**申告する**ものはありますか (課税品はお持ちですか).

591

Il n'est pas sage de p____ des informations personnelles en ligne.

ネット上に個人情報を**載せる**のは賢明ではない.

592

Le climat du Japon est c____ par quatre saisons bien distinctes.

日本の気候は四季がとても**はっきりしています**.

attirer

[atire] **vt** 7

attire　j'attire / j'attirerai / j'ai attiré

(人の心などを) 引き寄せる = **tenter**, 引きつける = **amener**

別例 Elle est attirée par l'Espagne. 彼女はスペインに心引かれている.

attirance nf「引きつけられること, 魅力」

impliquer

[ɛ̃plike] **vt** 7

impliquée　j'implique / j'impliquerai / j'ai impliqué

(人を～の) 巻き添えにする = **mêler**

別例 impliquer un ami dans une affaire douteuse「いかがわしい事件に友人を巻き込む」

affecter

[afɛkte] **vt** 7

affecter　j'affecte / j'affecterai / j'ai affecté

(マイナスの) 悪影響を与える, (気持ちや態度を) 装う

仏語ではマイナスの「影響 (害をなす)」の意味で使われるが, 英語 to affect はプラスの「影響」にも使われる.

別例 affecter le bonheur「幸せそうに装う」

déclarer

[deklare] **vt** 7

déclarer　je déclare / je déclarerai / j'ai déclaré

申告する, 宣言する, 表明する

Vous n'avez rien à déclarer ? 申告するものは何もありませんか. ＊主語と動詞を省いた Rien à déclarer ? の形でも使われる.

déclaration nf「声明, 宣言, 申告」

例 Le gouvernement fera une déclaration sur la crise économique plus tard dans la journée. 政府は本日遅くに経済危機について声明を発表する.

publier

[pyblije] **vt** 7

publier　je publie / je publierai / j'ai publié

出版する, 発表する, 公にする

別例 Elle espère publier son premier roman dès que possible. 彼女はできるだけ早く最初の小説を出版したいと思っている.

publication nf「出版, 出版物」

caractériser

[karakterize] **vt** 7

caractérisé　je caractérise / je caractériserai / j'ai caractérisé

(物事が) 特徴づける, (人が) 性格 (特徴) を指摘する

caractéristique adj nf「特徴 (的な), 特徴のある」

例 Quelles sont les caractéristiques de ce nouveau smartphone ? この新しいスマホの特徴は何ですか.

◉ 評価・出会い・紹介

593

Je ne pense pas que nous puissions r____ le délai.

締め切りに間に合いそうに（**守れ**そうに）ありません.

594

J'e____ qu'elle convient à ce travail.

彼女はこの仕事に適していると**思います**.

595

J'ai a____ votre hospitalité lors de mon séjour à Paris.

パリ滞在中のおもてなしに**感謝いたします**.

596

Ils ont a____ cette photo de paysage.

彼らはこの風景写真に**見とれた**.

597

Elle se m____ toujours de mon accent.

彼女はいつも私の訛（なま）りを**馬鹿にする**.

598

Toute la classe m'a r____.

クラス全員が私を**嘲笑した**.

respecter

[rɛspɛkte] **vt** 7

respecter　je respecte / je respecterai / j'ai respecté

尊敬する ↔ **mépriser**,
(規則などを)尊重する, 守る

別例 Tout être humain doit être respecté. 人は誰もが敬(うやま)われるべきものです.
respectable adj「尊敬すべき」(=honorable)
例 Ce n'est pas une personne respectable. 彼は尊敬に値する人ではない. *Ce n'est pas quelqu'un que je respecte. と言い換えられる.

estimer

[ɛstime] **vt** 7

estime　j'estime / j'estimerai / j'ai estimé

評価する, 見積もる, ～と考える

別例 Il est étonnant que ce dessin soit estimé à 5 000 euros. このデッサンが5千ユーロと見積もられているとは驚きです.
estimation nf「評価(=appréciation), 見積もり」
estime nf「敬意, 尊敬(=respect)」

apprécier

[apresje] **vt** 7

apprécié　j'apprécie / j'apprécierai / j'ai apprécié

高く評価する,
真価を認める ↔ **déprécier**

別例 La technologie de notre pays est appréciée dans le monde entier. わが国の科学技術は世界中で高く評価されています.
appréciation nf「評価」
appréciable adj「評価に値する」

admirer

[admire] **vt** 7

admiré　j'admire / j'admirerai / j'ai admiré

(人や物に)感嘆する,
感心する ↔ **mépriser**

別例 J'admire votre créativité. あなたの創造力には感心します.
*「感心する, 感嘆する」は avoir de l'admiration pour *qqn* / *qqch* ともいう.
admiration nf「感嘆, 賛美」
admirable adj「すばらしい, 美事な」

(se) moquer

[mɔke] **vp** 7 5

se moque　je me moque / je me moquerai / je me suis moqué(e)

からかう, 馬鹿にする

別例 Ma femme se moque toujours de moi parce que je mange trop. 妻は私が食べ過ぎるせいでいつも私のことをからかう.

ridiculiser

[ridikylize] **vt** 7

ridiculisé(e)　je ridiculise / je ridiculiserai / j'ai ridiculisé

(人を)笑い者にする

Toute la classe s'est moquée de moi. と言い換えられる.
ridicule adj「滑稽な, 馬鹿げた」
例 Ta coiffure est totalement ridicule ! 君のヘアースタイルは実にこっけいだ.

599

Mon mari p____ son petit-déjeuner à six heures.

夫は6時に朝食を**とる**.

600

Mon père se r____ soigneusement tous les matins.

父は毎朝ていねいに**髭を剃る**.

601

Ma petite sœur se m____ avant un rendez-vous.

妹はデートの前には**化粧をする**.

602

Que m____-vous dans une capsule temporelle ?

タイムカプセルには何を**入れますか**.

603

Qu'est-ce que vous allez p____ au mariage ?

結婚式に何を**着て**行きますか.

604

E____ votre manteau, vous serez plus à l'aise.

コートを**脱いでください**, その方がくつろげますから.

prendre

[prɑ̃dr] **vt** 29

<u>prend</u> je prends / je prendrai / j'ai pris

飲む, 食べる, 手に取る, (乗物に) 乗る, (風呂などに) 入る, (写真を) 撮る, (道を) 行く

別例 On prend le métro ? 地下鉄に乗るの. / Tu as pris une douche ? シャワーを浴びたの. / Prenez la deuxième rue à gauche, s'il vous plaît. 2番目の通りを左に曲がってください. / Je prends un selfie. 自撮りします.

(se) raser

[raze] **vp** 7

<u>se rase</u> je me rase / je me raserai / je me suis rasé(e)

(自分の) 髭を剃る

「(理髪店などで) 髭を剃ってもらう」なら se faire raser la barbe といった言い方をする.
rasoir nm「かみそり, シェーバー」

(se) maquiller

[makije] **vp** 7

<u>se maquille</u> je me maquille / je me maquillerai / je me suis maquillé(e)

化粧をする

maquiller なら「(人に) メーキャップをする」の意味になる.
maquillage nm「化粧」
例 Tu as changé de maquillage ? 化粧を変えたの.
maquillé(e) adj「化粧をした」
例 Elle est toujours trop maquillée. 彼女はいつも厚化粧だ.

mettre

[mɛtr] **vt** 47

<u>mettriez</u> je mets / je mettrai / j'ai mis

置く, 入れる, (服を) 着る, (〜するのに時間が) かかる

別例 Mets ton pyjama et va au lit. パジャマを着て, もう寝なさい. / Vous avez mis combien de temps pour venir ici ? ここに来るのにどのくらい時間がかかりましたか. / Les classements des ventes Amazon sont mis à jour toutes les heures. Amazonの売上順位は1時間ごとに更新される.

porter

[pɔrte] **vt vi** 7

<u>porter</u> je porte / je porterai / j'ai porté

(衣服を) 身につけている, (荷物などを) 持つ, 運ぶ

「身につけている」という状態をいう. avoir も「着用」の意味では同義. mettre は「身につける」動作.
別例 D'habitude, il ne porte pas de lunettes. ふだん彼はメガネをかけていません. / Voulez-vous que l'on porte vos bagages jusqu'à la chambre ? 部屋までお荷物を運ばせますか.

enlever

[ɑ̃lve] **vt** 10

<u>Enlevez</u> j'enlève / j'enlèverai / j'ai enlevé

(服などを) 脱ぐ, (de から) 運び出す, (à から) 奪う, 誘拐する

別例 enlever les ordures「ごみを回収する」
enlèvement nm「取り去ること, 誘拐」

605

Je ne s____ plus les trains bondés.

もう満員電車には**我慢**できない.

606

Quand il était étudiant, il c____ tout le temps le dictionnaire.

学生時代, 彼はいつも辞書を**引いていた**.

607

Je peux vous p____ une question ?

質問してもいいですか？

608

Madame Emmanuelle a d____ sa valise à la consigne.

Emmanuelle夫人はスーツケースを一時預かり所に**預けた**.

609

Le professeur l'a i____ sur le sens de cette citation en classe.

教師は授業中に彼女にその引用の意味を**尋ねた**.

610

Combien de temps faut-il jusqu'à ce que le problème soit r____ ?

その問題が**解決する**までどのくらいかかりますか.

supporter

[sypɔrte] **vt** 7

<u>supporte</u> je supporte / je supporterai / j'ai supporté

我慢する, (重みを) 支える, (責任などを) 引き受ける

別例 Ma femme ne supporte pas l'alcool. 妻はアルコールがダメです.

supportable adj「我慢できる」(=tolérable)

consulter

[kɔ̃sylte] **vt** 7

<u>consultait</u> je consulte / je consulterai / j'ai consulté

相談する, (医者に) 診察を受ける, (辞書・サイトなどを) 調べる

Il cherchait tout le temps des mots dans le dictionnaire. と書き換えられる.

別例 J'utilise Internet uniquement pour consulter mes mails. メールチェックのためだけにインターネットを使います.

consultation nf「診療, 相談, 参照」**例** aller consulter son médecin「医者に診てもらいに行く」

poser

[poze] **vt** 7

<u>poser</u> je pose / je poserai / j'ai posé

置く = **mettre**, 設置する = **installer**, (質問を) する

別例 Posez vos affaires sur la chaise. 持ち物は椅子の上に置いてください.

se poser vp「(問題が) 生じる」

例 C'est alors qu'un grand problème s'est posé. 大問題が生じたのはその時でした.

déposer

[depoze] **vt** 7

<u>déposé</u> je dépose / je déposerai / j'ai déposé

(持っていたものを) 置く, (所持品や金を) 預ける, (車から人を) 降ろす = **descendre**

別例 Il va déposer tous ses livres dans le grenier. 彼は自分の本をすべて屋根裏部屋に入れるつもりだ. / déposer de l'argent dans une banque「銀行に金を預ける」

dépôt nm「預金, 預けること, 委託」

déposé(e) adj「登録された」

例 une marque déposée「登録商標」

interroger

[ɛ̃tɛrɔʒe] **vt** 9

<u>interrogée</u> j'interroge / j'interrogerai / j'ai interrogé

(人に) 質問する, 尋ねる

interrogation nf「質問, 疑問文」

例 Je vais répondre à votre interrogation. あなたの質問にお答えします.

résoudre

[rezudr] **vt** 42

<u>résolu</u> je résous / je résoudrai / j'ai résolu

(問題などを) 解く, 解決する = **régler**

résoudre le problème「問題を解決する」は arranger le problème としても類義になる.

別例 résoudre une équation「方程式を解く」

se résoudre vp「決心する」(=décider)

résolution nf「決意, 決定」

611

Après le tremblement de terre, la question du logement reste toujours à r____.

震災後, 住宅問題は依然として**解決されて**いない.

612

Cette entreprise a été é____ il y a 70 ans.

この会社は70年前に**設立された**.

613

Ma mère a é____ ses trois enfants toute seule.

母は一人で3人の子どもを**育てた**.

614

Est-ce que vous pensez que le nombre de Japonais vivant dans d'autres pays a____ à l'avenir ?

海外で暮らす日本人は今後**増える**と思いますか.

615

Récemment, le pouvoir d'achat des touristes a d____ de moitié.

最近, 観光客の購買力が半分に**落ちた**.

616

Je continue à faire des abdos pour r____ la graisse de mon ventre.

お腹の脂肪を**減らす**ために腹筋を続けています.

régler

[regle] **vt** 12

régler　je règle / je réglerai / j'ai réglé

（事件などを）解決する = **résoudre**,
（勘定を）支払う = **payer**,
（機械を）調整する

rester à régler で「解決すべきものが残っている」→「未解決のままである」の意味.
別例 Elle a réglé par chèque. (=effectuer un règlement par chèque) 彼女は小切手で支払った. / régler sa montre「時計を合わせる」
règlement nm「解決, 決済, 法規」

établir

[etablir] **vt** 17

établie　j'établis / j'établirai / j'ai établi

（一定の場所に）置く, 設置する,
確立する

établissement nm「施設, 設立」
例 À quoi sert cet établissement public ? この公共施設は何のためのものですか.

élever

[elve] **vt** 10

élevé　j'élève / j'élèverai / j'ai élevé

（人や動物を）育てる,
（値段などを）上げる = **augmenter**

別例 Ces enfants sont bien élevés. この子たちは行儀がいい（しつけがよい）.
s'élever vp「上がる, 達する」例 La température s'est élevée à 39 degrés. 気温が39度まで上がった.
élevage nm「飼育, 牧畜」**élévation nf**「上昇, 建設」**élevé(e) adj**「高い, 高度な」

augmenter

[ɔgmɑ̃te] **vt vi** 7

augmentera　j'augmente / j'augmenterai / j'ai augmenté

増やす, 増加する ↔ **diminuer**

別例 Mon salaire a augmenté de 5% (cinq pour cent). 私の給料が5%上がった.
augmentation nf「（賃金などの）増加, 増大（↔ diminuation）」例 L'augmentation du prix de l'essence a un impact direct sur la vie des gens. ガソリン代の値上げは人々の暮らしを直撃する.

diminuer

[diminɥe] **vt vi** 7

diminué　je diminue / je diminuerai / j'ai diminué

（量を）減らす, 短くする = **réduire**,
減少する ↔ **augmenter**

別例 diminuer la vitesse「スピードを落とす」/ En automne, les jours diminuent. 秋になると日が短くなる.
diminuation nf「減少, 軽減」
例 diminuation des forces「体力の減退」

réduire

[redɥir] **vt** 35

réduire　je réduis / je réduirai / j'ai réduit

減らす = **diminuer** ↔ **augmenter**,
値下げする

別例 Ce mois, ma femme a réduit de moitié ses dépenses. 今月, 妻は支出を半分に切り詰めた.
réduit(e) adj「割引の」**réduction nf**「削減, 割引, 値引き」例 billet de réduction「割引券」/ Pourquoi ce magasin fait-il une réduction de 500 yens ? あの店はどうして500円の値引きをしているのですか.

617

Au Japon, la population n'arrête pas de b____.

日本では, 人口の**減少**に歯止めがかかりません.

618

Je n'u____ ma voiture qu'une fois par semaine.

私は週に1度だけ車を**使います**.

619

P____ de nos soldes d'hiver : du 10 au 17 décembre.

12月10日から17日までの冬のバーゲンセールを**ご利用ください**.

620

Ma tante d____ de beaucoup d'argent.

おばは**自由に**たくさんのお金を**使う**.

621

Ce jeune peintre n'a jamais e____ ses tableaux.

その若い画家は一度も自分の絵を**公にした**ことがない.

622

Ne p____ pas !

押さないでください.

baisser

[bese] **vi** **vt** 7

baisser je baisse / je baisserai / j'ai baissé

低下する，下がる ↔ **augmenter**，下げる = **abaisser**

別例 Le prix du riz va baisser de 5%. 米価が5パーセント下がる. / Vous pourriez baisser le volume de la radio ? ラジオの音量を下げていただけますか.
se baisser vp「身をかがめる」(=se pencher)
baisse nf「低下，(値段の) 下落」
例 en baissse「下落した」

utiliser

[ytilize] **vt** 7

utilise j'utilise / j'utiliserai / j'ai utilisé

利用する，使う

別例 Il est relativement difficile d'utiliser l'énergie solaire. 太陽エネルギーの活用はわりと難しい.
utilisateur, utilisatrice n「(設備や器具の) 利用者，ユーザー」
例 utilisateur d'un site Internet「インターネットサイトのユーザー」

profiter

[prɔfite] **vi** 7

Profitez je profite / je profiterai / j'ai profité

(de を) 活用する，利用する，(à の) 役に立つ

別例 Nous profiterons de nos vacances pour visiter la Corse. 私たちはバカンスを利用してコルシカ島を訪れます. / Je veux profiter d'une variété de plats gastronomiques locaux. いろいろなご当地グルメを楽しみたい.

disposer

[dispoze] **vi** 7

dispose je dispose / je disposerai / j'ai disposé

(de を) 自由に使える = **se servir de**，所持している，(人を) 自分の思うように扱う

別例 Vous disposez de quelle somme ? 所持金は全部でいくらですか. / Nous ne disposons pas d'un ascenseur ; la descente en cave ne peut donc se faire que par un escalier. エレベーターは使えません. そのため，地下のワイン倉庫に降りる際には階段をお使いいただきます. ＊見出し語は他動詞として「並べる，配置する」(=arranger) の意味でも使われる.

exposer

[ɛkspoze] **vt** 7

exposé j'expose / j'exposerai / j'ai exposé

(美術品などを) 展示する，公開する，(光などに) さらす

別例 Il peut être dangereux d'exposer votre peau au soleil pendant trop longtemps. 長時間肌を太陽にさらしすぎると危険なことがある.
exposition nf「展覧会，博覧会」
exposé nm「(研究) 発表，(sur についての) 報告」

pousser

[puse] **vt** **vi** 7

poussez je pousse / je pousserai / j'ai poussé

押す ↔ **tirer**，(à を) 駆り立てる，押し進める，生える，成長する

Ne me poussez pas ! と目的語を添えてもいい.
別例 L'exercice, s'il est poussé trop loin, vous fera plus de mal que de bien. 運動をやりすぎると，益よりも害が大きくなります. / Cet enfant pousse bien. この子は発育がいい.

623

A____ sur cette touche : Vous accédez à votre répertoire.

このキーを**押す**と, ディレクトリにアクセスします.

624

T____ les rideaux !

カーテンを**引いて**.

625

Le professeur a e____ quelques exemples de la Bible.

教授は聖書からいくつかの例を**抜粋した**.

626

Elle a b____ le record du monde de saut en longueur.

彼女は幅跳びの世界記録を**破った**.

627

Ma fille f____ les touches de son clavier d'ordinateur dans sa chambre.

娘は部屋でパソコンのキーボードを**たたいている**.

628

Elle a servi du champagne pour i____ ses invités.

彼女は招待客を**感動させ**ようとシャンパンをふるまった.

appuyer

[apɥije] **vi vt** 13

Appuyez j'appuie / j'appuierai / j'ai appuyé

(sur を) 押す, (sur に) もたせかける, 支持する

*répertoire「ディレクトリ」とはコンピュータ上でファイルを入れておくためのフォルダを指す.
s'appuyer vp「寄りかかる, もたれかかる」
例 Elle s'est appuyée contre le mur. 彼女は壁にもたれかかった.
appui nm「支え, 支持」

tirer

[tire] **vt vi** 7

Tirez je tire / je tirerai / j'ai tiré

引っ張る ↔ **pousser**, (de から) 取り出す, (sur をねらって) 撃つ

別例 Elle a tiré un mouchoir de sa poche. 彼女はポケットからハンカチを取り出した. / La police a tiré sur la foule. 警察が群衆に発砲した.

extraire

[ɛkstrɛr] **vt**

extrait j'extrais / j'extrairai / j'ai extrait

引き抜く, 採掘する, 抜粋する

現在分詞 extryant, 過去分詞 extrait で, 直説法現在の語幹が extrai- / extray- となる独特の活用をする.
別例 extraire le jus d'une orange「オレンジから果汁を搾り出す」
extrait nm「抜粋, エキス」

battre

[batr] **vît** 46

battu je bats / je battrai / j'ai battu

たたく = **frapper**, 打ち勝つ, (記録などを) 破る = **vaincre**

別例 Il s'est fait battre par son père. 彼は父親にたたかれた.
se battre vp「(avec, contre と) 殴り合う」

frapper

[frape] **vt** 7

frappe je frappe / je frapperai / j'ai frappé

打つ, たたく, (人に) 強い印象を与える

「キーボードをたたく」は taper sur le clavier de l'ordinateur ともいう. 別例 frapper du poing sur la table「テーブルを拳でたたく」(=cogner du poing sur la table) /「ドアをノックする」frapper à la porte *類語 **battre** は「(人を何度も) 殴る, たたく」の意味. なお,「(物を) たたく」の意味では battre le tambour「太鼓をたたく」など一部でしか battre は使われず, frapper か **taper** が用いられる.

impressionner

[ɛ̃presjɔ̃] **vt** 7

impressionner j'impressionne / j'impressionnerai / j'ai impressionné

(人に) 強い印象を与える, 感動させる

別例 Ce paysage nous a vivement impressionnés. その風景に私たちは強く心を打たれた.
impression nf「印象」
impressionnant(e) adj「非常に印象的な, 感動的な, (数量が) 莫大な」例 un film impressionnant「心を打つ映画」/ somme impressionnante「巨額の金」

629

Je suis vraiment désolé(e) de vous faire a____.

お待たせして本当に申し訳ありません.

630

Pouvez-vous p____ un instant ?

少し**お待ち**ください.

631

J'ai r____ mon ex-femme à l'université il y a 20 ans.

前妻とは20年前に大学で**出会いました**.

632

Je n'ai pas r____ mes parents depuis longtemps.

だいぶ前から両親には会って (**再会して**) いない.

633

Marchez devant, je vous r____.

先に行ってください, 後から**追いつきますから**.

634

Y a-t-il un endroit que vous pensez devoir v____ avant de mourir ?

死ぬまでに何としても**訪問し**なくてはと思う場所はありますか.

attendre

[atɑ̃dr] **vt** 28

attendre　j'attends / j'attendrai / j'ai attendu

(人や乗り物などを)待つ, ～するまで待つ, (à を)予期する

別例 J'ai attendu 30 minutes ! 30分待ったんだぞ. ＊この文は J'attends depuis 30 minutes ! とする方が話者のいら立ちがプラスされる.

s'attendre vp「予期する, 期待する」

例 Vous ne pouvez pas vous attendre à plus que cela. これ以上を望む方が無理というものです.

patienter

[pasjɑ̃te] **vt** 7

patienter　je patiente / je patienterai / j'ai patienté

(辛抱して)待つ

patient, patiente n「患者」(=malade)

例 examiner un patient「患者を診察する」

patient(e) adj「辛抱強い」

例 Ma petite sœur est patiente. 妹は辛抱強い.

patiemment adv「辛抱強く」

patience nf「辛抱, 忍耐」

例 avoir de la patience「我慢強い」

rencontrer

[rɑ̃kɔ̃tre] **vt** 7

rencontré　je rencontre / je rencontrerai / j'ai rencontré

出会う

voir と比べて「めぐり合う」という含意がある.

別例 En allant à la banque, j'ai rencontré ton mari. 銀行に行く途中, 君の旦那さんに会いました.

se rencontrer vp「出会う, 落ち合う, 知り合う」

例 Nous nous sommes rencontrés à Kyoto. 僕たちは京都で出会った.

rencontre nf「出会い」

revoir

[rəvwar] **vt** 57

revu　je revois / je reverrai / j'ai revu

再び会う, 再訪する

別例 Nous espérons vous revoir bientôt. 近々お会いできるのを楽しみにしています.

revoir nm「再会」 例 Au revoir.「さようなら」

rejoindre

[rəʒwɛ̃dr] **vt** 30

rejoindrai　je rejoins / je rejoindrai / j'ai rejoint

(人と)あとでまた一緒になる, 合流する, 戻る

別例 J'ai rejoint mes amis. 私は友人たちのところへ戻った.

se rejoindre vp「再び出会う, (道が) 合流する」

visiter

[vizite] **vt** 7

visiter　je visite / je visiterai / j'ai visité

(場所を)訪問する, 訪れる

別例 Des sites de tous les pays peuvent être visités via Internet. インターネットを通じて世界各国のサイトにアクセスできます. ＊「(人を) 訪問する」には rendre visite à *qqn*, aller voir *qqn* を使う. なお, revisiter は英語 revisit の影響を受け「再訪する, 再評価する」の意味で使われる他動詞.

635

Quand pensez-vous qu'ils se m____ ?

彼らはいつ**結婚する**と思いますか.

636

Enzo a é____ une collègue par amour.

Enzoは同僚の女性と恋愛**結婚した**.

637

Saviez-vous qu'elle avait d____ ?

彼女が**離婚した**って知ってましたか.

638

Paris est d____ en 20 arrondissements.

パリは20区に**分かれている.**

639

Je m'i____ particulièrement à la science-fiction.

私はとりわけSFに**興味があります**.

640

Je m'a____ Ando Yumi. Ando est mon nom de famille.

名前は Ando Yumi **です**. Ando は姓（家族名）です.

(se) marier

[marje] **vp** 7

marieront　je me marie / je me marierai / je me suis marié(e)

結婚する ↔ **divorcer**

別例 Vous vous êtes marié(e)s en quelle année ? あなたたちは何年に結婚したのですか.
mariage nm「結婚」
例 Le mariage est un droit humain, peu importe le sexe. 性別はどうであれ，結婚は人としての権利です.
se remarier vp「再婚する」

épouser

[epuze] **vt** 7

épousé　j'épouse / j'épouserai / j'ai épousé

結婚する

類義の se marier は自動詞で avec *qqn* を添えて「〜と結婚する」となる. se fiancer なら「婚約する」の意味.
別例 J'ai été tellement surpris(e) d'apprendre que tu allais épouser ma sœur. あなたが私の姉（妹）と結婚すると聞いてとても驚きました.
époux, épouse n「配偶者，夫，妻」*époux「夫」, épouse「妻」だが，通常は mari と femme が使われる. なお,「夫婦」の意味で複数形の époux が使われる.

divorcer

[divɔrse] **vi** 8

divorcé　je divorce / je divorcerai / j'ai divorcé

離婚する ↔ **se marier**

別例 Il a divorcé de sa femme française. 彼はフランス人の妻と離婚した.
divorce nm「離婚」(↔ mariage)
例 David est en instance de divorce. David は離婚訴訟中です.

diviser

[divize] **vt** 7

divisé　je divise / je diviserai / j'ai divisé

分割する，区分する，(数学) 割る

別例 30 divisé par 5, ça fait 6.「30割る5は6」
division nf「分割，割り算 (↔ multiplication)」

(s')intéresser

[ɛ̃terɛse] **vp** 7

m'intéresse　je m'intéresse / je m'intéresserai / je me suis intéressé(e)

(人に) 興味を持たせる，
(à に) 関心を抱く ↔ **se désintéresser**

別例 Non, merci. Ça ne m'intéresse pas. いいえ，けっこうです. 興味がありません. / Il y a quelque chose qui vous intéresse dans la vie ? 世の中，何かおもしろいことはありますか.

(s')appeler

[aple] **vp** 11

m'appelle　je m'appelle / je m'appellerai / je me suis appelé(e)

〜という名前である

Je suis Ando Yumi. の言い回しは面接での自己紹介には使わない方が無難. 別例 Tu t'appelles comment ? お名前は. *Comment dois-je t'appeler ? 何と呼べばいいですか. という問い方もよくする. / Comment s'appelle-t-elle, cette rue ? この通りは何という名前ですか.
appeler vt「電話する，呼ぶ」例 J'ai appelé ma sœur ce matin. 今朝姉（妹）に電話した.

641

Comment **é____**-vous votre nom ?

あなたの名前はどう**綴る**のですか.

642

T____-moi dès que possible au 06 33 15 65 72.

できるだけ早く06 33 15 65 72に**電話をください**.

643

Vous pouvez **t____** cette application sur l'App Store.

アップルストアからそのアプリは**ダウンロード**できます.

644

Elle **s____** sur le web dans un cyber café.

彼女はネットカフェで**ネットサーフィンをしている**.

645

Je te **r____** que demain, c'est notre anniversaire de mariage.

忘れないでよ, 明日は私たちの結婚記念日だからね.

646

Je vous **p____** mon ami Pascal.

友だちのPascalを**紹介いたします**.

épeler

[eple] **vt** 11

épelez　j'épelle / j'épellerai / j'ai épelé

(名前や単語の) 綴りを言う

Voulez-vous épeler votre nom ? あなたの名前の綴りを言ってください. も同義. あるいは Ça s'ecrit comment ? でも類義になる.

téléphoner

[telefɔne] **vi vt** 7

Téléphonez　je téléphone / je téléphonerai / j'ai téléphoné

電話する, 電話で知らせる

別例 Téléphone-lui de venir. 彼 (彼女) に来るように電話して.

téléphone nm「(携帯を含んで) 電話」

例 La plupart des gens passent entre une et quatre heures sur leur téléphone chaque jour. ほとんどの人は毎日1 ～ 4時間携帯電話を使用しています.

télécharger

[teleʃarʒe] **vt** 9

télécharger　je télécharge / je téléchargerai / j'ai téléchargé

ダウンロードする

別例 Il est interdit de télécharger des films. 映画のダウンロードは禁止されている.

téléchargement nm「ダウンロード」

télétravailler vi「テレワークする」

例 Je télétravaille aujourd'hui. 今日はテレワークです.

surfer

[sœrfe] **vi** 7

surfe　je surfe / je surferai / j'ai surfé

サーフィンをする

例文は, 今では少し古い言い回し. 現在なら aller sur Internet を使うケースが多い.

別例 Surfer sur une mer agitée est vraiment amusant. 荒れた海でのサーフィンは実に面白い.

rappeler

[raple] **vt** 11

rappelle　je rappelle / je rappelerai / j'ai rappelé

再び呼ぶ, 再び電話する, 思い出させる

別例 Vous pouvez me rappeler vers midi ? 昼頃, 電話をかけなしていただけますか.

se rappeler vp「思い出す, 覚えている」

例 Tu ne te rappelles pas bien ton enfance ? 子ども時代のことをちゃんと覚えていないの.

présenter

[prezɑ̃te] **vt** 7

présente　je présente / je présenterai / j'ai présenté

紹介する, 発表する

Je voudrais vous présenter mon ami Pascal. も同義.

別例 Présentez-nous votre quartier. あなたの住んでいる街を紹介ください.

se présenter vp「自己紹介する」 例 Permettez-moi de me présenter. 自己紹介させていただきます. / Présentez-vous, s'il vous plaît. 自己紹介してください.

647

Cette station é____ des informations toutes les deux heures.

この局では2時間おきにニュースを**放送している**.

◉ 思考

648

J'e____ vous revoir très bientôt.

近いうちにまたお会い**したいものですね**.

649

Je vous remercie beaucoup. C'est vraiment gentil. – Je vous en p____.

どうもありがとうございます. とても助かります.　ーどういたしまして.

650

Je p____ que je vais aller au karaoké pour me remonter le moral.

気分転換にカラオケに行こうと**思う**.

651

Laissez-moi r____ un instant.

少し**考えさせて**ください.

652

Comment é____-vous cette thèse ?

この学位論文をどう**評価しますか**？

émettre

[emɛtr] **vt** 47

émet j'émets / j'émettrai / j'ai émis

(番組などを) 放送する (=diffuser), (意見などを) 表明する, (債券などを) 発行する

別例 émettre une objection「異議を唱える」/ émettre un emprunt「公債を発行する」
émission nf「(テレビやラジオの個々の) 番組」
*「番組全体」なら **programme nm** という.

espérer

[ɛspere] **vt vi** 12

espère j'espère / j'espèrerai / j'ai espéré

希望する, 期待する = souhaiter

別例 J'espère que je ne vous dérange pas. (電話での一言) お邪魔ではないでしょうか.
espérance nf「希望, 期待」(=espoir)

prier

[prije] **vt** 7

prie je prie / je prierai / j'ai prié

懇願する, (神に) 祈る

礼に対する返事として使われた例. ただし, s'il vous plaît のニュアンスでも使われる (例 Passez-moi le sel, je vous en prie. どうか塩を取ってください).
別例 Ma grand-mère s'est mise à genoux pour prier. 祖母はひざまずいて祈った.
prière nf「頼み, 祈り」

penser

[pɑ̃se] **vi vt** 7

pense je pense / je penserai / j'ai pensé

思う, 考える

別例 Nous pensons aller à la campagne dimanche. 日曜に田舎に行こうと思っています. / Je ne pense pas que ce soit une bonne idée. それはいい考えではないと思います.
pensée nf「考え, 思考」
例 s'absorber dans ses pensées「考えにふける」

réfléchir

[refleʃir] **vi** 17

réfléchir je réfléchis / je réfléchirai / j'ai réfléchi

よく考える, 熟考する

実際に「考える」ケースだけでなく, Je vais réfléchir.「考えてみます」や Je vais y réfléchir.「そのことは考えておきます」ともども物品購入を保留する際の一言として使える.
別例 Réfléchissez bien avant de répondre. 答える前によく考えてください.

évaluer

[evalɥe] **vt** 7

évaluez j'évalue / j'évaluerai / j'ai évalué

(良いものは良い, 悪いものは悪いと) 評価する, 見積もる

別例 Mon oncle va faire évaluer sa propriété par un professionnel. おじは専門家に自分の財産の査定をしてもらうつもりだ.
évaluation nf「評価, 見積もり」(=estimation)

653

Je s____ que mon mari sera de retour avant huit heures et demie.

夫は8時半までには戻ると**思います**.

654

I____ votre vie dans 10 ans.

10年後の自分を**想像してください**.

655

J'ai c____ un site Web avec l'aide d'un ami.

友人の力を借りてウェブサイトを**立ち上げた**.

656

Le typhon a c____ de gros dégâts il y a une semaine.

１週間前, 台風が大きな被害を**もたらした**.

657

La météo p____ qu'il neigera ce week-end.

天気予報では今週末は雪になるとの**予想です**.

658

La photocopieuse s____ en panne.

コピー機が壊れている**ようです**.

supposer

[sypoze] **vt** 7

suppose je suppose / je supposerai / j'ai supposé

推測する, 思う

別例 Tu ne fais jamais le ménage, je suppose ? 思うに, 一度も掃除をしたことがないんじゃない.

imaginer

[imaʒine] **vt** 7

Imaginez j'imagine / j'imaginerai / j'ai imaginé

想像する, 思う

別例 L'examen n'a pas été aussi facile que je l'imaginais. 試験は思っていたほど楽ではなかった.
imagination nf「想像力」例 Elle a beaucoup d'imagination. 彼女は想像力に富んでいる.
*avoir une imagination débordante「あふれんばかりの想像力をもつ」などとも表現できる.

créer

[kree] **vt** 7

créé je crée / je créerai / j'ai créé

(新しく)作り出す, 創造する, (厄介なことを)もたらす

別例 créer des difficultés「ごたごたを引き起こす」(=causer, provoquer)
création nf「創造, 作品, 設立」
recréer vt「作り直す, 再現する」

causer

[koze] **vt** 7

causé je cause / je causerai / j'ai causé

原因となる, 引き起こす

別例 Son attitude a causé bien des problèmes dans la classe. 彼(彼女)の態度がクラスに色々な問題を引き起こした. *自動詞の **causer** は「(打ち解けて)話す, おしゃべりする」の意味になる. 例 Il causait agréablement avec ses amis dans le hall de l'hôtel. ホテルのロビーで彼は友人たちと楽しく話をしていた.

prévoir

[prevwar] **vt** 57

prévoit je prévois / je prévoirai / j'ai prévu

予想する, 予定する, 計画する

Selon la météo, il pleuvra ce week-end. と言い換えられる.
別例 Nous avons prévu de passer nos vacances au Maroc. 私たちはモロッコで休暇を過ごす予定でした.
prévision nf「予想, 予測」
prévoyant(e) adj「用心深い. 先見の明のある」

sembler

[sɑ̃ble] **vi** 7

semble je semble / je semblerai / j'ai semblé

(主に自分なりの判断で)〜のよう見える, 〜のように思える = **paraître**

別例 Les sans-abri semblent vivre confortablement, mais la réalité est très dure. ホームレスは気楽に暮らしているように見えるが, 現実はとても厳しい. / Il semble qu'il va neiger demain. 明日は雪になりそうです.

659

Il p____ malade.

彼は病気のように**見えます**.

660

À en j____ par l'aspect du ciel, il pleuvra demain.

空様子から**判断すると**, 明日は雨が降るでしょう.

661

Je ne c____ pas du tout ce que vous dites.

おっしゃっていることがまったく**わかりません**.

662

Mon professeur, M. Epée, e____ les statistiques à la fac de commerce.

私の先生であるEpéeさんは商学部で統計学を**教えています**.

663

Depuis quand a____-vous le français ?

いつからフランス語を**勉強していますか**.

664

Pourquoi é____-vous le français ?

どうしてあなたはフランス語を**勉強する**のですか.

paraître

[parɛtr] **vi** 43

paraît　je parais / je paraîtrai / j'ai paru

～のように見える, と思われる, 現れる

例文は Il a l'air malade. と類義になる.
別例 Il paraît qu'elle est malade. 彼女は病気だそうだ.
*<il paraît que S + V [直説法]>「～だそうだ, ～という噂だ」は, 伝聞に基づいた推定的な確定の意味で使われる. つまり, On dit qu'elle est malade. と類義になる.

juger

[ʒyʒe] **vt vi** 9

juger　je juge / je jugerai / j'ai jugé

～を判断する

à en juger par *qqch* で「～から判断すると」の意味.
別例 Il ne faut pas juger les gens sur leur apparance. 人を外見で判断してはならない.
*Ne jugez pas un livre à sa couverture.「人は見かけによらない (←表紙では本の中身はわからない)」も類義.
jugement nm「判断, 裁判, 判決」

comprendre

[kɔ̃prɑ̃dr] **vt** 29

comprends　je comprends / je comprendrai / j'ai compris

理解する, 理解がある, 含む

別例 Je ne comprends pas pourquoi il est si égoïste. どうして彼がそんなに利己的にしているのかがわかりません. / Il est facile de le comprendre. 彼の言うことは簡単にわかる.
compréhension nf「理解」
例 Je vous remercie de votre compréhension. ご理解いただきありがとうございます.

enseigner

[ɑ̃seɲe] **vt** 7

enseigne　j'enseigne / j'enseignerai / j'ai enseigné

(学科を) 教える, 教育する = **apprendre**

別例 J'ai rencontré au Caire une Chinoise qui enseigne les maths dans un lycée. 私はカイロで高校で数学を教えている中国人女性と知り合った.
enseignement nm「(学校での) 教育, 教職」
*類義の **éducation nf** は人格形成を目的とする知育・体育など広い意味での「教育」を指す.

apprendre

[aprɑ̃dr] **vt** 29

apprenez　j'apprends / j'apprendrai / j'ai appris

学ぶ, 勉強する = **étudier**,
教える = **enseigner**

別例 Depuis un an, ma fille apprend à jouer du piano. 1年前から, 娘はピアノの演奏を学んでいる. / Pour apprendre une langue étrangère ni l'âge ni le sexe n'ont d'importance. 外国語学習には年齢も性別も関係ない.
apprentissage nm「実習, 学習」

étudier

[etydje] **vt** 7

étudiez　j'étudie / j'étudierai / j'ai étudié

勉強する, 研究する

別例 Mon oncle a étudié la physique toute sa vie. おじは物理学を生涯研究した. / Je n'ai jamais étudié à l'étranger, mais j'ai appris beaucoup de choses sur d'autres pays. 一度も留学したことはありませんが, 他の国について多くのことを学んできました.

665

Je me s____ en histoire moderne.

現代史を**専攻しています**.

666

Après chaque examen, il faut c____ si tous les étudiants ont remis leur copies.

各試験の後, 全学生が答案を提出したかどうか**点検しなくては**なりません.

667

Où avez-vous c____ votre femme ?

奥さんとはどこで**知り合われ**ましたか.

668

Ils i____ tout de moi.

彼らは私のことを何も**知らない**.

669

Je ne me s____ pas de la dernière fois où il a neigé comme ça.

今までにこれほど雪が降ったのは**記憶にありません**.

670

Certaines personnes sont o____ par les régimes.

ダイエットが**頭から離れない**人がいる.

(se) spécialiser

[spesjalize] **vp** 7

spécialise　je me spécialise / je me spécialiserai / je me suis spécialisé(e)

(en, dans を) 専攻する, 専門に研究する

別例 se spécialiser dans le droit international「国際法を専攻しています」＊日本語での区別が難しい単語のひとつだが, droit は「権利 (↔ devoir), (人が定めた) 法規, 法律 (学)」の意味, 類語の **loi nf** は「法, (自然の) 法則, 規範」を指す単語.
spécialisé(e) adj「専門化された, 専門の」

contrôler

[kɔ̃trole] **vt** 7

contrôler　je contrôle / je contrôlerai / j'ai contrôlé

点検する, 取り締まる, 検札する

se contrôler vp「自分を抑える」
例 Il ne se contrôle plus lorsqu'il se met en colère. 彼はかっとなると自制心を失う.
contrôlable adj「検証できる, 制御できる」

connaître

[kɔnɛtr] **vt** 43

connu　je connais / je connaîtrai / j'ai connu

知っている, (場所に) 行ったことがある, 経験する

別例 Tu connais Nara ? 奈良には行ったことがありますか. ＊「奈良を知識として知っていますか」ではなく「実際に行ったことがあるか」という質問.
se connaître vp「(互いに) 知り合いである, 知り合う」
例 Nous nous connaissons bien les uns les autres. 私たちは互いによく知っています. **connaissance nf**「(人と) 知り合うこと, (多く複数で) 知識」例 acquérir des connaissances「知識を身につける」**connu(e) adj**「知られている, 有名な, 既知の」(↔ inconnu)

ignorer

[iɲɔre] **vt** 7

ignorent　j'ignore / j'ignorai / j'ai ignoré

(相手・規則などを) 知らない, 経験がない

別例 Les étudinats ignoraient tout de la Révolution française. 学生たちはフランス革命について何も知らなかった.
ignorance nf「無知」

(se) souvenir

[suvnir] **vp** 21 5

souviens　je me souviens / je me souviendrai / je me suis souvenu(e)

(de を) 覚えている, 思い出す = **se rappeler** ↔ **oublier**

別例 Je me souviens très bien d'elle. 彼女のことはよく覚えています. / Ça y est, je me souviens ! やっと, 思い出しました.
souvenir nm「記憶 (力), 回想, 記念, 土産 (みやげ)」

obséder

[ɔpsede] **vt** 12

obsédées　j'obséde / j'obséderai / j'ai obsédé

(物事が) 頭から離れない, 心にとりつく

別例 Ma tante est obsédée par l'argent. おばは金の亡者だ. ＊「金に取りつかれている」が直訳.

671

Tout le monde m____.

嘘をつかない人はいない（みんな**嘘をつく**）.

672

Mon mari o____ souvent l'heure de ses rendez-vous.

夫はよく約束の時間を**忘れる**.

673

Afin de ne pas vous t____ d'adresse email, veuillez supprimer l'ancienne.

メールアドレスを**間違え**ないように, 古い方は破棄してください.

674

Est-ce que je peux vous d____ votre nom ?

お名前を**うかがっても**いいですか？

675

Je vous c____ l'exposition Monet au Grand Palais.

グラン・パレで開かれているモネ展を**お勧めします**.

676

Merci de m'avoir e____.

励ましてくれてありがとう.

mentir

[mɑ̃tir] **vi** 18

ment je mens / je mentirai / j'ai menti

嘘をつく, 裏切る

mensonge nm「嘘」

例 Il existe des cas dans lesquels le mensonge est acceptable. 嘘が受け入れられるケースがある.

menteur, menteuse n「嘘つき」

例 Cette dame est une menteuse habituelle. あの婦人は嘘ばかりついている.

oublier

[ublije] **vt** 7

oublie j'oublie / j'oublierai / j'ai oublié

忘れる ↔ **se rappeler, se souvenir**, 置き忘れる

別例 J'ai oublié son adresse. 彼（彼女）の住所を忘れた. / Je n'oublierai jamais le jour où je suis arrivé(e) à Paris. 私はパリに着いた日のことはけっして忘れません.

oubli nm「忘却」

(se) tromper

[trɔ̃pe] **vp** 7

tromper je me trompe / je me tromperai / je me suis trompé(e)

間違える, 誤る

「～を取り違える, 混同する」には見出し語に <de + [無冠詞名詞]> を添える. 他に「人違いをする」se tromper de personne,「日付［電話番号］を間違える」se tromper de date [numéro] など.

別例 Oh, pardon ! Je me suis trompé(e). あっ, すみません. 間違えました.

demander

[dəmɑ̃de] **vt** 7

demander je demande / je demanderai / j'ai demandé

（人に）尋ねる, 頼む, 必要とする = **nécessiter**

別例 Elle a demandé la direction à la police. 彼女は警官に道を尋ねた. / C'est moi qui vous demande ce qui se passe ! 私こそあなたにどうなっているのかお聞きしたい.

demande nm「要求, 注文, 需要」

例 Il s'agit d'un déséquilibre entre l'offre et la demande. これでは需給バランスが崩れている.

conseiller

[kɔ̃seje] **vt** 7

conseille je conseille / je conseillerai / j'ai conseillé

勧める, 忠告する

別例 Le médecin lui a conseillé de se reposer. 医者は彼（彼女）に休息するようにと忠告した.

conseil nm「忠告, アドバイス, 会議」(=assemblée)

例 Le patron nous a donné un bon conseil. 上司は私たちにいい助言をしてくれた.

encourager

[ɑ̃kuraʒe] **vt** 9

encouragé(e) j'encourage / j'encouragerai / j'ai encouragé

励ます, 元気づける ↔ **décourager**, 人に～する気にさせる

例文を名詞を使って Merci pour vos encouragements. としても同義になる. 別例 Il faut encourager les étudiants à apprendre le français. フランス語を学ぶように学生を鼓舞しなくてはなりません.

encouragement nm「激励」

例 Vos encouragements m'ont grandement aidé. あなたの励ましが私の何よりの助けとなりました.

677

On allait prendre l'avion pour Osaka, mais on a d____ de prendre le car.

飛行機で大阪に行くつもりでしたが, 長距離バスで行くことに**決めました**.

678

Denis est d____ à rentrer en France.

Denisはフランスに戻ると**決めた**.

679

Je c____ qu'elles ont tort.

彼女たちは間違っていると**思います**.

680

Je d____ qu'une femme comme Diane réussisse dans l'industrie de la mode.

Dianeのような女性がファッション業界で成功するとは**思えない**.

◉ avoir +[無冠詞名詞]

681

Je n'ai pas b____ d'étendre ma lessive car j'ai un sèche-linge.

洗濯物を広げて干す**必要は**ありません, 乾燥機がありますから.

682

Elle a e____ de mieux connaître cette ville.

彼女はこの町のことをもっとよく知り**たがっている**.

décider

[deside] **vt** 7

décidé　je décide / je déciderai / j'ai décidé

決定する

別例 C'est à toi de décider. 決めるのはあなたですよ(あなたが決めて).
se décider vp「(いろいろ迷った末に)決心する」
例 Elle s'est décidée à avoir une operation chirurgicale. 彼女は手術をすると決めた.
décision nf「決定, 決心, 決議」

déterminer

[detɛrmine] **vt** 7

déterminé　je détermine / je déterminerai / j'ai déterminé

(事柄を)決定する, 決心する(させる), 引き起こす

Denis a décidé de rentrer en France. とも言い換えられる. ただし, 細かに見れば類義の **décider** が「熟慮」をして「決定する」の意味で使われ, **résoudre** は「やり遂げようとする意志」にポイントが置かれるのに対して, 見出し語は「揺るぎない, しっかりした決心」を指すという差異がある.

croire

[krwar] **vt vi** 45

crois　je crois / je croirai / j'ai cru

(本当だと)信じる, 信用する, (存在などを)信じている

別例 Je ne crois pas ses promesses. 私は彼(彼女)の約束は信じません. / Tu crois en Dieu ? 君は神(の存在)を信じているの.

douter

[dute] **vt** 7

doute　je doute / je douterai / j'ai douté

疑う, 疑わしいと思う

別例 Mes amis ne doutaient pas de votre succès. 私の友人たちはあなたの成功を疑っていなかった.
*Mes amis étaient sûrs de votre succès.「私の友人たちはあなたの成功を確信していた」と類義になる.
se douter vp「(de を)予想する, 気づく」 **例** Elles ne se doutaient de rien. 彼女たちは何も気づいていなかった.

besoin

[bəzwɛ̃] **nm**

(自然の)欲求, (必須のものが欠けていることから生じる)必要

別例 Tu as besoin de mon aide ? 私の手助けが必要ですか.
*avoir besoin de *qqch* / + inf. で「〜が必要だ, 〜する必要がある」の意味. / L'eau du bain n'est pas assez chaude, elle a besoin d'être réchauffée. 風呂のお湯がぬるいので, 追い焚きをしないと.

envie

[ɑ̃vi] **nf**

欲望, 羨望

avoir envie de *qqch* / + inf. で「〜が欲しい, 〜したがる」の意味.
envier vt「〜をうらやむ」
envieux, envieuse adj「うらやむ」

683

J'ai m____ à la tête depuis hier.

昨日から頭が**痛い**.

684

J'ai r____-vous avec René.

Renéと**待ち合わせている**.

685

Ouvrez la fenêtre, j'ai trop c____.

窓を開けてください, **暑くて**かないません.

686

Il fait f____ aujourd'hui.

今日は**寒い**.

687

J'ai mal ici quand j'ai f____.

空腹になるとここが痛みます.

688

Prenons un thé glacé ou autre. J'ai s____.

アイスティーか何か飲みませんか. **喉が渇いている**ので.

689

Tu n'as pas s____ ?

眠くないですか.

690

Je pense qu'elle a tout à fait r____.

まったくもって彼女が**正しい**と思います.

mal

[mal] **nm**

苦労 = peine, 痛み = douleur

<avoir mal à + [定冠詞] + [身体部]> で「〜が痛い」の意味.
別例 Où est-ce que ça fait mal ? どこが痛みますか. *Où avez-vous mal ? も同義. / Il a du mal à retenir le nom de ses étudiants. 彼は学生の名前がなかなか覚えられない. <avoir du mal à + inf.>「〜するのに苦労する」の意味.

rendez-vous

[rɑ̃devu] **nm & pl**

会う約束, 待ち合わせ

avoir rendez-vous avec *qqn* で「人と会う約束がある」の意味.
別例 Le rendez-vous sera devant la porte de notre école à 16 h. 待ち合わせは午後4時に校門前です. / Désolé(e), j'ai déjà un rendez-vous. すみません先約があります.

chaud

[ʃo] **nm**

暑さ, 熱さ

非人称 Il fait chaud. の「暑さ」が客観的であるのに対して, avoir chaud は話者の主観的な「暑さ」をいう.
chaleur nf「暑さ (↔ froid), 熱さ, 熱情」

froid

[frwa] **nm**

寒さ, 寒気, 冷たさ

別例 Le froid est vif ce soir. 今夜は寒さが厳しい. / attraper froid「風邪をひく」(=s'enrhumer) *prendre froid も類義だがこれは1 〜 2日で治る「軽い」ケースを指す. / Demain sera le jour le plus froid de la semaine. 明日は週のうちで1番寒くなるようだ.

faim

[fɛ̃] **nf**

空腹, 飢え = famine

別例 L'odeur de cuisine m'a donné faim. 料理のにおいを嗅いだらお腹がすいた. / À cette époque, beaucoup d'enfants sont morts de faim. その当時たくさんの子どもが餓死した.
*<mourir de + [原因]> で「〜が原因で死ぬ」の意味.

soif

[swaf] **nf**

(喉の) 渇き, 渇望

別例 Manger quelque chose de salé donne soif. しょっぱいものを食べると喉が渇きます.

sommeil

[sɔmɛj] **nm**

眠り, 眠気

別例 Je manque de sommeil ces temps-ci. 近頃, 睡眠不足だ.

raison 2

[rɛzɔ̃] **nf**

理由 = cause, 理性, 道理

別例 Le vol sera retardé d'une heure en raison de conditions météorologiques extrêmes. 悪天候のため, 飛行機は1時間遅れています. *en raison de *qqch*「〜の理由で (遅れる)」はDELF必須表現. / Vous n'avez aucune raison de vous excuser. あなたが謝る理由は何もありません.

691

Je crois que tu as t____.

あなたは**間違っている**と思う.

692

J'ai p____ de monter sur la balance.

体重計に乗るのが**怖い**.

693

J'ai h____ de lui avoir dit ça.

彼(彼女)にあんなことを言ってしまって**恥ずかしい**.

◉ 副詞

694

Y a-t-il eu des changements dans ton travail r____ ?

最近, 仕事に何か変化はありましたか.

695

Avant, j'étais une personne de plein air, mais m____ j'aime me détendre à la maison.

以前はアウトドア派でしたが, **今は**家でのんびりするのが好きです.

696

A____, il y avait une église catholique ici.

昔, ここにはカトリック教会があった.

697

A____, de nombreuses personnes se plaignent de l'utilisation des smartphones en public.

今日, 多くの人が公共の場でのスマートフォンの使用について不満を口にしています.

tort

[tɔr] **nm**

誤り, 落ち度

avoir tortはavoir raison「正しい」の対義表現. / Mon frère ne reconnaît jamais ses torts. 兄(弟)はけっして自分の落ち度を認めない.

peur

[pœr] **nf**

恐れ, 恐怖 = crainte, 心配 = inquiétude

「すごく怖い(怖くて死にそう)」と表現したいなら Je suis mort(e) de peur.といった言い方をする.

別例 N'ayez pas peur. 怖がらないで(心配しないで). / J'ai peur qu'il ne pleuve. 雨が降るのではないかと心配です.

†honte

['ɔ̃t] **nf**

恥ずかしさ, 羞恥心, 恥

この例は形容詞†**honteux, honteuse**「恥ずかしい」を使って, Je suis honteux(se) de lui avoir dit ça. と言い換えられる.

別例 Ma mère est toute rouge de honte. 母は恥ずかしさで真っ赤になった. / Ma fille me fait honte. 娘は私に恥ずかしい思いをさせる.

récemment

[resamɑ̃] **adv**

最近

別例 Tout récemment, mon père a commencé à étudier le portugais. つい最近父がポルトガル語を勉強し始めた.

*見出し語は「過去のある時点で発生した事実」を表すので通例過去時制とともに用いる.「現在まで続いている状態」なら「最近, 近頃」の意味で ces temps-ci, ces derniers temps を用いる.

maintenant

[mɛ̃tnɑ̃] **adv**

今, 現在, 今から

別例 Qu'est-ce que vous allez faire maintenant ? これから何をなさいますか. / Maintenant qu'il neige, on ne peut plus faire de vélo. 雪が降っているので, もうサイクリングには行けない.

*<maintenant que + [直説法]> で puisque の意味.

autrefois

[otrəfwa] **adv**

昔 ↔ maintenant

別例 (la) France d'autrefois「昔のフランス」

*d'autrefois で「昔の, かつての」の意味.

aujourd'hui

[oʒurdɥi] **adv & nm**

今日(きょう), 今日(こんにち)

別例 Aujourd'hui, nous sommes le premier septembre. 今日は9月1日です. / La jeunesse d'aujourd'hui n'y pense plus. いまどきの若者はもうそんなことは考えない. / Il fait anormalement chaud aujourd'hui. 今日は季節外れに暖かい.

698

Vous êtes-vous amusé h____ ?

昨日楽しいことがありましたか.

699

La v____ de ton départ, on ira au restaurant tous ensemble.

君の出発の**前日**はみんなでレストランに行きましょう.

700

Adeline a eu un accident de voiture a____ matin.

おとといの朝, Adelineは車の事故にあった.

701

D____, c'est mardi, mais nous n'avons pas cours.

明日は火曜日ですが, 授業はありません.

702

J'ai acheté un vélo, mais on me l'a volé le l____.

自転車を買ったが, **翌日**に盗まれた.

703

Ma femme partira à Milan a____.

明後日, 妻はミラノに出発します.

704

Il y a t____ une circulation dense dans le centre-ville.

都心は**いつも**交通渋滞だ.

hier
[ijɛr] **adv**
昨日（きのう）

別例 Alors, qu'est-ce que tu as fait hier ? で，昨日は何をしたの．/ J'ai trop bu hier. Je ne me souviens de rien. 昨日は飲みすぎた．何も覚えていません．/ Nous nous sommes mariés il y a cinq ans hier. 私たちは5年前の昨日結婚しました．

veille
[vɛj] **nf**
（定冠詞 la とともに）前日
↔ **le lendemain**

別例 la veille de l'examen「試験の前日」/ Nous l'avons vue la veille de sa mort. 私たちは彼女の死の前日に会いました．

avant-hier
[avɑ̃tjɛr] **adv**
おととい

「さきおととい（3日前）」から「しあさって（3日後）」まで：il y a trois jours / avant-avant-hier < avant-hier / il y a deux jours < hier < aujourd'hui < demain < après-demain / dans deux jours < dans trois jours / après-après-demain

demain
[dəmɛ̃] **adv**
明日

別例 À demain ! また明日（会いましょう）．/ Tu es libre demain soir ? 明晩，暇ですか．/ Demain ma grand-mère aura quatre-vingts ans. 明日，祖母は80歳になります．/ Que ferez-vous demain s'il fait beau ? 明日，天気がよかったら何をしますか．

lendemain
[lɑ̃dmɛ̃] **nm**
（通例定冠詞 le とともに）翌日
↔ **la veille**

別例 Il part lundi et arrive le lendemain. 彼は月曜に出発して，翌日に到着する．/ Le premier jour nous sommes restés à l'hôtel, et le lendemain matin, nous sommes allés à la plage. 初日はホテルに滞在して，翌日の朝，私たちはビーチに行った．＊「翌々日」は **le surlendemain** といった言い方が使える．

après-demain
[aprɛdmɛ̃] **adv**
明後日（あさって）

別例 La météo annonce de fortes pluies après-demain. 天気予報では明後日は大雨です．/ Tu peux trouver du temps après-demain ? 明後日，時間はとれますか．

toujours
[tuʒur] **adv**
いつも，相変わらず

別例 Mon grand-père est toujours le même. 祖父は相変わらずです．/ Je déjeune presque toujours au même restaurant. ほとんどいつも同じ店で昼を食べている．/ Ce n'est pas toujours vrai. それは必ずしも本当ではない．＊部分否定の言い回し．

705

Il neige s____ en cette saison.

この季節は**たびたび**雪が降る.

関連 souventの類義語

□ fréquemment　「頻繁に」＊何度も自発的に反復.
Ça arrive fréquemment dans ce quartier.
それはこの界隈ではしばしば起こります.

□ parfois　「ときどき」＊習慣的に起こること.
On fait parfois des heures supplémentaires deux ou trois fois par semaine.
ときどき週に2, 3回残業することがあります.

706

Mon grand-père tombe r____ malade.

祖父は**めったに**病気はしない.

707

Il n'est j____ allé en Thaïlande, mais il espère y aller un jour.

彼はタイに行ったことは**1度もない**ですが, いつか行きたいと思っています.

708

Il fait h____ plus chaud en juillet.

7月は**いつもなら**もっと暑い.

709

Georges est g____ chez lui après 20 heures.

Georgesは**たいてい**午後8時には家にいる.

710

Il ne viendra p____ pas.

彼は**たぶん**来ないでしょう.

souvent

[suvɑ̃] **adv**

しばしば, たびたび　＊偶発的に反復される動作, 状態を言うことが多い.

別例 Mon oncle visite souvent Paris. おじはたびたびパリを訪れる. / Tu viens souvent par ici ? この辺にはよく来ますか.

□ de temps en temps　「ときどき」＊規則的な繰り返し.
Nous dînons de temps en temps au restaurant français d'à coté.
近所のフレンチレストランでときどき夕飯を食べます.

□ quelquefois　「ときに」＊de temps en temps よりは回数は劣る.
Ma femme est quelquefois de mauvaise humeur.
妻はときとして不機嫌になることがある.

rarement

[rarmɑ̃] **adv**

まれに, めったに〜ない

別例 Ma sœur mange rarement de la nourriture grasse. 姉（妹）はめったに油物は食べません.
rare adj「珍しい, まれな」(↔ courant, fréquent)

jamais

[ʒamɛ] **adv**

(ne …) けっして〜ない, かつて, これまでに

別例 C'est le meilleur film que j'aie jamais vu. これはこれまで見たなかで一番いい映画だ.

habituellement

[abitɥɛlmɑ̃] **adv**

習慣的に, いつもは = **d'habitude**

別例 Habituellement, je prends du café le matin. いつも朝はコーヒーを飲みます.

généralement

[ʒeneralmɑ̃] **adv**

一般的に, 普通 = **en général**, たいていの場合

別例 Généralement parlant, votre raisonnement est assez illogique. 一般的に言えば, あなたの理屈はかなり無理筋です.
général(e) adj「一般的な, 全体の」
例 Elle a une grande culture générale. 彼女は広い一般教養を持っている. / la grève générale「ゼネスト」

probablement

[prɔbabləmɑ̃] **adv**

(十中八九) おそらく, たぶん

別例 L'origine du drame qui s'est produit dans la montagne hier est probablement une erreur humaine. 昨日の山岳事故の原因はおそらく人為的ミスだろう.
probable adj「ありそうな, 確からしい」＊会話では「おそらく」(=probablement) の意味になる副詞としても使う.

711

P____ que je voyagerai à Kyoto en mars.

おそらく3月には京都旅行すると思います.

712

Lisez d'a____ les questions.

(設問文) **まず**問題 (文) を読みなさい (目を通しなさい).

713

F____, elle avait raison.

結局, 彼女が正しかった.

714

Mon frère a habité l____ à Paris, il y a appris beaucoup de choses.

兄 (弟) は**長い間**パリに住み, そこでたくさんの経験をしました.

715

Ils ont d____ renoncé à ce projet.

彼らは**最終的に**その計画を放棄した.

716

Si s____ les chats pouvaient parler.

猫が話せたら**いいだろう**な.

717

Parmi les fleurs, j'aime s____ les roses.

花の中でも, 私は**特に**バラが好きです.

peut-être

[pøtɛtr] **adv**

たぶん, おそらく = **sans doute**

別例 J'irai peut-être te voir dimanche. 日曜には会えるかもしれません.
*見出し語は "peut + être" の合成語なので「～の可能性がないではない」「～かもしれない」の訳がふさわしいケースも少なくない. なお, 確実性の度合いは peut-être < sans doute < probablement < certainement の順に増していく.

d'abord

[dabɔr] **adv**

まず, はじめに

別例 D'abord, prenez le bus et descendez à place du Commerce. まずバスに乗って, コメルス広場で降りてください.
*順に話をつないでいく副詞は, 一例として "「まず」d'abord →「次に」puis →「それから」ensuite→「最後に」enfin, finalement" といった順で使われる.

finalement

[finalmɑ̃] **adv**

(長い時間かかったが) 結局, ついに, 最後には = **enfin**

別例 Finalement, la famille Fontaine a décidé de voyager seulement une semaine en Europe. 結局, Fontaine 一家は1週間だけ欧州を旅することに決めた.

longtemps

[lɔ̃tɑ̃] **adv**

長い間, 久しく

別例 Cela fait longtemps que nous ne nous sommes pas vus. お久しぶりです. / Vous resterez encore longtemps en France ? まだこの先長くフランスに滞在するつもりですか.

définitivement

[definitivmɑ̃] **adv**

(最終的に) 決定的に, 永久に, 結論として

別例 L'affaire a été jugée définitivement par la Cour de Cassation. その事件は最終的に破毀院 (フランスの最高裁判所) で判決を受けた.
définitif, définitive adj「決定的な, 最終の」
例 les résultats définitifs d'un examen「試験の最終結果」

seulement

[sœlmɑ̃] **adv**

ただ～だけ,
(時間的に) まだ～, やっと

別例 Ce n'est pas cher, seulement dix euros. それは高くありません, わずか10ユーロです. / Il est seulement six heures du matin. まだ朝の6時です. / non seulement A mais aussi B「A だけでなく B も」

surtout

[syrtu] **adv**

(そこに照準を合わせて) 特に, 何よりも, とりわけ

ただし, 見出し語は「程度」を強めるケースには用いない. particulièrement あるいは spécialement を用いる.
例 Il fait particulièrement chaud cet été. 今年の夏はとりわけ暑い.

718

D'a____ !

わかったよ（いいよ）.

719

Mes enfants mangent t____.

うちの子供たちは**すごく**食べます.

720

C'est t____ difficile.

それは**とても**難しい.

721

C'est t____ frustrant que je ne parle pas bien français.

フランス語が上手に話せないのは**とても**もどかしい.

722

Les vendeurs de ce grand magasin travaillent é____.

このデパートの店員たちは**猛烈に**仕事をする.

723

Il y aura de m____ en m____ d'élèves dans cette région.

この地域はこの先だんだん生徒数が**少なくなっていく**.

724

Combien de temps allez-vous rester i____ ?

ここにどのくらい滞在されますか.

725

Est-ce que Monsieur Lambert est l____ ?

Lambertさんは**ご在宅ですか**？

d'accord

[dakɔr] **adv**

(副詞句) オーケー, よろしい

別例 être d'accord (avec *qqn*)「(人と) 意見が一致している, 賛成である」/ Pour ma part, je suis tout à fait d'accord avec elle. 私としては, 彼女とまったく同意見です.
accord nm「一致, 同意, 和解」**例** donner son accord「同意する」
accorder vt「(àに) 認める (↔ refuser), (avec と) 一致させる」

tant

[tɑ̃] **adv**

非常に, あれほど, そんなに, とても〜なので

別例 Tant mieux ! (それは) よかった. / J'ai tant marché que je ne peux plus tenir debout. 歩きすぎてもう立っていられない (体がふらつく). *tant ... que で「あまりに … なので〜である」の意味.

très

[trɛ] **adv**

とても, 非常に

別例 Je vais très bien. とても元気です. / C'est très bon! すごくおいしい.

tellement

[tɛrlmɑ̃] **adv**

とても, ずいぶん, それほど

別例 Il a tellement plu que de nombreuses routes ont été inondées. すごく雨が降ったので多くの道路が冠水した. / Je n'aime pas tellement. 私はそれほど好きじゃない. *Je n'aime pas beaucoup. とか Je n'aime pas trop. も類義.

énormément

[enɔrmemɑ̃] **adv**

並外れて, 非常に

énorme adj「巨大な, 並外れた」
例 prix énorme「法外な値段」/ Les coffres-forts de cette banque contiennent des sommes énormes. あの銀行の金庫には巨額の金が入っている.
énormité nf「巨大さ, 重大さ」

moins

[mwɛ̃] **adv**

より少ない, より〜でない, 最も少なく〜だ

de moins en moins「だんだん少なく」の意味. Le nombre d'élèves diminuera dans cette région. と書き換えられる.
別例 C'est la chambre la moins chère. これが一番安い部屋です. / Il est deux heures moins dix. 2時10分前です. *この例では moins は「前置詞」扱い.

ici

[isi] **adv**

ここで, ここに ↔ là

別例 Il y a une librairie près d'ici ? この近くに書店はありますか. / Combien d'arrêts y a-t-il d'ici à Narita ? (バスで) 成田はここからいくつ目ですか. / Vous êtes ici chez vous. どうかくつろいでください.

là

[la] **adv**

(ici と対立的に) そこ (に), あそこ, (ici と同義で) ここ

être là で「そこにいる, 在宅している」の意味.
別例 Qui est là ? (そこにいるには) 誰ですか.

726

Qui est cette femme l____ ?

向こうにいるあの女性は誰ですか？

727

Mes parents habitent tout p____.

両親はすぐ**近くに**住んでいます.

728

Vous ne voulez plus habiter chez vos parents car ils habitent l____ de votre lieu de travail.

両親があなたの職場から**遠く離れて**住んでいる, だから親と一緒に住みたくないのですね.

729

Il portait un pull d____ derrière.

彼はセーターを後ろ**前に**着ていた.

730

Il m'a attrapé(e) par d____.

彼は私を**うしろから**つかまえた.

731

Il y a des documents p____ dans son bureau.

彼（彼女）のオフィスは**いたるところ**書類だらけだ.

732

Il y a trop de bruit ici, allons a____.

ここはうるさすぎます, **よそに**行きましょう.

733

Ne vous asseyez pas d____.

その上に座らないで.

là-bas

[laba] **adv**

あそこに（で），そこに，向こうに

別例 Tu vois une tour en fer là-bas ? あそこに鉄塔が見えますか．
*ちなみに「（高圧線用の）鉄塔」なら **pylône nm** という．

près

[prɛ] **adv**

近くに，そばに

別例 On peut dîner près de la fenêtre ? 窓際で夕食をとれますか．/ Il faut combien de jours, à peu près ? だいたい何日かかりますか．
*à peu près「およそ，だいたい」の意味．

loin

[lwɛ̃] **adv**

（空間・時間）遠く（に），遠くで

別例 La mer n'est pas loin d'ici, on peut y aller à pied. 海はここからそう遠くないので，歩いていけます．/ Le printemps n'est plus loin. 春はそう遠くない．
lointain(e) adj「遠い，はるかな」（↔ proche）

devant

[dəvɑ̃] **adv**

前に，先に ↔ **derrière**

devant derrière で「後ろ前に」の意味．
別例 Elle courait devant et moi derrière. 彼女は前を，私は後ろから走っていた．
*devant は前置詞として，devant la fenêtre「窓の前に」といった使い方をする．

derrière

[dɛrjɛr] **adv**

うしろに ↔ **devant**

別例 se mettre derrière「（車の）うしろの席に乗る」
*derrière は前置詞として，たとえば「ドアのうしろに」derrière la porte といった具合にも用いる．

partout

[partu] **adv**

いたるところに，どこででも

別例 Il y a deux ans, j'ai voyagé un peu partout en Europe. 2年前，私はヨーロッパのあちこちを旅した．

ailleurs

[ajœr] **adv**

他の場所に，よそに

別例 Il fait trop froid pour sortir, d'ailleurs j'ai du travail. 外出するには寒すぎます，それに仕事もあるので．*d'ailleurs は「副次的な情報」「追加の情報（おまけ）」を補足する語で，「有益な情報」をプラスする en plus とは違う（**例** Elle est belle et en plus, elle est intelligente. 彼女は美人だし，それに頭がいい）．

dessus

[d(ə)sy] **adv**

その上に，
上方に ↔ **dessous**

dessus nm「上（の階）」
例 l'étage du dessus「上の階」

734

J'ai acheté cet ordinateur hier, mais la boîte était vide, il n'y avait rien d____.

昨日このパソコンを購入したが, 箱は空で, **中に**何も入っていなかった.

735

Je me suis enfermé(e) d____.

(ホテルで) 部屋にキーを忘れて入れません (**外に**閉じ込められました).

736

Parce que l'horaire des trains a été perturbé, j'ai dû voyager d____ de Tokyo jusqu'à Nagoya.

列車のダイヤが乱れたせいで, 東京から名古屋まで**立って**いかなくてはならなかった.

737

J'avais b____ de pression au travail ces derniers jours.

ここ数日, 私は仕事で**大きな**プレッシャーにさらされていました.

738

Cette chambre est a____ petite pour nous.

この部屋は私たちには**かなり**小さい.

739

Vous mangez t____ de glucides. Il faut les réduire un peu.

炭水化物を食べ**過ぎです**. 少し減らす必要があります.

740

J'ai un p____ sommeil.

ちょっと眠い.

741

Mon fils est en retard p____ tous les jours.

息子は**ほぼ**毎日のように遅刻している.

dedans

[dədɑ̃] **adv**

中（なか）に,
中で ↔ **dehors**

別例 Il vaut mieux être dedans que dehors. 外よりも中にいる方がいい.
*「屋内で」「屋外に」の意味なら à l'intérieur, à l'extérieur を用いることが多い（**例** Il fait bon à l'intérieur. 家の中は心地よい）.

dehors

[dəɔr] **adv**

外に,
外で ↔ **dedans, à l'intérieur**

「外に閉め出されてしまった」が直訳. J'ai laissé ma clef dans la chambre.と同義.
別例 N'oublie pas tes gants car il fait froid dehors. 外は寒いから手袋を忘れないで. / Qu'est-ce qui vous intéresse en dehors du travail ? 仕事以外で興味のあることは何ですか.

debout

[dəbu] **adv**

立って ↔ **assis adj,**
起きて ↔ **couché adj**

別例 Debout ! Il est déjà neuf heures ! 起きて, もう9時だよ.

beaucoup

[boku] **adv**

非常に, 多く ↔ **peu** ,
（比較級を強めて）はるかに

別例 Merci beaucoup. どうもありがとう. / Baptiste aime beaucoup la musique classique. Baptiste はクラシック音楽が大好きだ. / Elle est beaucoup plus intelligente que moi. 彼女は私よりずっと頭がいい.

assez

[ase] **adv**

かなり, 十分に

別例 Tu as assez bu comme ça. 君はもう飲み過ぎだ. / Elle a assez d'argent pour acheter cette voiture. 彼女はこの車を買うだけのお金はある. *<assez de + [無冠詞名詞]> で「十分〜」(=suffisamment) の意味.

trop

[tro] **adv**

あまりにも, 〜過ぎる

<trop de + [無冠詞名詞]> で「あまりにも多くの〜」という意味.
別例 Ah, c'est trop cher.（値段）ああ, それは高すぎる. / Cette robe est trop longue pour ma fille. このワンピースは娘に長すぎます.

peu

[pø] **adv**

（肯定的に）少し,（否定的に）ほとんど〜ない, わずかなもの（人）

別例 J'ai un peu d'argent. 私は少しお金を持っています.
*J'ai peu d'argent. なら「ほとんどお金を持っていない」の意味. / Il y a à peu près 200 km entre Paris et Deauville. パリ・ドーヴィル間は約200キロです. / Peu de Japonais savent jouer du shakuhachi. 尺八を演奏できる日本人はそう多くない.

presque

[prɛsk] **adv**

ほとんど

別例 Il ne reste presque plus de champagne dans la bouteille. ボトルにはもうほとんどシャンパンが残っていない. / Elle ne se met presque jamais en colère. 彼女はめったに怒ることはありません.

742

Mon temps de sommeil moyen est d'e____ sept heures.

私の睡眠時間は平均で**およそ**7時間です.

743

Je ne suis pas e____ allé(e) aux États-Unis.

私は**まだ**アメリカ合衆国に行ったことがありません.

744

Si on allait voir les cerisiers en fleurs e____ ce week-end ?

今週末, **いっしょに**桜を見に (お花見に) 行きませんか？

745

On ne sait pas v____.

誰も**はっきりとは**知りません.

746

Vous venez avec moi ? – A____.

いっしょに来ますか. －**もちろんです**.

747

Il est r____ facile de lire le français.

フランス語を読むことは**比較的**たやすい.

748

Mon fils attrape froid f____.

息子は風邪をひき**やすい**.

749

Il gagne d____ sa vie.

彼は**やっとの思いで**生計を立てている.

environ

[ɑ̃virɔ̃] **adv**

およそ, 約 = à peu près, approximativement, quelque

別例 Elvire vit en France depuis environ un an. Elvireがフランスで暮らして1年ほどです.
*「約1年」presque un an も類義.

encore

[ɑ̃kɔr] **adv**

まだ, (追加) もっと = de nouveau, (反復) また, もう一度

別例 Vous voulez encore du café ? もっとコーヒーはいかがですか. / Encore une fois, s'il vous plaît. もう一度お願いします.

ensemble

[ɑ̃sɑ̃bl] **adv**

いっしょに, 同時に

別例 aller ensemble「調和する」/ On peut dîner ensemble, si tu veux ? よかったら, 夕飯をいっしょにどうですか.
ensemble nm「全体, (服) アンサンブル」

vraiment

[vrɛmɑ̃] **adv**

(間違いなく) 本当に = réellement, 実に = très

別例 Tu crois vraiment tout ce qu'elle te raconte ? 彼女が話していることをすべて本当だと信じてるの. / C'est vraiment dommage. それは実に残念です.

absolument

[apsɔlymɑ̃] **adv**

絶対に ↔ relativement, どうしても, (返事) まったくその通り

逆に「いいえ, 全然」「とんでもない」なら Absolument pas. という.
別例 C'est absolument impossible ! それは絶対に不可能だ. / Voulez-vous absolument faire un voyage en Europe ? どうしてもヨーロッパへ旅行したいのですか.
absolu(e) adj「絶対の, 絶対的な」

relativement

[rəlativmɑ̃] **adv**

比較的, (à に) 比較して, (形容詞や副詞の前で) まあまあ

別例 Mon mari gagne relativement bien sa vie. 夫はまあまあ稼ぎがいい.

facilement

[fasilmɑ̃] **adv**

簡単に, 容易に

別例 Elle a trouvé facilement un job. 彼女はやすやすと仕事を見つけた. / Mon père se vexe facilement. 父はすぐに怒る.
facilité nf「容易さ, 安易さ, 才能」例 Elle a beaucoup de facilité pour les langues. 彼女には語学の才能がある.
faciliter vt「容易にする, 楽にする」

difficilement

[difisilmɑ̃] **adv**

かろうじて ↔ facilement, (否定的に) なかなか〜できない

別例 Elle s'exprime difficilement en anglais. 彼女は自分の考えをうまく英語で言えない. **difficulté nf**「困難, 苦労, 障害」例 Il a des difficultés en japonais. 彼は日本語で苦労している. / Des difficultés de circulation sont attendues sur l'A 10. 高速道路A10で交通渋滞が予想される.

750

C'est a____ que mon grand-père a pu constituer son atelier de bricolage.

こうして私の祖父はDIY ワークショップを立ち上げることができた.

751

Tu as b____ dormi ?

よく眠れた.

752

Vous allez m____ ?

（具合は）**前よりもよく**なっていますか？

753

Ma grand-mère conduit m____.

祖母は運転が**下手だ**.

754

Notre avion va b____ arriver à Haneda.

私たちの飛行機は**まもなく**羽田に着きます.

755

Je dois la contacter i____.

すぐに彼女に連絡をとらなくてはなりません.

756

Je vais r____ à la salle de gym pour rester en forme.

私は**定期的に**スポーツジムに通って体を鍛えています.

757

Il est e____ dix-huit heures.

ちょうど午後6時です.

ainsi
[ɛ̃si] **adv**

このように, そんなわけで

別例 Pourquoi me regades-tu ainsi ? 何故そんな目で私を見るの. / Mon père est, pour ainsi dire, une bibliothèque vivante. 父はいわば生き字引だ.

bien
[bjɛ̃] **adv**

上手に, よく, (強意) とても, 本当に

別例 Je vais très bien. とても元気です. / Bien sûr. もちろん. / J'aime bien Henri. Henri のことは好きです.
*ただし, aimer に bien を添えると J'aime Henri. よりも意味は弱くなる.

mieux
[mjø] **adv**

(bienの優等比較, 最上級) より良く, もっとも良く

別例 C'est Morgane qui chante le mieux de notre classe. Morganeがクラスで一番歌がうまい. / Il vaut mieux prendre un taxi. タクシーに乗ったほがいい. *valoir mieux + inf. で「〜したほうがいい」という意味.

mal
[mal] **adv**

悪く, 下手に

別例 Cette porte ferme mal. このドアはうまく閉まらない. / Tu dors mal ces jours-ci ? この頃, 眠れないのですか.
mal nm「痛み (=douleur), 悪 (↔ bien), 苦労 (=peine)」

bientôt
[bjɛ̃to] **adv**

まもなく, すぐに

別例 À bientôt ! では, また近いうちに (会いましょう). / Les soldes d'été commencent bientôt. 夏のバーゲンはすぐに始まります.

immédiatement
[imedjatmɑ̃] **adv**

すぐに, 即刻, (時間的・空間的に) 直前 [直後] に

Je dois lui parler au plus vite. も類義. 別例 Le président est arrivé immédiatement après le départ de ses secrétaires. 社長は秘書たちが出発したその直後にやってきた.
immédiat, immédiate adj「即時の, 直接の」例 Qui est votre superviseur immédiat ? あなたの直属の上司は誰ですか.

régulièrement
[regyljɛrmɑ̃] **adv**

規則的に, 定期的に

別例 Vous ne changez pas régulièrement de mot de passe ? 定期的にパスワードを変えないのですか.
régulier, régulière adj「規則的な」
例 une vie régulière「規則正しい生活」

exactement
[ɛgzaktəmɑ̃] **adv**

正確に, まさしく

Il est dix-huit heures pile. も同義.
exact(e) adj「正確な, 厳密な」
例 Le TGV est arrivé en gare à l'heure exacte. TGVは定刻に駅に着いた. *à l'heure juste と言い換えられる. なお, この単語は男性形は [ɛgza] あるいは女性形とおなじく [ɛgzakt] と発音される.

758

Je vais rentrer d____ chez moi.

まっすぐ自宅に戻ります.

759

Il a étudié le français à Paris toute une année, mais il ne parle pas encore c____.

彼はフランス語をパリで丸1年学びましたが, いまだ**流暢に**話せません.

760

Est-ce que le TGV va plus v____ que le Shinkansen ?

TGVは新幹線より**速い**でしょうか.

761

Pourriez-vous parler plus l____, s'il vous plaît ?

もう少し**ゆっくり**話していただけますか.

762

Ici on ne peut pas discuter t____.

ここは**落ち着いて**話ができない.

763

Afin de rédiger sa thèse, Adam a relu a____ les documents de recherche.

論文を書くために, Adamは**注意深く**研究書を読み返した.

764

On doit rentrer le plus t____ possible.

できるだけ**早く**帰宅しなくてはならない.

765

Il n'est jamais trop t____ pour apprendre quelque chose.

何かを学ぶのに**遅すぎる**ということはけっしてない.

directement

[dirɛktəmɑ̃] **adv**

まっすぐに, 直接に

direct(e) adj「まっすぐな, 最短の, 直接の」
例 C'est un bus direct pour Lyon ? これはリヨンへの直行バスですか. / C'est le chemin le plus direct. これが1番の近道です. / Y a-t-il des vols directs entre le Japon et la Corée du Nord ? 日本から北朝鮮への直行便はありますか.

couramment

[kuramɑ̃] **adv**

流暢に, ごく普通に

別例 Oui, je parle couramment. はい, 普通に話せます.
*parler avec facilité と言い換えても「よどみなく（なめらかに）話す」という類義表現になる.

vite

[vit] **adv**

急いで, 速く, 早く,
まもなく = **bientôt**

別例 Les jours et les mois défilent si vite ! 月日は飛ぶように過ぎていく. / Répondez-moi le plus vite possible. なるべく早く連絡をください. / Je me suis tordu la cheville, donc je ne peux pas marcher vite. 足首をひねったので, そんなに速く歩けません.

lentement

[lɑ̃tmɑ̃] **adv**

（速度が遅く）ゆっくりと
↔ **rapidement**

別例 Ma mère marche lentement. 母はゆっくり歩く.
*marcher d'un pas lent といった言い方もできる.
lent(e) adj「遅い」（↔ rapide）
例 Mon ordinateur est un peu lent. 私のパソコンは動作が少し遅い.

tranquillement

[trɑ̃kilmɑ̃] **adv**

静かに, 落ち着いて, 安らかに

別例 Ils vivent tranquillement à la campagne. 彼らは田舎で平穏に暮らしている.

attentivement

[atɑ̃tivmɑ̃] **adv**

注意深く

attentif, attentive adj「（気が散らずに）注意深い」（↔ étourdi, distrait）

tôt

[to] **adv**

朝早く,
（通常よりも）早く ↔ **tôt**

aussitôt que possible でも「できるだけ早く」の意味になる.
別例 tôt le matin「朝早く（=de bonne heure）」/ Vous saurez la vérité tôt ou tard. あなたは遅かれ早かれ真実を知るでしょう.

tard

[tar] **adv**

遅く, あとで ↔ **tôt** , 遅れて

別例 se lever [se coucher, rentrer] tard「遅く起きる [寝る, 帰る]」/ tôt ou tard「遅かれ早かれ」/ À plus tard ! あとでね. / Il reviendra dans une semaine au plus tard. 彼は遅くとも1週間後には戻るでしょう. *au plus tard「遅くとも」の意味.

索　引

(1) 色のついた太字の単語は見出し語です。
(2) 見出し語の例文や、派生語、その派生語の例文などからもめぼしい単語は細字の黒文字で拾っています。
(3) 固有名詞は索引対象外です。

単語の断捨離ができずに掲載語数が増えてしまいました。結果、単語帳としては異例の厚みです。ですが、私たちの生きる世界は言葉で構成されています。人は言葉で思考しています。思考の道具である言語を楽しめるのは人間の持って生まれた特徴のひとつ。1語たりとも疎かにできません。そして、このボリューム故に「索引」を羅針盤にして、手持ちの参考書や教科書などに載っている基本単語を改めて検索する一手間をかけることで、確実に複数の言い回しをあなたの記憶に残すことも可能です。電子辞書に比べて検索性は落ちますが、単語の周辺の語句も視野に入るため閲覧性は格段に高い。ご活用ください。

A

B

C

E

F

G

K

L

M

N

O

T

動詞活用表

◇活用表中，現在分詞と過去分詞はイタリック体，
また書体の違う活用は，とくに注意すること．

◇ **単純時称の作り方**

不定法	
—er	[e]
—ir	[ir]
—re	[r]
—oir	[war]

現在分詞	
—ant	[ɑ̃]

	直説法現在				接続法現在		直説法半過去	
je (j')	—e	[無音]	—s	[無音]	—e	[無音]	—ais	[ɛ]
tu	—es	[無音]	—s	[無音]	—es	[無音]	—ais	[ɛ]
il	—e	[無音]	—t	[無音]	—e	[無音]	—ait	[ɛ]
nous	—ons	[ɔ̃]			—ions	[jɔ̃]	—ions	[jɔ̃]
vous	—ez	[e]			—iez	[je]	—iez	[je]
ils	—ent	[無音]			—ent	[無音]	—aient	[ɛ]

	直説法単純未来		条件法現在	
je (j')	—rai	[re]	—rais	[rɛ]
tu	—ras	[rɑ]	—rais	[rɛ]
il	—ra	[ra]	—rait	[rɛ]
nous	—rons	[rɔ̃]	—rions	[rjɔ̃]
vous	—rez	[re]	—riez	[rje]
ils	—ront	[rɔ̃]	—raient	[rɛ]

	直　説　法　単　純　過　去					
je	—ai	[e]	—is	[i]	—us	[y]
tu	—as	[ɑ]	—is	[i]	—us	[y]
il	—a	[a]	—it	[i]	—ut	[y]
nous	—âmes	[am]	—îmes	[im]	—ûmes	[ym]
vous	—âtes	[at]	—îtes	[it]	—ûtes	[yt]
ils	—èrent	[ɛr]	—irent	[ir]	—urent	[yr]

過去分詞	—é [e], —i [i], —u [y], —s [無音], —t [無音]

①**直説法現在**の単数形は，第一群動詞では—e, —es, —e; 他の動詞ではほとんど—s, —s, —t.

②直説法現在と接続法現在では，nous, vous の語幹が，他の人称の語幹と異なること(母音交替)がある.

③**命令法**は，直説法現在の tu, nous, vous をとった形.(ただし—es → e　vas → va)

④**接続法現在**は，多く直説法現在の 3 人称複数形から作られる. ils partent → je parte.

⑤**直説法半過去**と**現在分詞**は，直説法現在の 1 人称複数形から作られる.

⑥**直説法単純未来**と**条件法現在**は多く不定法から作られる. aimer → j'aimerai, finir → je finirai, rendre → je rendrai (-oir 型の語幹は不規則).

1. avoir	直説法							
	現在		半過去		単純過去			
現在分詞	j'	ai	j'	avais	j'	eus	[y]	
ayant	tu	as	tu	avais	tu	eus		
	il	a	il	avait	il	eut		
過去分詞	nous	avons	nous	avions	nous	eûmes		
eu [y]	vous	avez	vous	aviez	vous	eûtes		
	ils	ont	ils	avaient	ils	eurent		

命令法	複合過去			大過去			前過去		
	j'	ai	eu	j'	avais	eu	j'	eus	eu
aie	tu	as	eu	tu	avais	eu	tu	eus	eu
	il	a	eu	il	avait	eu	il	eut	eu
ayons	nous	avons	eu	nous	avions	eu	nous	eûmes	eu
ayez	vous	avez	eu	vous	aviez	eu	vous	eûtes	eu
	ils	ont	eu	ils	avaient	eu	ils	eurent	eu

2. être	直説法					
	現在		半過去		単純過去	
現在分詞	je	suis	j'	étais	je	fus
étant	tu	es	tu	étais	tu	fus
	il	est	il	était	il	fut
過去分詞	nous	sommes	nous	étions	nous	fûmes
été	vous	êtes	vous	étiez	vous	fûtes
	ils	sont	ils	étaient	ils	furent

命令法	複合過去			大過去			前過去		
	j'	ai	été	j'	avais	été	j'	eus	été
sois	tu	as	été	tu	avais	été	tu	eus	été
	il	a	été	il	avait	été	il	eut	été
soyons	nous	avons	été	nous	avions	été	nous	eûmes	été
soyez	vous	avez	été	vous	aviez	été	vous	eûtes	été
	ils	ont	été	ils	avaient	été	ils	eurent	été

3. avoir aimé [複合時称]	直説法								
	複合過去			大過去			前過去		
分詞複合形	j'	ai	aimé	j'	avais	aimé	j'	eus	aimé
ayant aimé	tu	as	aimé	tu	avais	aimé	tu	eus	aimé
	il	a	aimé	il	avait	aimé	il	eut	aimé
命令法	elle	a	aimé	elle	avait	aimé	elle	eut	aimé
aie aimé	nous	avons	aimé	nous	avions	aimé	nous	eûmes	aimé
ayons aimé	vous	avez	aimé	vous	aviez	aimé	vous	eûtes	aimé
ayez aimé	ils	ont	aimé	ils	avaient	aimé	ils	eurent	aimé
	elles	ont	aimé	elles	avaient	aimé	elles	eurent	aimé

4. être allé(e)(s) [複合時称]	直説法								
	複合過去			大過去			前過去		
分詞複合形	je	suis	allé(e)	j'	étais	allé(e)	je	fus	allé(e)
étant allé(e)(s)	tu	es	allé(e)	tu	étais	allé(e)	tu	fus	allé(e)
	il	est	allé	il	était	allé	il	fut	allé
命令法	elle	est	allée	elle	était	allée	elle	fut	allée
sois allé(e)	nous	sommes	allé(e)s	nous	étions	allé(e)s	nous	fûmes	allé(e)s
soyons allé(e)s	vous	êtes	allé(e)(s)	vous	étiez	allé(e)(s)	vous	fûtes	allé(e)(s)
soyez allé(e)(s)	ils	sont	allés	ils	étaient	allés	ils	furent	allés
	elles	sont	allées	elles	étaient	allées	elles	furent	allées

	条件法	接続法	
単純未来	現在	現在	半過去
j' aurai	j' aurais	j' aie	j' eusse
tu auras	tu aurais	tu aies	tu eusses
il aura	il aurait	il ait	il eût
nous aurons	nous aurions	nous ayons	nous eussions
vous aurez	vous auriez	vous ayez	vous eussiez
ils auront	ils auraient	ils aient	ils eussent
前未来	過去	過去	大過去
j' aurai eu	j' aurais eu	j' aie eu	j' eusse eu
tu auras eu	tu aurais eu	tu aies eu	tu eusses eu
il aura eu	il aurait eu	il ait eu	il eût eu
nous aurons eu	nous aurions eu	nous ayons eu	nous eussions eu
vous aurez eu	vous auriez eu	vous ayez eu	vous eussiez eu
ils auront eu	ils auraient eu	ils aient eu	ils eussent eu

	条件法	接続法	
単純未来	現在	現在	半過去
je serai	je serais	je sois	je fusse
tu seras	tu serais	tu sois	tu fusses
il sera	il serait	il soit	il fût
nous serons	nous serions	nous soyons	nous fussions
vous serez	vous seriez	vous soyez	vous fussiez
ils seront	ils seraient	ils soient	ils fussent
前未来	過去	過去	大過去
j' aurai été	j' aurais été	j' aie été	j' eusse été
tu auras été	tu aurais été	tu aies été	tu eusses été
il aura été	il aurait été	il ait été	il eût été
nous aurons été	nous aurions été	nous ayons été	nous eussions été
vous aurez été	vous auriez été	vous ayez été	vous eussiez été
ils auront été	ils auraient été	ils aient été	ils eussent été

	条件法	接続法	
前未来	過去	過去	大過去
j' aurai aimé	j' aurais aimé	j' aie aimé	j' eusse aimé
tu auras aimé	tu aurais aimé	tu aies aimé	tu eusses aimé
il aura aimé	il aurait aimé	il ait aimé	il eût aimé
elle aura aimé	elle aurait aimé	elle ait aimé	elle eût aimé
nous aurons aimé	nous aurions aimé	nous ayons aimé	nous eussions aimé
vous aurez aimé	vous auriez aimé	vous ayez aimé	vous eussiez aimé
ils auront aimé	ils auraient aimé	ils aient aimé	ils eussent aimé
elles auront aimé	elles auraient aimé	elles aient aimé	elles eussent aimé

	条件法	接続法	
前未来	過去	過去	大過去
je serai allé(e)	je serais allé(e)	je sois allé(e)	je fusse allé(e)
tu seras allé(e)	tu serais allé(e)	tu sois allé(e)	tu fusse allé(e)
il sera allé	il serait allé	il soit allé	il fût allé
elle sera allée	elle serait allée	elle soit allée	elle fût allée
nous serons allé(e)s	nous serions allé(e)s	nous soyons allé(e)s	nous fussions allé(e)s
vous serez allé(e)(s)	vous seriez allé(e)(s)	vous soyez allé(e)(s)	vous fussiez allé(e)(s)
ils seront allés	ils seraient allés	ils soient allés	ils fussent allés
elles seront allées	elles seraient allées	elles soient allées	elles fussent allées

5. être aimé(e)(s) ［受動態］

直説法

現在

je	suis	aimé(e)
tu	es	aimé(e)
il	est	aimé
elle	est	aimée
nous	sommes	aimé(e)s
vous	êtes	aimé(e)(s)
ils	sont	aimés
elles	sont	aimées

複合過去

j'	ai	été	aimé(e)
tu	as	été	aimé(e)
il	a	été	aimé
elle	a	été	aimée
nous	avons	été	aimé(e)s
vous	avez	été	aimé(e)(s)
ils	ont	été	aimés
elles	ont	été	aimées

半過去

j'	étais	aimé(e)
tu	étais	aimé(e)
il	était	aimé
elle	était	aimée
nous	étions	aimé(e)s
vous	étiez	aimé(e)(s)
ils	étaient	aimés
elles	étaient	aimées

大過去

j'	avais	été	aimé(e)
tu	avais	été	aimé(e)
il	avait	été	aimé
elle	avait	été	aimée
nous	avions	été	aimé(e)s
vous	aviez	été	aimé(e)(s)
ils	avaient	été	aimés
elles	avaient	été	aimées

単純過去

je	fus	aimé(e)
tu	fus	aimé(e)
il	fut	aimé
elle	fut	aimée
nous	fûmes	aimé(e)s
vous	fûtes	aimé(e)(s)
ils	furent	aimés
elles	furent	aimées

前過去

j'	eus	été	aimé(e)
tu	eus	été	aimé(e)
il	eut	été	aimé
elle	eut	été	aimée
nous	eûmes	été	aimé(e)s
vous	eûtes	été	aimé(e)(s)
ils	eurent	été	aimés
elles	eurent	été	aimées

単純未来

je	serai	aimé(e)
tu	seras	aimé(e)
il	sera	aimé
elle	sera	aimée
nous	serons	aimé(e)s
vous	serez	aimé(e)(s)
ils	seront	aimés
elles	seront	aimées

前未来

j'	aurai	été	aimé(e)
tu	auras	été	aimé(e)
il	aura	été	aimé
elle	aura	été	aimée
nous	aurons	été	aimé(e)s
vous	aurez	été	aimé(e)(s)
ils	auront	été	aimés
elles	auront	été	aimées

接続法

現在

je	sois	aimé(e)
tu	sois	aimé(e)
il	soit	aimé
elle	soit	aimée
nous	soyons	aimé(e)s
vous	soyez	aimé(e)(s)
ils	soient	aimés
elles	soient	aimées

過去

j'	aie	été	aimé(e)
tu	aies	été	aimé(e)
il	ait	été	aimé
elle	ait	été	aimée
nous	ayons	été	aimé(e)s
vous	ayez	été	aimé(e)(s)
ils	aient	été	aimés
elles	aient	été	aimées

半過去

je	fusse	aimé(e)
tu	fusses	aimé(e)
il	fût	aimé
elle	fût	aimée
nous	fussions	aimé(e)s
vous	fussiez	aimé(e)(s)
ils	fussent	aimés
elles	fussent	aimées

大過去

j'	eusse	été	aimé(e)
tu	eusses	été	aimé(e)
il	eût	été	aimé
elle	eût	été	aimée
nous	eussions	été	aimé(e)s
vous	eussiez	été	aimé(e)(s)
ils	eussent	été	aimés
elles	eussent	été	aimées

条件法

現在

je	serais	aimé(e)
tu	serais	aimé(e)
il	serait	aimé
elle	serait	aimée
nous	serions	aimé(e)s
vous	seriez	aimé(e)(s)
ils	seraient	aimés
elles	seraient	aimées

過去

j'	aurais	été	aimé(e)
tu	aurais	été	aimé(e)
il	aurait	été	aimé
elle	aurait	été	aimée
nous	aurions	été	aimé(e)s
vous	auriez	été	aimé(e)(s)
ils	auraient	été	aimés
elles	auraient	été	aimées

現在分詞

étant aimé(e)(s)

過去分詞

été aimé(e)(s)

命令法

sois	aimé(e)s
soyons	aimé(e)s
soyez	aimé(e)(s)

6. se lever［代名動詞］

直説法

現在		
je	me	lève
tu	te	lèves
il	se	lève
elle	se	lève
nous	nous	levons
vous	vous	levez
ils	se	lèvent
elles	se	lèvent

複合過去			
je	me	suis	levé(e)
tu	t'	es	levé(e)
il	s'	est	levé
elle	s'	est	levée
nous	nous	sommes	levé(e)s
vous	vous	êtes	levé(e)(s)
ils	se	sont	levés
elles	se	sont	levées

半過去		
je	me	levais
tu	te	levais
il	se	levait
elle	se	levait
nous	nous	levions
vous	vous	leviez
ils	se	levaient
elles	se	levaient

大過去			
je	m'	étais	levé(e)
tu	t'	étais	levé(e)
il	s'	était	levé
elle	s'	était	levée
nous	nous	étions	levé(e)s
vous	vous	étiez	levé(e)(s)
ils	s'	étaient	levés
elles	s'	étaient	levées

単純過去		
je	me	levai
tu	te	levas
il	se	leva
elle	se	leva
nous	nous	levâmes
vous	vous	levâtes
ils	se	levèrent
elles	se	levèrent

前過去			
je	me	fus	levé(e)
tu	te	fus	levé(e)
il	se	fut	levé
elle	se	fut	levée
nous	nous	fûmes	levé(e)s
vous	vous	fûtes	levé(e)(s)
ils	se	furent	levés
elles	se	furent	levées

単純未来		
je	me	lèverai
tu	te	lèveras
il	se	lèvera
elle	se	lèvera
nous	nous	lèverons
vous	vous	lèverez
ils	se	lèveront
elles	se	lèveront

前未来			
je	me	serai	levé(e)
tu	te	seras	levé(e)
il	se	sera	levé
elle	se	sera	levée
nous	nous	serons	levé(e)s
vous	vous	serez	levé(e)(s)
ils	se	seront	levés
elles	se	seront	levées

接続法

現在		
je	me	lève
tu	te	lèves
il	se	lève
elle	se	lève
nous	nous	levions
vous	vous	leviez
ils	se	lèvent
elles	se	lèvent

過去			
je	me	sois	levé(e)
tu	te	sois	levé(e)
il	se	soit	levé
elle	se	soit	levée
nous	nous	soyons	levé(e)s
vous	vous	soyez	levé(e)(s)
ils	se	soient	levés
elles	se	soient	levées

半過去		
je	me	levasse
tu	te	levasses
il	se	levât
elle	se	levât
nous	nous	levassions
vous	vous	levassiez
ils	se	levassent
elles	se	levassent

大過去			
je	me	fusse	levé(e)
tu	te	fusses	levé(e)
il	se	fût	levé
elle	se	fût	levée
nous	nous	fussions	levé(e)s
vous	vous	fussiez	levé(e)(s)
ils	se	fussent	levés
elles	se	fussent	levées

条件法

現在		
je	me	lèverais
tu	te	lèverais
il	se	lèverait
elle	se	lèverait
nous	nous	lèverions
vous	vous	lèveriez
ils	se	lèveraient
elles	se	lèveraient

過去			
je	me	serais	levé(e)
tu	te	serais	levé(e)
il	se	serait	levé
elle	se	serait	levée
nous	nous	serions	levé(e)s
vous	vous	seriez	levé(e)(s)
ils	se	seraient	levés
elles	se	seraient	levées

現在分詞

se levant

命令法

lève-toi
levons-nous
levez-vous

◇ se が間接補語のとき過去分詞は性・数の変化をしない．

不定法 現在分詞 過去分詞	直説法			
	現在	半過去	単純過去	単純未来
7. aimer *aimant* *aimé*	j' aime tu aimes il aime n. aimons v. aimez ils aiment	j' aimais tu aimais il aimait n. aimions v. aimiez ils aimaient	j' aimai tu aimas il aima n. aimâmes v. aimâtes ils aimèrent	j' aimerai tu aimeras il aimera n. aimerons v. aimerez ils aimeront
8. commencer *commençant* *commencé*	je commence tu commences il commence n. commençons v. commencez ils commencent	je commençais tu commençais il commençait n. commencions v. commenciez ils commençaient	je commençai tu commenças il commença n. commençâmes v. commençâtes ils commencèrent	je commencerai tu commenceras il commencera n. commencerons v. commencerez ils commenceront
9. manger *mangeant* *mangé*	je mange tu manges il mange n. mangeons v. mangez ils mangent	je mangeais tu mangeais il mangeait n. mangions v. mangiez ils mangeaient	je mangeai tu mangeas il mangea n. mangeâmes v. mangeâtes ils mangèrent	je mangerai tu mangeras il mangera n. mangerons v. mangerez ils mangeront
10. acheter *achetant* *acheté*	j' achète tu achètes il achète n. achetons v. achetez ils achètent	j' achetais tu achetais il achetait n. achetions v. achetiez ils achetaient	j' achetai tu achetas il acheta n. achetâmes v. achetâtes ils achetèrent	j' achèterai tu achèteras il achètera n. achèterons v. achèterez ils achèteront
11. appeler *appelant* *appelé*	j' appelle tu appelles il appelle n. appelons v. appelez ils appellent	j' appelais tu appelais il appelait n. appelions v. appeliez ils appelaient	j' appelai tu appelas il appela n. appelâmes v. appelâtes ils appelèrent	j' appellerai tu appelleras il appellera n. appellerons v. appellerez ils appelleront
12. préférer *préférant* *préféré*	je préfère tu préfères il préfère n. préférons v. préférez ils préfèrent	je préférais tu préférais il préférait n. préférions v. préfériez ils préféraient	je préférai tu préféras il préféra n. préférâmes v. préférâtes ils préférèrent	je préférerai tu préféreras il préférera n. préférerons v. préférerez ils préféreront
13. employer *employant* *employé*	j' emploie tu emploies il emploie n. employons v. employez ils emploient	j' employais tu employais il employait n. employions v. employiez ils employaient	j' employai tu employas il employa n. employâmes v. employâtes ils employèrent	j' emploierai tu emploieras il emploiera n. emploierons v. emploierez ils emploieront

条件法	接続法		命令法	同型
現在	現在	半過去		
j' aimerais tu aimerais il aimerait n. aimerions v. aimeriez ils aimeraient	j' aime tu aimes il aime n. aimions v. aimiez ils aiment	j' aimasse tu aimasses il aimât n. aimassions v. aimassiez ils aimassent	aime aimons aimez	注語尾 -er の動詞(除：aller, envoyer)を**第一群規則動詞**ともいう.
je commencerais tu commencerais il commencerait n. commencerions v. commenceriez ils commenceraient	je commence tu commences il commence n. commencions v. commenciez ils commencent	je commençasse tu commençasses il commençât n. commençassions v. commençassiez ils commençassent	commence commençons commencez	**avancer** **effacer** **forcer** **lancer** **placer** **prononcer** **remplacer** **renoncer**
je mangerais tu mangerais il mangerait n. mangerions v. mangeriez ils mangeraient	je mange tu manges il mange n. mangions v. mangiez ils mangent	je mangeasse tu mangeasses il mangeât n. mangeassions v. mangeassiez ils mangeassent	mange mangeons mangez	**arranger** **changer** **charger** **déranger** **engager** **manger** **obliger** **voyager**
j' achèterais tu achèterais il achèterait n. achèterions v. achèteriez ils achèteraient	j' achète tu achètes il achète n. achetions v. achetiez ils achètent	j' achetasse tu achetasses il achetât n. achetassions v. achetassiez ils achetassent	achète achetons achetez	**achever** **amener** **enlever** **lever** **mener** **peser** **(se) promener**
j' appellerais tu appellerais il appellerait n. appellerions v. appelleriez ils appelleraient	j' appelle tu appelles il appelle n. appelions v. appeliez ils appellent	j' appelasse tu appelasses il appelât n. appelassions v. appelassiez ils appelassent	appelle appelons appelez	**jeter** **rappeler** **rejeter** **renouveler**
je préférerais tu préférerais il préférerait n. préférerions v. préféreriez ils préféreraient	je préfère tu préfères il préfère n. préférions v. préfériez ils préfèrent	je préférasse tu préférasses il préférât n. préférassions v. préférassiez ils préférassent	préfère préférons préférez	**considérer** **désespérer** **espérer** **inquiéter** **pénétrer** **posséder** **répéter** **sécher**
j' emploierais tu emploierais il emploierait n. emploierions v. emploieriez ils emploieraient	j' emploie tu emploies il emploie n. employions v. employiez ils emploient	j' employasse tu employasses il employât n. employassions v. employassiez ils employassent	emploie employons employez	**-oyer**(除：**envoyer**) **-uyer** **appuyer** **ennuyer** **essuyer** **nettoyer**

不定法 現在分詞 過去分詞	直説法			
	現在	半過去	単純過去	単純未来
14. payer *payant* *payé*	je paye (paie) tu payes (paies) il paye (paie) n. payons v. payez ils payent (paient)	je payais tu payais il payait n. payions v. payiez ils payaient	je payai tu payas il paya n. payâmes v. payâtes ils payèrent	je payerai (paierai) tu payeras (*etc.* . . .) il payera n. payerons v. payerez ils payeront
15. envoyer *envoyant* *envoyé*	j' envoie tu envoies il envoie n. envoyons v. envoyez ils envoient	j' envoyais tu envoyais il envoyait n. envoyions v. envoyiez ils envoyaient	j' envoyai tu envoyas il envoya n. envoyâmes v. envoyâtes ils envoyèrent	j' **enverrai** tu **enverras** il **enverra** n. **enverrons** v. **enverrez** ils **enverront**
16. aller *allant* *allé*	je **vais** tu **vas** il **va** n. allons v. allez ils **vont**	j' allais tu allais il allait n. allions v. alliez ils allaient	j' allai tu allas il alla n. allâmes v. allâtes ils allèrent	j' **irai** tu **iras** il **ira** n. **irons** v. **irez** ils **iront**
17. finir *finissant* *fini*	je finis tu finis il finit n. finissons v. finissez ils finissent	je finissais tu finissais il finissait n. finissions v. finissiez ils finissaient	je finis tu finis il finit n. finîmes v. finîtes ils finirent	je finirai tu finiras il finira n. finirons v. finirez ils finiront
18. partir *partant* *parti*	je pars tu pars il part n. partons v. partez ils partent	je partais tu partais il partait n. partions v. partiez ils partaient	je partis tu partis il partit n. partîmes v. partîtes ils partirent	je partirai tu partiras il partira n. partirons v. partirez ils partiront
19. sentir *sentant* *senti*	je sens tu sens il sent n. sentons v. sentez ils sentent	je sentais tu sentais il sentait n. sentions v. sentiez ils sentaient	je sentis tu sentis il sentit n. sentîmes v. sentîtes ils sentirent	je sentirai tu sentiras il sentira n. sentirons v. sentirez ils sentiront
20. tenir *tenant* *tenu*	je tiens tu tiens il tient n. tenons v. tenez ils tiennent	je tenais tu tenais il tenait n. tenions v. teniez ils tenaient	je tins tu tins il tint n. tînmes v. tîntes ils tinrent	je **tiendrai** tu **tiendras** il **tiendra** n. **tiendrons** v. **tiendrez** ils **tiendront**

条件法	接続法		命令法	同型
現在	現在	半過去		
je payerais (paierais) tu payerais (*etc.*...) il payerait n. payerions v. payeriez ils payeraient	je paye (paie) tu payes (paies) il paye (paie) n. payions v. payiez ils payent (paient)	je payasse tu payasses il payât n. payassions v. payassiez ils payassent	 paie (paye) payons payez	[発音] je paye [ʒəpɛj], je paie [ʒəpɛ]; je payerai [ʒəpɛjre], je paierai [ʒəpɛre].
j' enverrais tu enverrais il enverrait n. enverrions v. enverriez ils enverraient	j' envoie tu envoies il envoie n. envoyions v. envoyiez ils envoient	j' envoyasse tu envoyasses il envoyât n. envoyassions v. envoyassiez ils envoyassent	 envoie envoyons envoyez	注未来, 条・現を除いては, **13** と同じ. **renvoyer**
j' irais tu irais il irait n. irions v. iriez ils iraient	j' **aille** tu **ailles** il **aille** n. allions v. alliez ils **aillent**	j' allasse tu allasses il allât n. allassions v. allassiez ils allassent	 **va** allons allez	注yがつくとき命令法・現在は vas: vas-y. 直・現・3人称複数に ont の語尾をもつものは他に ont (avoir), sont (être), font (faire)のみ.
je finirais tu finirais il finirait n. finirions v. finiriez ils finiraient	je finisse tu finisses il finisse n. finissions v. finissiez ils finissent	je finisse tu finisses il finît n. finissions v. finissiez ils finissent	 finis finissons finissez	注finir 型の動詞を第2群規則動詞という.
je partirais tu partirais il partirait n. partirions v. partiriez ils partiraient	je parte tu partes il parte n. partions v. partiez ils partent	je partisse tu partisses il partît n. partissions v. partissiez ils partissent	 pars partons partez	注助動詞は être. **sortir**
je sentirais tu sentirais il sentirait n. sentirions v. sentiriez ils sentiraient	je sente tu sentes il sente n. sentions v. sentiez ils sentent	je sentisse tu sentisses il sentît n. sentissions v. sentissiez ils sentissent	 sens sentons sentez	注**18**と助動詞を除けば同型.
je tiendrais tu tiendrais il tiendrait n. tiendrions v. tiendriez ils tiendraient	je tienne tu tiennes il tienne n. tenions v. teniez ils tiennent	je tinsse tu tinsses il tînt n. tinssions v. tinssiez ils tinssent	 tiens tenons tenez	注**venir 21** と同型, ただし, 助動詞は avoir.

不定法 現在分詞 過去分詞	直説法			
	現在	半過去	単純過去	単純未来
21. venir	je viens	je venais	je vins	je **viendrai**
	tu viens	tu venais	tu vins	tu **viendras**
venant	il vient	il venait	il vint	il **viendra**
venu	n. venons	n. venions	n. vînmes	n. **viendrons**
	v. venez	v. veniez	v. vîntes	v. **viendrez**
	ils viennent	ils venaient	ils vinrent	ils **viendront**
22. accueillir	j' **accueille**	j' accueillais	j' accueillis	j' **accueillerai**
	tu **accueilles**	tu accueillais	tu accueillis	tu **accueilleras**
accueillant	il **accueille**	il accueillait	il accueillit	il **accueillera**
accueilli	n. accueillons	n. accueillions	n. accueillîmes	n. **accueillerons**
	v. accueillez	v. accueilliez	v. accueillîtes	v. **accueillerez**
	ils accueillent	ils accueillaient	ils accueillirent	ils **accueilleront**
23. ouvrir	j' **ouvre**	j' ouvrais	j' ouvris	j' ouvrirai
	tu **ouvres**	tu ouvrais	tu ouvris	tu ouvriras
ouvrant	il **ouvre**	il ouvrait	il ouvrit	il ouvrira
ouvert	n. ouvrons	n. ouvrions	n. ouvrîmes	n. ouvrirons
	v. ouvrez	v. ouvriez	v. ouvrîtes	v. ouvrirez
	ils ouvrent	ils ouvraient	ils ouvrirent	ils ouvriront
24. courir	je cours	je courais	je courus	je **courrai**
	tu cours	tu courais	tu courus	tu **courras**
courant	il court	il courait	il courut	il **courra**
couru	n. courons	n. courions	n. courûmes	n. **courrons**
	v. courez	v. couriez	v. courûtes	v. **courrez**
	ils courent	ils couraient	ils coururent	ils **courront**
25. mourir	je meurs	je mourais	je mourus	je **mourrai**
	tu meurs	tu mourais	tu mourus	tu **mourras**
mourant	il meurt	il mourait	il mourut	il **mourra**
mort	n. mourons	n. mourions	n. mourûmes	n. **mourrons**
	v. mourez	v. mouriez	v. mourûtes	v. **mourrez**
	ils meurent	ils mouraient	ils moururent	ils **mourront**
26. acquérir	j' acquiers	j' acquérais	j' acquis	j' **acquerrai**
	tu acquiers	tu acquérais	tu acquis	tu **acquerras**
acquérant	il acquiert	il acquérait	il acquit	il **acquerra**
acquis	n. acquérons	n. acquérions	n. acquîmes	n. **acquerrons**
	v. acquérez	v. acquériez	v. acquîtes	v. **acquerrez**
	ils acquièrent	ils acquéraient	ils acquirent	ils **acquerront**
27. fuir	je fuis	je fuyais	je fuis	je fuirai
	tu fuis	tu fuyais	tu fuis	tu fuiras
fuyant	il fuit	il fuyait	il fuit	il fuira
fui	n. fuyons	n. fuyions	n. fuîmes	n. fuirons
	v. fuyez	v. fuyiez	v. fuîtes	v. fuirez
	ils fuient	ils fuyaient	ils fuirent	ils fuiront

条件法	接続法		命令法	同型
現在	現在	半過去		
je viendrais	je vienne	je vinsse		注助動詞は être.
tu viendrais	tu viennes	tu vinsses	viens	**devenir**
il viendrait	il vienne	il vînt		**intervenir**
n. viendrions	n. venions	n. vinssions	venons	**prévenir**
v. viendriez	v. veniez	v. vinssiez	venez	**revenir**
ils viendraient	ils viennent	ils vinssent		**(se) souvenir**
j' accueillerais	j' accueille	j' accueillisse		**cueillir**
tu accueillerais	tu accueilles	tu accueillisses	**accueille**	
il accueillerait	il accueille	il accueillît		
n. accueillerions	n. accueillions	n. accueillissions	accueillons	
v. accueilleriez	v. accueilliez	v. accueillissiez	accueillez	
ils accueilleraient	ils accueillent	ils accueillissent		
j' ouvrirais	j' ouvre	j' ouvrisse		**couvrir**
tu ouvrirais	tu ouvres	tu ouvrisses	**ouvre**	**découvrir**
il ouvrirait	il ouvre	il ouvrît		**offrir**
n. ouvririons	n. ouvrions	n. ouvrissions	ouvrons	**souffrir**
v. ouvririez	v. ouvriez	v. ouvrissiez	ouvrez	
ils ouvriraient	ils ouvrent	ils ouvrissent		
je courrais	je coure	je courusse		**accourir**
tu courrais	tu coures	tu courusses	cours	
il courrait	il coure	il courût		
n. courrions	n. courions	n. courussions	courons	
v. courriez	v. couriez	v. courussiez	courez	
ils courraient	ils courent	ils courussent		
je mourrais	je meure	je mourusse		注助動詞は être.
tu mourrais	tu meures	tu mourusses	meurs	
il mourrait	il meure	il mourût		
n. mourrions	n. mourions	n. mourussions	mourons	
v. mourriez	v. mouriez	v. mourussiez	mourez	
ils mourraient	ils meurent	ils mourussent		
j' acquerrais	j' acquière	j' acquisse		**conquérir**
tu acquerrais	tu acquières	tu acquisses	acquiers	
il acquerrait	il acquière	il acquît		
n. acquerrions	n. acquérions	n. acquissions	acquérons	
v. acquerriez	v. acquériez	v. acquissiez	acquérez	
ils acquerraient	ils acquièrent	ils acquissent		
je fuirais	je fuie	je fuisse		**s'enfuir**
tu fuirais	tu fuies	tu fuisses	fuis	
il fuirait	il fuie	il fuît		
n. fuirions	n. fuyions	n. fuissions	fuyons	
v. fuiriez	v. fuyiez	v. fuissiez	fuyez	
ils fuiraient	ils fuient	ils fuissent		

不 定 法 現在分詞 過去分詞	直 説 法			
	現 在	半 過 去	単純過去	単純未来
28. rendre *rendant* *rendu*	je rends tu rends il **rend** n. rendons v. rendez ils rendent	je rendais tu rendais il rendait n. rendions v. rendiez ils rendaient	je rendis tu rendis il rendit n. rendîmes v. rendîtes ils rendirent	je rendrai tu rendras il rendra n. rendrons v. rendrez ils rendront
29. prendre *prenant* *pris*	je prends tu prends il **prend** n. prenons v. prenez ils prennent	je prenais tu prenais il prenait n. prenions v. preniez ils prenaient	je pris tu pris il prit n. prîmes v. prîtes ils prirent	je prendrai tu prendras il prendra n. prendrons v. prendrez ils prendront
30. craindre *craignant* *craint*	je crains tu crains il craint n. craignons v. craignez ils craignent	je craignais tu craignais il craignait n. craignions v. craigniez ils craignaient	je craignis tu craignis il craignit n. craignîmes v. craignîtes ils craignirent	je craindrai tu craindras il craindra n. craindrons v. craindrez ils craindront
31. faire *faisant* *fait*	je fais tu fais il fait n. faisons v. **faites** ils **font**	je faisais tu faisais il faisait n. faisions v. faisiez ils faisaient	je fis tu fis il fit n. fîmes v. fîtes ils firent	je **ferai** tu **feras** il **fera** n. **ferons** v. **ferez** ils **feront**
32. dire *disant* *dit*	je dis tu dis il dit n. disons v. **dites** ils disent	je disais tu disais il disait n. disions v. disiez ils disaient	je dis tu dis il dit n. dîmes v. dîtes ils dirent	je dirai tu diras il dira n. dirons v. direz ils diront
33. lire *lisant* *lu*	je lis tu lis il lit n. lisons v. lisez ils lisent	je lisais tu lisais il lisait n. lisions v. lisiez ils lisaient	je lus tu lus il lut n. lûmes v. lûtes ils lurent	je lirai tu liras il lira n. lirons v. lirez ils liront
34. suffire *suffisant* *suffi*	je suffis tu suffis il suffit n. suffisons v. suffisez ils suffisent	je suffisais tu suffisais il suffisait n. suffisions v. suffisiez ils suffisaient	je suffis tu suffis il suffit n. suffîmes v. suffîtes ils suffirent	je suffirai tu suffiras il suffira n. suffirons v. suffirez ils suffiront

条件法	接続法		命令法	同型
現在	現在	半過去		
je rendrais tu rendrais il rendrait n. rendrions v. rendriez ils rendraient	je rende tu rendes il rende n. rendions v. rendiez ils rendent	je rendisse tu rendisses il rendît n. rendissions v. rendissiez ils rendissent	 rends rendons rendez 	**attendre** **descendre** **entendre** **pendre** **perdre** **répandre** **répondre** **vendre**
je prendrais tu prendrais il prendrait n. prendrions v. prendriez ils prendraient	je prenne tu prennes il prenne n. prenions v. preniez ils prennent	je prisse tu prisses il prît n. prissions v. prissiez ils prissent	 prends prenons prenez 	**apprendre** **comprendre** **entreprendre** **reprendre** **surprendre**
je craindrais tu craindrais il craindrait n. craindrions v. craindriez ils craindraient	je craigne tu craignes il craigne n. craignions v. craigniez ils craignent	je craignisse tu craignisses il craignît n. craignissions v. craignissiez ils craignissent	 crains craignons craignez 	**atteindre** **éteindre** **joindre** **peindre** **plaindre**
je ferais tu ferais il ferait n. ferions v. feriez ils feraient	je **fasse** tu **fasses** il **fasse** n. **fassions** v. **fassiez** ils **fassent**	je fisse tu fisses il fît n. fissions v. fissiez ils fissent	 fais faisons **faites** 	**défaire** **refaire** **satisfaire** ㊟fais-[f(ə)z-]
je dirais tu dirais il dirait n. dirions v. diriez ils diraient	je dise tu dises il dise n. disions v. disiez ils disent	je disse tu disses il dît n. dissions v. dissiez ils dissent	 dis disons **dites** 	**redire**
je lirais tu lirais il lirait n. lirions v. liriez ils liraient	je lise tu lises il lise n. lisions v. lisiez ils lisent	je lusse tu lusses il lût n. lussions v. lussiez ils lussent	 lis lisons lisez 	**relire** **élire**
je suffirais tu suffirais il suffirait n. suffirions v. suffiriez ils suffiraient	je suffise tu suffises il suffise n. suffisions v. suffisiez ils suffisent	je suffisse tu suffisses il suffît n. suffissions v. suffissiez ils suffissent	 suffis suffisons suffisez 	

不定法 現在分詞 過去分詞	直説法			
	現在	半過去	単純過去	単純未来
35. conduire *conduisant* *conduit*	je conduis tu conduis il conduit n. conduisons v. conduisez ils conduisent	je conduisais tu conduisais il conduisait n. conduisions v. conduisiez ils conduisaient	je conduisis tu conduisis il conduisit n. conduisîmes v. conduisîtes ils conduisirent	je conduirai tu conduiras il conduira n. conduirons v. conduirez ils conduiront
36. plaire *plaisant* *plu*	je plais tu plais il **plaît** n. plaisons v. plaisez ils plaisent	je plaisais tu plaisais il plaisait n. plaisions v. plaisiez ils plaisaient	je plus tu plus il plut n. plûmes v. plûtes ils plurent	je plairai tu plairas il plaira n. plairons v. plairez ils plairont
37. coudre *cousant* *cousu*	je couds tu couds il coud n. cousons v. cousez ils cousent	je cousais tu cousais il cousait n. cousions v. cousiez ils cousaient	je cousis tu cousis il cousit n. cousîmes v. cousîtes ils cousirent	je coudrai tu coudras il coudra n. coudrons v. coudrez ils coudront
38. suivre *suivant* *suivi*	je suis tu suis il suit n. suivons v. suivez ils suivent	je suivais tu suivais il suivait n. suivions v. suiviez ils suivaient	je suivis tu suivis il suivit n. suivîmes v. suivîtes ils suivirent	je suivrai tu suivras il suivra n. suivrons v. suivrez ils suivront
39. vivre *vivant* *vécu*	je vis tu vis il vit n. vivons v. vivez ils vivent	je vivais tu vivais il vivait n. vivions v. viviez ils vivaient	je vécus tu vécus il vécut n. vécûmes v. vécûtes ils vécurent	je vivrai tu vivras il vivra n. vivrons v. vivrez ils vivront
40. écrire *écrivant* *écrit*	j' écris tu écris il écrit n. écrivons v. écrivez ils écrivent	j' écrivais tu écrivais il écrivait n. écrivions v. écriviez ils écrivaient	j' écrivis tu écrivis il écrivit n. écrivîmes v. écrivîtes ils écrivirent	j' écrirai tu écriras il écrira n. écrirons v. écrirez ils écriront
41. boire *buvant* *bu*	je bois tu bois il boit n. buvons v. buvez ils boivent	je buvais tu buvais il buvait n. buvions v. buviez ils buvaient	je bus tu bus il but n. bûmes v. bûtes ils burent	je boirai tu boiras il boira n. boirons v. boirez ils boiront

条件法	接続法		命令法	同型
現在	現在	半過去		
je conduirais tu conduirais il conduirait n. conduirions v. conduiriez ils conduiraient	je conduise tu conduises il conduise n. conduisions v. conduisiez ils conduisent	je conduisisse tu conduisisses il conduisît n. conduisissions v. conduisissiez ils conduisissent	conduis conduisons conduisez	**construire** **cuire** **détruire** **instruire** **introduire** **produire** **traduire**
je plairais tu plairais il plairait n. plairions v. plairiez ils plairaient	je plaise tu plaises il plaise n. plaisions v. plaisiez ils plaisent	je plusse tu plusses il plût n. plussions v. plussiez ils plussent	plais plaisons plaisez	**déplaire** **(se) taire** (ただし il se tait)
je coudrais tu coudrais il coudrait n. coudrions v. coudriez ils coudraient	je couse tu couses il couse n. cousions v. cousiez ils cousent	je cousisse tu cousisses il cousît n. cousissions v. cousissiez ils cousissent	couds cousons cousez	
je suivrais tu suivrais il suivrait n. suivrions v. suivriez ils suivraient	je suive tu suives il suive n. suivions v. suiviez ils suivent	je suivisse tu suivisses il suivît n. suivissions v. suivissiez ils suivissent	suis suivons suivez	**poursuivre**
je vivrais tu vivrais il vivrait n. vivrions v. vivriez ils vivraient	je vive tu vives il vive n. vivions v. viviez ils vivent	je vécusse tu vécusses il vécût n. vécussions v. vécussiez ils vécussent	vis vivons vivez	
j' écrirais tu écrirais il écrirait n. écririons v. écririez ils écriraient	j' écrive tu écrives il écrive n. écrivions v. écriviez ils écrivent	j' écrivisse tu écrivisses il écrivît n. écrivissions v. écrivissiez ils écrivissent	écris écrivons écrivez	**décrire** **inscrire**
je boirais tu boirais il boirait n. boirions v. boiriez ils boiraient	je boive tu boives il boive n. buvions v. buviez ils boivent	je busse tu busses il bût n. bussions v. bussiez ils bussent	bois buvons buvez	

不定法 現在分詞 過去分詞	直説法			
	現在	半過去	単純過去	単純未来
42. résoudre *résolvant* *résolu*	je résous tu résous il résout n. résolvons v. résolvez ils résolvent	je résolvais tu résolvais il résolvait n. résolvions v. résolviez ils résolvaient	je résolus tu résolus il résolut n. résolûmes v. résolûtes ils résolurent	je résoudrai tu résoudras il résoudra n. résoudrons v. résoudrez ils résoudront
43. connaître *connaissant* *connu*	je connais tu connais il **connaît** n. connaissons v. connaissez ils connaissent	je connaissais tu connaissais il connaissait n. connaissions v. connaissiez ils connaissaient	je connus tu connus il connut n. connûmes v. connûtes ils connurent	je connaîtrai tu connaîtras il connaîtra n. connaîtrons v. connaîtrez ils connaîtront
44. naître *naissant* *né*	je nais tu nais il **naît** n. naissons v. naissez ils naissent	je naissais tu naissais il naissait n. naissions v. naissiez ils naissaient	je naquis tu naquis il naquit n. naquîmes v. naquîtes ils naquirent	je naîtrai tu naîtras il naîtra n. naîtrons v. naîtrez ils naîtront
45. croire *croyant* *cru*	je crois tu crois il croit n. croyons v. croyez ils croient	je croyais tu croyais il croyait n. croyions v. croyiez ils croyaient	je crus tu crus il crut n. crûmes v. crûtes ils crurent	je croirai tu croiras il croira n. croirons v. croirez ils croiront
46. battre *battant* *battu*	je bats tu bats il **bat** n. battons v. battez ils battent	je battais tu battais il battait n. battions v. battiez ils battaient	je battis tu battis il battit n. battîmes v. battîtes ils battirent	je battrai tu battras il battra n. battrons v. battrez ils battront
47. mettre *mettant* *mis*	je mets tu mets il **met** n. mettons v. mettez ils mettent	je mettais tu mettais il mettait n. mettions v. mettiez ils mettaient	je mis tu mis il mit n. mîmes v. mîtes ils mirent	je mettrai tu mettras il mettra n. mettrons v. mettrez ils mettront
48. rire *riant* *ri*	je ris tu ris il rit n. rions v. riez ils rient	je riais tu riais il riait n. riions v. riiez ils riaient	je ris tu ris il rit n. rîmes v. rîtes ils rirent	je rirai tu riras il rira n. rirons v. rirez ils riront

条件法	接続法		命令法	同型
現在	現在	半過去		
je résoudrais tu résoudrais il résoudrait n. résoudrions v. résoudriez ils résoudraient	je résolve tu résolves il résolve n. résolvions v. résolviez ils résolvent	je résolusse tu résolusses il résolût n. résolussions v. résolussiez ils résolussent	 résous résolvons résolvez	
je connaîtrais tu connaîtrais il connaîtrait n. connaîtrions v. connaîtriez ils connaîtraient	je connaisse tu connaisses il connaisse n. connaissions v. connaissiez ils connaissent	je connusse tu connusses il connût n. connussions v. connussiez ils connussent	 connais connaissons connaissez	注 t の前にくるとき i→î. **apparaître** **disparaître** **paraître** **reconnaître**
je naîtrais tu naîtrais il naîtrait n. naîtrions v. naîtriez ils naîtraient	je naisse tu naisses il naisse n. naissions v. naissiez ils naissent	je naquisse tu naquisses il naquît n. naquissions v. naquissiez ils naquissent	 nais naissons naissez	注 t の前にくるとき i→î. 助動詞はêtre.
je croirais tu croirais il croirait n. croirions v. croiriez ils croiraient	je croie tu croies il croie n. croyions v. croyiez ils croient	je crusse tu crusses il crût n. crussions v. crussiez ils crussent	 crois croyons croyez	
je battrais tu battrais il battrait n. battrions v. battriez ils battraient	je batte tu battes il batte n. battions v. battiez ils battent	je battisse tu battisses il battît n. battissions v. battissiez ils battissent	 bats battons battez	**abattre** **combattre**
je mettrais tu mettrais il mettrait n. mettrions v. mettriez ils mettraient	je mette tu mettes il mette n. mettions v. mettiez ils mettent	je misse tu misses il mît n. missions v. missiez ils missent	 mets mettons mettez	**admettre** **commettre** **permettre** **promettre** **remettre**
je rirais tu rirais il rirait n. ririons v. ririez ils riraient	je rie tu ries il rie n. riions v. riiez ils rient	je risse tu risses il rît n. rissions v. rissiez ils rissent	 ris rions riez	**sourire**

不 定 法 現在分詞 過去分詞	直 説 法			
	現 在	半 過 去	単純過去	単純未来
49. conclure	je conclus	je concluais	je conclus	je conclurai
	tu conclus	tu concluais	tu conclus	tu concluras
concluant	il conclut	il concluait	il conclut	il conclura
conclu	n. concluons	n. concluions	n. conclûmes	n. conclurons
	v. concluez	v. concluiez	v. conclûtes	v. conclurez
	ils concluent	ils concluaient	ils conclurent	ils concluront
50. rompre	je romps	je rompais	je rompis	je romprai
	tu romps	tu rompais	tu rompis	tu rompras
rompant	il rompt	il rompait	il rompit	il rompra
rompu	n. rompons	n. rompions	n. rompîmes	n. romprons
	v. rompez	v. rompiez	v. rompîtes	v. romprez
	ils rompent	ils rompaient	ils rompirent	ils rompront
51. vaincre	je vaincs	je vainquais	je vainquis	je vaincrai
	tu vaincs	tu vainquais	tu vainquis	tu vaincras
vainquant	il **vainc**	il vainquait	il vainquit	il vaincra
vaincu	n. vainquons	n. vainquions	n. vainquîmes	n. vaincrons
	v. vainquez	v. vainquiez	v. vainquîtes	v. vaincrez
	ils vainquent	ils vainquaient	ils vainquirent	ils vaincront
52. recevoir	je reçois	je recevais	je reçus	je **recevrai**
	tu reçois	tu recevais	tu reçus	tu **recevras**
recevant	il reçoit	il recevait	il reçut	il **recevra**
reçu	n. recevons	n. recevions	n. reçûmes	n. **recevrons**
	v. recevez	v. receviez	v. reçûtes	v. **recevrez**
	ils reçoivent	ils recevaient	ils reçurent	ils **recevront**
53. devoir	je dois	je devais	je dus	je **devrai**
	tu dois	tu devais	tu dus	tu **devras**
devant	il doit	il devait	il dut	il **devra**
dû	n. devons	n. devions	n. dûmes	n. **devrons**
(due, dus, dues)	v. devez	v. deviez	v. dûtes	v. **devrez**
	ils doivent	ils devaient	ils durent	ils **devront**
54. pouvoir	je **peux (puis)**	je pouvais	je pus	je **pourrai**
	tu **peux**	tu pouvais	tu pus	tu **pourras**
pouvant	il peut	il pouvait	il put	il **pourra**
pu	n. pouvons	n. pouvions	n. pûmes	n. **pourrons**
	v. pouvez	v. pouviez	v. pûtes	v. **pourrez**
	ils peuvent	ils pouvaient	ils purent	ils **pourront**
55. émouvoir	j' émeus	j' émouvais	j' émus	j' **émouvrai**
	tu émeus	tu émouvais	tu émus	tu **émouvras**
émouvant	il émeut	il émouvait	il émut	il **émouvra**
ému	n. émouvons	n. émouvions	n. émûmes	n. **émouvrons**
	v. émouvez	v. émouviez	v. émûtes	v. **émouvrez**
	ils émeuvent	ils émouvaient	ils émurent	ils **émouvront**

条件法	接続法		命令法	同型
現在	現在	半過去		
je conclurais tu conclurais il conclurait n. conclurions v. concluriez ils concluraient	je conclue tu conclues il conclue n. concluions v. concluiez ils concluent	je conclusse tu conclusses il conclût n. conclussions v. conclussiez ils conclussent	conclus concluons concluez	
je romprais tu romprais il romprait n. romprions v. rompriez ils rompraient	je rompe tu rompes il rompe n. rompions v. rompiez ils rompent	je rompisse tu rompisses il rompît n. rompissions v. rompissiez ils rompissent	romps rompons rompez	**interrompre**
je vaincrais tu vaincrais il vaincrait n. vaincrions v. vaincriez ils vaincraient	je vainque tu vainques il vainque n. vainquions v. vainquiez ils vainquent	je vainquisse tu vainquisses il vainquît n. vainquissions v. vainquissiez ils vainquissent	vaincs vainquons vainquez	**convaincre**
je recevrais tu recevrais il recevrait n. recevrions v. recevriez ils recevraient	je reçoive tu reçoives il reçoive n. recevions v. receviez ils reçoivent	je reçusse tu reçusses il reçût n. reçussions v. reçussiez ils reçussent	reçois recevons recevez	**apercevoir** **concevoir**
je devrais tu devrais il devrait n. devrions v. devriez ils devraient	je doive tu doives il doive n. devions v. deviez ils doivent	je dusse tu dusses il dût n. dussions v. dussiez ils dussent	dois devons devez	注命令法はほとんど用いられない.
je pourrais tu pourrais il pourrait n. pourrions v. pourriez ils pourraient	je **puisse** tu **puisses** il **puisse** n. **puissions** v. **puissiez** ils **puissent**	je pusse tu pusses il pût n. pussions v. pussiez ils pussent		注命令法はない.
j' émouvrais tu émouvrais il émouvrait n. émouvrions v. émouvriez ils émouvraient	j' émeuve tu émeuves il émeuve n. émouvions v. émouviez ils émeuvent	j' émusse tu émusses il émût n. émussions v. émussiez ils émussent	émeus émouvons émouvez	**mouvoir** ただし過去分詞は mû (mue, mus, mues)

不定法 現在分詞 過去分詞	直説法			
	現在	半過去	単純過去	単純未来
56. savoir *sachant* *su*	je sais tu sais il sait n. savons v. savez ils savent	je savais tu savais il savait n. savions v. saviez ils savaient	je sus tu sus il sut n. sûmes v. sûtes ils surent	je **saurai** tu **sauras** il **saura** n. **saurons** v. **saurez** ils **sauront**
57. voir *voyant* *vu*	je vois tu vois il voit n. voyons v. voyez ils voient	je voyais tu voyais il voyait n. voyions v. voyiez ils voyaient	je vis tu vis il vit n. vîmes v. vîtes ils virent	je **verrai** tu **verras** il **verra** n. **verrons** v. **verrez** ils **verront**
58. vouloir *voulant* *voulu*	je **veux** tu **veux** il veut n. voulons v. voulez ils veulent	je voulais tu voulais il voulait n. voulions v. vouliez ils voulaient	je voulus tu voulus il voulut n. voulûmes v. voulûtes ils voulurent	je **voudrai** tu **voudras** il **voudra** n. **voudrons** v. **voudrez** ils **voudront**
59. valoir *valant* *valu*	je **vaux** tu **vaux** il vaut n. valons v. valez ils valent	je valais tu valais il valait n. valions v. valiez ils valaient	je valus tu valus il valut n. valûmes v. valûtes ils valurent	je **vaudrai** tu **vaudras** il **vaudra** n. **vaudrons** v. **vaudrez** ils **vaudront**
60. s'asseoir *s'asseyant*[(1)] *assis*	je m'assieds[(1)] tu t'assieds il **s'assied** n. n. asseyons v. v. asseyez ils s'asseyent	je m'asseyais[(1)] tu t'asseyais il s'asseyait n. n. asseyions v. v. asseyiez ils s'asseyaient	je m'assis tu t'assis il s'assit n. n. assîmes v. v. assîtes ils s'assirent	je m'**assiérai**[(1)] tu t'**assiéras** il s'**assiéra** n. n. **assiérons** v. v. **assiérez** ils s'**assiéront**
s'assoyant[(2)]	je m'assois[(2)] tu t'assois il s'assoit n. n. assoyons v. v. assoyez ils s'assoient	je m'assoyais[(2)] tu t'assoyais il s'assoyait n. n. assoyions v. v. assoyiez ils s'assoyaient		je m'**assoirai**[(2)] tu t'**assoiras** il s'**assoira** n. n. **assoirons** v. v. **assoirez** ils s'**assoiront**
61. pleuvoir *pleuvant* *plu*	il pleut	il pleuvait	il plut	il **pleuvra**
62. falloir *fallu*	il faut	il fallait	il fallut	il **faudra**

条件法	接続法		命令法	同型
現在	現在	半過去		
je saurais tu saurais il saurait n. saurions v. sauriez ils sauraient	je **sache** tu **saches** il **sache** n. **sachions** v. **sachiez** ils **sachent**	je susse tu susses il sût n. sussions v. sussiez ils sussent	**sache** **sachons** **sachez**	
je verrais tu verrais il verrait n. verrions v. verriez ils verraient	je voie tu voies il voie n. voyions v. voyiez ils voient	je visse tu visses il vît n. vissions v. vissiez ils vissent	vois voyons voyez	**revoir**
je voudrais tu voudrais il voudrait n. voudrions v. voudriez ils voudraient	je **veuille** tu **veuilles** il **veuille** n. voulions v. vouliez ils **veuillent**	je voulusse tu voulusses il voulût n. voulussions v. voulussiez ils voulussent	**veuille** **veuillons** **veuillez**	
je vaudrais tu vaudrais il vaudrait n. vaudrions v. vaudriez ils vaudraient	je **vaille** tu **vailles** il **vaille** n. valions v. valiez ils **vaillent**	je valusse tu valusses il valût n. valussions v. valussiez ils valussent		注 命令法はほとんど用いられない.
je m'assiérais(1) tu t'assiérais il s'assiérait n. n. assiérions v. v. assiériez ils s'assiéraient	je m'asseye(1) tu t'asseyes il s'asseye n. n. asseyions v. v. asseyiez ils s'asseyent	j' m'assisse tu t'assisses il s'assît n. n. assissions v. v. assissiez ils s'assissent	assieds-toi(1) asseyons-nous asseyez-vous	注 時称により2種の活用があるが, (1)は古来の活用で, (2)は俗語調である. (1)の方が多く使われる.
je m'assoirais(2) tu t'assoirais il s'assoirait n. n. assoirions v. v. assoiriez ils s'assoiraient	je m'assoie(2) tu t'assoies il s'assoie n. n. assoyions v. v. assoyiez ils s'assoient		assois-toi(2) assoyons-nous assoyez-vous	
il pleuvrait	il pleuve	il plût		注 命令法はない.
il faudrait	il **faille**	il fallût		注 命令法・現在分詞はない.

著者

久松　健一　HISAMATSU Ken'ichi

東京都出身、現在、明治大学教授。フランス語（あるいは英語）をめぐる出版物をかれこれ30年、コンスタントに書き続けている。近著として『<中級文法への道標> 英語ができればフランス語ここに極まる！』、『日本人のための上級フランス語単語』（駿河台出版社）、『[日常頻出順] 中学レベルの英単語をフランス語単語へ橋渡しする』（語研）、『仏英日例文辞典 POLYGLOTTE』（IBCパブリッシング）などがある。
この先、DELF-B1, B2 並びに DALF-C1, C2 レベルまで新味を盛った出版物を世に送りたいと考えている。

『フランス語単語大全 DELF A1, A2 レベル対応
［キーワード 1687 語を一望する］』

2024 年 5 月 21 日　　初版 1 刷発行

著者	久松 健一
装丁	吉田 剛
本文デザイン	上野 大介
DTP	屋良 達哉
印刷・製本	株式会社 丸井工文社
発行	株式会社 駿河台出版社 〒 101-0062 東京都千代田区神田駿河台 3-7 TEL 03-3291-1676 / FAX 03-3291-1675 http://www.e-surugadai.com
発行人	上野 名保子

ISBN　978-4-411-00570-0　C1085